Manuel Gutiérrez Estévez
y Pedro Pitarch (eds.)

Retóricas del cuerpo amerindio

Tiempo Emulado
Historia de América y España

La cita de Cervantes que convierte a la historia en «madre de la verdad, émula del tiempo, depósito de las acciones, testigo de lo pasado, ejemplo y aviso de lo presente, advertencia de lo porvenir», cita que Borges reproduce para ejemplificar la reescritura polémica de su «Pierre Menard, autor del Quijote», nos sirve para dar nombre a esta colección de estudios históricos de uno y otro lado del Atlántico, en la seguridad de que son complementarias, que se precisan, se estimulan y se explican mutuamente las historias paralelas de América y España.

Manuel Gutiérrez Estévez
y Pedro Pitarch (eds.)

RETÓRICAS DEL CUERPO AMERINDIO

Iberoamericana - Vervuert - 2010

Este libro ha sido preparado a partir de las investigaciones hechas con la financiación del proyecto I+D que tiene como referencia BHA2003-02495. Este proyecto ha dado lugar a esta obra y a numerosos artículos especializados.

Amor de Dios, 1 – E-28014 Madrid
Tel.: +34 91 429 35 22
Fax: +34 91 429 53 97
info@iberoamericanalibros.com
www.ibero-americana.net

Elisabethenstr. 3-9 – D-60594 Frankfurt am Main
Tel.: +49 69 597 46 17
Fax: +49 69 597 87 43
info@iberoamericanalibros.com
www.ibero-americana.net

ISBN 978-84-8489-468-1 (Iberoamericana)
ISBN 978-3-86527-532-5 (Vervuert)

Depósito Legal: SE-2394-2010
Printed by Publidisa

Ilustración de cubierta: Detalle de una *mola* kuna (San Blas, Panamá).
Diseño de cubierta: Carlos Zamora

Este libro está impreso íntegramente en papel ecológico sin cloro.

ÍNDICE

Esos cuerpos, esas almas. Una introducción. 9
Manuel Gutiérrez Estévez

La retórica de traducir "cuerpo" 57
Alexandre Surrallés

Los nuevos cuerpos mestizos de la América colonial 87
Carmen Bernand

Antropofagia y sentimientos. Venganza y cariño en el cuerpo devorado 117
Mark Münzel

Persona y etimología en una ontología tzotzil 153
Gary H. Gossen

El problema de los dos cuerpos tzeltales 177
Pedro Pitarch

Yo es otro: marcadores corporales de la (de)negación en el ritual otomí (México) 213
Jacques Galinier

El cuerpo como referente del universo chayahuita. Aproximación a una teoría de la persona 227
María Luisa González Saavedra

Andar la vida. Trayectorias de los cuerpos en los espacios 255
María García Alonso

Los cuerpos mediadores o los transgéneros amerindios 291
Juan Antonio Flores Martos

Influenze della corporalità in campo religioso. I testi che presentano la figura di Gesù 335
Adriana Destro

Desnudez, vestido y pintura corporal en el fin del mundo 363
Peter Mason

Los autores 399

Esos cuerpos, esas almas
Una introducción

Manuel Gutiérrez Estévez

El pensar en cuerpos de culturas lejanas está acompañado de continuos desafíos al sentido común, a la forma común de sentir. Los sentidos de quienes pertenecen a otras culturas parecen proveerles de un tipo de percepciones que para nosotros son desconocidas, incomprensibles o insensatas. Como si los límites de sus sentidos no estuvieran sujetos a las mismas constricciones biológicas que los nuestros y sus posibilidades perceptivas fueran diferentes. El cuerpo es el objeto primero de nuestras percepciones y las convenciones sobre su naturaleza, su uso y significación constituyen el núcleo del sentido común. Pensar en otros cuerpos no sólo nos hace perder el sentido común, sino, además, la percepción razonable de nuestro cuerpo. Formas de locura silenciosa. Silenciosa, porque, si todo lenguaje constituye una extensión sistemática del sentido común, ¿cómo escribir con mi lenguaje sobre un sentido común que no es el mío?, ¿cómo escribir para que aquel sentido común ajeno que, parcialmente, llegamos a compartir con ellos, pueda, ahora, ser contado sin que parezca un sinsentido? Mal que bien, algo se consigue y llega un momento en que el libro[1] sale de nuestras manos, aunque sepamos que lo dicho en él necesitaría, todavía, más correcciones y pulimentos.

Nuestro objetivo es mostrar algunas de las reglas, convenciones y principios (la "gramática") que emplean las culturas indígenas

1. Este libro ha sido preparado a partir de las investigaciones hechas con la financiación del proyecto I+D que tiene como referencia BHA2003-02495. Este proyecto ha dado lugar a esta obra y a numerosos artículos especializados.

americanas en la elaboración y uso de nociones análogas a las de "cuerpo" y "persona". Las preguntas tácitas que subyacen a todos estos trabajos se refieren a cómo son, qué forma tienen, cuál es su naturaleza o de qué se componen los seres humanos. Y qué es lo que les diferencia o les asemeja a otras clases de seres.

El punto de partida está en la convicción de nuestra propia singularidad cultural en las representaciones que compartimos sobre el cuerpo, el alma y la persona. Esta singularidad de la persona occidental atañe, en primer lugar, a las relaciones con el cuerpo. Como señaló hace años Lévi-Strauss (1961: 21), cuando los españoles llegaron por primera vez a las Antillas, en 1492, se preocuparon por saber si los indios tenían ánima racional, pero no dudaron de que tenían cuerpos. Los indios, por el contrario, no dudaron de que los europeos tuvieran algo parecido al alma (porque también lo tenían los animales), pero dudaron de que esas formas corporales tan extrañas fueran verdaderos cuerpos humanos.

Viveiros de Castro (1998) comenta esto afirmando que el estatus de lo humano en el pensamiento occidental es esencialmente ambiguo: por una parte, el ser humano es una especie animal entre otras, y la animalidad es un dominio que incluye a los humanos; por otra, la humanidad es una condición moral que excluye a los animales. Estos dos estatus coexisten en la noción disyuntiva, paradójica, de "naturaleza humana". En otras palabras, nuestra cosmología postula una continuidad física y una discontinuidad metafísica entre humanos y animales. En contraste, los amerindios postulan una continuidad metafísica y una discontinuidad física entre los seres del cosmos. Todos los seres —desde la araña al jaguar o a la constelación de las Pléyades—, tienen historia y cultura y, aunque puedan tener diferencias, esas culturas naturales, valga el oxímoron, poseen una base común que permite la comunicación entre ellas y la comparación entre sí y con los humanos; las diferencias entre ellos son concebidas (como en la tradición plínica) como diferencias predominantemente corporales.

Podemos recordar algunos testimonios antiguos.

Uno de los más tempranos al respecto procede de Rodrigo de Jerez y Luis de Torres, quienes, de regreso de su expedición de reconocimiento por el interior, en Cuba, contaron a Colón (Las Casas 1956: 235) cómo les habían recibido:

> Contaron estos dos cristianos que habían sido recibidos en aquel pueblo con gran solemnidad y regocijo; aposentáronlos en una de las mejores casas del pueblo, donde concurrían todos, hombres y mujeres, con grande admiración y alegría; tocábanlos con las manos, besábanles sus manos y pies, creyendo que venían del cielo, y así lo mostraban sentir [...]. Desde un rato, saliéronse todos los hombres, y entraron todas las mujeres, las cuales se asentaron alrededor de ellos, como habían hecho los hombres, y todas las que podían los tentaban y palpaban si eran de carne y hueso como ellos...

O los informantes indígenas de Sahagún[2], que en lengua náhuatl le dijeron: "Por todas partes vieron envueltos sus cuerpos (de los españoles), solamente aparecen sus caras. Son blancas, son como si fueran de cal. Tienen el cabello amarillo, aunque algunos lo tienen negro. Larga su barba es, también amarilla; el bigote también tienen amarillo. Son de pelo crespo y fino, un poco encarrujado"[3].

O los indios caribes, de la Dominica, que según cuenta en 1534 Fray Pedro de Aguado[4] (1963: 473): "Llegábanse a estos dos españoles y con bestial desenvoltura les llegaban con sus manos a tentar sus vergüenzas y a ver la forma que tenían, y luego les ponían las manos en las barbas y les tiraban blandamente de ellas, por ver si era cosa postiza".

La acción de tentar las "vergüenzas" para comprobar la naturaleza de un ser con humanidad incierta, no ha quedado anticuada. En 1978, cuando estaba realizando su trabajo de campo en un pueblo de lengua tzotzil de Chiapas, en San Juan Chamula, Gary Gossen vivió —con desconcierto y alguna vergüenza— esta curiosidad sobre los cuerpos ajenos. Lo ha contado con las siguientes palabras:

> Casi todas las casas chamulas de San Juan y de la comunidad extendida tienen un *pus* o sauna (llamado temazcal o «baño de vapor», en la literatura etnográfica mesoamericana). Se trata de un pequeño habitáculo de adobe, de escasa altura, por lo general construido aparte, y a veces adosado a la pared exterior de la casa.
>
> [...] Invitado por un buen amigo chamula, que después se convertiría en mi compadre (cuando mi mujer y yo apadrinamos a su hijo), fui a un

2. *Códice Florentino*, Lib. XII. Cit. en Léon-Portilla (1998).
3. Rizado, ensortijado.
4. Cit. en Piqueras (2001).

baño de vapor. La crónica de esta experiencia me resulta difícil de relatar, porque todo el asunto rebasó mis expectativas. Hasta tal punto que este acontecimiento, aunque corto y prácticamente sin palabras, llegó a asustarme y confundirme. Intenté olvidarlo y, en aquel momento, no lo consigné en mi cuaderno de campo. Sólo ahora, al escribir este artículo unos 15 años después del episodio (1978), me siento capaz de comprender lo que allí sucedió.

Mi amigo chamula (a quien mantengo deliberadamente en el anonimato, pues no deseo cargarle con el peso de tener que dar explicaciones si no desea hacerlo), vertió agua caliente sobre las rocas calientes, cerró la puerta y me dijo que me tumbara sin pérdida de tiempo y comenzara a golpearme con las ramas. En medio de la intensidad del calor, el vapor y la humedad, de pronto sentí su mano en mi entrepierna. Luego me tomó la mano izquierda, que estaba hacia su lado, y la colocó sobre su propia entrepierna. No intercambiamos ni una palabra. Ese contacto íntimo se mantuvo durante quizá medio minuto; yo no opuse ninguna resistencia, aunque me sentía asustado y no acababa de dar crédito a lo que ocurría. Después de ese brevísimo encuentro —que entonces pareció durar una eternidad— comenzamos de nuevo a golpearnos con las ramas. No ocurrió nada más. Tras unos veinte minutos, volvimos al exterior, vestidos, sintiéndonos refrescados, y tomamos un trago de ron juntos. Nunca comentamos lo ocurrido entre nosotros, y mucho menos con nuestras familias.

Al reconstruir este episodio muchos años después, sólo consigo darle sentido intentando enlazarlo con otros hechos ocurridos después del baño de vapor. Tal vez una semana después, recibí una carta de un amigo de Canadá. El que pronto sería mi compadre me preguntó quién era la mujer cuyo retrato en miniatura aparecía en el sello, en el ángulo del sobre. Sabía de la existencia de Canadá y también (no sé cómo lo averiguaría) que allí se hablaba inglés, y que yo no tendría dificultad en explicarle ese pequeño detalle. Le dije que era la reina de Inglaterra, Isabel II. Tras una entrecortada explicación sobre lo que era la British Commonwealth of Nations (pues mi tzotzil no estaba a la altura de la situación), descubrí que mi amigo no estaba interesado en las funciones políticas y simbólicas de la reina Isabel. Lo que le interesaba —y mucho— era su cuerpo.

Las preguntas eran muy directas: ¿qué come?, ¿tiene pechos y vagina?, ¿mantiene relaciones sexuales?, ¿con quién?, ¿orina y defeca? Cuando respondí sí a todas sus preguntas, la conversación adquirió un cariz extraordinario. Mi amigo no me tachó de mentiroso, pero le pareció raro que la respuesta a sus preguntas fuera afirmativa. Según me explicó, las

> reinas —seres extraños y aparentemente poderosos que viven a una enorme distancia social y física de Chamula— se tenían por seres análogos a los dioses y santos y, por tanto, asexuados pese a gozar de una identificación de género. Cuando le pregunté de dónde provenían los dioses y los santos, si no era de la reproducción sexual, me contestó que simplemente "eran". Entonces le pregunté qué comían los dioses y los santos, y de modo contundente me respondió: «incienso». Si comen olores y esencias, en lugar de sustancias, se deducía, como siguió explicándome, que no tenían necesidad de tener órganos con los que eliminar los desechos. A falta de éstos, no cabe ni pensar en la reproducción sexual, que resulta imposible si no se está equipado para ella (Gossen 1993: 58-63).

En la época del primer contacto intercultural, las posibilidades indígenas para clasificar estos cuerpos peregrinos de los europeos eran muy amplias: espectros, muertos, dioses, demonios o quizá, simplemente, animales desconocidos. Como en la expedición de Juan de Grijalva por las costas de la península de Yucatán en 1518, según cuenta Sepúlveda (1996: 90)[5]: "Algunos de ellos se reían del aspecto de los nuestros, se burlaban de la cara rara de nuestros hombres, como si fueran animales desconocidos".

No hubiera sido tan raro que "los nuestros" hubieran sido vistos como animales; al fin y al cabo, también hay animales que son vistos, o se ven a sí mismos, como humanos.

Es el caso de los juruna, por ejemplo, un pequeño pueblo de lengua tupí, que viven en el curso alto del río Xingú y que han sido estudiados por Stolze-Lima (1995).

Según piensan los juruna, los puercos salvajes, los pecaríes, se ven a sí mismos como parte de la humanidad y consideran las partidas de caza organizadas para matarlos como si fueran una confrontación en la que ellos tienen que capturar extranjeros. Los propios puercos creen, a juicio de los juruna, que son productores de harina de mandioca (aunque para la visión humana esta supuesta harina no es, en realidad, sino una arcilla finísima). Se cree, también, que los pecaríes habitan en aldeas subterráneas y los juruna afirman que los puercos viven en comunidades divididas en familias y organizadas en torno a un jefe dotado de poder chamánico. El puerco-chamán se diferencia de los demás por carecer de pelos en el trasero y por tener pelos rojizos en la cara.

5. Cit. por Piqueras (2001).

El chamán humano, en sueños, ve a ese puerco-chamán transformarse en un hombre y procura hacer amistad con él, ofreciéndole un cigarro para fumar. Cuando siente que la amistad está consolidada, el chamán humano le dice que los hombres de su aldea pretenden hacer una cacería y el puerco-chamán acuerda con el chamán humano el lugar y el día en que van a cruzar el río. Así, los dos chamanes, conciertan lo que para los puercos será una batalla y para los humanos una cacería. En el plano de la realidad de los hombres, los puercos atacan y matan al cazador, acontecimiento que, a los puercos, les parece una simple captura, como consecuencia de la cual el hombre se transforma en miembro del grupo.

De todo esto, y de muchas más noticias etnográficas que no pueden ser ahora citadas, los juruna concluyen que, en un cierto sentido, "los puercos se parecen a los muertos". De hecho, ambos grupos viven en aldeas subterráneas; un muerto puede ir a vivir con los puercos y un puerco puede ir a vivir con los muertos. Pero, claro está, no se confunden y, de hecho, tienen una visión distinta sobre sí mismos. Cuando los puercos hozan en lugares donde hay cocos vacíos producen un sonido que ellos creen que es semejante al de las flautas de los juruna, pero éstos los distinguen. Tienen una perspectiva diferente sobre sus respectivas peculiaridades culturales. En la luna nueva es la ocasión en que el conjunto de los animales que habitan la selva adiestran a sus crías. Los juruna, en cambio, adiestran a sus criaturas durante la luna creciente para evitar que sus rituales sean simultáneos a los de los animales. Las mujeres embarazadas tienen restricciones para comer carne de caza con la finalidad de que no se transmitan al feto los rasgos característicos de la conducta animal: la agresividad y el miedo. Hacer un hombre, un juruna, es estar atento para hacer algo distinto a un animal.

Otros muchos pueblos amerindios, de modo análogo a los juruna, se piensan a sí mismos en continuidad social y cultural con los animales. Así es hoy como lo fue en los tiempos míticos. Los fragmentos de los cuerpos vivían *illo tempore* como si fueran seres de especies zoológicas insospechadas. En los mitos amerindios no parece haber referencias claras a una imagen individual del cuerpo. Más bien el cuerpo aparece como un conjunto precario e inestable de miembros, órganos, vísceras y humores. Las partes de este conjunto efímero parecen estar dotadas de autonomía o, al menos, se independizan retóricamente para interpretar cada una sus propias contingencias. No hay mitos en los que se hable del cuerpo, sino mitos en los que actúa el hígado o los intestinos o el corazón o la pierna.

Por ejemplo, un mito toba, recogido por Pablo Wright, cuenta lo que sigue: dos niños perdidos en la floresta encuentran un pájaro mágico que les advierte contra la ogresa, la vieja mujer caníbal. Cuando la encuentran, la matan. De los pechos de su cadáver emergen dos perros mágicos que vencen al monstruo de arco iris y luego ascienden al cielo en busca del ñandú. Los niños siguen a los perros y allí están todos formando una constelación (Wilbert/Simoneau 1989: 17-20). En otro mito[6], también de los toba, recogido por Métraux (1946: 138), las gentes están enfurecidas porque Zorro ha incendiado sus casas cuando habían salido a buscar miel; matan a Zorro y despedazan su cuerpo. Carancho, el demiurgo, se apropia del corazón de Zorro y el corazón protesta y declara que se ha convertido en maraca ritual. Esta relación entre el corazón y la maraca, ambos con su sonido rítmico, está presente en numerosos mitos toba y mataco.

Son muy frecuentes los relatos en los que la cabeza, separada del cuerpo, habla y se mueve a su antojo. Entre otros muchos de posible cita (cfr. Lévi-Strauss 1970: 69-88), así sucede en el siguiente fragmento de un mito tembé o tenetehara, recogido por Nimuendaju (1915).

Los espíritus protectores de la caza habían cortado la cabeza a un cazador poco considerado y depredador. La cabeza cortada exige, de forma impertinente, ser transportada por quien fue uno de sus compañeros de caza, quien ata la cabeza con un bejuco para llevarla a rastras. Cuando le puede el miedo y quiere abandonar la cabeza, ésta rueda hasta él implorándole. El hombre, entonces, pone como pretexto una necesidad urgente de defecar para aislarse; se retira y excava un hoyo que cubre de hojas. Cuando la cabeza se impacienta por la tardanza, los excrementos del cazador le contestan en su lugar que no éste no ha terminado todavía.

"Cuando era yo de los humanos, los excrementos no hablaban", observó la cabeza. Pero se movió y cayó al hoyo. El hombre se apresuró a cubrirla de tierra y volvió al pueblo. Durante la noche se oyó aullar a la cabeza que, al alba, ya había conseguido liberarse. Se había convertido en una enorme ave de presa que devoró al primer indio que encontró.

6. Citado por Lévi-Strauss (1972: 375).

Cuerpos descuartizados, cenizas de una hoguera encendida con sus pedazos, avatares celestes de sus órganos, huesos molidos y amasados, pechos convertidos en perros, orificios obstruidos, sangre que tiñe el arco iris, penes extensos, vulvas voraces, vísceras flotantes en el agua de los ríos, son imágenes que impregnan los mitos amerindios y forman una espiral de muerte y vida que nos succiona y traslada a los tiempos fundacionales del mundo, cuando el universo se formó de fragmentos del cuerpo humano y cada una de las partes de éste remitía a una montaña o a una constelación o a un árbol o a un pájaro. En aquéllos tiempos, que hoy son los de cada día para el chamán, todo era cuerpo y el cuerpo no era nada, o casi nada. Los mitos muestran la continuidad entre las partes del cuerpo y los seres naturales. Puede hablarse de metamorfosis, pero es otra cosa y es más que eso. Entre las dos series, la anatómica y la cósmica, hay sugestivas analogías formales e imprevisibles continuidades narrativas. Por ejemplo, la semejanza postulada por los chorote entre los intestinos del gigante Kiswet y cierta clase de lianas o en la conversión de dos pechos femeninos en un par de perros. Es la exploración sistemática de los puntos de contacto o fricción entre la serie formada por las partes y los órganos del cuerpo y la totalidad de los seres del mundo lo que permite al chamán curar las aflicciones de las almas y los cuerpos indios.

Por otra parte, estos hombres corrigieron la desnudez animal de sus cuerpos mediante muy diversos procedimientos: con unos dibujos o cicatrices en las mejillas o en la espalda; con unas pinturas en el rostro, los brazos o las piernas; con un cordón en la cintura o un tinte en el cabello; o poniendo encima de esa piel tan desprotegida, otra piel arrancada a algún otro animal o unos tejidos hechos con fibras vegetales o untándolo de barro reseco o introduciendo en sus narices o en sus orejas metales exhumados de la tierra. De todas las partes de la naturaleza, de todos sus reinos, proceden los materiales con que cubrieron su piel originaria[7].

Atamók, un indio nivaklé del río Pilcomayo, en el Gran Chaco, le dijo a Celia O. Mashnshnek (1975):

7. Los fragmentos míticos que siguen proceden de Wilbert/Simoneau (1984; 1987; 1991) y han sido traducidos por mí del inglés; pueden, por tanto, no coincidir con las versiones publicadas por sus recopiladores originales.

Hace mucho tiempo, nuestros antepasados no tenían vestiduras. Iban desnudos. Las mujeres no tenían chiripás y ellas también iban desnudas. Fitsakaích dijo: "¿Qué he hecho? No me gusta la gente que anda desnuda. Quiero que se cubran". Fitsakaích sabía cualquier cosa. Fue andando donde el jaguar y le dijo: "Vengo a que hagas ropas para vestir a los hombres y las mujeres". Hizo un gran montón de ropa y se lo dio como un regalo a todas las mujeres que, así, pudieron tener vestiduras que ponerse. Él dio a los hombres chiripás con que cubrirse.

En otra ocasión, Atamók contó:

Hace ahora mucho tiempo, en el mismo principio, una mujer vieja, Sitibibí, agarró un cactus espinoso y enseñó a las mujeres cómo pintar su frente. La mujer vieja dijo: "Esto es lo que voy a darles para todas ustedes. Voy a pintarles. Ustedes deben continuar pintándose de esta manera para que sean mucho más hermosas". La mujer vieja les arañó con la espina hasta que la sangre brotó de sus frentes y narices. Dibujó líneas sobre sus frentes que parecían como cruces. Al término de cinco días la totalidad de la cara había sido pintada y se había cicatrizado y era muy bonita. "Ahora, muchachas, están realmente hermosas, y esto es lo que tienen que continuar haciendo. Las jóvenes también tienen que pintarse". Las mujeres siguen haciéndolo desde entonces hasta el día de hoy.

Una mujer tehuelche del sur de Patagonia, llamada Kánserr —cuyo nombre cristiano era Ana Montenegro—, contó a Marcelo Bórmida y Alejandra Siffredi (1969-1970) lo siguiente:

Elal enseñó a los indios cómo hacer mantas de guanaco. Dijo: "Tomad la piel de las crías de guanaco y haced mantas para cubriros". Fue entonces cuando comenzaron a tomar pieles y desecarlas y aporrearlas. Entonces no tenían agujas de coser; usaban un cuchillo de piedra para hacer pequeños agujeros a través de los cuales simplemente enhebraban el tendón. Elal enseñó a las mujeres cómo secar y coser las pieles: "Mujer debes coser", dijo. El hombre fue enseñado a preparar el guanaco: cómo matar a los guanacos jóvenes, cómo despellejarlos y cómo ablandar la piel.

Wayana Mecu Bautista, un indio cuiva que vivió en la confluencia del caño Mochuelo y el río Casanare, en el este de Colombia, cerca de la frontera con Venezuela, hablando con Francisco Ortiz (1978: 265), dijo:

> La gente que vive cerca del río Arauca comprende cómo Araña hace sus telas. Para hacer tela roja usa las plumas del *corocora* y la garza. Para tela negra usa las plumas del *anhinga* y del pavo. Hace tela blanca con plumas de garza y telas duras con las plumas del jabirú. Araña trabaja en la noche y descansa durante el día. Es una trabajadora tenaz y por la mañana ya ha terminado un par de pantalones, una camisa y un corte de tela.

Las enseñanzas de Elal y de Sitibilí, los dones de Fitsakaích o el duro quehacer de Araña coinciden con el trabajo de nuestro Padre del desierto: "Luego hizo Yahvé al hombre y su mujer unas túnicas de piel y los vistió". Si cubrir a los hombres ha sido una tarea divina, no pueden estos cristianos consentir cualesquiera otras formas posibles de engalanarse, mediante sólo pinturas o tatuajes, que pudieran ser entendidas como desnudez; es decir, como confusión o como impugnación rebelde a la distinción entre los animales y el hombre. Pero ni siquiera eran aceptables formas diferentes de vestir cuya belleza y dignidad eran invisibles para los sentidos educados en la tradición del Occidente cristiano. Por eso los catecismos cristianos para indios (como el publicado en 1548 por Pedro de Córdoba "en lengua española y mexicana") repiten una admonición frecuente (folios 114v-115r): "Y principalmente os habéis de vestir porque habíades de haber vergüenza por andar como andáis desnudos algunos de vosotros, descubiertas vuestras vergüenzas por delante y por detrás, ca mucho es necesario que anden vuestras carnes cubiertas de toda parte".

El padre José de Acosta (1952: 381) falseaba al decir, en 1576, que "la lascivia y procacidad de las indias es terrible y todo pudor desconocido", pero las que fueron sus sensaciones se han mantenido, dolorosamente refractadas, hasta hoy. En la década de 1970, cuando Georg Grünberg (1992: 295) preguntó a un suboficial del ejército paraguayo que viajaba en su compañía, por qué había disparado y matado, desde el automóvil, a una joven mujer aché que se estaba lavando en un arroyo, éste le contestó: "¡Me dio vergüenza ver aquella india sucia y desnuda, por eso la maté!". El cuerpo desnudo se desplomó sobre el arroyo y el brillo aceitoso de su piel se confundió con el brillo del agua.

Los cuerpos indios, contemplados como sucios y desarticulados, habían de ser objeto de una reconstrucción sistemática para que pudieran alojar el alma, la sustancia más valiosa para la exportación de las culturas mediterráneas.

* * *

Los cuerpos amerindios fueron profunda y esencialmente transformados por la colonización europea. En un sentido literal, físico, esta transformación fue resultado de muy diversos factores voluntarios e involuntarios:

— los cuerpos indios experimentaron un choque vírico que, después de producir millones de víctimas, modificó a los supervivientes dejándolos equipados con un nuevo sistema inmunológico apto ya para combatir las enfermedades del Viejo Mundo;

— la dieta indígena se alteró con la introducción de nuevos productos vegetales y animales, y entonces, la carne, la sangre y los huesos indios empezaron, pronto, a reflejar los efectos de una alimentación diferente a la que habían tenido como tradicional;

— los contactos sexuales con los recién llegados, colonizadores o esclavos, hicieron aparecer numerosas variaciones fenotípicas y desarrollarse un proceso de mestizaje cuyas proporciones no tenían antecedente en la historia de la especie;

— los cuerpos indios, más o menos mestizos, más o menos "puros", que consiguieron resistir los virus de origen europeo y se adaptaron a la nueva alimentación, serían, casi simultáneamente, utilizados para realizar unos trabajos de intensidad, posturas y movimientos no conocidos antes y que terminaron por modelar sus cuerpos con otras formas: como cuerpos de minero, cuerpos de pescador de perlas, cuerpos de servidor doméstico, cuerpos de labrador, cuerpos de pastor o de cualquier otro de los nuevos oficios de la sociedad colonial.

Los nuevos cuerpos fruto del mestizaje y la colonización fueron, primero, objeto de atención para una política ético-estética y, después, para una política espiritual. Primero habían de ser transformados en algo semejante a los cuerpos europeos para que pudieran ser los contenedores adecuados de la nueva sustancia que éstos llevaron a América: el alma de filiación platónica. Para poder ser convertidos en cuerpos "cristianos", poseedores de alma, debían, primero, transformarse en su apariencia. Porque "lo tocante a la policía corporal sirve de escalón para lo espiritual y aprovecha a la subida de otro grado más alto que es el tratado de las cosas espirituales" (arzobispo Zapata de Cárdenas 1990 [1576]).

Los cuerpos indios, aunque pudieran ser para los europeos objeto de sus deseos amorosos y ser fecundados por ellos y aunque pudieran, sobre todo, ser domesticados y subyugados para poder ser utilizados en los nuevos trabajos de la colonia, habían de ser, además, rehechos conforme a los cánones de un exigente proyecto de perfeccionamiento y dominación moral. Rehacer los cuerpos no era, para ellos, sólo una expresión metafórica, sino una finalidad moral, porque siempre aquéllos españoles pensaron, siempre supusieron, que en las formas y en los gestos de aquellos cuerpos paganos había un significado maligno.

En el Segundo Concilio Limense (1567-1568), el canon número 100 establece "que los sacerdotes trabajen por desarraigar la superstición de amoldar o deformar las cabezas de los muchachos de ciertas formas, que los indios llaman *saitaomas* o *paltaomas* y que los jueces seglares castiguen a los hechiceros que tal hacen". El canon siguiente establece lo mismo respecto a "ciertas maneras de torcer o hacer trenzas de los cabellos y trasquilarlos" y el 103 "que se quite el abuso supersticioso que tienen los indios orejones (esto es, los incas) de horadarse las orejas y traer en ellas colgadas rodajuelas"[8].

Pero, la cuestión prioritaria se refería a la desnudez y al vestido. El arzobispo Zapata, antes citado, detalla hasta la nimiedad cómo debían de ser los vestidos y preceptúa que los varones usen "camisetas y carahueles" hasta por debajo de la rodilla y las mujeres deben vestir "camisa alta y manta ceñida con su maure o chumbre (su faja)", la cual descendería hasta los pies. También concreta el peinado conveniente: los varones debían llevar el cabello cortado a modo de coleta y las mujeres sujetado por cintas de manera que la frente quedara despejada[9].

Toda la "policía corporal" converge, como clave de bóveda, en el concepto de limpieza. No se trata, desde luego, de la limpieza de sangre, imposible para estos indios que quizá, como algunos creían entonces, eran descendientes de una de las tribus perdidas de Israel, sino de la limpieza de cuerpo y casa como signo de la limpieza del alma. En el Tercer Concilio de Lima (1582-1583)[10], en su capítulo 4º de la quinta sesión, se establece que "la vida cristiana y divina [...] exige un hábito de vida no indigno de la razón natural y del hombre [...] primero es lo

8. Citados por Marzal (1971: 387-88).
9. Citado por Borges (1960: 242-243).
10. Cfr. Lisi (1990).

animal y luego lo que es espiritual". Por ello se recomienda a los párrocos que procuren que los indios "no vayan al templo sucios y desarreglados, sino lavados, arreglados y limpios, que las mujeres se cubran la cabeza con algún manto, que en las casas usen mesas para comer y lechos para dormir, que las casas mismas no sean corrales de ganado, sino habitación de hombres con orden, limpieza, decoro...".

Limpieza, orden y civilidad se enfrentan a suciedad, impureza y pecado, que se representan como indisociables. Así describe Remesal (Libro VI, Cap. VII; 1966: 752) cómo los dominicos vieron y juzgaron a los indios de Chiapas:

> El estado en que los padres de Santo Domingo los hallaron, era miserabilísimo en el alma y en el cuerpo, porque éste ordinariamente le traían desnudo como nacieron de sus madres. Sólo se ceñían y cubrían con una venda de cuatro dedos en ancho que llaman *mastel*, que era bien poco reparo de la honestidad. Pintábanse o tiznábanse con un betún colorado o negro, sucio y asqueroso. El cabello que de su natural es grueso y negro, traíanlo encrespado o rebujado en la cabeza como estopas, a causa de que no se lo peinaban. Las uñas de las manos sucias y largas como de gavilán, porque nunca se las cortaban de propósito, sólo se disminuían cuando por el ejercicio de las manos se rozaban. Para sus necesidades corporales tenían menos instinto que perros o gatos, porque unos delante de otros orinaban sentados como estaban en conversación y las primeras veces que iban a sermón dejaban todo el suelo mojado y enlodado, no menos que un corral de ovejas.

En otro momento de su crónica, el mismo Remesal (1966: 773) cuenta cómo:

> [...] estos padres (dominicos) para acariciar a los indios, [...] y por su bien, se hacían como madres suyas. Peinábanles el cabello, quitábanselo, cortábanles las uñas, lavábanles la cara y el cuerpo, vestíanles camisas, poníanles greguescos o calzones, juntábanles la ropa, ceñíansela, enseñábansela a cortar y a coser; y aun no desdeñaban de decirles el modo de cumplir con sus necesidades corporales decentemente, hacíanles las casas, trazábanselas, disponíanselas.

Estos nuevos cuerpos, frutos de la colonización, fueron representados por sus poseedores como algo dado, incuestionable, algo que —como nos sucede a todos con nuestros respectivos cuerpos—

aparece ante la mirada propia como si se tratara de una entidad natural y no como lo que, de hecho, es: un producto histórico[11].

Los cuerpos antiguos, los de antes de la colonización, pasaron a ser representados imaginariamente, en los mitos y en el ritual, como cuerpos de excepcional poder y fortaleza, como cuerpos de otra especie de humanidad, que pertenecieron a hombres de otra era cosmogónica, de otro sol. De aquellos cuerpos anteriores —representados unas veces como gigantescos y otras como diminutos, pero siempre de otro tamaño, de otra escala— ahora no quedan sino restos en las tumbas o en las ruinas, aunque, para muchos pueblos amerindios, esos restos siguen conservando parte de su potencia, que imaginan como peligrosamente maléfica.

Pero mientras que la transformación física de los cuerpos amerindios se produjo sin dejar rastros en la conciencia indígena (puesto que los cuerpos de los antepasados son pensados como otra clase de cuerpos de una especie diferente de hombres), en cambio, las modificaciones en la concepción del uno mismo, del *self*, sí han dejado hasta hoy unas huellas que manifiestan el proceso histórico de la colonización.

Frente a sus antiguas y diversas creencias sobre la compleja composición y estructura del yo, los españoles les comunicaron que su cuerpo era el soporte y el antagonista de la nueva y sutil sustancia traída del Mediterráneo, el alma. Como se puede ver en los sermonarios (con frecuencia escritos en castellano y en lenguas indígenas), se procuró convencer a los amerindios de que el hombre está formado únicamente por dos partes diferentes: "Primeramente, hermanos, bien sabéis que sois hombres como yo, y como los demás, y que todos los hombres, acá dentro de este cuerpo que veis, tenemos una alma, que aunque no la vemos, porque no es de carne, ni de hueso, como el cuerpo, pero con ella vivimos y hablamos y andamos y sentimos y pensamos y queremos y hacemos muchas cosas..."[12].

Los amerindios habían de entender que las dos partes con que, a partir de ahora, estaban compuestos mantenían un persistente antagonismo. "Las inclinaciones del cuerpo y los deseos del alma son opuestos uno al otro. Así es que desde afuera y desde dentro, eres sometido

11. Cfr. Feher *et al.* 1990.

12. "Sermón Primero en que se declaran los primeros presupuestos de la Fé", en *Doctrina Christiana*... (1985: 364). Texto trilingüe en castellano, quéchua y aymara.

a grandes penas, angustias y tribulaciones"[13]. Los deseos de una de estas partes, los del alma, habían de ser preferidos a los del cuerpo, por cuanto éste era corrupto y la otra, en cambio, tenía vida eterna. En los sermones, en su propia lengua indígena, se les decía así:

> En saliendo esta alma del cuerpo (que es cuando muere un hombre) luego el cuerpo queda sin habla, y sin sentido, y sin menearse como una piedra, o un pedazo de tierra. Esta alma, hijos míos, cuando sale de este cuerpo, no se acaba, ni muere como se acaban las bestias y animales, que en muriendo el caballo o el perro, le echáis en el muladar y no hay más cuenta con él, porque ya se acabó del todo. Mas los hombres no somos así, antes cuando el alma sale de este cuerpo, va luego a otra vida, donde para siempre ha de durar y nunca jamás se ha de acabar[14].

Para que esta vida eterna del alma pueda gozarse es preciso que el indio, como todo hombre, se contemple a sí mismo de una forma peculiar, como sujeto moral. El conjunto de la vida humana se reduce, desde esta perspectiva, a dos clases de acciones, buenas o malas.

> Porque habéis de saber que en arrancándose vuestra ánima y saliendo de ese cuerpo, luego es llevada por los ángeles ante el juicio de Jesucristo y allí le relatan todo cuanto ha hecho bueno y malo, y oye sentencia de aquel alto juez, de vida o muerte, de gloria o de infierno, como lo merece sin que haya más mudanza para siempre jamás. Y por esto habéis visto pintado a San Miguel, el glorioso Arcángel, con un peso que está pesando las ánimas, que significa y quiere decir que en la otra vida se mira el bien y el mal que han hecho las almas y conforme a eso reciben su sentencia[15].

Para que en esa situación del último juicio pueda uno confiar en un trato benévolo ha de haber cumplido, en vida, periódicamente con la confesión. Es éste el ritual cuya conveniencia, después del bautismo, más se encarece a las almas americanas: "[...] en estos nuevos pueblos de indios nada hay después de la fe que se haya de inculcar con tanta frecuencia y cuidado [que la confesión], siendo [ésta] la única esperanza que les queda de su salvación"[16].

13. Córdoba (1987: 27).
14. "Sermón Primero...", en *Doctrina Christiana*... (1985: 364-365).
15. "Sermón XXX de los Novísimos", en *Doctrina Christiana*... (1985: 738-739).
16. Acosta (1952: 559).

Sin embargo, no era fácil enseñar a los indios la confesión; tenían que configurar un ser moral desconocido, poseedor de una sustancia ética, también desconocida, formada por sus actos y los deseos de su corazón; tenían que atender a unas sutilezas de su nueva alma que les habían de parecer cosa indescifrable, y así, "muchos de vosotros os confesáis mal: y en lugar de alcanzar perdón de vuestros pecados, hacéis otro mayor confesando mal, y enojáis terriblemente a Dios. Y aun por eso también padecéis enfermedades muchas veces en el cuerpo y tenéis trabajos temporales y os suceden mal vuestras cosas..."[17].

La mayor dificultad estaba, probablemente, en la exploración de un interior oculto para reconocer e identificar en él los deseos incumplidos, que se convierten así en fundamento de la autoconciencia[18]. Porque, como se les continuaba diciendo en el sermón anterior: "no sólo has de decir tus obras, sino también tus pensamientos malos cuando, si pudieras, los pusieras por obra: si deseaste pecar con fulana y la miraste para eso, quisieras hurtar la manta o el carnero del otro y lo dejaste porque no te castigase el Corregidor... Todo esto, hijos míos, habéis de decirlo: porque también por los pecados del corazón que no se ven, se condenan los hombres".

La propia mirada, inquisitiva y escrutadora, debía penetrar en lo más recóndito de los nuevos laberintos que estaban configurándose en un alma todavía india, no suficientemente europea. Por eso, los frailes quisieron enseñarles a reconocer y distinguir en "su corazón" involuntarias pasiones fugaces y a provocar en sí mismos emociones de arrepentimiento y dolor por lo hecho y, también, por lo no hecho. Pero quizá, en muchos casos, no lo consiguieron y todavía no lo han conseguido, porque "a los bárbaros de sentimiento más débil y fe menos viva, raras veces acontece llegar a sentir en su corazón el dolor perfecto que llamamos contrición"[19].

* * *

Estos esfuerzos hicieron que muchos indios americanos, sobre todo de Mesoamérica y de los Andes, introdujeran el alma en sus

17. "Sermón XII. En que se trata, como para que la confesión sea cual debe, ha de preceder examen de la conciencia", en *Doctrina Christiana...* (1985: 480).
18. Cfr. Klor de Alva (1988).
19. Acosta (1952: 560).

nuevos cuerpos y quedaran, así, reconstruidos, por dentro y por fuera, según los modos que exigía la situación colonial. Pero la transformación, aunque radical, no fue tan absoluta como para anular su singularidad. Siguieron, aunque con nuevos cuerpos y almas, siendo indios, es decir, diferentes. Su diferencia fue construida recreando y combinando algunos fragmentos, ruinosos o defectuosos, de las representaciones del cuerpo y del alma que recibieron, tanto de sus antepasados nativos de América, como de sus otros antepasados culturales más recientes, los nativos del Mediterráneo que llegaron para establecer su dominio.

Uno de los mejores estudios etnográficos sobre este tema es el de Pedro Pitarch (1996) sobre "las almas" de los tzeltales de Cancuc, en Chiapas. Las gentes de Cancuc están compuestas por un cuerpo (*baketal*), que es fundamentalmente carne y hueso, y por un conjunto de almas que se encuentran todas en el corazón. En este conjunto anímico se distinguen tres tipos de entidades: un ave o pájaro minúsculo; el *chulel*, que es algo semejante al espíritu; y uno o varios *lab*, que son unos seres de condición muy diversa.

Mutil ko'tantik (el ave de nuestro corazón) tiene la forma de un pequeño gallo en los varones y de una gallina en las mujeres. Todas las personas lo poseen y lo necesitan para poder vivir. No puede o no debe abandonar el corazón porque su ausencia afecta al cuerpo de inmediato, pero, como es un ave comestible, es codiciada por algunos seres demoníacos que forman parte del alma de parientes o vecinos. Aunque el cuerpo no puede vivir mucho tiempo sin este ave, no se le atribuye ninguna función especial en el carácter, la sensibilidad o el razonamiento de la persona.

El *chulel* también está en el corazón y es necesario para la vida, pero puede estar fuera del cuerpo varios días, varios meses, a veces hasta uno o dos años, sin que el individuo muera. En el *chulel* está el origen del pensamiento, la memoria, las emociones, los sueños y el lenguaje. Una característica esencial del *chulel* es la de que está presente, simultáneamente, en dos dominios diferentes; por una parte, en el corazón y, por otra, en una cueva imaginaria dentro de una montaña real y conocida. Se cree que existen cuatro cuevas, en los cuatro rumbos cardinales, que alojan a los *chulel*. Estas cuevas constituyen como una réplica ideal, y en cierto modo invertida, de la sociedad terrenal donde viven los cuerpos de la gente de Cancuc. En estas cuevas mandan las mujeres y hay un lugar reservado para cuidar el *chulel* de los niños que van naciendo en el pueblo de Cancuc. Todos los *chulel* que están en estas cuevas se hallan jerárquicamente organizados sentados en bancos, delante de unas mesas y actúan, en ocasiones, como una especie de tribunal que juzga tanto a los habitantes espirituales de la cueva como a las personas físicas que viven en el pueblo. La parte del *chulel* que no está en la cueva, sino en el corazón de la persona, sale del cuerpo con facilidad y deambula por el mundo. En este deambular no corre el peligro de ser dañado, porque es indestructible, pero sí puede ser capturado y verse así imposibilitado de regresar, en un tiempo prudencial, al cuerpo que le corresponde. Sale durante el sueño o a causa de algún espanto o arrebato, pero también por un simple antojo, lo que es muy frecuente entre los niños, pues su *chulel* todavía no se ha acostumbrado a su cuerpo. Una gran parte de las oraciones para la curación de las aflicciones o enfermedades está dirigida a encontrar el *chulel* que se ha perdido o está encarcelado por algunas entidades anímicas de otras personas de Cancuc. Los títulos de algunas de estas oraciones indican los lugares en que, con mayor frecuencia, se espera encontrar el *chulel* perdido; por ejemplo, al borde de los caminos, en la cumbre de las montañas, en el interior de un altar de la iglesia, en el cascabel de una serpiente, en la copa de un árbol, dentro de alguna piedra.

El corazón de los tzeltales de Cancuc alberga, además de un ave pequeña y del *chulel*, a uno o varios seres, hasta un número máximo de trece, que se denominan *lab*. Los *lab* también son llamados, a veces, *pukuj* (demonio) y están en dos lugares al mismo tiempo: en el corazón, como las otras dos, y por muy diversos parajes de los alrededores de Cancuc. Cada alma puede tener muy diferentes clases de *lab* o "demonios". Algunos tienen forma de animales, como buitres, palomas, gavilanes o jaguar o tigrillo o gato doméstico. Los animales *lab* viven libres por toda la superficie de la tierra, en los ambientes que corresponden a su naturaleza y se confunden con los animales normales; se dice: "la mayoría de los animales son animales verdaderos, sólo algunos son gente" (es decir, son partes del alma de algún hombre). Otros *lab* tienen forma de peces cuya cabeza es algún utensilio o herramienta de metal (una pala, unas tijeras, un pico). Otros más son fenómenos atmosféricos como el rayo, el relámpago, los vientos o el arco iris. Quien tiene, formando parte de su alma, en su corazón, un *lab* que sea un rayo, por ejemplo, ha de rezar para que no le suceda nada malo y se quede trabado en un árbol. Hay, por último, una clase muy heterogénea de *lab* que tienen como denominador común el ser donantes de enfermedad. Entre ellos, son frecuentes el búho, la lechuza, la cabra y la oveja, pero, sobre todo, el cura, el obispo, el jesuita, el escribano o el profesor. Cada uno tiene costumbres específicas que son amenazas para la vida de la gente. Por ejemplo, el cura, que es llamado *pale* ("padre") por los tzeltales, tiene un irreprimible deseo de comer carne, de pollo en particular, y por ello procura comerse "el ave del corazón" de otras gentes. El escribano, que es llamado "nombre", escribe en un libro los nombres de las personas a las que va dando la enfermedad. Cualquier *lab*, por otra parte, puede atraer el *chulel* de alguna persona y tenerlo secuestrado, causándole, así, enfermedad y muerte.

Pitarch afirma:

> Que la persona se imagine compuesta por varios seres es un aspecto decisivo. A diferencia de la concepción europea (moderna) en que alguien en un momento dado sólo debe poseer una identidad, es decir, se halla individualizado (o de lo contrario está loco, enfermo), en las representaciones tzeltales, una persona, por definición, tiene simultáneamente varias identidades, es varios seres. Lo otro está contenido en el sí mismo. Es una condición que puede especificarse mediante la fórmula de Ricoeur (1990)[20] relativa a la tensión dialéctica entre el sí mismo como uno mismo y el sí mismo como otro.

Uno de estos otros instalado en una intimidad sólo accesible al chamán es, por ejemplo, un "otro" étnico, un castellano que toma la forma de algunas figuras procedentes de la historia de la sujeción colonial (obispo, fraile, maestro o escribano). El resultado es bastante más complejo y sutil que lo que se acostumbra a decir o escribir sobre sincretismo o mestizaje: el pasado colonial, convertido en una sucesión de figuras emblemáticas connotadas de distancia cultural y de incomprensión, se instala en la persona para intervenir en las relaciones sociales del presente poscolonial y afectar su salud y el conjunto de su vida.

En las culturas andinas las representaciones sobre el ser humano son bien distintas. Entre los aymaras de Bolivia, por ejemplo, según

20. Se refiere a *Soi-même comme un autre*. Paris: Éditions du Seuil.

los estudios realizados por Gerardo Fernández Juárez (1999), cada quien tiene tres "sombras" y una enfermedad frecuente es la que tiene relación con la pérdida de alguna de ellas. El efecto más ostensible es una enfermedad denominada *katxa* o *katxata*, expresión que alude al fenómeno sufrido por el doliente que ha sido "agarrado", sufriendo la sustracción de su "sombra". La denominación completa de la dolencia identifica al agente productor de la enfermedad y guarda relación con la etiología específica que presenta: *Pachamama katxata*, "agarrado por la tierra"; *rayun katxata*, "agarrado por el rayo"; *tiyun katxata*, "agarrado por el *tío*" (el diablo)... etc. Cada una de estas tres "sombras" recibe una denominación específica: la primera y más importante es conocida como *ajayu*, que es la sombra principal y cuya pérdida implica la muerte irreparable del doliente. Las otras "sombras" reciben denominaciones prestadas del castellano; la segunda "sombra" es el *ánimu*, de carácter secundario frente a la primera, su pérdida puede ser corregida, puesto que hay un plazo de tiempo en que el *ánimu* puede ser restituido al doliente para su curación; la tercera de las "sombras" recibe la denominación de *coraje* y su pérdida es sólo un episodio sin importancia, puesto que tiende a reincorporarse sin mayores problemas a la disciplina corporativa de las "sombras". Estas "sombras" arrebatadas constituyen la principal amenaza a la salud en el altiplano aymara. Los problemas derivados del cuerpo, en el sentido que nosotros damos a esta palabra, y que es el dominio de acción de los médicos, son considerados problemas de "segunda clase", prácticamente intrascendentes, sin la consideración social de amenaza y peligro que las enfermedades relacionadas con las "sombras" poseen.

Más complicado es decir algo sintético, o referir un único ejemplo, que sea ilustrativo del conjunto de las culturas amazónicas. En un artículo muy citado, "A construçao da pessoa nas sociedades indigenas brasileiras", Seeger *et al.* (1979) afirman que "la fabricación, decoración, transformación y destrucción de los cuerpos son los temas en torno a los cuales giran las mitologías, la vida ceremonial y la organización social" de estas sociedades. El cuerpo humano entre los grupos jê del Brasil central aparece dividido en aspectos internos (ligados a la sangre y al semen, a la reproducción física) y aspectos externos (ligados al nombre, a los papeles públicos, al ceremonial, al mundo social en definitiva). Esta oposición está en correspondencia con el dualismo básico de los jê entre la esfera doméstica (la periferia de la aldea, donde están las casas) y la esfera pública y ceremonial (el centro de la aldea), que, a su vez, es una oposición complementaria a la que se da entre el dominio o ámbito estructurado en términos de una lógica de substancia física (producción de individuos o de alimentos) y el ámbito estructurado en términos de relaciones de nominación o de grupo de edad, que son relaciones que niegan, en cambio, los lazos de substancia. El aspecto que debe ser enfatizado, ahora, es que el cuerpo es el *locus* privilegiado por las sociedades tribales sudamericanas como punto de convergencia de la oposición entre lo individual y lo social.

En síntesis, puede decirse que, pese a los esfuerzos de una cristianización que no ha cesado en más de cinco siglos, los cuerpos amerindios siguen conservando en sus cuerpos y en sus almas las marcas gloriosas de su antiguo paganismo.

* * *

Hace algunos años, James Clifford (1995: 119) escribió:

> Decir que el individuo está culturalmente constituido se ha convertido en un axioma. Estamos acostumbrados a oír que la persona en Bali o entre los hopi o en una sociedad medieval es diferente de los individuos de la Europa burguesa o de la Norteamérica moderna (esto es, que tiene diferentes experiencias de tiempo, espacio, parentesco, identidad corporal). Presuponemos, casi sin discusión, que un sujeto pertenece a un mundo cultural específico tanto como que habla un lenguaje nativo: un sujeto, una cultura, un lenguaje. [...] la idea de que la individualidad se articula dentro de mundos de significación que son colectivos y limitados no está en tela de juicio.

Pese a sus intenciones relativistas, Clifford utiliza aquí algunos términos (persona, sujeto, individuo, individualidad...) que no son fácilmente comprensibles ni aceptables universalmente y que, como se ha anticipado antes y verá el lector en las páginas siguientes, son muy problemáticos para su uso intercultural.

Pero además, aunque, como dice Clifford, haya pasado a ser axiomática la afirmación de que el individuo está culturalmente constituido, esto no significa que conozcamos de qué manera se produce en las distintas épocas y culturas este proceso de constitución. Hay numerosas preguntas para las que tenemos solo respuestas provisionales. Por ejemplo: ¿cuáles son los procedimientos fundamentales mediante los que una sociedad construye y transmite los límites conceptuales de diferenciación o de analogía entre seres humanos y otros seres naturales?, ¿cómo, porqué y con qué efectos se escogen determinados seres naturales (el jaguar, el cerdo o el mono) como emblemáticos de una cierta clase de pseudo-humanidad? O, en otro orden de cosas, las categorías a priori de la experiencia —el tiempo y el espacio— ¿cómo son transformadas por las diferentes concepciones del cuerpo? Los sentidos —su número, su jerarquía— ¿de qué manera se relacionan con distintas representaciones del cuerpo? Las formas de existencia de los cuerpos de los muertos humanos ¿en qué se parecen o se diferencian, o qué relación tienen con otros cuerpos (de humanos no-nacidos, de muertos no-humanos, de vivos en otros mundos)? Son muchas preguntas de las que tenemos respuestas fragmentarias y rara vez formuladas en términos que nos permitan desarrollar comparaciones inductivas de alguna reflexión general.

Las cautelas a este respecto nos han llevado a titular este libro de forma un tanto minimalista (*Retóricas del cuerpo amerindio*). Podría haberse titulado, por ejemplo, "Conceptos de cuerpo y persona en culturas amerindias". Pero en estas culturas, ¿hay ideas tan consistentes y sistemáticas como las que sugiere el término "concepto"?, y, algo aún más importante, ¿hay "personas" en el sentido que, para nosotros, tiene el término? Sólo si los aceptamos en sus sentidos más laxos y puramente aproximativos podemos utilizar estos términos con alguna soltura.

El de "persona", por ejemplo, es claro que difiere sustancialmente del que nuestra tradición metafísica, moral y aun psicológica nos ha hecho familiar. Quizá, sorprendentemente, podríamos, como antropólogos americanistas, estar más cerca de las discusiones teológicas que mantuvieron los cristianos en los Concilios de Nicea y Calcedonia, cuando, hacia la mitad del siglo IV, admitieron la equivalencia de los términos "hipostásis" y "persona" y la diferencia con los de "sustancia" o "naturaleza". Como es bien sabido, la mayor dificultad estaba en expresar la convergencia en una misma persona, la de Jesús de Nazaret, de sus dos naturalezas, una divina y otra humana. Lo cual, a su vez, para salvar la apariencia de monoteísmo, condujo a un gigantesco esfuerzo teórico para definir la Trinidad, que es, a la inversa, una sola naturaleza y tres personas ("tres personas distintas y un solo Dios verdadero"). Frente a las tesis de Arrio y de otros muchos obispos que no aceptaban la noción de consubstancialidad, otros cristianos que, a la postre, fueron los vencedores de la fuerte controversia elaboraron una declaración de fe, el credo de Nicea, que se ha mantenido hasta hoy y en donde afirman, simultáneamente, la autonomía de Jesús como persona y su consubstancialidad con el Padre.

Estas cuestiones representan un desafío conceptual análogo al que nos enfrentamos al intentar entender formas amerindias de representarse a la persona humana. Para muchos indígenas americanos resultan comprensibles estos misterios de multiplicidad de personas con una misma naturaleza o de una sola persona con múltiples naturalezas. Incluso podríamos decir, con cierta ironía, que el Concilio de Nicea constituye un ejemplo de una manera amerindia de pensar al ser humano como receptor (eludo la palabra "poseedor") de varias naturalezas (animales, atmosféricas, imaginarias o humanas de otros tiempos y épocas) y cada una de ellas, como en Jesús de Nazaret (que tuvo dos voluntades, divina y humana), con sus diferentes "voluntades", es decir, actuando como "sujetos" diversos. Un ser humano, un solo cuerpo visible, pero varios sujetos. Pero también encontramos entre pueblos amerindios la situación inversa: diversos seres, con cuerpos o formas diferentes (jabalíes y humanos, por ejemplo), que comparten una naturaleza análoga (lo que quiere decir algo parecido a lo que, antiguamente se llamaba, y está volviendo a llamarse, "animismo").

Los estudios sobre el concepto de persona constituyen un campo clásico de la antropología, en especial de la tradición francesa. Pero, también en la antropología norteamericana, quizá menos en la británica, disponemos de numerosos trabajos sobre el tema. El relativismo está bien asentado en esta cuestión. Clifford Geertz (1994: 77) escribe:

> Las nociones sobre lo que son las personas pueden, en ocasiones, parecer a nuestros ojos bastante extrañas. Las personas pueden concebirse como si se desplazasen nerviosamente en la noche, tomando la forma de luciérnagas. Puede creerse que los elementos esenciales de sus psiques, tales como el odio, se hallan alojados en negros cuerpos granulares en el interior de sus hígados, y que éstos sólo se hacen evidentes tras la autopsia. Pueden compartir su destino con bestias *doppelgänger*, de modo que cuando la bestia caiga enferma o muera, ellos también lo hagan. [...] La

> concepción occidental de la persona como un universo limitado, único y más o menos integrado motivacional y cognitivamente, como un centro dinámico de conciencia, emoción, juicio y acción organizado en un conjunto característico y opuesto por contraste tanto a otros conjuntos semejantes como a su *background* social y natural, es, por muy convincente que pueda parecernos, una idea bastante peculiar en el contexto de las culturas del mundo.

Y, por esta razón, nosotros hablaremos sobre todo de cuerpos, sobre cómo algunos pueblos amerindios hablan sobre sus respectivos y diferentes cuerpos; sólo, de manera indirecta, sobre sus correspondientes conceptos de persona. Pero tendremos presentes, en todo momento, la tradición de la disciplina sobre una noción tan evasiva y problemática.

Como recordaron Seeger *et al.* (1979) en un artículo pionero y ya citado antes, en la tradición intelectual de la antropología británica ha predominado la idea de entender la "persona" como "personalidad social"; esto es, como un agregado de papeles sociales estructuralmente prescritos y configurados como un repertorio de derechos y deberes. Por debajo de esa diversificación ilimitada de papeles sociales habría, según esta idea, un centro estable que a lo largo de la vida es el que proporciona la autopercepción de la individualidad. Pensando de este modo (papeles sociales frente a individualidad) se da verosimilitud a la consabida y pretendidamente universal contraposición de individuo y sociedad. Desde que Malinowski (1963 [1927]) marcó a los trobriandeses con una oposición *mother-right versus father-love*, y Radcliffe-Brown (1974 [1924]: 25-43) definió la relación avuncular a partir de la oposición entre la obligación y el afecto, lo reglado y lo optativo, lo obligatorio y lo espontáneo, han sido legión en la antropología las dicotomías o análisis dicotómicos de las sociedades en términos de una polarización entre lo individual y lo social, lo normativo y lo expresivo, lo legal y lo sentimental. En relación con el concepto de persona, esta perspectiva va a producir el entendimiento del ser humano como un ser dividido, en el que la vieja dualidad de cuerpo y alma toma ahora, según la formulación de Durkheim, la renovada forma de una tensión entre individuo y sociedad. Incluso las más sugestivas líneas de investigación de la antropología británica, como es, por ejemplo, la de Mary Douglas (1973; 1978) sobre el cuerpo y los símbolos naturales, es tributaria de estos dualismos —etnográficamente improbables, pero tan verosímiles y comprensibles para la óptica occidental—.

En la antropología cultural norteamericana, el problema se plantea en términos algo diferentes y la dicotomía individuo *versus* sociedad, se reformula como relación tensa entre individuo y cultura (manifestada en diversas líneas de trabajo como la escuela llamada de "cultura y personalidad", la etnopsiquiatría y las numerosas adaptaciones pragmáticas de "el malestar en la cultura"). Puede decirse que el grueso de la antropología norteamericana en este campo se ha centrado en estudios de "personalidad" más que en estudios sobre la representación o el concepto de persona en sentido estricto. Aunque algunos autores aislados y, hasta hace poco, considerados marginales como Paul Radin (1968 [1927]) atendieron a las cuestiones más radicales del problema (es decir, no sólo a cuestiones de ajuste entre personalidad y cultura o de producción cultural de la personalidad "modal", sino a la concepción de ése algo innominado que subyace a las diferentes personalidades de una cultura, "la naturaleza del yo").

De hecho, por extraño que parezca dado el gran desarrollo y buena calidad media de la antropología norteamericana, los estudios antropológicos están poco representados en el campo, en cambio floreciente, de la psicología cognitiva o los estudios filosóficos sobre el *self* o la *consciousness*, que trabajan a partir del supuesto, a nuestro juicio erróneo, de la existencia de una sola y universal clase de persona humana que está diferenciada del mismo modo, y en todas partes, de otros seres naturales.

Por dar un solo ejemplo de ignorancia de la peculiaridad de nuestro concepto de persona podemos citar el libro de Lynne R. Baker (2000), profesora de filosofía en la Universidad de Massachusetts, del que se dice en su contraportada:

> What is a human person, and what is the relation between a person and his or her body? In her third book on the philosophy of mind, Lynne Rudder Baker investigates what she terms the person/body problem and offers a detailed account of the relation between human persons and their bodies. According to the solution Baker offers, a human person is constituted by a human body, but a human person is not identical to the body that constitutes him or her.
>
> Baker's argument is based on a perfectly general view of material objects: the "Constitution View". Applied to human persons, the Constitution

> View aims to show what distinguishes persons from all other beings and to show how we can be fully material beings without being identical to our bodies. The Constitution View yields answers to the questions "What am I most fundamentally?", "What is a person?", and "What is the relation between human persons and their bodies?". Baker argues that the complex mental property of first-person perspective enables one to conceive of one's body and mental states as one's own. She provides a convincing alternative to the competing viewpoints of Immaterialism and Animalism

Las citas podrían multiplicarse señalando una y otra vez la misma incomunicación entre los estudios norteamericanos de antropología cultural y la "filosofía de la mente" o la "psicología cognitiva". Por ejemplo, otra obra de la que cabría esperar, por su planteamiento innovador y multidisciplinario, una perspectiva pluricultural muestra, sin embargo, un extraño desinterés por clases de cuerpos y personas diferentes a los construidos en la tradición occidental. Nos referimos al libro de Bermúdez, Marcel y Eilan (1995) en el que afirman:

> Many usages of the term 'self-consciousness' seem to imply an awareness of ourselves as purely psychological entities. Largely unexplored is the relation of self-consciousness to bodily awareness. This book attempts to fill that gap. It contains contributions from philosophy, developmental psychology, neuropsychology, clinical psychology and sensory psychology and neurophysiology. It focuses on the different kinds of self, what is required for different kinds of self-consciousness (a self-world distinction, memory) and how they may arise from various sources (perception, action, social interaction) as mediated through the body and representations of it. Central to many chapters are explorations of different conceptions of a body image and body schema. Most contributions are interdisciplinary and relate theoretical issues to data.

Ni entre las diferentes clases de *self* ni entre los datos empíricos manejados se cuenta con el hecho incontestable de que la mayoría de los seres humanos —en el pasado y en el presente—, han mantenido representaciones de sí mismos, formas de autoconciencia, que poco o nada tienen que ver con las que componen el repertorio limitado de estos autores.

La situación es muy diferente en lo que respecta a la antropología o etnología francesas (y a la filosofía, aunque no sea éste nuestro interés principal). Puede decirse que es en 1927, con la publicación de *L'âme primitive* de Lévy-Bruhl, cuando comienza una corriente ininterrumpida de reflexiones y trabajos etnológicos sobre el tema de la persona. En un breve prefacio a esta obra, Lévy-Bruhl afirma que su objeto

> consiste en estudiar cómo los hombres que se ha convenido en denominar primitivos se representan su propia individualidad. Me proponía investigar, a la luz de los resultados obtenidos en trabajos precedentes, qué nociones poseen de su vida, de su alma y de su persona. El examen de los hechos me ha conducido a reconocer que no tienen, hablando con propiedad, nociones [...]. Se trata de representaciones que, en las sociedades llamadas primitivas, corresponden más o menos lejanamente a aquellas que la palabra 'alma' implica para nosotros.

En tanto que representaciones y no nociones, escapan a las restricciones de la lógica, como Lévy-Bruhl cita del libro de un misionero en África, el padre Van Wing, la frase siguiente: "Un mukongo me dijo un día que hay cuatro especies de hombres: los blancos, los negros, los cocodrilos y los portugueses". En realidad, la lógica no está ausente, porque los cocodrilos son brujos que se han transformado así para hacer daño a los hombres.

Por su parte, Marcel Mauss (1929, 1938) enfatiza la diversidad de las concepciones sobre qué sea una persona y pone de manifiesto la singularidad del concepto de 'individuo' y su inadecuación para estudios sobre otras culturas. Pero, sobre todo, Mauss (que maneja, además de materiales clásicos romanos, información etnográfica americana de los zuñi y los kwakiutl) asume el papel constituyente que las categorías colectivas de una sociedad ejercen sobre la organización y las prácticas concretas de esta sociedad. Al tomar la noción de 'persona' como una categoría, se hace posible entenderla como un instrumento de organización de la experiencia social, como una construcción colectiva que da significado a lo vivido; no puede derivarse simplemente por deducción o determinación de la praxis. Al contrario, es la práctica concreta de esta o aquella sociedad la que sólo puede ser descrita y comprendida a partir de las categorías colectivas.

Maurice Leenhardt (1947), por vez primera en el tratamiento de esta cuestión, se basa en el análisis de un significativo *corpus* etnográfico y lingüístico recogido directamente en Nueva Caledonia para mostrar tanto "la noción de cuerpo" como "la estructura de la persona" en Melanesia. Tomando de Lévy-Bruhl la idea de "participación", pone de relieve aquello sobre lo que Mauss insistía, es decir, la dimensión relacional de esta participación, que por lo tanto ya no es "mística" sino social y simbólica. Y así el *kamo*, personaje más que persona, está constituido por el conjunto de sus "participaciones vividas" con el entorno social y mítico. Según Leenhardt, la persona, para los canacos, no es más que un "centro vacío" que se disuelve en un círculo de relaciones duales, complementarias, evocadas por varios nombres y que dan la imagen de un yo continuamente metido en otro y significado por él (Clifford 1982). En relación a las diferencias de estatus de lo corporal y lo anímico entre la cultura occidental y otras culturas, puede recordarse un interesante párrafo de *Do kamo*, muy citado y comentado. Leenhardt, que era misionero, cuenta:

> un día quise comprobar el progreso cumplido en el pensamiento de los canacos que yo había instruido a lo largo de los años, y arriesgué una sugerencia:
>
> —En suma, ¿es la noción de espíritu la que nosotros hemos aportado a vuestro pensamiento?
>
> Y Boesoou respondió:
>
> —¿El espíritu? ¡Bah! No nos habéis aportado el espíritu; conocíamos ya su existencia. Pero, lo que vosotros sí nos habéis aportado es el cuerpo.

En esta sociedad melanesia, al igual que en algunas africanas, el cuerpo solo no es suficiente para circunscribir a un individuo; lo que proporciona la individualidad no es el cuerpo. Lo que no significa, ciertamente, que los miembros de estas sociedades se conciban inmersos en una especie de flujo integral, o que no reconozcan otros principios diferenciadores, sino que la persona no se completa sino como culmen de determinaciones progresivas en un proceso que cubre toda la vida social y por medio de un sistema de signos y de marcas —sobre todo el nombre propio—, que instaura la singularidad. La cual, no obstante, sólo existe, o tiene sentido, en el seno de redes sociales y míticas; a diferencia de la singularidad del individuo occidental que procede de un yo guardado celosamente en el interior de su cuerpo.

La etnología africanista francesa ha sido muy influyente en el estudio del concepto de ser humano en otras culturas. Los estudios realizados por Marcel Griaule (1938; 1948) y Germaine Dieterlen (1941) entre los dogon y los bambara de Malí mostraron al público culto composiciones de la persona a través de sistemas, corporales, espirituales y sociales asombrosamente complejos. De forma esquemática puede decirse que la persona dogon comprende un cuerpo perecedero, ocho principios espirituales individuales y no transmisibles (como el 'alma' y el 'doble'), la 'fuerza vital' y el contenido de las clavículas (compuesto por símbolos de los granos de ocho cereales correspondientes a los cuatro puntos cardinales y los cuatro elementos).

Entre los bambara (G. Dieterlen 1951) la composición de la persona obedece a la misma lógica de "disyunción inclusiva" de elementos que, a los ojos de un observador occidental, revelan niveles distintos. El 'alma' y el 'doble', principios espirituales que existen permanentemente en el grupo social, abandonan el cuerpo después de la muerte (el 'alma' es conservada en un altar individual y el 'doble' retorna al río donde habita el genio del agua) y se reencarnan, después, en un nuevo nacimiento. Otro elemento que se puede traducir de forma aproximada por 'carácter', pero también por 'fuerza vital', es transmitido por los dos padres y por el difunto, del cual el recién nacido ha heredado el 'alma' y el 'doble'. El cuerpo es, como en otras sociedades, una parte del edificio de la persona, y permite discernir por su aspecto la naturaleza de la 'fuerza vital' o el género del 'alma' y del 'doble'. Ciertas partes del cuerpo, como los cabellos, pueden contener una parte del principio espiritual que es el 'alma'.

Estas concepciones sudanesas de la persona presentan rasgos que se encuentran, con múltiples variantes, en numerosas sociedades: la yuxtaposición de elementos individuales que dan cuenta de la singularidad del individuo (la no transmisibilidad o la creencia en una determinación prenatal del destino individual, por ejemplo) y de elementos que le integran en el universo (en la cosmogonía, en los mitos). Esta pluralidad de elementos no funciona como un dispositivo de individuación, sino como un procedimiento de integración simultánea en el tiempo, el espacio, la naturaleza y la sociedad; ontogénesis y filogénesis se despliegan de forma paralela.

Entre los samo de Burkina Faso (estudiados por F. Héritier 1981), el 'destino individual' es uno de los nueve componentes de la persona; los otros son el cuerpo, la sombra, el calor, el sudor, el aliento, la vida, el pensamiento y el doble. Algunos de estos componentes remiten directamente a la herencia; como el cuerpo, cuya carne es dada al niño por la madre y cuya sangre le es aportada por el padre. Otros, como la vida, principio transmitido por la sangre, son absolutamente individuales. El 'doble' es inmortal y es insertado por 'dios' en el seno de la madre, al mismo tiempo que el aliento; sale cada noche del cuerpo para viajes de los que el durmiente tiene conocimiento por sus sueños. Es el único de los nueve componentes que no desaparece en el momento de la muerte; el 'doble' continua llevando durante algún tiempo una 'vida de muerte' antes de desaparecer definitivamente en un árbol determinado.

Otros autores, como Ortigues (1981) o J. Rabain-Jamin (1991) se interesan, más que por explicitar una etnopsicología, por el hecho de que estas entidades o componentes de la persona actúen como coordenadas sociales reguladoras de las relaciones del individuo con las instituciones y las prácticas rituales. En todo caso, los estudios africanistas sobre la representación de la persona, algunos de cuyos hitos hemos mencionado, tienen más tradición académica y mayores resultados que los análogos realizados sobre las culturas amerindias.

Aunque han sido, sin duda, los trabajos de Lévi-Strauss los que han constituido un semillero del que han emergido numerosas líneas de investigación contemporáneas. Y también en relación al asunto que ahora nos ocupa. En especial podemos mencionar tres aspectos relevantes: la reconsideración del totemismo, la lógica de las cualidades sensibles y la imagen explicativa de "identidad estadística".

Respecto al primero, relativo al totemismo, debe resaltarse cómo Lévi-Strauss replica las tesis de Lévy-Bruhl sobre participación mística para sustituirlas por relaciones cognitivas entre seres humanos y seres naturales. El totemismo deja, entonces, de ser considerado una ideología o una "religión" que conecta afectivamente hombres y naturaleza, para pasar a ser entendido como una manera de hacer etno-sociología. Esto es, para pensar la sociedad misma utilizando a la naturaleza real o imaginada ("los animales son buenos para pensar") como materiales privilegiados para formular sus proposiciones sociológicas. El totemismo deja de entenderse, como en la tradición antropológica anterior, como un conjunto de relaciones biunívocas entre un individuo o un grupo social (los clanes) y su tótem, y pasa a entenderse como un procedimiento para construir diferencias entre individuos o grupos sociales mediante el postulado de su analogía con otra serie de diferencias atribuidas a diversas clases de seres naturales (los tótems). De forma paralela a como el totemismo es una manera de hacer sociología nativa, los seres naturales sirven para desarrollar una etnopsicología; esto es, una "teoría" nativa sobre las personas y sus diferencias.

Como es sabido, la consideración levi-straussiana del totemismo desbroza el camino para formular las características del pensamiento "silvestre" (como diferenciado del pensamiento conceptual o "domesticado"). Lo propio del pensamiento "silvestre" (presente tanto en sociedades "salvajes" como "civilizadas") es el de su generación y articulación por medio de perceptos y no de conceptos. Estos perceptos tienen capacidad para constituir verdaderas proposiciones acerca del mundo mediante una lógica de las cualidades sensibles. La tetralogía que Lévi-Strauss dedica al análisis de los mitos americanos constituye la pretendida prueba de la existencia y pertinencia de esta peculiar lógica de articulación perceptiva. Las retóricas amerindias sobre el cuerpo están construidas siempre con esta clase de instrumentos no conceptuales.

En tercer y último lugar, consideramos relevante el uso que Lévi-Strauss hace de la metáfora de "identidad estadística". En el seminario interdisciplinario sobre identidad que Lévi-Strauss dirigió durante el curso 1974-1975, sugiere la concordancia de significado entre ciertos materiales etnográficos y algunos resultados de la investigación biológica —que hoy nos parecen convencionales—, así como el impacto anti-esencialista de ambas líneas de trabajo.

> Se sabe que, especialmente en Indonesia, hay sociedades que creen en una infinita cantidad de "almas" que se alojan en cada miembro, en cada órgano, en cada articulación del cuerpo individual; el problema, pues, consiste en evitar que estas almas se escapen, en vencer su tendencia constante a la dispersión. En efecto, únicamente a condición de que permanezcan unidas, conservará el individuo su integridad. Cabe preguntarnos si, desde un punto de vista filosófico, esta concepción de una identidad, que de buen grado llamaríamos estadística, no ofrece una lejana similitud con la que, inspirada en la biología moderna, concibe la identidad como resultado, al fin de cuentas, del comportamiento de miles de millones de neuronas, de tal modo que jamás resulta posible prever si tal o cual de ellas reaccionará o no a un determinado estímulo.

Lo que aquí Lévi-Strauss llama "identidad estadística" es antitético a una identidad esencial o sustancial y, por el contrario, ha de ser pensada "como lugar y momento, igualmente efímeros, de contradicciones, intercambios y conflictos en los que únicamente participan las fuerzas de la naturaleza y de la historia absolutamente indiferentes a nuestro autismo". Es, precisamente, esta "muerte del sujeto" en la tradición filosófica contemporánea la que hoy permite nuestro acceso intelectual a otras representaciones del ser humano como entidad plural, diseminada, efímera y heteróclita. Y, sobre todo, como una entidad no natural y que, por tanto, nos resultará incógnita sin una previa aceptación de la perspectiva de un relativismo cultural fuerte; es decir, como siempre sucede en antropología, solamente llegando a desconocernos, conseguimos algún acceso al conocimiento de los otros.

* * *

Los trabajos realizados hasta el momento sobre concepciones amerindias del cuerpo o la persona son muy desiguales en perspectiva (sustancialista con frecuencia) y en calidad. También las diferencias regionales son grandes y, podemos decir, que son los estudios amazónicos los más desarrollados en estas cuestiones.

Por lo que respecta a las culturas, muy diversas entre sí, que podríamos agrupar bajo la denominación genérica de culturas de las tierras bajas de América del Sur, hay que citar, como antecesor, a Métraux (1973), quien —con respecto a matacos, toba-pilagás y mapuches—, reunió materiales etnográficos (sobre cosmogonías y chamanismo) que, aunque de modo indirecto, resultan de gran interés para nuestro tema. También como antecedente y con una relación más directa están los trabajos sobre los kogi y sobre los tukano de G. Reichel-Dolmatoff (1968; 1978; 1996a; 1996b). Aunque ha sido en los últimos quince años cuando más se ha trabajado el tema de la concepción de la persona de un modo más directo e interesante. En el XLII Congreso Internacional de Americanistas, Joanna Kaplan (1977) organiza un simposio sobre "Tiempo social y espacio social en las tierras bajas sudamericanas" que señala el punto de partida de las nuevas inquietudes de la antropología amazónica. Tanto por los trabajos presentados en este simposio (como el de Bidou 1977, por ejemplo), como por la reflexión posterior sobre su temática, la corporalidad pasa a convertirse en un asunto prioritario de investigación en las sociedades de las tierras bajas de América del Sur. El artículo ya citado de Seeger *et al.*

(1979), se constituye en texto fundacional de nuevas líneas de trabajo: estudios sobre ornamentos y pinturas corporales como procedimientos de construcción de la persona (A. Seeger 1975; P. Erikson 1986; L. Vidal 1992), sobre los estados de ánimo y las percepciones (A. C. Taylor 1993a, 1996; E. Lagrou 2000; y el miembro de nuestro equipo de investigación, A. Surrallés 1998); sobre los modos de funcionamiento de las terapias chamánicas (J. Langdon 1992; y el también miembro de nuestro equipo de investigación, M. Münzel 1997); sobre el sentido de la muerte y la alteridad de los muertos (M. Münzel 2001; M. Carneiro da Cunha 1978; A. Surrallés 2000; A. C. Taylor 1993b; Townsley 1988); sobre los límites de la humanidad, la representación de los otros étnicos y de los otros seres del mundo (C. Crocker 1981, 1992; y el miembro de nuestro equipo de investigación P. Mason 1986, 1990, 2001; E. Viveiros de Castro, 1986, 1987, 1993, 1996); sobre las relaciones sociales con los otros y las implicaciones en la percepción del sujeto (M. Carneiro 1987; J. Overing 1988; E. Lagrou 1998) y, dentro de este campo, los trabajos sobre canibalismo (Viveiros de Castro 1992; A. C. Taylor 1994; A. Vilaça 1998). Una síntesis sugestiva y penetrante es la de A. C. Taylor (1996). En un texto reciente, Taylor y Viveiros (2006: 201) señalan que es difícil imaginar una noción de cuerpo más contraria a la nuestra que la amazónica. El cuerpo amazónico recibe su forma de la mirada de otro, sea humano o no humano. Perspectivas recíprocas circulan entre agentes que se oponen en una relación de predación. En este juego de suma cero, donde no se puede ganar más que si el otro pierde, donde no se puede comer más que si el otro es comido, el cuerpo humano no emerge más que de forma provisional: cuando se encuentra frente a un congénere.

En los estudios sobre Mesoamérica, el trabajo pionero y del que proceden numerosas investigaciones sobre estas cuestiones en indígenas prehispánicos es el de Miguel León-Portilla *La filosofía náhuatl* (1956). El capítulo IV se dedica a mostrar las fuentes relativas a "El pensamiento náhuatl acerca del hombre" y tres páginas del mismo (pp. 189-192), a la doctrina náhuatl acerca de la persona. A nuestro parecer, lo más importante de estas pocas páginas es la afirmación acerca de la importancia del rostro y su carácter de "sustancia ética" (en el sentido dado por Foucault a esta expresión), y no su condición metonímica o metafórica como en la cultura popular europea ("la cara es el espejo del alma"), lo que, también, puede ser observado hoy en las nociones morales de los indígenas mayas yucatecos o de los tzeltales contemporáneos (M. Gutiérrez Estévez 1992 y P. Pitarch 2002).

Asimismo, sobre indígenas prehispánicos versa el libro, también de gran difusión, de Alfredo López Austin (1984). Aquí ya se ofrecen materiales más específicos sobre los componentes de la persona náhuatl y se establecen los que parecen ser sus principales "centros anímicos" y "entidades anímicas". El núcleo de la persona estaba formado por tres entidades anímicas principales: el *tonalli*, el *teyolia* y el *ihiyotl*. La primera de estas entidades, el *tonalli*, se originaba en los cielos como una fuerza de luz y calor que, luego, se localizaba en la cabeza de cada individuo y constituía su relación con los dioses. Cada uno de los 260 días del calendario adivinatorio llamado *tonalpohnalli*, "la cuenta del *tonalli*", tenía un *tonalli* distinto que irradiaba por la superficie de la tierra. Cada *tonalli* afectaba a todo lo existente en el mundo y el individuo compartía, por tanto, un mismo *tonalli* con animales y cosas. De esta forma, el límite entre una persona y otros seres y objetos que nosotros consideraríamos inanimados era un límite totalmente permeable. Los seres humanos, física y sobrenaturalmente, formaban parte de un continuo universal enlazando sus fortunas directamente con la totalidad del cosmos. Una segunda entidad anímica, el *teyolia*, era considerada por los nahuas como aquella parte del ser que sobrevivía más allá de la muerte y, al contrario que el inconstante *tonalli* —que podía ser fácilmente espantado— el *teyolia* era la fuerza vivificante por excelencia, aquella que nunca podía abandonar al ser viviente. Localizado en el corazón, gobernaba emociones, sentimientos y deseos. La menos comprendida de las entidades anímicas que constituían una persona era el *ihiyotl*, un gas luminoso, que emanaba de los cuerpos vivos o muertos. Estaba localizado en el hígado, y se hallaba asociado con la cólera, el odio y el deseo, particularmente la envidia. Para que un individuo fuera un ser humano sano, afortunado y moral tenía que mantener a estas tres fuerzas anímicas funcionando de un modo armónico. Tarea difícil que obligaba a una atenta mirada a las muchas obligaciones rituales que requería el estado de equilibrio individual, social y cósmico, en lo que se puede entender como equivalente a 'salud'; tal como puede apreciarse en los trabajos de C. Viesca (1986, por ejemplo) sobre medicina prehispánica y G. Aguirre Beltrán (1963) sobre medicina colonial en regiones indígenas; además de los sugestivos trabajos de S. Gruzinski (1982; 1988) sobre la conquista de los cuerpos indios y su transformación en cuerpos cristianos.

Respecto a estudios ya centrados estrictamente en indígenas contemporáneos, puede considerarse, aunque muy someramente, la literatura, de desigual calidad, vinculada a intereses pastorales de las iglesias. Es claro que la evangelización contemporánea pretende —como en el pasado colonial— una nueva estructuración del concepto indígena de persona en la que adquiera lugar prominente el alma y su tensión moral con el cuerpo. Entre la producida por agentes de la Iglesia católica puede citarse el trabajo de E. Maurer (1984) sobre aspectos morales de los tzeltales y, con respecto a las iglesias evangélicas, entre lo publicado por el Instituto Lingüístico de Verano, algunos de los ensayos editados por Helen L. Neuenswander y Dean E. Arnold (1977).

Un campo con abundante producción pasada (A. Fábregas 1970) y presente es el que podemos resumir con el nombre de "estudios sobre nahualismo y tonalismo". Esto es, estudios que se centran en la descripción o el análisis de las entidades naturales con existencia autónoma y que son 'doble' o 'representación' de la persona. Una bibliografía mínima (con 35 entradas) —y ya en su momento bastante incompleta— está incluida, como anexo, en el segundo volumen de la obra citada de A. López Austin; es fácil, aunque tedioso, ampliar este listado de referencias al menos a diez veces más. En esta amplia producción bibliográfica —que puede considerarse iniciada con la obra de Brinton 1894—, pueden distinguirse cuatro grandes etapas en cierto modo sucesivas y correlacionadas con el desarrollo teórico de la etnología mesoamericanista: una primera en la que los autores interpretan el "nahualismo" como una creencia religiosa unida a un culto clandestino de resistencia anti-colonial (es decir, como una anti-iglesia basada en una concepción de la persona que reemplaza la creencia en el alma por la creencia en nahuales); una segunda "nominalista" (G. Foster 1944) que, en buena medida, se anticipa a algunas de las tesis mantenidas veinte años después por Lévi-Strauss respecto al totemismo y que tiene numerosos seguidores en las tres décadas siguientes (por ejemplo: L. Kaplan 1956; E. Hermitte 1970; U. Kohler 1975; L. Tranfo 1979); una tercera en la que se atiende, principalmente, a las relaciones entre nahuales y organización social, considerando a aquéllos como simples metáforas, o emblemas, de posición social —a veces, también, como señales de diferentes tipos de personalidad— (A. Villa Rojas 1963; B.

Saler 1969); y una cuarta en la que se insertan "nahuales" y "tonas" en el sistema complejo de composición de la persona y en relación con los procedimientos rituales para mantener su bienestar (M. Gutiérrez 1994; P. Pitarch 1998; E. Z. Vogt 1979).

Lo que no existe en relación con Mesoamérica es una síntesis comparativa de las diferentes representaciones del ser humano. Hay un esbozo estimable, aunque limitado, en M. A. Bartolomé (1997: 142-163), donde el autor considera que sería a partir de la convergencia de materiales etnográficos relativos al cuerpo, el nombre y los aspectos espirituales, como se podría inducir el perfil del concepto mesoamericano de persona. En todo caso, la revisión de la literatura etnográfica está por hacer y es tarea grande: Guiteras (1965), los numerosos trabajos y tesis doctorales del Harvard Chiapas Project (E. Z. Vogt 1995), especialmente Gossen (1979) y Holland (1963) para los tzotziles; Hermitte (1970), Maurer (1984), Villa Rojas (1990) y Pitarch (1996) para los tzeltales; Ichon (1973) para los totonacos; Bartolomé y Barabas (1982) para los chatinos; Tranfo (1979) y, especialmente, Galinier (1987) para los otomíes y que ha colaborado con nosotros en este libro; Signorini (1979) para los huaves; Segre (1987) para los nahuas; Ruz (1981-1986) para los tojolabales; Villa Rojas (1980) y M. Gutiérrez (1994) para los mayas yucatecos; etc., etc.

Respecto a las culturas andinas la situación bibliográfica es bastante distinta a la relativa a las culturas mesoamericanas que acabamos de reseñar. No hay, en este caso, una tradición de estudios sobre la concepción de la persona (ni siquiera en el sentido limitado, como en Mesoamérica, de atención a sus componentes "espirituales") pero, en cambio, hay una abundante bibliografía —constituyendo una activa línea de investigación en el presente— acerca de lo que, de forma genérica, podemos llamar "antropología médica". Estos trabajos proporcionan una abundante información etnográfica sobre clases y causas de las aflicciones en los pueblos andinos, lo que, indirectamente, está apuntando a una determinada representación de la persona que, aunque no esté explicitada como tal, es, sin embargo, inducible con aceptable aproximación. Esta corriente de trabajos "médicos" puede considerarse inaugurada por los tres volúmenes de H. Valdizán y A. Maldonado (1922). En el primero de estos volúmenes, al referir las diferentes etno-enfermedades andinas se incluye, como no podía ser de otra manera, el "susto", la "brujería", el "arco" y otras que solamente pueden ser entendidas desde una determinada concepción del individuo, de su sociedad y su naturaleza. En esta misma línea de trabajos extensivos y compilatorios realizados por médicos —como eran Valdizán y Maldonado— puede citarse la obra de O. Valdivia (1975). Como en la obra que le sirve de modelo, ésta es solamente un catálogo de referencias etnográficas —aunque a veces poco precisas—, acerca de los "síndromes" más comunes en las poblaciones indígenas peruanas. En una línea semejante de recopilación etnográfica puede señalarse también la obra póstuma de Jorge A. Lira (1985) o la más amplia sobre la medicina tradicional colombiana de V. Gutiérrez de Pineda (1985).

Mención aparte, por su calidad e interés, merece la obra de C. Muñoz-Bernand (1986), miembro de nuestro equipo de investigación. Los males que afectan al cuerpo en la región ecuatoriana del Azuay —donde Muñoz-Bernand realizó su investigación—, pueden ser de cuatro clases: "desmandos", enfermedad "mala", enfermedades "del campo" y enfermedades "de Dios". Los "desmandos" y las enfermedades "del campo" son las aflicciones que más directamente pueden relacionarse con las retóricas de la persona. Los "desmandos" están relacionados con la constitución (anatómica, fisiológica y psicológica) del ser humano y, por lo tanto, hay "desmandos" de indios, distintos a los de los blancos, "desmandos" específicos de la mujer, del niño y de las personas mayores. Las enfermedades "del campo" son producidas por la acción agresiva de personajes míticos que señorean los cerros, el medio natural asociado a "los antiguos". Estos personajes —*mamahuacas*, *urcutaytas*, *chuzalongos* y *cuychis*— ya no pertenecen, como en el pasado, a un panteón de seres sobrenaturales o dioses, y se manifiestan sólo en cuentos o leyendas pero, sobre todo, se hacen presentes como pierna lisiada, matriz dañada o cuerpo escamado de los indios. A través de las enfermedades "del campo", los mitos colectivos se convierten en biografía clínica, en mito individual, y toman forma carnal en el cuerpo indio.

De modo más directo se aborda la cuestión del concepto de persona —o, al menos, la del concepto de cuerpo—, en algunos de los trabajos de Jacqueline Clarac (1992; 2000) sobre los Andes venezolanos. En los Andes bolivianos, respecto a la población en lengua aymara, destacan los trabajos de Gerardo Fernández Juárez (1995; 1998; 1999). Aunque la obra que debe subrayarse es la de Alejandro Ortiz (1993) en la que es el análisis de los mitos la guía para establecer algunos de los parámetros fundamentales de la concepción de la persona y de la pareja en los Andes (el tema fue iniciado por Marie-France Souffez 1987).

También son de gran interés en relación a las retóricas corporales, los trabajos sobre las diferentes formas de chamanismo andino (esto es, los estudios centrados en la acción ritual de agentes terapéuticos que, por diferentes procedimientos, adquieren visión o poder en estados alterados de la conciencia). Un trabajo muy conocido, y que representa la potencialidad de esta línea, es el de D. Sharon (1980), en el que se muestra la articulación conceptual entre la visión del mal en la vida social, la representación del cosmos y las categorías nativas sobre espacio y tiempo; lo que constituye el contexto de las representaciones del ser humano.

* * *

El año 2006, el nuevo museo francés del Quai Branly se inauguró con una exposición sobre concepciones del cuerpo con materiales plásticos procedentes del oeste de África, de Nueva Guinea, de Amazonía y de Europa occidental. La exposición tuvo como título una pregunta a la vez obvia y difícil: *Qu'est-ce qu'un corps?* y, según se afirma en la introducción del catálogo, su argumento central se refiere a pensar la relación entre el cuerpo del antropólogo, el cuerpo occidental y el cuerpo del indígena; es decir, el cuerpo del uno visto por el otro, el cuerpo considerado desde una perspectiva simétrica. Un argumento que se inspira en una de las lecturas posibles de la respuesta de Boesoou a Leenhardt. El énfasis está puesto en las relaciones: relaciones sociales y de categorías normativas.

En las páginas que siguen, la perspectiva que hemos seguido es diferente, más reservada. Hemos procurado despegarnos lo menos posible de la etnografía, incluso con el riesgo de parecer tontos, de parecer que no percibimos las implicaciones conceptuales de los materiales que manejamos. No es que pensemos que las cosas hablan por sí solas, pero sí creemos que una cierta austeridad interpretativa es un buen remedio para el cuerpo. Porque éste es un tema sobre el que tenemos, como occidentales, tantos intereses implicados que nos sería difícil discriminar lo que pertenece a nuestro propio discurso del ajeno. Así que el lector lo que encontrará en estos textos, con diferente intensidad y matices, son distintas formas amerindias de referirse al cuerpo. Ante el desconcierto derivado de las distintas voces que hablan de algo que, aproximadamente, puede llamarse "cuerpo", podríamos reaccionar de manera ingenua y realista diciendo: "Bueno..., pero yo tengo un cuerpo". Wittgenstein escribió: "Si alguien dice: 'Pero yo tengo un cuerpo', se le puede preguntar: '¿Quién habla por esa boca?'".

Bibliografía

ACOSTA, José (1952): *De Procuranda Indorum Salute.* Introducción, traducción y notas de Francisco Mateos. Madrid: Consejo Superior de Misiones.

AGUADO, fray Pedro de (1963): *Recopilación historial.* Caracas: BANH.

AGUIRRE BELTRÁN, Gonzalo (1963): *Medicina y magia. El proceso de aculturación en la estructura colonial.* México: Instituto Nacional Indigenista.

BAKER, Lynne R. (2000): *Persons and Bodies: A Constitution View.* Cambridge: Cambridge University Press.

BARTOLOMÉ, Miguel Alberto (1977): *Gente de costumbre y gente de razón. Las identidades étnicas en México.* México: Siglo XXI.

BARTOLOMÉ, Miguel A./BARABAS, Alicia (1982): *Tierra de la palabra: Historia y etnografía de los chatinos de Oaxaca.* México: Instituto Nacional de Antropología e Historia.

BERMÚDEZ, José Luis/MARCEL, Anthony J./EILAN, Naomi (eds.) (1995): *The Body and The Self.* Cambridge: MIT Press, 1995.

BIDOU, Patrice (1977): "Naître et être tatuyo", en *Actes du XLIIe Congrès international des Américanistes*, vol. II. Paris: Société des Américanistes.

BORGES, Pedro (1960): *Métodos misionales en la cristianización de América.* Madrid: Consejo Superior de Investigaciones Científicas.

BÓRMIDA, Marcelo/SIFFREDI, Alejandra (1969-1970): "Mitología de los tehuelches meridionales", en *Runa* 12 (1-2), pp. 199-245.

CARNEIRO DA CUNHA, Manoela (1978): *Os mortos e os outros. Uma análise do sistema funerário e da noção de pessoa entre os índios Krahó.* São Paulo: Editora Hucitec.

— (1987): "De amigos formais e pessoa; de companheiros, espelhos e identidades", en *Antropologia do Brasil.* São Paulo: Editora Hucitec, pp. 53-62.

CLARAC, Jacqueline (2000): "La representación del cuerpo y de la enfermedad. Su relación con el espacio físico de la cordillera andina y el cosmos", en M. Gutiérrez Estévez (ed.), *Sustentos, aflicciones y postrimerías de los indios de América.* Madrid: Casa de América, pp. 193-207.

— (1992): *La enfermedad como lenguaje en Venezuela*. Mérida: Universidad de Los Andes.

CLIFFORD, James (1995): *Dilemas de la cultura.* Barcelona: Gedisa.

CÓRDOBA, Pedro (1987): *Doctrina Cristiana para instrucción de los indios por Pedro de Córdoba*, edición facsímil y transcripción por M. A. Medina. Salamanca: San Esteban. [Edición original, México 1544 y 1548.]

CROCKER, Christopher (1981): "The mirrored self", en C. Lévi-Strauss (ed.), *La identidad*. Barcelona: Ediciones Petrel, pp. 75-205.

— (1992): "El hombre mono con ojos de metal. Maneras bororo de apodar a los otros", en J. Jorge Klor de Alva/Gary G. Gossen/Miguel León-Portilla/Manuel Gutiérrez Estévez (eds.), *De palabra y obra en el Nuevo Mundo. Vol. 2: Imágenes interétnicas*. Madrid: Siglo XXI, pp. 237-265.

DASCAL, M./GUTIÉRREZ ESTÉVEZ, M./SALAS, J. de (eds.) (2001): *La pluralidad y sus atributos. Usos y maneras en la construcción de la persona.* Madrid: Biblioteca Nueva.

DIETERLEN, Germaine (1941): *Les âmes des Dogons*. Paris: Institut d'Ethnologie.

— (1951): *Essai sur la religion Bambara*. Paris: Presses Universitaires de France.

Doctrina Christiana y Catecismo para Instrucción de Indios (1985). Facsímil del texto trilingüe, en español, quechua y aymara, según la primera edición de 1584-1585. Madrid: Consejo Superior de Investigaciones Científicas.

DOUGLAS, Mary (1973): *Pureza y peligro. Un análisis de los conceptos de contaminación y tabú*. Madrid: Siglo XXI.

— (1978): *Símbolos naturales*. Madrid: Alianza.

DUMONT, Louis (1983): *Essais sur l'individualisme. Une perspective anthropologique sur l'idéologie moderne*. Paris: Éditions du Seuil.

ERIKSON, Philippe (1986): "Altérité, tatouage et anthropophagie chez les Pano: la belliqueuse quête du soi", en *Journal de la Société des Américanistes*, LXXIL, pp. 185-209.

EVANS-PRITCHARD, E. E. (1973 [1965]): *Las teorías de la religión primitiva*. Madrid: Siglo XXI.

FÁBREGAS, Andrés (1970): "El problema del nahualismo en la literatura etnológica mexicana", en *ICACH, Instituto de Ciencias y Artes de Chiapas*, 2.ª época, n.º 1, pp. 41-58.

FEHER, Michel *et al.* (eds.) (1990): *Fragmentos para una historia del cuerpo humano*. Madrid: Taurus.

FERNÁNDEZ JUÁREZ, Gerardo (1995): *El banquete aymara. Mesas y yatiris*. La Paz: Hisbol.

— (1998): *Los kallawayas: medicina indígena en los Andes bolivianos*. Toledo: Universidad de Castilla-La Mancha.

— (1999): *Médicos y yatiris. Salud e interculturalidad en el altiplano aymara.* La Paz: CIPCA.

FOSTER, George M. (1944): "Nagualism in Mexico and Guatemala", en *Acta Americana*, vol. 11, n.º 1 y 2, pp. 85-103.

GALLINIER, Jacques (1987): *Pueblos de la Sierra Madre. Etnografía de la comunidad otomí.* México: Instituto Nacional Indigenista.

GEERTZ, Cliford (1994): *Conocimiento local.* Barcelona: Paidós.

GOSSEN, Gary H. (993): "Ser indio en una matriz euroafricana: reflexiones personales sobre la identidad tzotzil chamula", en J. Jorge Klor de Alva/Gary G. Gossen/Miguel León-Portilla/Manuel Gutiérrez Estévez (eds.), *De palabra y obra en el Nuevo Mundo. Vol. 3: La formación del otro.* Madrid: Siglo XXI.

— (1979): *Los chamulas en el mundo del sol.* México: Instituto Nacional Indigenista.

GRIAULE, Marcel (1938): *Masques Dogons.* Paris: Institut d'Ethnologie.

— (1987 [1947]): *Dios de agua.* Barcelona: Alta Fulla.

GRÜNBERG, Georg (1992): "La violencia del estigma: blancos y tupí-guaraní", en J. Jorge Klor de Alva/Gary G. Gossen/Miguel León-Portilla/Manuel Gutiérrez Estévez (eds.), *De palabra y obra en el Nuevo Mundo. Vol. 2, Imágenes interétnicas.* Madrid: Siglo XXI.

GRUZINSKI, Serge (1982): "La conquista de los cuerpos. Cristianismo, alianza y sexualidad en el altiplano mexicano: siglo XVI", en *Familia y Sexualidad en Nueva España. Memoria del I Congreso de Historia de las Mentalidades* México: Fondo de Cultura Económica, pp. 177-206.

— (1988): "Confesión, alianza y sexualidad entre los indios de la Nueva España. Introducción al estudio de los confesionarios en lenguas indígenas", en *El afán de normar y el placer de pecar.* México: Instituto Nacional de Antropología e Historia/Joaquín Mortiz, pp. 169-215.

GUITERAS, Calixta (1965): *Los peligros del alma. Visión del mundo de un tzotzil.* Epílogo de Sol Tax. México: Fondo de Cultura Económica.

GUTIÉRREZ ESTÉVEZ, Manuel (1992): "Alteridad étnica y conciencia moral. El Juicio Final en los mayas yucatecos", en J. Jorge Klor de Alva/Gary G. Gossen/Miguel León-Portilla/Manuel Gutiérrez Estévez (eds.), *De palabra y obra en el Nuevo Mundo. Vol. 2: Encuentros interétnicos.* Madrid: Siglo XXI, pp. 295-323.

— (1994): "La colonisation du corps. L'autre dans les affections dont souffre le Maya de Yucatan", en Quellet, Réal/Hermans, Hub. (eds.), *Culture et colonisation en Amérique du nord: Canada, États-Unis, Mexique.* Sillery, Québec: Septentrion.

GUTIÉRREZ ESTÉVEZ, Manuel/FLORES MARTOS, Juan Antonio/GARCÍA ALONSO, María/LÓPEZ GARCÍA, Julián/PITARCH, Pedro (2002): *Según cuerpos. Ensayo de diccionario de uso etnográfico*. Cáceres: Cicon Ediciones.

GUTIÉRREZ DE PINEDA, Virginia (1985): *Medicina tradicional de Colombia*, 2 vols. Bogotá: Universidad Nacional de Colombia.

HÉRITIER, Françoise (1981): "La identidad samo", en C. Lévi-Strauss (ed.), *La identidad*. Barcelona: Ediciones Petrel, pp. 53-85.

HERMITTE, M. Esther (1970): *Poder sobrenatural y control social en un pueblo maya contemporáneo*. México: Instituto Indigenista Interamericano.

HOLLAND, William R. (1963): *Medicina maya en los Altos de Chiapas*. México: Instituto Nacional Indigenista.

ICHON, Alain (1973): *La religión de los totonacas de la sierra*. México: Instituto Nacional Indigenista.

KAPLAN, Joanna (1977): "Orientation for paper topics" y "Comments" al simposio "Social Time and Social Space in Lowland Southamerican Societies", en *Actes du XLIIe Congrès international des Américanistes*, vol. II. Paris: Société des Américanistes.

KAPLAN, Lucille N. (1956): "Tonal and nagual in Coastal Oaxaca, Mexico", en *Journal of American Folklore*, vol. LXIX, pp. 363-369.

KLOR DE ALVA, J. Jorge (1988): "Contar vidas: la autobiografía confesional y la reconstrucción del ser nahua", en M. Gutiérrez Estévez (ed.), *Biografías y confesiones de los indios de América. Arbor*, n.º 515-516. Madrid: Consejo Superior de Investigaciones Científicas, pp. 49-78.

KÖHLER, Ulrich (1975): *Cambio cultural dirigido en los Altos de Chiapas*. México: Instituto Nacional Indigenista.

LAGROU, Elsje Maria (1998): "Cashinahua Cosmovision. A perspectival approach to identity and alterity". Doctoral Thesis, University of St. Andrews.

— (2000): "Homesickness and the Cashinahua self: a reflection on the embodied condition of relatedness", en J. Overing *et al.* (eds.), *The anthropology of Love and Hate: Emotions, Embodiments and the Aesthetics of Conviviality in Native South America*. London/New York: Routledge.

LANGDON, E. Jean/BAER, Gerhard (eds.) (1992): *Shamanism in South America*. Albuquerque: University of New Mexico Press.

LAS CASAS, Bartolomé de (1956): *Historia de las Indias*. Edición de André Saint-Lu. Caracas: Biblioteca Ayacucho.

LEENHARDT, Maurice (1961 [1947]): *Do Kamo*. Buenos Aires: Eudeba.

LEÓN-PORTILLA, Miguel (1997 [1956]): *La filosofía náhuatl*. México: Universidad Nacional Autónoma de México.

— (1998): *Visión de los vencidos. Relaciones indígenas de la Conquista*. México: Universidad Nacional Autónoma de México, 15.ª edición.

LÉVI-STRAUSS, Claude (1961): *Race et Histoire*. Paris: Éditions Gonthier.
— (1970): *Mitológicas III. El origen de las maneras de mesa*. México: Siglo XXI.
— (1972): *Mitológicas II. De la miel a las cenizas*. México: Fondo de Cultura Económica.
— (ed.) (1981): *La identidad*. Barcelona: Ediciones Petrel.
LÉVY-BRUHL, Lucien (1974 [1927]): *El alma primitiva*. Barcelona: Península.
LIRA, Jorge A. (1985): *Medicina andina. Farmacopea y ritual*. Cuzco: Centro de Estudios Regionales Andinos Bartolomé de Las Casas.
LISI, Francisco (1990): *El Tercer Concilio Limense y la aculturación de los indígenas suramericanos*. Salamanca: Universidad de Salamanca.
LÓPEZ AUSTIN, Alfredo (1984): *Cuerpo humano e ideología. Las concepciones de los antiguos nahuas*. 2 vols. México: Universidad Nacional Autónoma de México.
LÓPEZ GARCÍA, Julián (2001): *Restricciones culturales en la alimentación de mayas-chortís y ladinos del oriente de Guatemala*. Madrid: Universidad Complutense.
MALINOWSKI, Bronislaw (1963 [1927]): "El padre en la psicología primitiva" y "La familia matriarcal y el complejo de Edipo", en Íd., *Estudios de psicología primitiva*. Buenos Aires: Paidós.
MARZAL, Manuel (1971): *El mundo religioso de Urcos*. Cuzco: Instituto de Pastoral Andina.
MASHNSHNEK, Celia O. (1975): "Textos míticos de los Chulupí del Chaco Central", en *Scripta Ethnologica*, 3 (3), pp. 151-189.
MASON, Peter (1990): *Deconstructing America. Representations of the Other*. London/New York: Routledge.
— (2001): *The Lives of Images*. London: Reaktion Books.
MASON, Peter/MAGAÑA, Edmundo. (1996): "Tales of otherness. Myths, stars and Plinian men in South America", en E. Magaña/P. Mason (eds.), *Myth and the Imaginary in the New World*. Amsterdam: CEDLA, pp. 7-43.
MAURER, Eugenio (1984): *Los tseltales*. México: Centro de Estudios Educativos.
MAUSS, Marcel (1971 [1929]): "El alma, el nombre y la persona", en Íd., *Institución y culto. Obras II*. Barcelona: Barral.
— (1971 [1938]): "Sobre una categoría del espíritu humano: la noción de persona y la noción del yo", en Íd., *Sociología y antropología*. Madrid: Tecnos.
MÉTRAUX, Alfred (1946): "Myths of the Toba and Pilagá Indians of the Gran Chaco", en *Memoirs of the American Folk-Lore Society*, vol. 40.
— (1973): *Religión y magias indígenas de América del Sur*. Madrid: Aguilar.
MUÑOZ-BERNAND, Carmen (1986): *Enfermedad, daño e ideología*. Quito: Abya-Yala.

MÜNZEL, Mark (1997): "Liegen de sjamanen? Toneelspelers in het Amazonegebied", en Alexandra Rosenbohm (ed.), *Wat bezielt de sjamaan? Genezing - extase - kunst* Amsterdam: Koninklijk Instituut voor de Tropen.

— (2001): "Lucien Lévy-Bruhl: L'Âme primitive", en Christian F. Feest/ Karl-Heinz Kohl (eds.), *Hauptwerke der Ethnologie*. Stuttgart: Alfred Krõner.

NEUENSWANDER, Helen L./ARNOLD, Dean E. (eds.) (1977): *Cognitive Studies of Southern Mesoamerica.* Dallas: Summer Institute of Linguistics.

NIMUENDAJU, Curt (1915): "Sagen der Tembé-Indianer", en *Zeitschrift für Ethnologie*, vol. 47.

ORTIGUES, Edmond (1981): *Religions du livre, religions de la coutume*. Paris: Le Sycomore.

ORTIZ, Alejandro (1993): *La pareja y el mito. Estudio sobre las concepciones de la persona y de la pareja en los Andes.* Lima: Pontificia Universidad Católica del Perú.

ORTIZ, Francisco (1978): "Cuiba", en Hugo Niño (ed.), *Literatura de Colombia Aborigen.* Bogotá: Instituto Colombiano de Cultura, pp. 261-283.

OVERING, Joanna (1988): "Personal autonomy and the domestication of self in Piaroa society", en G. Jahoda/I. M. Lewis (eds.), *Acquiring Cultures: Cross-cultural Studies in Child Development.* London: Croom Helm, pp. 169-192.

PIQUERAS, Ricardo (2001): *La conquista de América. Antología del pensamiento de Indias.* Barcelona: Península.

PITARCH, Pedro (1996): *Ch'ulel: una etnografía de las almas tzeltales.* México: Fondo de Cultura Económica.

— (1998): "En mitad del cielo: Una oración chamánica tzeltal dirigida a defender un nahual-rayo", en *Revista Española de Antropología Americana*, n.° 28, pp. 215-241.

— (2002): "El cuerpo y el gesto. Notas sobre el 'arte' tzeltal", en *Bulletin de la Société Suisse d'Américanistes*, n.° 64-65.

RABAIN-JAMIN, Jacqueline (1991): "Personne", en *Dictionnaire de l'ethnologie et de l'Anthropologie*. Paris: Presses Universitaires de France.

RADCLIFFE-BROWN, A. R. (1974 [1924]): "El hermano de la madre en África del Sur", en Íd., *Estructura y función en la sociedad primitiva.* Barcelona: Península.

RADIN, Paul (1968 [1927]): *El hombre primitivo como filósofo*. Buenos Aires: Eudeba.

REICHEL-DOLMATOFF, Gerardo (1968): *Desana: simbolismo de los indios Tukano del Vaupés*. Bogotá: Universidad de los Andes.

— (1978): *El chamán y el jaguar*. México: Siglo XXI.

— (1996a): *The Forest Within. The World-View of the Tukano Amazonian Indians.* Devon: Themis Books.

— (1996b): *Los Kogi de Sierra Nevada.* Palma de Mallorca: Bitzoc.

REMESAL, Antonio de (1966): *Historia General de las Indias Occidentales y particular de la gobernación de Chiapa y Guatemala*, 3 vols. Ciudad de Guatemala: Editorial José de Pineda Ibarra.

RICOEUR, Paul (1990): *Soi-même comme un autre*. Paris: Éditions du Seuil.

RUZ, Mario H. (ed.) (1981-1986): *Los legítimos hombres. Aproximación antropológica al grupo Tojolabal*, 4 vols. México: Universidad Nacional Autónoma de México.

SALER, Benson (1969): *Nagual, brujo y hechicero en un pueblo quiché*. Ciudad de Guatemala: Cuadernos del Seminario de Integración Social.

SAHLINS, Marshall (1988 [1976]): *Cultura y razón práctica. Contra el utilitarismo en la teoría antropológica*. Barcelona: Gedisa.

SEEGER, Anthony (1975): "The meaning of body ornaments: a Suya example", en *Ethnology*, vol. XIV:3, pp. 211-224.

SEEGER, Anthony/MATTA, Roberto da/VIVEIROS DE CASTRO, E. B. (1979): "A Construçáo da Pessoa nas Sociedades Indigenas Brasileiras", en *Boletim do Museu Nacional*, 32, pp. 2-19.

SEGRE, Enzo (1987): *Las máscaras de lo sagrado*. México: Instituto Nacional de Antropología e Historia.

SEPÚLVEDA, Juan Ginés de (1996): *Historia del Nuevo Mundo*. Madrid: Alianza.

SHARON, Douglas (1980): *El chamán de los cuatro vientos*. Madrid: Siglo XXI.

SIGNORINI, Italo (ed.) (1979): *Los huaves de San Mateo del Mar*. México: Instituto Nacional Indigenista.

SOUFFEZ, Marie-France (1987): "La persona", en *Anthropologica*, n.º 5, pp. 31-57.

STOLZE-LIMA, Tania (1995): *A Parte do Cuim. Etnografia Juruna, tese de doutoramento*. Rio de Janeiro: Museu Nacional.

SURRALLÉS, Alexandre (2003): *Au coeur du sens. Perception, affectivité, action chez les Candoshi*. Paris: Centre National de la Recherche Scientifique/Maison des Sciences de l'Homme. [Edición española: (2009): *En el corazón del sentido. Afectividad, percepción, acción en los candoshi.* Lima/Copenhague: Instituto francés de Estudios Andinos/International Work Group for Indigenous Affairs.

TAYLOR, Anne-Christine (1993a): "Des fantômes stupéfiants. Langage et croyance dans la pensée achuar", en *L'Homme*, 33 (2-4), pp. 429-447.

— (1993b): "Remembering to forget: identity, mourning and memory among the Jivaro", en *Man*, 28 (4), pp. 653-678.

— (1994): "Les bons ennemis et les mauvais parents. Le traitement symbolique de l'alliance dans les rituels de chasse aux têtes des Shuar (Jivaro) de l'Équateur", en F. Héritier-Augé/E. Coupet-Rougier (eds.), *Les complexités de l'alliance. Économie, politique et fondements symboliques. Vol. IV*. Paris: Editions des Archives Contemporaines, pp. 73-105.

— (1996): "The soul's body and its states: an amazonian perspective on the nature of being human", en *Journal of the Royal Anthropological Institute,* 2 (2), pp. 201-215.

TAYLOR, Anne-Christine/VIVEIROS DE CASTRO, Eduardo (2006): "Un corps fait de regards. Amazonie", en *Qu'est-ce qu'un corps?* Paris: Musée du Quai Branly/Flammarion, pp. 148-199.

TOWNSLEY, Graham Elliott (1988): "Persons and Spirits", en *Ideas of order and patterns of change* (pp. 106-126). Cambridge University.

TRANFO, Luigi (1979): "Tono y nahual", en Italo Signorini (ed.), *Los huaves de San Mateo del Mar.* México: Instituto Nacional Indigenista, México, pp. 177-215.

VALDIVIA PONCE, Óscar (1975): *Hampicamayoc. Medicina folklórica y su substrato aborigen en el Perú.* Lima: Universidad Nacional Mayor de San Marcos.

VALDIZÁN, H./MALDONADO, A. (1985): *La medicina popular peruana*, 3 vols. Lima: Consejo Indio de Sudamérica. [Facsímil de la primera de la primera edición, Lima: Imprenta Torre Aguirre, 1922.]

VIDAL, Lux (1992): *Grafismo Indígena. Estudos de antropología estética.* Universidade de São Paulo.

VIESCA, Carlos (1986): *Medicina prehispánica de México. El conocimiento médico de los nahuas.* México: Panorama.

VILAÇA, Aparecida (1998): "Fazendo corpos: reflexôes sobre morte e canibalismo entre os Wari' à luz do perspectivismo", en *Revista de Antropologia,* vol. 41, n.º 1, pp. 9-67.

VILLA ROJAS, Alfonso (1963): "El nagualismo como recurso de control social entre los grupos mayances de Chiapas, México", en *Estudios de Cultura Maya*, vol. 111, pp. 243-260.

— (1980): "La imagen del cuerpo humano según los mayas de Yucatán", en *Anales de Antropología*, vol. XVII, t. II, pp. 31-46.

— (1990): *Etnografía tzeltal de Chiapas. Modalidades de una cosmovisión prehispánica.* México: Gobierno del Estado de Chiapas/Porrúa.

— (1995): "La imagen del cuerpo humano según los mayas de Yucatán", en *Estudios Etnológicos,* pp. 187-198.

VIVEIROS DE CASTRO, Eduardo (1986): "Nota breve sobre la categoria de pessoa" y "Os seres do Devir: A metafísica Tupi-Guarani", en Íd., *Araweté. Os deuses canibais.* Rio de Janeiro: Jorge Zahar Ed./Anpocs, pp. 117-127.

— (1987): "A fabricação do corpo na sociedade Xinguana", en *Sociedades Indígenas e Indigenismo no Brasil.* Rio de Janeiro: Marco Zero Ed./ UFRJ, pp. 31-41.

— (1992): *From the Enemy's Point of View. Humanity and Divinity in an Amazonan Society.* Chicago/London: The University of Chicago Press.

— (1993): "Le marbre et le myrte. De l'inconstance de l'âme sauvage", en A. Becquelin/A. Molinié (eds.), *Mémoire de la Tradition.* Nanterre: Société d'Ethnologie.

— (1996): "Os Pronomes cosmológicos e o perspectivismo amerindio", en *MANA* 2. Rio de Janeiro: Museu Nacional/Contra Capa, pp. 115-144

— (1998): "Cosmological Deixis and Amerindian Perspectivism", en *The Journal of the Royal Anthropologist Institute*, vol. 4, n.º 3, septiembre.

VOGT, Evon Z. (1979): *Ofrendas para los dioses. Análisis simbólicos de rituales zinacantecos.* México: Fondo de Cultura Económica.

— (1995): "Paradigmas teóricos y metodologías de campo para el estudio de larga duración de la continuidad y el cambio de la cultura maya tzotzil", en J. Jorge Klor de Alva/Gary G. Gossen/Miguel León-Portilla/Manuel Gutiérrez Estévez (eds.), *De palabra y obra en el Nuevo Mundo. Vol. IV: Tramas de la identidad.* Madrid: Siglo XXI, pp. 467-470.

WILBERT, Johannes/SIMONEAU, Karin (1984): *Folk Literature of the Tehuelche Indians.* Los Angeles: UCLA Latin American Studies, vol. 59.

— (1987): *Folk Literature of the Nivaklé Indians.* Los Angeles: UCLA Latin American Studies, vol. 66.

— (1989): *Folk Literature of the Toba Indians. Vol. Two.* Los Angeles: UCLA Latin American Studies, vol. 68.

— (1991): *Folk Literature of the Cuiva Indians.* Los Angeles: UCLA Latin American Studies, vol. 78.

ZAPATA DE CÁRDENAS, L. (1990 [1576]): "Cathecismo e Instrucciones para la uniforme enseñanza de los Indios deste nuevo Reyno de Granada", en J. G. Durán (ed.), *Monumenta catechetica hispanoamericana*, vol. II. Buenos Aires: Universidad Católica Argentina, pp. 236-330.

La retórica de traducir "cuerpo"

Alexandre Surrallés

Los misioneros que realizaron los primeros léxicos de lenguas amerindias durante los siglos XVI y XVII se encontraron con la dificultad de traducir la palabra "cuerpo". Pronto descubrieron que esta palabra no existía como tal en las lenguas que, desde el altiplano mexicano al sur andino, estaban describiendo. La prueba la proporcionan los propios diccionarios bilingües de la época, que evitaron una entrada para "cuerpo" a solas. En las raras ocasiones en que se intentó proponer una traducción para dicha palabra siempre resultaba problemática, puesto que el término indígena no recubría las diferentes aplicaciones que el concepto tenía entonces en castellano. Juan de Córdova, autor del *Vocabulario en lengua Zapoteca* (1578), señaló por primera vez esto —que constituía una paradoja para un misionero del siglo XVI— al escribir, a propósito de la entrada "cuerpo generalmente", que "no tienen directamente". Fue, sin embargo, Ludovico Bertonio, el jesuita que confeccionó el primer diccionario bilingüe aymará en el otro extremo del continente americano algunos decenios más tarde, el más explícito al respecto. En una entrada traduce "cuerpo del hombre y de todos los animales" por la palabra aymará *janchi,* pero dedica otra entrada entera sólo para admitir la imposibilidad de traducir la idea de "cuerpo, todo lo que no es espíritu". De este cuerpo, afirma, "no puede decirse *janchi,* sino es menester venir al particular".

Cabe señalar que para un letrado de aquel tiempo la palabra cuerpo equivalía a algo así como lo que tiene una extensión limitada y produce impresión en nuestros sentidos por calidades que le son propias. En efecto, la escolástica recurría al significado aristotélico de cuerpo, definido en la *Física* como una realidad limitada por una superficie y, por lo tanto, dotada efectivamente de una extensión. Esta acepción fue transmitida al Renacimiento por la tomística, para la cual el cuerpo tiene tanto un sentido físico por lo material como matemático por lo de tridimensional, concepto sinónimo de *elementum* y opuesto a *spiritus.* Era esta noción de cuerpo la que no aparecía en la semántica de las lenguas amerindias. La noción de cuerpo humano era, en aquel entonces, un concepto subsidiario de la noción de cuerpo como materia extensa. De hecho, el castellano adopta del latín *corpus/corporis* de forma más tardía la idea de cuerpo como materia orgánica de hombres y animales, incluido el cadáver. Aparece hacia el siglo XIII, cuando la noción de cuerpo como extensión ya era utilizada por la lengua romance, como mínimo, desde el siglo anterior (Alonso 1986). Hay que tener en cuenta que existía también la palabra "carne", adoptada del latín *caro/carnis*, que permitía hablar del cuerpo del hombre. Cierto que carne como "parte blanda y mollar del animal que no es hueso ni intestinos", según reza el *Diccionario de autoridades*, y por antonomasia, "se entiende la del carnero, vaca, y otros ganados", sobre todo aquella que se vende en las carnicerías "para el abasto común del pueblo", tiene una connotación de impureza. Es verdad que el cuerpo carnal del humano es el origen de las pasiones, en particular de estas enemigas interiores que son los apetitos de la carne y por lo tanto algo contrapuesto al espíritu: deleites de la carne contra las virtudes del alma. Pero al referirse a la calidad mortal y corrompible del cuerpo, la noción de carne no es equivalente a la de cuerpo desde una perspectiva cristiana, que contempla la existencia del cuerpo divino. En cualquier caso, en los siglos XV y XVI, cuando los misioneros se preparaban en las universidades para su labor de filología y evangelización, la noción de cuerpo como forma que determina la esencia, principio de la unidad específica y de las actividades del ser corporal, y como materia, principio de la cualidad homogénea dimensiva, prevalece sobre el cuerpo orgánico particular de los seres vivos. El ejemplo más ilustrativo se encuentra en el diccionario bilingüe español-latín de Antonio de Nebrija que, por su fecha de aparición (¿1495?) y por la concepción y calidad de la obra, influyó decisivamente en todos los lexicógrafos de las lenguas americanas de poco después. Nebrija, profesor de muchos de ellos cuando enseñaba en la Universidad de Salamanca o en la de Alcalá, traduce en este diccionario la noción de "cuerpo generalmente" por el término latín *corpus/corporis*, priorizando de esta manera el sentido de materia extensa. Añade, sin embargo, como expresiones subsidiarias "cuerpo sin cabeza", que traduce por *truncus/trunci* (tronco) y "cuerpo muerto de animal", que traduce por *cadáver/cadaveris* (cadáver). La noción de cuerpo en latín reaparece de nuevo en el diccionario para distinguir la "carne de animal muerto", que traduce por *caro/carnis* (carne), de la "carne en el animal que vive", que traduce por *corpus/corporis.* Esta intersección entre cuerpo y carne, o mejor dicho, esta abducción del campo de significado de la noción de carne por parte de la noción de cuerpo, es decisiva para comprender las tentativas de traducción de términos relacionados de las lenguas amerindias, como mostraré más adelante. Por lo pronto, quiero notar simplemente que para entender la noción de cuerpo de un europeo del siglo XVI se debe considerar que hoy en día la relación semántica entre cuerpo y cuerpo humano es exactamente la inversa: actualmente la noción de cuerpo vivo es la que prevalece. El cuerpo de referencia es, por excelencia, el cuerpo humano en tanto que cuerpo anatómico y en continuidad, claro está, con el cuerpo animal. El cuerpo sin adjetivos es el cuerpo orgánico de nuestra especie. Los otros cuerpos comprendidos por la noción de "cuerpo generalmente" anotada por Nebrija son los que necesitan un adjetivo para ser descritos: cuerpo celeste para los astros, cuerpo luminoso para un objeto incandescente o cuerpo legislativo para referirse a un Senado... Como si se utilizara en un sentido metafórico lo que hace unos siglos era el significado propio.

Cuerpo general y cuerpo humano

No es el momento de analizar cuándo y cómo esta inversión se ha producido. Se trata de un proceso progresivo y complejo de transposición de sentidos que empieza con la emergencia de la idea de individuo como un ente dotado de autonomía y subjetividad, pero sobre todo limitado por la silueta de su cuerpo; sigue con la emergencia y desarrollo de una ciencia secular sobre la naturaleza humana concebida desde una base fisiológica a lo que se le ha añadido, mucho más recientemente, el culto al cuerpo como punto de anclaje de las categorías cognitivas, del orden social, último resguardo inalienable de sí mismo y substrato de la propia construcción de la identidad. La antropología de los últimos decenios ha integrado de tal manera esta inflación de la noción de cuerpo humano como categoría analítica que es necesario señalar su carácter relativamente reciente para evitar proyecciones históricas inconvenientes. En todo caso, la metodología —no sólo de esta disciplina, sino de las ciencias humanas en general— refleja, por la influencia decisiva de autores como Merleau-Ponty o Foucault, por citar sólo los más célebres, una escalada de la corporalidad cuya arqueología sería larga de relatar. Me contentaré con describir brevemente el inicio de este desarrollo exponencial del cuerpo como cuerpo humano en detrimento del cuerpo como materia extensa, todo ello a expensas de la noción de carne, tal y como aparece en los diccionarios castellanos de contenidos de entonces.

Después de Nebrija, a principios del XVII, Covarrubias escribe todavía del cuerpo en su diccionario que es todo aquello que podemos tocar. "Tres maneras podemos dar de cuerpos. La primera es el cuerpo que se contiene debajo de una especie. La segunda, que se forma de diversas cosas compuestas y concertadas entre sí, de que materialmente resulta como la casa, la nave. La tercera que se compone de partes distantes cada una por sí, que hacen un cuerpo, o comunidad como una república". En su léxico, la definición de la palabra "cuerpo" es bastante escueta, en todo caso si la comparamos con la palabra "carne", cuya explicación cuadriplica la de aquella. Para Covarrubias, carne se refiere "propiamente a los animales muertos", aunque en la descripción de alguno de sus derivados, como "carnal", reconoce una dimensión menos material cuando habla del vicio de la carne, hermano carnal o, incluso, "en carnes", que se refiere a estar desnudo o casarse con una mujer sin dote.

No es hasta un siglo más tarde cuando el *Diccionario de autoridades* expresa claramente la evolución de la idea de cuerpo como cuerpo humano. Este diccionario es, en relación al de Covarrubias, pletórico en las acepciones que otorga a la palabra cuerpo. El cuerpo es ciertamente "lo que consta de partes y se puede tocar". En geometría y filosofía, es una cantidad que consta de tres dimensiones, longitud, latitud y profundidad, que puede pues medirse por largo, ancho y grueso. También es figura o emblema gráfico que expresa el contenido de una empresa y partes de las que se divide una obra arquitectónica, los tomos y volúmenes que componen una librería, o el contenido y parte esencial de una obra escrita. Persiste, por supuesto, la idea de cuerpo como agregado de personas que componen un pueblo, república o comunidad. Pero muchas de las nuevas acepciones que aparecen se refieren al cuerpo como compuesto material del hombre o de cualquier otro animal. Aparte de los significados clásicos de tronco, es decir, el organismo sin sus miembros, de vestido que cubre esta parte, es decir, al vestido sin sus mangas, y también de cadáver, la idea de cuerpo humano progresa en el sentido de su relación con la vitalidad que le es propia. Por ejemplo, la acepción de cuerpo como "substancia y calidad de las cosas, que son de su natural vigorosas, o por arte o industrias hechas tales, como el vino que se dice que tiene mucho cuerpo". Derivado de este sentido se llama cuerpo "al grueso de los tejidos dado por el material del que se componen (lana o seda)" y a "cosa gruesa y abultada, como el árbol que para explicar lo grueso y fornido se dice que tiene mucho cuerpo". También progresa la idea del cuerpo humano objeto como patrón de medida y tamaño, "así dos hombres de tamaño similar se dirá que tienen un mismo cuerpo"; esto se extiende para hablar de cosas inanimadas: el árbol, la tapia o la puerta tienen la altura de dos cuerpos de hombre. Ahora bien, una cosa es carne y otra, cuerpo, porque no todo cuerpo es carne, aunque toda carne es cuerpo. Porque se plantea el problema de las partes cortadas y separadas del cuerpo que se quedan sin vida porque "el alma que está en el cuerpo y le vivifica no da vida al miembro que está cortado y apartado del cuerpo". La primera acepción del *Diccionario de autoridades* de la palabra carne es la clásica: "parte blanda y mollar del animal, que no es hueso ni intestinos"; añade, sin embargo, que "generalmente se entiende lo corporal de todo animal y en particular del hombre con todos sus nervios, huesos y demás partes de que se compone el todo del cuerpo". Termina, en relación con lo dicho anteriormente, con una acepción, pero por alusión, que se refiere a la sustancia de las frutas, es decir, a la excepción de su hueso y piel. Nos encontramos pues en el siglo XVIII y el cuerpo como cuerpo del hombre y el animal parece que empieza a suplantar conceptualmente al cuerpo como volumen en su acepción principal. Si prosiguiera este análisis de los diccionarios de lengua castellana posteriores, o de cualquier otra lengua latina, encontraríamos que este proceso no cesa de intensificarse. En los diccionarios contemporáneos la primera acepción de la palabra cuerpo es invariablemente aquella de cuerpo humano.

Si regresamos al problema de la traducción de conceptos amerindios por los primeros lexicógrafos europeos, la pregunta que nos podemos hacer es, si el concepto de cuerpo no tenía traducción en las lenguas amerindias, ¿lo podía tener el concepto de cuerpo humano? La respuesta me parece obvia: en sentido estricto no puede existir un concepto amerindio que traduzca fielmente la noción de cuerpo humano si no existe la de cuerpo como materia extensa que englobe todas las concreciones posibles, como, por ejemplo, la física de los organismos vivos. Ahora bien, los lexicógrafos podían evitar la palabra "cuerpo", entidad cuya abstracción era tal que su traducción quizá no fuera necesaria, aunque como misioneros podían lamentar su falta. Lo que no podían dejar de lado era una traducción efectiva para la idea de "cuerpo humano", cosa cuya concreción era tan patente que su glosa resultaba ineludible. ¿Cómo enfrentaron la tarea imposible de traducir "cuerpo humano" sin el substrato conceptual de la noción de "cuerpo"?, ¿de qué nociones extraer sentido para aproximarse a una traducción de cuerpo humano sin la idea de cuerpo en general?, ¿cómo colmar la brecha que aparece entre estos dos universos lingüísticos cuando se descubre que no comparten la idea de cuerpo?

Para paliar esta inconmensurable distancia cultural, pocas opciones, por llamarlas así, podían adoptar los lexicógrafos en el proceso más o menos deliberado y colectivo por el cual se decide qué término indígena es el más adecuado para traducir un concepto sin un equivalente claro. Como mostraré con más detalle en la conclusión, estas opciones parecen relacionadas con áreas regionales y lingüísticas, algo debido sin duda a la semántica de cada uno de los idiomas amerindios, pero también a las tradiciones adoptadas por los lingüistas, que trabajaban en comunidades intelectuales relativamente aisladas por la distancia. Es claro un efecto, que se podría llamar genealógico, según el cual la opción elegida en el primer diccionario de una lengua o región lingüística se perpetúa en los diccionarios que se confeccionan después. Esto sucede no sólo por evitar cambios que introduzcan confusión o que no estén suficientemente justificados, sino también por el peso del argumento de autoridad en el seno de las órdenes religiosas, regidas por el voto de obediencia. Es posible también que influyan, en cierta medida, opciones filosóficas vinculadas a dichas órdenes a las que pertenecían cada uno de los lingüistas.

Una advertencia es necesaria antes de proseguir. Contra lo que a veces pueda parecer no se trata de un ejercicio de semántica o de etimología de las lenguas indígenas, para lo cual se necesitaría movilizar un conocimiento específico de cada una. Tampoco se trata de un estudio de historia colonial, porque no abordaré sino de manera muy sucinta las condiciones sociales de la producción de estos léxicos. Se trata más bien de una antropología de los diccionarios a la luz de lo que ellos mismos indican. Por las pistas que dan los propios léxicos confrontados a una metodología interactiva, donde palabras y expresiones de lenguas que se traducen entre sí se vinculan unas con otras creando configuraciones significativas de gran rendimiento, este estudio intenta comprender las intenciones, las elecciones, los problemas y las dudas de los que participaron en la elaboración de los léxicos. A través de este prisma se puede explorar la negociación cultural entre dos mundos, dos universos lingüísticos, cuyas compatibilidades y diferencias eran profundamente ponderadas en el proceso de confección de un vocabulario realizado por numerosos autores y colaboradores, la mayoría, por supuesto, indígenas, que trabajaban en equipo durante decenios alrededor del compilador principal. Tanto fue así que González Holguín (1608) afirma, en el prefacio a su diccionario quechua, no ser más que un instrumento, puesto que los verdaderos autores son "muchos indios de Cuzco" a los que les ha "repreguntado y averiguado" cada vocablo. Varios de estos indígenas se convirtieron en verdaderos especialistas y se sabe, por ejemplo, que algunos de los que trabajaron en el equipo de Alonso de Molina lo hicieron también con Bernardino de Sahagún, como fue el caso del sabio indígena y latinista tezcucano Hernando de Ribas, antiguo estudiante en el Colegio de Santa Cruz de Tlatelolco. Se podría añadir que, más allá del trabajo de todo un equipo, estos léxicos son el resultado de una deliberación, palabra por palabra, de instituciones civiles y religiosas que expedían autorizaciones de publicación y permisos de difusión en un mundo donde la letra impresa constituía un poder considerable, elitista y costoso, administrado, por consiguiente, con cautela. Era tal el respeto que infundían estos diccionarios que, incluso ya aprobados, debían ser utilizados sólo por los religiosos, como declara la Inquisición a Diego de Carvajal, comisario del Santo Oficio en Guatemala en 1577: "que los mesmos indios y otras personas que no sean tales ministros, no los deben tener en manera alguna" (Ruz 1986: 16). Sin embargo, este edicto no se respetó, ni fue compartido en general por los autores de los léxicos, según se desprende de los prefacios de los vocabularios, donde animan a los indígenas a utilizarlos. Además, estas autorizaciones no eran fáciles de conseguir y exigían años de paciencia para obtener el aval del Santo oficio para obtenerlas. Algunos, como Maturino Gilberti, autor del primer diccionario tarasco, tuvieron serios problemas con la Inquisición. Otros, como Alonso de Molina, dedicaban el trabajo al virrey para encontrar un apoyo con el que defenderse de la jerarquía eclesiástica. Tanta era la importancia de estos léxicos para la empresa de la colonización que a veces resultaban incluso de acuerdos de estatuto conciliar, como, por ejemplo, el diccionario anónimo quechua *Arte y vocabulario en la Lengua general del Perú llamada Quichua y en la lengua española*, impreso en 1586. Como afirma el autor anónimo en el "prologo al lector", se trata de un léxico y una gramática realizados por "decreto del Concilio de Lima el más copioso en lengua quichua y española con ánimo de hacer otro en aymará que falta". Este último vería la luz pocos decenios después. He privilegiado los diccionarios publicados en detrimento de los manuscritos, algunos muy primerizos y de gran calidad, precisamente por haber pasado el filtro de un sistema de compleja deliberación colectiva. Por esta razón he examinado todos los diccionarios publicados hasta mediados del siglo XVII, es decir, durante el primer siglo de lingüística misionera. Por lo que se refiere a los manuscritos he analizado sólo algunos referidos a las lenguas de la familia maya, que no dispusieron de diccionarios impresos hasta más tarde, para colmar una laguna histórica de un área cultural de gran importancia y que, como mostraré, presenta unas características particulares. Las lenguas tratadas son pues las que han producido como mínimo un diccionario en este período, unas once. Pero, además, para comprender ciertas evoluciones y sentidos en retrospectiva, citaré diccionarios de estas lenguas tanto del período en cuestión como posteriores cuando sea preciso. Hecha esta advertencia, veamos estas opciones empezando por el análisis del más antiguo de los léxicos publicados para luego viajar de norte a sur a lo largo de las lenguas de todo el continente para las que se publicaron los vocabularios más importantes.

La opción materialista, mesoamericana o el cuerpo es carne

El primer diccionario bilingüe de castellano y una lengua amerindia publicado fue el de la lengua náhuatl, el *Vocabulario en lengua castella-*

na y mexicana, cuya primera impresión apareció en 1555. Su autor fue el fraile franciscano Alonso de Molina, que aprendió la lengua en su infancia, puesto que llego a México con sus padres. Inspirado por el método desarrollado por Antonio de Nebrija en su diccionario bilingüe castellano-latín, el diccionario de Molina contiene en su segunda edición de 1571 "dos vocabularios", como el propio autor dice en su epístola nuncupatoria dirigida al virrey Enríquez: el castellano-náhuatl que publicó en 1555, revisado y aumentado, de 4.000 palabras, y el náhuatl-castellano, que contiene aproximadamente 24.000 vocablos de la lengua americana con sus respectivos equivalentes en la lengua romance. De entre todos estos miles de términos no aparece en la parte castellano-náhuatl del diccionario una entrada para "cuerpo", pero sí encontramos la expresión "cuerpo humano", traducida por la palabra *tonacayo*, así como "cuerpo de la cintura para arriba" (*tlactli*, *totlac*) y "cuerpo muerto" (*micqui*, *micquetl*), que traduce por términos náhuatl sin relación aparente entre sí. Como otros términos relacionados con el cuerpo humano, Molina escribe *tonacayo* empezando por el prefijo *to*, adjetivo posesivo de la primera persona del plural. Para León-Portilla (1970: LIX), esto refleja la forma de hablar de los nahuas, que concebían las partes del cuerpo, no en abstracto, sino como posesión de los seres que las detentan. Así, la traducción de mano o nariz *toma* ("nuestra mano") y *tóyac* ("nuestra nariz"), respectivamente, deriva de *to-* ("nuestra") y *-máilt* ("mano") o *yácatl* ("nariz")[1].

En la parte náhuatl-castellana del diccionario, *tonacayo* es traducido por "cuerpo humano", pero se le añade otra acepción, "nuestra carne". El cuerpo humano es la carne que lo compone, es decir, su materia, según el significado de esta última palabra en la época. Las otras palabras asociadas por la misma raíz confirman esta perspectiva substancialista, puesto que las dos únicas palabras derivadas directamente son *tonacayon* ("la carne de las nalgas o las mismas nalgas") y *tonacayolt* ("mantenimiento humano o los frutos de la tierra"). Por otra parte, la palabra carne es traducida por *nacalt*, asociada a un extenso paradigma de términos relacionados con la carne, su consumo, la gordura, etc. Si tenemos en cuenta que *tonacayo* conlleva el prefijo *to-*, la similitud con el morfema restante *nacayo* con *nacalt* hacen pensar que, de hecho, comparten una misma raíz significativa.

1. El corazón o alma es precedido de *to-*, de manera que también podría interpretarse como una demostración de su condición física.

Al examinar la lexicología nahua no se puede dejar de citar una obra atípica publicada en la Ciudad de México (1611), algunos decenios más tarde que la obra de Molina, aunque mucho menos ambiciosa, titulada *Vocabulario manual de las lenguas castellana y mexicana, en que se contienen las palabras, preguntas y respuestas mas communes y ordinarias, que se suelen offrecer en el trato y communicacion entre Españoles é Indios.* Su autor, Pedro de Arenas, probablemente nacido y criado en España, dado el universo gastronómico que transciende en su texto, debía ser un comerciante que no sabía latín, no muy ilustrado, como él mismo reconoce. Por estas razones, se trata más bien de un vocabulario práctico, que buscaba ser útil y lo debió ser a juzgar por el número de ediciones impresas en los años posteriores. Puesto que no está organizado alfabéticamente, sino por grupos de palabras, no puede considerarse un diccionario, sino más bien un manual, como el propio autor lo titula. La obra está dividida en temas, como, por ejemplo, "palabras de salutación" o "lo que se suele decir y preguntar a los enfermos", con listados de expresiones. En los diferentes listados, que traduce en un solo sentido, del español al náhuatl, la palabra "cuerpo" no aparece. En una cosa difiere del diccionario de Molina: ni tan siquiera traduce la expresión "cuerpo humano", a pesar de que encontramos un apartado para los nombres de las partes del cuerpo humano. Cierto que es un léxico muy sucinto, pero la palabra "carne" figura en el texto. Esto nos hace pensar en la poca importancia de la noción de cuerpo, incluso la de cuerpo humano, al menos en la vida práctica del día a día.

Diccionarios posteriores de náhuatl muestran las dificultades de los autores para conciliar la noción de cuerpo con las categorías indígenas. En el *Glossarium azteco-latinum et latino-aztecum* de Bernardini Biondelli, publicado en 1869, no existe tampoco una entrada para el término latino *corpus*, aunque sí para *corpus humanum*, traducido por *totlac*, la palabra que Molina utiliza para tórax. Curiosamente, esta palabra no se encuentra como entrada nahua, signo probable de lo poco convencido que el autor estaba de la correlación. En todo caso le sirve para separar conceptualmente cuerpo de carne, *caro/carnis* en latín, que traduce por *nacatl* y *tenacayo*, es decir, por las palabras que Molina usa para "cuerpo".

El *Dictionnaire de la langue nahuatl ou mexicaine* de Rémi Siméon, vocabulario náhuatl-francés publicado una quincena de años después del anterior, traduce *nacayotl* por "chair, corps, ce qui concerne la chair" ("carne, cuerpo, lo que se refiere a la carne"). Este término, añadiéndole el prefijo *to-*, es el mismo que utiliza Molina para el mismo significado ya que no figura el término original que empleó este último: *tonacayo*. Siméon conserva sin embargo *tonacayolt*, que traduce por "alimentos del hombre o productos de la tierra". En relación con el diccionario de Biondelli, hay que señalar que en el de Siméon no aparece *totlac*, la palabra que el primero empleo para traducir cuerpo humano. En los múltiples diccionarios producidos más recientemente la asociación entre cuerpo y carne se mantiene en lo que se refiere al uso de una misma raíz significativa.

En otros diccionarios de otras lenguas del México central aparece la misma opción que en los precedentes de lengua náhuatl. Con el *Vocabulario en lengua de Mechoacán*, el franciscano fray Maturino Gilberti, publica en 1559 el segundo léxico impreso sobre una lengua americana, el tarasco, conocida hoy en día como purépecha, con más de cien mil hablantes en los estados costeros al este de la capital mexicana. Gilberti, nacido en Francia alrededor de 1507, toma los hábitos de franciscano el mismo año que Hernán Cortés distribuye los pueblos de Michoacán en encomienda. Llega a México en 1542 para dedicar su vida al estudio de las lenguas amerindias y a la publicación de una obra extensa, que fue siempre observada con detenimiento y desconfianza por la Inquisición, en parte por el origen francés del franciscano. En su diccionario tampoco figura la palabra "cuerpo", aunque sí las expresiones "cuerpo humano" (*cuiripehtsicata*) y "cuerpo desde la cintura hasta arriva" (*teruhcan hameri cuiripu*). La palabra carne la traduce por *cuiripeta*, palabra que reaparece para traducir el mismo término en la frase "carnicero que vende carne". En la parte tarasco-castellano del diccionario se confirma esta traducción, aunque en lugar de "cuerpo humano" aparece "cuerpo vivo". Otras palabras de la misma raíz se usan para traducir los vocablos "persona" y "engendrar". El sentido de esta raíz se analiza en el diccionario que sobre la misma lengua publicó años después otro franciscano, Juan Baptista de Lagunas, como parte de la obra *Arte y dictionario con otras obras en lengua michoacana* (1574), por estar redactado en forma de tesauro o calepino, como también se nombraba a este tipo de compilaciones[2]. Ese tipo

2. Calepino en honor al lexicógrafo agustino italiano Ambrogio Calepino, que publicó el *Cornucopiae* (1502), un diccionario latín-italiano, del que se hicieron numerosas

de diccionarios, donde para cada vocablo se expone una antología de datos relacionados con su significado, sus derivados, así como ejemplos de uso, permite, en efecto, explorar directamente el sentido dado por los misioneros de entonces a los términos. Lagunas establece que *cui* (escrito *kvi*) significa "criar, crecer o hacer mercedes". De ahí expone algunas palabras derivadas, en las que, si bien no aparece *cuiripeta*, si lo hacen otras que se refieren a la persona, al ser, a alimentarse o nutrirse y a engendrar con una marcada orientación substancialista en su definición.

El vocabulario en lengua Zapoteca (1578) del dominico Juan de Córdova es el primer diccionario de esta lengua localizada al sur del actual estado de Oaxaca y en el istmo de Tehuantepec. Hoy, el zapoteco es una familia de lenguas habladas en la misma región por medio millón de personas. Ya he mencionado que Córdova hizo explícita la imposibilidad de traducir "cuerpo generalmente". Como los anteriores, propuso la traducción para aspectos del cuerpo anatómico en diferentes entradas como "cuerpo sin alma o cadáver" (*pènipitiñe*) y "cuerpo vivo máxime del hombre" (*làti ou làchi, pelalati*, y otros derivados). Del vocablo *làti ou làchi* dice, además, que éste significa la "superficie y lo de dentro". Propone, incluso, una entrada para "cuerpo de Cristo o eucharistia", pero remite al término "sacramento", que tiene varias entradas en el diccionario. Una de ellas es "sacramento del altar el cuerpo de nuestro redentor", con su traducción en zapoteca así como otras entradas subsidiarias como "lo que queda del vino después de la consagración" o "lo que queda del pan". En todo caso, Córdova nos remite, para más detalles, a la palabra "eucharistia", aunque, después de consultarla, ésta nos envía de nuevo a "sacramento" sin más información adicional, una forma de esquivar el espinoso problema de la transubstanciación. Las entradas para carne y derivados cuadriplican a las de cuerpo; se traducen todas las formas de preparar la carne, sus diferentes estados o lo relacionado con lo carnal. Como en los anteriores diccionarios encontramos los mismos términos utilizados que traducen la noción cuerpo humano o vivo para traducir "carne" (*pèla, bèla*) y "carne de toda la fruta" (*làchi*). En los diccionarios más actuales de los dialectos zapotecos se utiliza básicamente el préstamo del castellano *cuerp.*

ediciones y versiones, realizadas por él o sus sucesores en las que añadían lenguas en las cuales se daban equivalencias hasta llegar a la edición de 1590 que incluía once lenguas.

Casi de forma simultánea se publican el *Arte en lengua mixteca* (1591) de Antonio de los Reyes y el *Vocabulario en lengua mixteca* (1593) de Francisco de Alvarado. No es una coincidencia, porque los dos autores, de la orden de Santo Domingo, trabajaron conjuntamente en este proyecto de descripción de esta lengua que entonces se extendía por los territorios de los actuales estados de Oaxaca, Guerrero y Puebla. En el arte o gramática, Reyes adjunta un vocabulario mixteco-castellano de gran utilidad si se compara con el diccionario de Alvarado, que sólo traduce del castellano a la lengua mixteca. En este último no existe, como en los diccionarios examinados con anterioridad, una entrada para cuerpo, pero sí una para cuerpo humano, traducido por *yeqcoño ñayevni.* Dos entradas más se refieren al cuerpo, una para el cuerpo de cintura para arriba y otra para el cuerpo de cintura para abajo. Con la ayuda del diccionario de Reyes encontramos rápidamente el sentido de la traducción de cuerpo hecha por Alvarado. El primer término (*yeqcoño*) es un compuesto de *yeq*, que significa "hueso" (escrito *yeque* en este mismo diccionario) y *coño*, que traduce como "carne". En cuanto al término *ñayevni*, se traduce como persona en ambos diccionarios. La traducción del conjunto sería algo así como los huesos y la carne de la persona, perífrasis cuya complejidad denota la dificultad de los lexicógrafos para traducir una noción extraña a la lengua estudiada. De hecho, en los diccionarios actuales de mixteco se ha eliminado *ñayevni* de la traducción de cuerpo, pero sigue apareciendo el termino *yeqcoño*, aunque separando los dos morfemas que significan, efectivamente, uno "hueso" y el otro, "carne".

Para terminar con este apartado citaré el *Arte breve de la lengua otomí y vocabulario trilingüe: español, náhuatl, otomí*, de Alonso Urbano, fraile posiblemente franciscano —aunque al parecer un copista agustino trabajó el manuscrito—, que escribió en 1605 un léxico otomí tomando como base el diccionario bilingüe de Molina. "Cuerpo humano" y "cuerpo de la cintura para arriva" son traducidos, a diferencia de Molina, por los mismos términos *menguaba*, *machãyãyha* y derivados, relacionados, sin duda también con los que traduce carne, aunque faltaría información en este caso para una conclusión definitiva.

Todo este conjunto de léxicos establece una misma estrategia de traducción única y nítida, que llamaré "opción materialista", iniciada por Alonso de Molina con el léxico náhuatl y seguida por la mayoría de lenguas mesoamericanas estudiadas por aquel entonces como he mostrado. Las características de esta opción consisten en evitar el concepto "cuerpo" sin más consideraciones, traduciendo el concepto de "cuerpo humano" por un término que significa carne o, en todo caso, estrechamente emparentado con éste, de manera que prevalece un sentido de cuerpo asociado al soporte material de tejidos y substancias orgánicas que lo conforman como entidad fisiológica del ser vivo. Se debe añadir que esta estrategia fue exitosa, pues se ha mantenido en la mayoría de los diccionarios posteriores de todas estas lenguas, incluso los más recientes.

La opción dual, centroamericana o mayense

Si bien, para las lenguas mayas no se publicaron diccionarios hasta fines del siglo XVI, por supuesto se conservan algunos manuscritos anteriores. En todo caso, parece que esta relativa tardanza en la descripción de estas lenguas no simplificó las decisiones que los lexicógrafos tomaron en relación con la búsqueda de un sinónimo amerindio para "cuerpo". En el primer diccionario de la lengua tzeltal, hablada en el actual estado de Chiapas, fronterizo con Guatemala, escrito por el dominico fray Domingo de Ara *Vocabulario de Lengua Tzeldal Según el Orden de Copanabastla*, alrededor de 1571, se traduce "cuerpo" por la noción de *baquetal*, sin duda un derivado de la noción de carne *baquet*, vocablos muy cercanos a *baquel*, que se refiere a los huesos[3]. Sin embargo, la palabra cuerpo se traduce también por el termino *binquilel*, que designaría más bien la idea de "persona", a juzgar por las otras referencias dadas para este término. Surge una suerte de dilema o doble elección a la hora de elegir una palabra amerindia para traducir cuerpo que se reproducirá en otras lenguas de la familia maya, pero de la península del Yucatán. La opción doble elegida por Domingo de Ara no parece interesar al franciscano Tomás de Coto, que prefiere la opción que su orden desarrolla en Mesoamérica. Para este lexicógrafo, "persona" no parece tener equivalente en lengua

3. Aunque huesos y carne en tzeltal, *bak* y *bak'et*, respectivamente, son dos palabras sin conexión, porque una no es glotal y la otra, sí. Ara no debía distinguir los sonidos glotales como muchos otros que han trabajado con esta lengua no han distinguido después (Pedro Pitarch, comunicación personal).

cakchiquel, vecina de la tzeltal, hablada en las tierras altas del oeste guatemalteco, según afirma en su *Thesaurus Verborum. Vocabulario de la lengua cakchiquel vel guatemalteca, nuevamente hecho con summo estudio, trabajo y erudición*, posterior en un siglo (1691) y primer diccionario publicado en alguna lengua maya. El concepto más cercano es *vinak*, que significa "gente" o "todo viviente", es decir, "una colección", aunque se puede usar también para remitir a una, dos o tres personas. Para el franciscano, el problema es que la definición de persona, citando a Boecio, debería ser *persona est rationalis naturae indiuidua sustantia* y el termino *vinak* incluye todo ser vivo, como, por ejemplo, a los peces. En cualquier caso, Tomás de Coto no propone una entrada para "cuerpo", aunque sí una, *tiohil*, para "cuerpo de persona, ave, animal o pesce, etc.". Carne es *tioh* y, según De Coto, "deste nombre sale tiohil por el cuerpo de la persona o animal y de ahi diferentes términos como el verbo encarnar, pecado de carne, carne de persona ru tiohilal vinak, Y lo mesmo por otro cualquier animal". Otras traducciones relacionadas con esta raíz son "carne fresca", "carnicería", "gruesa persona", etc. (Coto 1983: 90). Estos términos estarían relacionados, al decir del lexicógrafo, con la idea de corpulencia, de engordar, de "encorporarse" y de "encarnar". También están asociados a "lo interior del cuerpo, de la çintura para arriva". En este último sentido hay, sin embargo, otro término casi sinónimo: *xucul*, que traduce también por "cuerpo", pero añadiendo "de la çintura al cuello, la parte delantera y los costados". Una traducción similar ofrece para el vocablo *xamalil*. Un término distinto de los anteriores para el "cuerpo muerto de cualquier animal" es *caminak*, que según el fraile era por entonces de uso reciente, puesto que antiguamente le llamaban *xibalbay*, palabra que pasó a significar en una interesante traslación semántica "infierno".

La elección realizada por Domingo de Ara parece retomarse en los trabajos que sobre la lengua maya se realizan en la península del Yucatán. Cuatro términos mayas yucatecos aparecen relacionados con el cuerpo en los diccionarios bilingües: *bayel*, *molay*, *kukut* y *winikil*. Estos cuatro términos juntos podrían recubrir el campo de significado de la palabra "cuerpo" en español, lo que demuestra la fragmentación en la que se descompone este término al confrontarlo con el maya. *Bayel* fue traducido en el primer léxico de esta lengua, conocido como *Calepino de Motul*, como "parte del cuerpo del hombre y de cualquier otro animal, y casi siempre es interrogante". Se cree que este léxico se terminó en el año 1606 o, en todo caso, a principios del siglo XVII. El autor, probablemente fray Antonio de Ciudad Real (1551-1617), franciscano castellano que empezó su misión americana en 1573 y que vivió en Motul cuando redactada la obra, añade, sin embargo, otra acepción según la cual *bayel* es "todo el cuerpo, todos los creyentes, es como el cuerpo y miembros del hombre". Si bien esta segunda acepción es un tanto misteriosa, parece redundar en lo que afirma la primera, en el sentido de que este término traduce las partes del cuerpo y la suma de ellas. Sin embargo, es sobre todo el sentido de partes del cuerpo el que perdura en los diccionarios de los dos siglos siguientes hasta que el término parece caer en desuso. *Molay*, por su parte, se refiere a un sentido diferente de los términos precedentes, puesto que alude a cuerpo como corporación, como un grupo de gente. Desde el primer diccionario hasta los más recientes, este término traduce la noción de junta, congregación, colegio o ayuntamiento.

Los otros dos términos *kukut* y *winikil* son los que se refieren más propiamente al cuerpo como cuerpo humano en el sentido que nos interesa. Son también conceptos más complejos y existe una relación de vasos comunicantes entre ambos. El *Calepino de Motul* traduce el término *kukut* (escrito *cucul*) por "cuerpo de cualquier cosa animada o no animada" o "cuerpo cualquiera". Este mismo término se define como "cuerpo generalmente" en el segundo diccionario conocido de esta lengua, el manuscrito *Bocavulario de Mayathan por su Abecedario*, llamado "Diccionario de Viena", porque el original se encuentra en la biblioteca nacional sita en esta ciudad, anónimo del siglo XVII. En él se insiste en traducirlo como oposición a alma. El *Diccionario de San Francisco*, copia manuscrita arreglada y realfabetizada por Juan Pío Pérez hacia 1850 de un original anónimo maltrecho, hoy desaparecido, que perteneció al Convento Grande de San Francisco de Mérida, traduce asimismo *cucut* como "cuerpo cualquiera", y lo distingue, como los anteriores, de *bayel*, "cuerpo todo o parte de él". En todo caso estas definiciones y otras similares, tales como gordura, cuerpo y tronco, trabajos corporales, etc., de *kukut* o sus derivados aparecen en diccionarios posteriores. Junto con el primer diccionario quechua de Domingo de Santo Tomás, del siglo XVI, estos tres diccionarios son los únicos en todo el continente donde se propone una entrada única para "cuerpo", aunque esto sucede ya durante el siglo XVII. Sin embargo, parece que este término está asociado a la cobertura de algo más que a la sustancia que lo conforma, al envoltorio más que a su contenido, si hacemos caso a las múltiples pistas que en este sentido ofrecen los diccionarios de esta lengua desde el primero de ellos. Tanto es así que este término ha sido traducido por algunos diccionarios recientes como "piel", "epidermis", "piel humana o animal", "película" o incluso "sentidos corporales".

Se ha considerado que en lengua maya yucateca clásica, la palabra que traduce "cuerpo" más fielmente podría ser *winikil*, aunque las dificultades persisten. El *Calepino de Motul* estimó, por ejemplo, que *winikil* debía traducirse por "persona", "ser" o incluso "naturaleza del hombre" o cualquier otra cosa similar, llegando a proponer la noción de "humanidad" (del individuo) o "cosa humana". Recogió, sin embargo, la idea de "corpulencia", "tamaño" o "grueso del hombre o de cualquier otro animal", y la calidad de éstos, buena o mala; en la parte español-maya añade la noción de "apellido de linaje". Asimismo agrega, como aparece en diccionarios de otras lenguas, la acepción de cuerpo de la camisa o vestido, es decir, sin las mangas. *Winikil bak'* traducido por "carne humana" y *winikil balkah* ("los hombres del mundo que están en él"), nos da una idea de la significación que el primer léxico maya quiere dar a este término: algo así como la presencia física. Estas diferentes acepciones del término fueron retomadas, a grandes rasgos, en los siglos posteriores por los diferentes diccionarios que se fueron elaborando. Pero no es hasta el siglo XVIII, cuando se publicó la primera edición del *Arte del idioma maya reducido a suscintas reglas y semilexicón yucateco*, en 1746, por Pedro Beltrán de Santa Rosa, cuando aparece la palabra "cuerpo" asociada a este término maya. Juan Pío Pérez retoma este sentido en el *Diccionario de la lengua maya* un siglo más tarde, en 1866, y hasta hoy en día lo registran de esta manera muchos léxicos. En todo caso no parece que exista una sobreposición entre cualquier de estos términos y sus significados con la noción de carne, como era el caso de los otros diccionarios mexicanos. *Bak* o *bakel* es el término que se utiliza para "carne" o "carne humana" desde los primeros diccionarios sin que este término guarde relación aparente con los anteriores[4]. Aparte de esta voluntad de evitar la opción materialista, la vía mayense o centroamericana se caracteriza por una evolución

4. Por cierto, *bakel* no sólo denomina la carne en maya yucateco, sino también a los huesos en el diccionario de Domingo de Ara (véase nota 3).

conceptualmente compleja de dos términos que, en el caso yucateco son *kukut*, que pasa de ser el léxico elegido para "cuerpo" al concepto que traduce "forma", y *winikel*, que es traducido de entrada como "persona", pero se convierte en el término designado para "cuerpo". Es, por lo tanto, una opción doble marcada por la voluntad de evitar recurrir a la idea de carne, que no será seguida totalmente por Domingo de Ara para el tzeltal. Éste propone también una doble opción con una acepción de cuerpo como carne y otra de cuerpo como persona. Resta subrayar que, a diferencia de los anteriores, Tomás de Coto sigue la línea determinada por los lexicógrafos de las lenguas del México central, a la sazón sus hermanos de la Orden de San Francisco.

La opción formalista o el cuerpo es volumen

En el primer diccionario de América del Sur, el diccionario quechua-castellano del fraile dominico Domingo de Santo Tomas, la palabra "cuerpo" no figura en la relación castellana de términos. Aparece, sin embargo, la entrada "cuerpo generalmente" en el único intento del siglo XVI de buscar una traducción amerindia para el cuerpo como cosa extensa como ya he mencionado. En efecto, añadir el adverbio "generalmente" a "cuerpo" es una forma que ya empleó Nebrija para referirse al cuerpo, tanto físico como material. Está claro que tal añadido manifiesta una preocupación en cuanto a la traducción de "cuerpo", pues de lo contrario hubieran puesto sólo el sustantivo, como en la mayoría de las palabras. En todo caso, a este "cuerpo generalmente" le corresponde, según el dominico, la palabra quechua *hucu* o *hucunchic*. Para "cuerpo muerto" propone dos términos, sin ninguna relación con los anteriores: *aya* y *acoy*. *Hucu* no reaparece en la parte quechua-español para ser traducido por "cuerpo generalmente", hecho que refleja la poca confianza que el autor tenía en esta definición. En efecto, una forma de matizar traducciones dudosas era evitar la correlación en una de las dos lenguas del diccionario bilingüe, procedimiento que Domingo de Santo Tomás no fue el único en adoptar. No obstante, en este caso, *hucu* no está ausente como entrada quechua: se usa para traducir "camisa de varón", metonimia entre el cuerpo y lo que lo viste establecida, como ya hemos apuntado, en otros muchos léxicos, incluido los diccionarios de definiciones castellanos de la época. Pero a diferencia de los diccionarios de Mesoamérica examinados anteriormente, ninguno de estos términos parece relacionado con la noción de "carne" (*aycha*) o incluso con la de "carne humana" (*runapaychan*). ¿Existe en lengua quechua un concepto para "cuerpo generalmente" que no existiera en las lenguas del hemisferio norte hasta ahora examinadas o las dudas de Domingo de Santo Tomas reflejan, en realidad, un intento de traducir un término intraducible en la lengua general andina?

La respuesta sería que el quechua no tiene ninguna traducción para cuerpo en general, en todo caso según los diccionarios posteriores publicados. En efecto, el diccionario anónimo, aunque atribuido al jesuita Alonso de Barzana, impreso junto con una gramática en 1586, *Arte y vocabulario en la Lengua general del Perú llamada Quichua y en la lengua española*, resuelve la duda planteada por el texto de Domingo de Santo Tomas con la substitución de "cuerpo generalmente" por "cuerpo humano", traducido también por *hucu* (transcrito como *vcu* en este diccionario). Este término quechua aparece en la parte quechua-castellano para traducir, además de cuerpo humano, las nociones de "dentro" y "hondo". Asimismo, se encuentran dos entradas con la raíz *vcu*: *vcupacha* y *vcuruna* (donde *pacha* es traducido por tiempo y lugar y *runa* por persona), traducidas por "infierno" y "hombre interno", respectivamente. En ambos sentidos encontramos también la traducción de "cuerpo muerto", que se traduce como en el diccionario precedente. Como en el diccionario de Domingo de Santo Tomás la palabra "carne" (*aycha*) y sus derivados no parecen tener nada en común con la palabra quechua equivalente a "cuerpo humano".

El tercer diccionario quechua conocido desde un punto de vista cronológico es el del jesuita Diego González Holguín, publicado en 1608. Si bien traduce la palabra "cuerpo" como *vccu*, precisa, al igual que el anterior, que se trata únicamente del cuerpo humano o animal. Como en los anteriores, traduce "cuerpo muerto", aunque en este caso recurre a una expresión: *aya huanuk vccu*. En la parte quechua-español, se relaciona el término *vccu* con cuerpo humano y animal —pero transcrito como *uku*—, así como con la traducción de lo interior y lo hondo. Así, asociado a *pacha* (lugar) produce "infierno" (*vuccupacha*) y a *runa* (gente o persona) produce "el hombre interior" (*vccurunanchic*), de forma parecida a los diccionarios quechuas precedentes. Sin embargo, Holguín va un poco más lejos al indicar que este "hombre interior" es también el alma y al establecer una oposición con *hahuarunachic*, "el cuerpo u hombre exterior". Además, si bien, como en los otros diccionarios quechuas examinados, González Holguín no señala ninguna relación semántica entre *vcu* y el término equivalente a "carne" (*aycha*), propone dos conceptos, *aychayoc* (el que es de carne) y, sobre todo, *aychannac* (el espíritu que no es de carne), lo que podría hacer suponer una mayor penetración de la dualidad del espíritu y la materia en la discursividad quechua o, al menos, en su interpretación. En la actualidad, la mayor parte de diccionarios de quechua modernos consideran que *aycha* es el mejor término para traducir cuerpo, aunque aparece al mismo tiempo para traducir tanto piel como carne. *Vku* en sus diferentes grafías se refiere, en estos mismos diccionarios, a lo interior y lo hondo, pero raras veces retoma el sentido de cuerpo que se le atribuyó en los primeros léxicos, en todo caso para resaltar que se trata de un modismo dialectal del quechua intertropical.

El diccionario del jesuita italiano Ludovico Bertonio, contemporáneo y colega de González Holguín, aunque dedicado a la lengua aymará, ofrece algunos elementos más sobre la dificultad de encontrar una traducción para "cuerpo", como ya se ha avanzado al principio de este texto. Afirma que "cuerpo del hombre y de todos los animales" es *janchi* y deja claro que este término no es válido para traducir la noción de cuerpo como "todo aquello que no es espíritu". Traduce, como en los diccionarios quechuas, las expresiones "cuerpo muerto" (*amaya*, *jawari*) y un par de expresiones más "cuerpo o tamaño de mariposa, mosquito" (*jaqipar*) y "cuerpo regalado que no quiere trabajo" (*chuqi vel k'ä janchi vel aycha*).

Por otra parte, la palabra carne es traducida por *aycha*, la misma que en quechua. Este término no interviene en la definición de cuerpo, como hemos visto, por lo que el diccionario de Bertonio se asemeja en esto a los diccionarios quechuas. Sin embargo, en la parte aymará-español, la palabra *janchi* se encuentra acompañada por *aycha* como sinónimo, aunque, en este caso, ambos términos sólo sirven para traducir "cuerpo de todos los animales". Bertonio deja así traslucir dudas considerables entre el formalismo de la escuela quechua y el materialismo que representa la aparición de la palabra *aycha* (carne) asociada a cuerpo. Esta misma duda se repite en la entrada siguiente: *janchillchapi, aychallchapi*, que el lexicógrafo considera palabras sinónimas de las anteriores y, por lo tanto, traducibles por "cuerpo de todos los animales", pero añade: "y también todo pulpa, carne sin hueso". En definitiva, Bertonio se muestra bien ambiguo en cuanto a la posibilidad de emplear el término carne para cuerpo animal, aunque evita escrupulosamente que pueda ser empleado para cuerpo humano. En todo caso queda por resolver el campo semántico del término *janchi*, suponiendo que *aycha* equivale a carne. Para ello, se puede asociar la palabra *janchi* al sentido que se le da a muchas otras entradas que el diccionario tiene para la raíz que la compone: un sentido de "cubrir" en su forma verbal o "cubierta" en su versión sustantiva. Uno de los muchos ejemplos es *jana*, que traduce como "cubierta de libro, hoja de papel de libro o de cebolla y cosas así", según Bertonio. La traducción de *janchi* quedaría como algo similar a "cubierta de carne" o "lo que cubre los huesos". En todo caso, *janchi* aparece como el término para traducir cuerpo humano en los diccionarios contemporáneos, desde el primero publicado en el siglo XX (Misioneros Franciscanos 1905) hasta los más recientes.

Junto con los trabajos sobre la lengua quechua y aymará, el tercer gran proyecto editorial lexicográfico de América del Sur fue el referido a la lengua guaraní. Los trabajos sobre esta lengua fueron, sin embargo, mucho más tardíos en relación con los publicados para las otras lenguas generales del continente austral. No fue hasta bien entrado el siglo XVII, con la publicación en 1639 del *Tesoro de la lengua guaraní*, diccionario de términos guaraníes con su descripción en castellano, realizado por el jesuita limeño Ruiz de Montoya, cuando vio la luz el primero de ellos. Al año siguiente, el mismo autor publicó el diccionario de la lengua castellano-guaraní incluido en el *Arte y bocabulario de la lengvua gvaraní*. Estas publicaciones siguen la escuela llamada de Juli, que tuvo a González Holguín como uno de sus más brillantes representantes. Se trata, sin embargo, de una adaptación paraguaya de los métodos de esta escuela (Melià 2002: IX). Es importante señalar este hecho, puesto que Ruiz de Montoya llegó a Asunción en 1612, recién ordenado sacerdote, cuando González Holguín, ya ilustre gramático y diccionarista, era rector del Colegio Jesuita de esta ciudad. Si bien Ruiz de Montoya emplea una metodología similar a la de sus maestros, sus diccionarios presentan una gran libertad de elección terminológica en comparación con los diccionarios de lenguas andinas. Cierto que separan casi medio siglo los trabajos de González Holguín y los de Ruiz de Montoya, como también lo es que este último inauguró un nuevo linaje de diccionarios para una lengua hasta entonces sin describir, a diferencia de González Holguín, que se encontró con una tradición que se había iniciado a mediados del siglo XVI. Sobre todo, hay que tener en cuenta que el parentesco lingüístico entre quechua y aymará no es compartido por el guaraní, cuya semántica puede discurrir por otros cauces. En cualquier caso, en el *Arte y bocabulario de la lengvua gvaraní* se distingue entre "cuerpo muerto" (*teõnguêra*), "cuerpo o sujeto de la cosa" (*apá*) y "cuerpo humano" (*teté*, *abareté*), cuyas traducciones no guardan, en apariencia, ninguna relación entre sí. Ninguna de estas palabras guarda tampoco relación ni con la traducción de carne (*çóó*) ni con la de carne humana (*abátóó*). El término traducido por "cuerpo muerto", como sucede en muchos otros de los léxicos analizados, debe referirse a cadáver, es decir, a un término específico que se refiere no tanto a la corporalidad sino a la ausencia de vitalidad. Más interesante, para mi propósito, son las dos otras entradas para "cuerpo". La entrada "cuerpo o sujeto de la cosa" parece que quisiera definir un cuerpo general, como en el caso del diccionario quechua de Domingo de Santo Tomás. Sin embargo, la especificación "sujeto de la cosa" no está clara para el contexto filosófico de la época, a no ser que se refiriera a la concepción de la materia primera según el hilemorfismo aristotélico, como aquello informe e indeterminado que necesita del predicado de la forma para substancializarse. En el *Tesoro* encontramos dos entradas para *apà*, esta vez con acento grave: la primera define este término como "cosa torcida, tuerto", con ejemplos de nombres, formas verbales y expresiones relacionadas con este sentido; la segunda se corresponde con la definición dada en el *Diccionario* de "cuerpo o sujeto de la cosa", a la que añade "y con esta partícula se componen algunos nombres que se siguen", así como una palabra y dos expresiones relacionadas con la temperatura de las cosas. Ruiz de Montoya no informa claramente de si las otras entradas que siguen y que empieza por *apà* están relacionadas con esta definición, con el sentido de cosa torcida o con ninguno de los dos. Lo cierto es que sigue una lista de palabras que empieza con esta partícula donde se entiende mejor la idea de sujeto de la cosa. Todas estas palabras son el resultado de un término que se convierte en una cualidad o acción cuando se le añade la partícula en cuestión. Por ejemplo, según el *Tesoro*, el término *aparibi* significa "apartar" porque estaría compuesto de *apà* e *ibi*, que quiere decir "al lado".

En todo caso, *apà*, la asociación de este término a la noción de cuerpo y el enigma que plantea la especificación que introduce Ruiz de Montoya desaparecen de la versión que hizo el también jesuita Paulo Restivo en 1722. Se trata de una edición de la obra del primero, aunque aumentada y corregida que lo que Restivo está dispuesto, por modestia, a admitir. La desaparición del término *apá* puede ser debida a una evolución de la lengua guaraní a lo largo de los decenios que transcurren entre las dos publicaciones. De hecho, Restivo pretende con su revisión adaptar "algunos vocablos y modos de hablar, que aunque en realidad son vocablos y términos propios de los naturales, pero ya *per non usum* se han anticuado y hecho casi ininteligibles" (Melià 2002: XIV). Sin embargo, las modificaciones que introduce Restivo, aunque por respeto nunca lo reconozca, no sólo reflejan la evolución de la lengua, sino que corrigen ciertas imprecisiones del léxico de Ruiz de Montoya, al menos desde el punto de vista de Restivo. En relación con la supresión del termino *apà*, una posibilidad seria que Restivo hubiera pensado que Ruiz de Montoya se había confundido entre dos oclusivas cuando en realidad se trataba del término *aba* que tanto el propio Ruiz de Montoya como Restivo traducen por "hombre". En todo caso, *aba* aparece como parte de *abareté*, una de las dos traducciones que Ruiz de Montoya establece para "cuerpo humano". Sin embargo, tampoco hay una entrada para *abareté* en el *Tesoro.* En este volumen el término más cercano es *abaeté*, que quiere decir "feo, torpe, bravo, terrible, cruel, espantoso, dificultad". Más cercano sería, por la explicación etimológica que ofrece Ruiz de Montoya, *abaréc*, que deriva de "abá: hombre, y té: diverso sacerdote", aunque esta última referencia resulta todavía más extraña. Quizá Ruiz de Montoya transmitió una palabra donde el otro componente sería el sufijo de superlativo *-eté*, de manera que quedaría "hombre auténtico o verdadero" como traducción de cuerpo (Guasch 1986: 759). En todo caso, Restivo desestima también el vocablo *abareté* como traducción posible de cuerpo que, como sucede con *apá*, no aparece en su compilación. El único concepto que Restivo mantiene del diccionario de Ruiz de Montoya como traducción de cuerpo es *teté.* Es necesario precisar que Restivo también cambió el original de Ruiz de Montoya al eliminar las varias entradas para "cuerpo" que este último propuso. El texto de Restivo sólo ofrece una entrada para "cuerpo", aunque se entiende que se trata del cuerpo anatómico que ya en el siglo XVIII aparecía como la primera acepción del concepto, como he mostrado con anterioridad cuando hemos visto la evolución del término en los diccionarios de contenidos castellanos. En el *Tesoro*, Ruiz de Montoya traduce *teté* por "cuerpo, golpe, o fuerza de cosas, lo principal de la cosa, lo recio de la tempestad". Las diferentes expresiones traducidas en la misma entrada remiten al cuerpo humano y a su presencia física, al vigor que le da un volumen en el espacio, pero también a sus aflicciones. Pero no sólo el cuerpo humano parece relacionado con este término, puesto que también se refiere a la fruta. Ahora bien, la fruta no está vinculada a la definición de *teté* como sucedía en los diccionarios de lenguas mexicanas: por una asociación substancial. No parece que en el *Tesoro* de Montoya cuerpo y fruta vayan juntos porque son "carne". Lo que tienen en común aquí el cuerpo humano y la fruta no es su materialidad, sino el ser la expresión de una fuerza generativa que les hace existir. El ejemplo ofrecido por el lexicógrafo es muy ilustrativo: *ĭbá reté*, formado por *ĭbá*, que significa "fruto" y *reté*, una contracción de *teté*, que sería "golpe, o fuerza de la fruta". En definitiva lo que este término parece evocar en la definición de Ruiz de Montoya, es el vigor de los organismos, su consistencia vital, su conformación orgánica o, para utilizar una palabra que emplea el jesuita, "su integridad".

La opción que he llamado suramericana se podría resumir de la manera siguiente: en primer lugar, evita a toda costa una relación entre cuerpo humano y carne, y propone en cambio una traducción de cuerpo haciendo referencia al espacio que ocupa, es decir, a su forma, sea ésta la forma contenida, elegida para el quechua o el guaraní, o la forma continente, elegida para el aymará. Una opción primero dominica, que permite mantener la idea tomista de un cuerpo general, retomada por los jesuitas en plena defensa del dogma de la transubstanciación con argumentos también escolásticos. Se entiende que todos estos lingüistas dominicos y jesuitas que participaron en el estudio de las lenguas amerindias suramericanas consideraban que traducir cuerpo por carne podría inducir a confundir la forma con su materia, en el sentido aristotélico dado a estos conceptos. El cuerpo es la forma de la materia y sólo en el caso del cuerpo humano esta última sería la carne. Es preciso subrayar, para concluir, que esta estrategia no fue confirmada por el devenir de la historia porque, al menos en quechua, los diccionarios actuales traducen cuerpo por *aycha*, es decir, por lo que entonces se dijo que significaba sólo carne.

A MODO DE CONCLUSIÓN

Expondremos ahora algunos comentarios finales para concluir el examen de las formas de traducir la noción de cuerpo en los diccionarios, las determinaciones que se imponen y los criterios que prevalecen. Del análisis de los diferentes diccionarios publicados hasta mediados del siglo XVII en la América colonial aparecen dos grandes opciones claras en cuanto a la forma de traducir la palabra cuerpo, o cuerpo humano, término ausente en las lenguas amerindias, en las que se busca una equivalencia lo más cercana posible: una centrada en Mesoamérica y la otra en América del Sur. La primera opta por olvidarse de buscar una traducción para cuerpo y propone traducir cuerpo humano por un término emparentado con "carne" o, mejor, con "materia". La segunda opción no renuncia, al principio, a traducir cuerpo en general y prefiere un término cercano a "forma", variando en cuanto a considerar ésta como forma contenida o forma continente. Dicho de otra manera, la opción suramericana consideraría el cuerpo, primero general y luego humano, como un volumen, pero se divide en el momento de elegir si éste es el espacio que ocupa, es decir, si el cuerpo es lo comprendido por su contorno (forma contenida) o al contrario si el volumen es el espacio que no ocupa, esto es, su propio contorno (forma continente). En América Central no resulta tan clara la existencia, para las lenguas de la familia maya, de un criterio demasiado preciso y parece prevalecer cierta dualidad bastante ambigua. Hay dos razones probables para ello: la primera podría estar relacionada con que la mayoría de los léxicos existentes en esta zona para este período son manuscritos y no volúmenes publicados; es posible, por lo tanto, que la parte final del trabajo lexicográfico, el de establecer unos criterios de traducción previamente deliberados al menos para los conceptos difíciles, no fuera realizada. La segunda razón podría tener que ver con el paso del tiempo: puesto que se trata de unas investigaciones medio siglo más tardías que las empezadas en Mesoamérica o en la América andina se puede pensar que los conocimientos en lingüística eran más avanzados, con resultados menos susceptibles de simplificación.

En suma, si se confirma la localización regional de las dos grandes opciones, mesoamericana y andina, se puede considerar que existen unos ejes filológicos que las determinan. Es muy posible, en efecto, que la naturaleza de la semántica de las lenguas o familias de lenguas favorezca seguir una opción u otra. Sin embargo, poco se puede decir sobre este aspecto que no resulte demasiado especulativo. Parece también bastante claro, y esto es mucho más fácil de demostrar, que existe una relación genealógica entre los diccionarios realizados sobre una misma lengua o una mismo grupo de lenguas emparentadas, de forma que las opciones de traducción elegidas por los diccionarios más antiguos tienden a prevalecer, o a marcar en todo caso una tendencia, en la manera de abordar la cuestión. Los diccionarios de Alonso de Molina en México y el de Domingo de Santo Tomás en Perú fundaron cada uno una opción de traducir cuerpo que, al menos durante los dos siglos posteriores, no fue cuestionada prácticamente. Y esto vale no sólo para las lenguas que estos lexicógrafos estudiaron directamente, sino para todas las de su respectiva área geográfica.

Es también posible establecer una vinculación entre estas opciones y las orientaciones filosóficas de las órdenes a las que los lingüistas pertenecían, en particular sobre el gran tema de la escolástica tardía de la relación entre forma y materia. Se puede, en efecto, descubrir, detrás de estas opciones de traducción, las diferentes sensibilidades filosóficas que coexistían en el seno del pensamiento cristiano del momento y los debates que las enfrentaban. Puesto que la opción mesoamericana es obra de los franciscanos, no es extraño que adopte una perspectiva asimilable a una posición escotista sobre estos temas, y que la suramericana, producto dominico y jesuita, adopte, en cambio, un punto de vista más cercano al cuerpo doctrinario tomista. La diferencia que los enfrenta es profunda y tiene sus raíces en las disputas entre una tradición material y una más formal que defendían franciscanos y dominicos respectivamente desde el siglo XIII, es decir, desde su constitución como órdenes mendicantes, sobre como interpretar la herencia clásica. Esta controversia debatía sobre todo cómo adaptar la ontología aristotélica a la teología tardo medieval, enfrentado opiniones diferentes de cómo la forma interviene en la materia para producir sustancia. Para resumirlo muy brevemente, los franciscanos, herederos de la patrística, poco escolásticos y más empiristas, pensaban que la materia es materia, en el sentido materialista del término que hoy nos resulta familiar, y que otras consideraciones sobre cómo conciliar fe y razón eran inútiles. En cambio, los dominicos, y en cierta manera los jesuitas, perpetúan la tradición aristotélica realista desarrollada por Tomás de Aquino, dominico él mismo, donde la forma determina la materia, esta última entendida no especialmente como lo tangible, sino como la forma en potencia. Los jesuitas, a pesar de buscar una síntesis entre las diferentes herencias filosóficas cristiano-medievales, se decantan más bien por este último argumento, al menos entre los misioneros americanos, no demasiado versados en las sutilezas de la ontología jesuítica, pero convencidos, como soldados de la Contrarreforma, de la necesidad de asumir la ortodoxia romana y muy en particular la justificación oficial del dogma de la transubstanciación que, como se sabe, se fundamentaba sobre una visión hilemorfista aristotélico-tomista. En definitiva, no es, desde este punto de vista, tan sorprendente que los franciscanos traduzcan cuerpo humano por carne y los demás, cuerpo por forma. Aunque, si así fuera, un abismo inquietante de dudas aparece en cuanto a establecer hasta qué punto, en los orígenes mismos de la reflexión actual sobre la alteridad, se encuentran sesgos producidos por consideraciones ajenas a los patrimonios culturales de los que se habla, sesgos que pueden haber sido heredados por la antropología que, en siglos posteriores, se ha interesado por ofrecer traducciones a retóricas americanas o de otros continentes, del cuerpo, de la persona y del mundo en general.

Bibliografía

ALONSO, Martín (1986): *Diccionario medieval español: desde las glosas emilianenses y silenses, siglo X, hasta el siglo XV*. Salamanca: Universidad Pontificia de Salamanca.

ALVARADO, Francisco de (1593): *Vocabulario en lengua misteca, hecho por los padres de la orden de Predicadores que residen en ella, y ultimamente recopilado y acabado por el P. fray Francisco de Alvarado, vicario de Tamaçulapa de la misma orden*. México: En casa de P. Balli.

ANÓNIMO (1586): *Arte, y vocabulario en la lengua general del Perú llamada quichua, y en la lengua española. El mas copioso y elegante, que hasta agora se ha impreso*. Ciudad de los Reyes: Francisco del Canto.

ANÓNIMO (1972): *Bocabulario de Mayathan. Das Wörterbuch der yukatekischen Mayasprache*. Graz: Akademische Druck-u. Verlagsanstalt. [Edición facsímil completa del códice Vindobonensis S. N. 3833 de la Biblioteca Nacional de Austria.]

ANÓNIMO (1976 [1850]): *Diccionario de San Francisco*. Edición de Oscar Michelon. Graz: Akademische Druck-u. Verlagsanstalt.

ARA, Domingo de (1986): *Vocabulario de lengua tzeldal según el orden de Copanabastla*. Edición de Mario Humberto Ruz. México: Universidad Nacional Autónoma de México-Instituto de Investigaciones Filológicas/Centro de Estudios Mayas. [Reproducción facsímil de la transcripción de 1616 de Fray Alonso de Guzmán de la 1.ª parte (tzeldal-español) del "Bocabulario" de Fray Domingo de Ara, Ms M-M 478 de la Bancroft Collection, Berkeley, U.S.A., datada en 1571.]

ARENAS, Pedro de (1611?): *Vocabulario Manual De Las Lenguas Castellana y Mexicana: En Que Se Contienen las palabras, preguntas, y respuestas mas communes y ordinarias que se suelen offrecer en el trato y comunicacion entre Españoles e Indios / Compuesto por Pedro De Arenas...* México: Emprenia [*sic*] de H. Martínez.

BELTRÁN DE SANTA ROSA MARÍA, Pedro (1746): *Arte del idioma maya, reducido a succintas reglas y semilexicon yucateco*. México: Viuda de D. J. B. de Hogal.

BERTONIO, Ludovico (1612): *Vocabulario de la lengua Aymara*. Chucuyto (Perú). [(2006): *Vocabulario de la lengua Aymara compuesto por el padre Ludovico Bertonio*. Prólogo de Enrique Fernández García S. J. Arequipa: El Lector.]

BIONDELLO, Bermardini (1869): *Glossarium azteco-latinum et latino-aztecum; cura et studio Bernardini Biondelli collectum ac digestum*. Mediolani: Valentiner et Mues.

CIUDAD REAL, Antonio de (1984): *Calepino maya de Motul*. Edición de René Acuña. México: Universidad Nacional Autónoma de México. [Edición facsímil del manuscrito del autor, datado en 1590.]

CÓRDOVA, Juan de (1578): *Vocabulario en lengua Zapoteca*. México: Impreso por P. Charte y A. Ricardo.

COTO, Thomás de (1983 [1691]): *Thesaurus verboru[m]: vocabulario de la lengua cakchiquel u [el] guatemalteca: nuevamente hecho y recopilado con summo estudio, travajo y erudición*. Edición, introducción, notas, apéndices e índices de René Acuña. México: Universidad Nacional Autónoma de México.

COVARRUBIAS, Sebastián de (1611): *Tesoro de la lengua castellana o española, compuesto por el licenciado Don Sebastián de Cobarruvias Orozco...* Madrid: L. Sánchez. [(2006): *Tesoro de la lengua castellana o española.*

Edición integral e ilustrada de Ignacio Arellano y Rafael de Zafra. Madrid/Frankfurt: Iberoamericana/Vervuert.]

GILBERTI, Maturino (1559): *Diccionario de la lengua tarasca ó de Michoacán, por el R. P. Fr. Maturino Gilberti de la Orden de San Francisco*. Impreso en México. [(1983): *Diccionario de la lengua tarasca por Maturino Gilberti*. Introducción de José Corona Núñez. Morelia: Balsal Editores.]

GONZÁLEZ HOLGUÍN, Diego (1608): *Vocabulario de la lengua general de todo el Perú, llamada lengua qquichua o del Inca... compuesto por el padre Diego Gonzales Holguin...* Ciudad de los Reyes: F. del Canto. [(1989): *Vocabulario de la lengua general de todo el Perú llamada lengua Qquichua o del Inca*. Presentación Ramiro Matos Mendieta. Prólogo de Raúl Porras Barrenechea. Lima: Universidad Nacional Mayor de San Marcos.]

GUASCH, Antonio (1986): *Diccionario castellano-guaraní, guaraní-castellano: sintáctico, fraseológico, ideológico*. Asunción: Centro de Estudios Paraguayos "Antonio Guasch".

LAGUNAS, Juan Baptista (1574): *Arte de la lengua michuacana*. México: En casa de Pedro Balli.

LEÓN-PORTILLA, Miguel (1970): "Estudio preliminar", en Alonso de Molina, *Vocabulario en lengua castellana y mexicana y mexicana y castellana*. México: Editorial Porrúa, pp. XIII-LXIV.

MELIÀ, Bartomeu (2002): "A modo de introducción", en Antonio Ruiz de Montoya, *Vocabulario de la lengua guaraní*. Transcripción y transliteración por Antonio Ceballos. Asunción: Centro de Estudios Paraguayos "Antonio Guasch", pp. V-XIX.

MISIONEROS FRANCISCANOS (1905): *Vocabulario castellano-aymará. Forma parte del políglota incaico*. Lima: Tip. del Colegio de Propaganda Fide del Perú.

NEBRIJA, Elio Antonio de (1495): *Dictionarium hispanum latinum o Vocabulario español latín*. Salamanca.

PÉREZ, Juan Pío (1866-1877): *Diccionario de la lengua maya*. Mérida de Yucatán: Impr. de J. F. Molina Solís.

REAL ACADEMIA ESPAÑOLA (1726-1739): *Diccionario de Autoridades o Diccionario de la lengua castellana en que se explica el verdadero sentido de las voces su naturaleza y calidad, con las phrases o modos de hablar, los proverbias... dedicado al rey nuestro señor don Phelipe V... a cuyas reales expensas se hace esta obra compriesta por la real academia española...* Madrid: Imp. de F. del Hierro. [(1990): *Diccionario de Autoridades*. Madrid: Gredos.]

REYES, Antonio de los (1593): *Arte en lengua mixteca compuesta por el padre fray Antonio de los Reyes...* México: En casa de Pedro Balli.

RUIZ DE MONTOYA, Antonio (1639): *Tesoro de la lengua guaraní, compuesto por el P. Antonio Ruiz,...* Madrid: Juan Sánchez. [(2002): *Vocabulario de la lengua guaraní*. Transcripción y transliteración por Antonio Ceballos. Asunción: Centro de Estudios Paraguayos "Antonio Guasch".]

— (1640): *Arte y bocabvlario de la lengva gvaraní*. Madrid: Juan Sánchez.

RUZ, Mario Humberto (1986): "Estudio preliminar", en Domingo Ara, *Vocabulario de lengua tzeldal según el orden de Copanabastla*. Edición de Mario Humberto Ruz, reproducción facsimilar. México: Universidad Nacional Autónoma de México-Instituto de Investigaciones Filológicas/Centro de Estudios Mayas.

SANTO TOMÁS, Domingo de (1560): *Lexicon o vocabulario de la lengua general del Perú por el Maestro Fray Domingo de Santo Tomás*. Valladolid: Impr. Fernández de Córdova. [(2006): Léxico o vocabulario de la lengua general del Perú. Edición de Jan Szemiński. Cuzco/Warszawa/Jerusalem: El Santo Oficio/Convento de Santo Domingo Qorikancha/Sociedad Polaca de Estudios Latinoamericanos/Universidad Hebrea de Jerusalem.]

SIMÉON, Rémi (1963): *Dictionnaire de la langue nahuatl ou mexicaine*. Prefacio de Jacqueline de Durand-Forest. Graz: Akademische Druck-u. Verlagsanstalt. [Reproducción facsímil del editado en Paris: Imprimerie Nationale, 1885.]

URBANO, Alonso (1990): *Arte breve de la lengua otomí y vocabulario trilingüe: español, náhuatl, otomí*. Edición de René Acuña. México: Universidad Nacional Autónoma de México. [Facsímil del manuscrito "Arte breve de la lengua otomí compuesto por el padre fray Alonso Urbano de la Orden de nuestro padre San Francisco", datado en 1605.]

Los nuevos cuerpos mestizos de la América colonial

Carmen Bernand

De los primeros mestizos, aquellos Fernandicos, Isabelicas, Francisquillos o Martinillos mencionados en las crónicas tempranas del siglo XVI, sólo nos quedan imágenes desdibujadas de niños traviesos, probablemente amados, que crecieron en un entorno caótico y angustiante, no sólo para nuestra sensibilidad actual. "Ya véis cuán bonitos son», dice con orgullo Gonzalo Guerrero, náufrago naturalizado maya en Cozumel al emisario del conquistador Jerónimo de Aguilar enseñándole sus tres chiquillos mestizos, principal motivo para permanecer con su gente de adopción (Díaz del Castillo 1947: cap. 27, 22). Para muchos conquistadores esos niños significaron la promesa de poder construir una sociedad nueva, inventada por ellos, regida por sus propias reglas, mestiza y sin ingerencia de España. Esto es lo que nos dice el Inca Garcilaso, uno de los raros cronistas que habla de la infancia, no sólo de la suya, sino también de la de sus compañeros de juegos y de doctrina. Pero en cuanto esas criaturas crecieron, surgieron los problemas y las reticencias, como bien lo advierte el licenciado Lope de Castro[1]: "gente que andando el tiempo ha de ser muy peligrosa y muy perniciosa en esta tierra que hasta ahora, como no habían crecido, no se hacía cuenta de ellos y ahora están ya hechos hombres y vanse haciendo cada hora".

1. "Carta del licenciado Lope de Castro dirigida al Consejo de Indias... (1567)", citada en Levillier (1821: tomo III, 235).

Temores que, por cierto, no eran infundados, ya que en el territorio del Perú, y en menor grado o con menor violencia en el de la Nueva España, los mestizos se rebelaron junto con sus padres, los encomenderos, contra las ordenanzas impuestas por la Corona. El primero de estos cabecillas mestizos fue Diego de Almagro el Mozo, hijo de una india nicaragüense y del conquistador del mismo nombre. Hubo muchos otros a lo largo de las guerras civiles del Perú hasta los años 1560, y también en México, donde Martín Cortés, marqués del Valle, protagonizó una rebelión contra la Corona, de ahí que esta nueva generación haya sido percibida como díscola, violenta y bien poco de fiar.

Desde luego que estamos aquí frente a un tópico hostil al mestizo, ya que inclusive en la primera generación hubo diferencias fundamentales (Presta 1961) entre los hijos o hijas legítimos y los bastardos y naturales, entre los descendientes de conquistadores y encomenderos poderosos, que heredaron muchas veces los bienes paternos, a los cuales agregaron los maternos si la madre indígena era de alcurnia, y los otros, los que resultaron de encuentros ocasionales entre soldados e indígenas o negras, y que por regla general fueron abandonados por sus padres: "en todo este reino (Perú) es mucha la gente que hay de negros, mulatos, mestizos y otras mas misturas de gentes y cada día crece mas el número déstos, y los mas de ellos habidos de *damnato concubitu*, y así muchos de ellos no conocen padre"[2].

No sólo se trata de mezclas muy diversas sino que, para colmo, la mayoría son bastardos y por consiguiente tienen "nota de infamia": "que son muchos aquí (escribe un jesuita en 1569) por multiplicarse extrañadamente no sólo los indios pero los españoles [...] son hábiles por extremo y muy bien inclinados, aunque son por allá infamados los nacidos en esta tierra (Perú)"[3].

Los mestizos de la sociedad colonial no constituyeron una "nación" en el sentido que se daba entonces a este término, ya que tenían como mínimo dos orígenes distintos; los criterios de adscripción a esta categoría son subjetivos y sujetos a variación y no podemos atribuir a esta población variopinta y repartida en distintos estamentos una identidad homogénea. Puesto que hay distintas categorías de seres mez-

2. "Carta del padre José Teruel a Felipe II", 1 de febrero de 1585, en Egaña (1961: 540).

3. Citado por Egaña (1954: 262).

clados resulta difícil atribuirles un "cuerpo mestizo" caracterizado por rasgos específicos. Sin embargo, la frecuencia de los discursos estigmatizantes sobre los mestizos nos ayudan a precisar las concepciones de la época respecto a esas poblaciones híbridas, desde el punto de vista español pero también, en algunos casos, desde la perspectiva de los indios.

Si bien la definición primera del mestizo es biológica y data por lo menos de Plinio, quien describe a los híbridos como el resultado del cruce de una especie salvaje con una doméstica, en los tiempos coloniales se trata ante todo de una categoría social que corresponde a un hombre no tributario *a pesar* de tener orígenes indios. Este aspecto es muy importante, ya que ese privilegio coloca a los mestizos, aun si son "infames", en una posición superior a la de los "naturales de la tierra". Para proteger a los indígenas, la Corona trató de impedirles el acceso a las tierras de las comunidades. Esta disposición no se cumplió totalmente, y muchos de ellos se infiltraron en los pueblos de indios. Pero la mayoría no fueron labradores, i sino que ejercieron oficios vinculados con el tránsito (trajinantes, arrieros, regatones), que requerían gran movilidad geográfica, actividades que en la España del siglo XVI fueron monopolizadas por los moriscos. La libertad de movimientos de estos transeúntes era incompatible con los requisitos ideales de la época. Todo individuo que se honrase estaba vinculado con un pueblo, tenía que ser de solar conocido y su pertenencia debía constar de modo "público y notorio". Los que no estaban en conformidad con estas reglas consuetudinarias eran extranjeros o advenedizos. El nomadismo ocupacional, transformado en medio de vida de pícaros, daba lugar a una ambigüedad que en América recayó en los mestizos dedicados a esas actividades. Y no sólo en ellos, sino también en los indios que huían del tributo y de las obligaciones del repartimiento refugiándose en las ciudades. Esos indios adquirieron costumbres y hábitos urbanos compartiendo con los mestizos modos de ser semejantes.

Desde los primeros decenios posteriores a la conquista, los cronistas hacen alusiones a la tez de los mestizos ("membrillo cocho", "moreno", "loro", "trigueño", "pardo", aunque también encontramos la mención de "blanco" según los casos). Sin ser esencial por lo menos hasta mediados del siglo XVII, ese criterio tiene cierta pertinencia, como lo muestra el comentario del jesuita Juan de la Plaza en 1576: "[...] y comúnmente tienen los españoles y especialmente los eclesiásticos y religiosos mucha aversión con ellos *porque son muy conocidos en el color*" (el subrayado es mío)[4].

Sin embargo, contrariamente a interpretaciones anacrónicas sostenidas por algunos antropólogos contemporáneos, la oposición no era entre indios y blancos, sino entre indios y españoles, los mestizos figurando en posición intermedia porque se pensaba que no eran del todo leales a España y a sus instituciones, puesto que habían nacido en otra tierra y habían sido criados por mujeres naturales.

¿Existe el cuerpo mestizo?

¿Cómo podemos estudiar el cuerpo mestizo si éste, en muchos casos, no se distingue en las representaciones del de los indios aculturados o de los españoles criollos? ¿Si el color no es un criterio determinante hasta finales del siglo XVII, cuál sería su especificidad? ¿Y para quién? El Inca Garcilaso de la Vega no se piensa corporalmente diferente a sus parientes cordobeses. Hablar del cuerpo mestizo es adoptar el discurso dominante de los españoles, que construyen una diferencia para justificar sus privilegios. Pero aun admitiendo el carácter artificial de esa perspectiva hay que preguntarse si es posible describirla aplicando las categorías aristotélicas que separan claramente lo orgánico y fisiológico de lo psíquico. Lo más probable es que el cuerpo mestizo no pueda ser pensado únicamente en su materialidad. En quechua, el término para designar el "cuerpo" (de los hombres, de los tejidos y de los animales) es *uku*, es decir, "el interior", "lo de dentro". González Holguín, en su *Diccionario de la lengua general*, ignora la palabra "cuerpo" en el léxico castellano pero desarrolla el concepto de *soncco*, en relación con "lo interior", voz que significa "corazón y entrañas, estómago y conciencia, juicio o razón, y la memoria y el coraçon de la madera y la voluntad y el entendimiento", así como la "inclinación" a los vicios, a la generosidad, a la devoción... La importancia de *soncco* (*sonko*, *shungo*) en el área andina indica que el cuerpo no es solamente lo visible, sino que contiene necesariamente lo que no se ve, y que incluye los órganos vitales, la volición, la inteligencia, las aptitudes y el temperamento. En la lengua náhuatl el nombre más usual

4. Citado por Egaña (1958: 183).

de "cuerpo" es "nuestro conjunto de carne" (*tonacayo*), término que se dio también a los frutos de la tierra y al alimento por excelencia, el maíz. Pero otros nombres metafóricos eran utilizados para designarlo, como por ejemplo "el lugar de las siete cuevas" —los siete orificios— (López Austin 1980: vol. I, 172-173). Estas denominaciones generales no excluyen el listado detallado de los componentes corporales, a los que se atribuía la fuerza vital contenida en la sangre pero también en el aire y el soplo. El corazón (*teyolía*) era el centro vital y el órgano de la conciencia. Los informantes de Bernardino de Sahagún narraron las reacciones de Moctezuma al conocer la noticia del desembarco en Cempoala: "se llenó de grande temor y como que se le amorteció el corazón, se le encogió el corazón, se le abatió con la angustia" (1979: libro XII, cap. VII-11, 766).

Esta concepción se asemeja a la andina y muestra en todo caso que existe una íntima conexión entre la materialidad corporal y lo que nosotros consideramos la esfera psíquica. El mestizaje biológico y la hispanización no supusieron una transformación radical en las representaciones corporales. Los mestizos no se convirtieron a la filosofía aristotélica de un día para otro. Los trabajos de los antropólogos dedicados a las representaciones del cuerpo y de sus patologías muestran la permanencia de la relación estrecha entre lo corpóreo y lo psíquico, entre otras razones porque también en la esfera popular española no existía la separación radical entre cuerpo y alma. Y de hecho la mediación entre lo indígena y lo español fueron las creencias populares sostenidas por la mayoría de la población hispánica e, inclusive, por muchos doctrineros. De ahí que la traducción de realidades corporales y orgánicas por "corazón" no implicara necesariamente una racionalización anatómica. Las connotaciones morales y psíquicas ancestrales encontraron un eco en las metáforas peninsulares sobre el corazón bueno, noble, puro o mezquino.

Para los evangelizadores, el cuerpo es el instrumento del pecado (fornicación), opinión que aparentemente se asemeja a la de los antiguos mexica, para quienes la actividad sexual era nociva porque iba en desmedro del crecimiento y de la inteligencia del individuo[5]. En el Perú antiguo, una noción que tiene que ver con la sexualidad, *hucha*, fue traducida por "pecado". Pero, en realidad, esta "culpa" aparece en

5. Véase al respecto López Austin (1980).

contextos muy distintos y resulta de un contacto sexual indebido, sea adulterino, sea con una divinidad telúrica o guaca; de esta *hucha* resultan enfermedades y, sobre todo, deformaciones corporales: jorobas, cojeras, labios leporinos, gemelos, albinos. Las personas que presentaban estas características participaban de la cualidad sagrada de guaca, siendo responsables los padres, que debían compensar esta transgresión. Por otra parte, los cuerpos indígenas, en los Andes y en Mesoamérica, son receptáculos de fuerzas y de sentimientos, pero el envoltorio externo, la piel, que sería, según la concepción occidental, "lo que se puede tocar", como bien lo señala Sebastián de Covarrubias en su *Tesoro*, tiene orificios por los cuales puede escaparse la substancia vital. El "cuerpo mestizo" se sitúa dentro de estos parámetros sin que la correspondencia sea total.

Otros aspectos, como la apariencia, el traje, el lenguaje y lo que podemos llamar "la manera de ser" y el temperamento, inciden en la caracterización del cuerpo mestizo. Es necesario insistir en que, desde la primera generación mestiza, las diferencias biológicas estuvieron matizadas por consideraciones de rango y de jerarquía social. Por otra parte, el término mismo de mestizo es ambiguo, ya que de ninguna manera es exclusivo de los hijos de español e india, sino que también se aplica a los que tienen ascendencia negra y española, así como a la mezcla de negro y de india. Mas aun, en muchos casos, el mestizo y el criollo pertenecen a una misma clase. Bernardino de Sahagún (1979: libro X, 579) afirma que "los que en ella nacen, muy al propio de los indios, en el aspecto *parecen* españoles y en la condición no lo son; los que son naturales españoles, si no tienen mucho aviso, a pocos años andados de su llegada a esta tierra (México) se hacen otros, y esto pienso que lo hace el clima o constelaciones de esta tierra".

En 1599, el gobernador de Buenos Aires escribió que en su dominio había dos grupos de gente: uno compuesto por españoles nacidos en España, de padre y madre españoles, y otro de los así llamados "nativos mestizos", que fueron mayoría desde la conquista del Paraguay[6]. Guaman Poma de Ayala (1936: fol. 527), por su parte, es explícito: "criollos mestizos y mulatos y criollas mestizas y españoles [...] mala casta en este rreyno, que los dichos españoles criollos mestizos se rrecojan a las 6 horas del anochecer".

6. Citado por Góngora (1998: 163).

Pero, a pesar de pertenecer a una misma categoría, no es lo mismo ser mulato (esclavo, libre, pardo, ladino) o mestizo de indio (mestizo principal, montañés, cholo, chazo), como tampoco es lo mismo ser varón o mujer.

Según la opinión dominante, los mestizos, como los criollos, mulatos, zambos, y ladinos, son categorías híbridas y por definición ambivalentes. La diferencia absoluta, o considerada como tal, no produce ambigüedad. Los rasgos de cada grupo están bien definidos: un blanco no es un negro, un judío no es un cristiano, un indio no es un español. La alteridad de la hibridez inquieta, pues un mestizo es *casi* como un español, un converso o un morisco son, en apariencia, cristianos; una lengua que domina dos idiomas distintos, por ejemplo el náhuatl y el español, puede transmitir informaciones a ambas naciones y confundirlas... Los estatus híbridos entre los cuales podríamos colocar a los chamanes y curanderos, que son a la vez benéficos y maléficos, producen inquietud y recelo. El ser alguien y su contrario, el atravesar furtivamente, clandestinamente, las fronteras sociales y religiosas, son rasgos que caracterizan a estos híbridos de Hispanoamérica y que anticipan en varios siglos la obsesión por la duplicidad que, de Hoffmann a Stevenson y Dostoievski, ha inspirado a los escritores del siglo XIX y posteriormente, al psicoanálisis[7].

Para decir verdad, el cuerpo mestizo no interesa demasiado, fuera de su duplicidad inquietante que inspira discursos estereotipados sobre los defectos de los mestizos, aunque también señalan algunas cualidades. La iconografía nos ayuda a pensar la apariencia: la pintura colonial, los dibujos del cronista Guaman Poma de Ayala, las acuarelas de Jaime Martínez Compañón y los cuadros de castas o de mestizajes, que fueron elaborados en los virreinatos de Nueva España y Perú en el siglo XVIII, representan escenas y personajes mestizos. Los textos que tratan de los temperamentos de los pueblos en relación con el clima o de las enfermedades brindan algunos datos sobre la esencia corporal y anímica de los mestizos, datos que los estudios etnográficos nos ayudan a entender. Sin embargo, partir de estas fuentes es correr el riesgo de generalizar. Los trabajos de los historiadores que se han apoyado en

7. La ambivalencia de lo "casi igual a uno" corresponde a la noción freudiana de *Unheimlich*, traducida al francés por la sugerente expresión de *inquiétante étrangeté*. Esta sensación procede de lo que, aparentemente familiar y conocido, se revela distinto e imprevisible.

testamentos y en documentos notariales muestran otra realidad, mas sutil, que la que aparece en las crónicas y en los textos administrativos: hubo mestizas ricas, encomenderas, y también pobres, sustentándose "con su trabajo". Los descendientes de los conquistadores de la primera época gozaron de bienes y de renombre paterno. Por el contrario, los mestizos mezclados con negros pertenecieron, por lo general, a las clases bajas de la sociedad.

Aun cuando ciertos estereotipos permanezcan inmunes a los embates del tiempo, la dificultad mayor a la que uno se enfrenta al intentar estudiar el cuerpo mestizo es la necesaria contextualización temporal[8]. Las primeras representaciones de los mestizos insisten en la novedad de la hibridez. Pero lo que es nuevo y sorprendente deja de serlo años después, no sólo porque las generaciones mestizas se multiplican y se confunden con los troncos originarios, como bien lo muestran los cuadros de castas del XVIII, sino porque para que los mestizos tengan una visibilidad tiene que haber españoles, categoría que desaparece con la independencia. En el siglo XVIII, el mestizaje se ha generalizado y lo que sorprende no es la mezcla sino la emergencia de una plebe urbana en la cual el elemento africano es omnipresente. De ahí la necesidad de clasificar a estas gentes dentro de categorías artificiales —lobo, albarazado, morisco, barcino, etc.— para tratar vanamente de distinguir tipos sociales diferentes o dividir esa masa humana amenazante. En el siglo XIX, la supresión del tributo borra la categoría de indio, pero tampoco hay españoles y si los hay, éstos son extranjeros. En las nuevas repúblicas independientes sólo hay ciudadanos —y también esclavos, que subsisten hasta la segunda mitad del XIX a pesar de la supresión de la trata—; mayoritario y presente en todas las clases sociales, el mestizo reúne los dos polos antagónicos de la conquista. Sin embargo, en la construcción de las identidades nacionales, el mestizo no ocupó necesariamente un mismo lugar. Para los mexicanos fue un dechado de virtudes y "raza cósmica", mientras que para los primeros indigenistas peruanos del siglo XX, aquél fue un degenerado en cuerpo y alma. En todo caso, el mestizo es el espejo en donde se reflejan los prejuicios de la sociedad. De la mestiza se habla menos...

En este texto nos limitaremos a exponer algunas características del cuerpo mestizo en la época colonial partiendo de los estereotipos de la

8. Como bien señala Barragán (1997).

época, es decir, del "modelo", completando esta imagen un poco descarnada con referencias etnográficas históricas y contemporáneas. En ningún modo se trata de un compendio exhaustivo. Por el contrario, creemos que los datos que presentamos aquí pueden incitar a profundizar el tema. Para entender qué es un cuerpo mestizo hay que tener en cuenta varios criterios físicos, fisiológicos, psicológicos y morales: la pilosidad y el traje, el lenguaje, los humores que influyen en los temperamentos humanos, la duplicidad intrínseca y, por último, la vulnerabilidad de un organismo amenazado constantemente por el desequilibrio y la desintegración. Estos parámetros pueden modificarse con el tiempo pero no desaparecen y siguen siendo, por lo tanto, criterios para pensar al mestizo.

LA APARIENCIA: CABELLOS, BARBAS, SOMBREROS Y TRAJES

En todas las sociedades se atribuye a la pilosidad elementos simbólicos muy fuertes. El cabello, sobre todo el que cubre la coronilla, era considerado como una protección contra la pérdida de substancia vital, lo que los mexicas llamaban *tonalli*. En el México prehispánico, una de las penas mas severas era rapar a los delincuentes y exponerlos así a la pérdida de sus fuerzas. Los indios de la cordillera de los Andes llevaban el cabello largo, salvo los incas orejones que se trasquilaban, probablemente para distinguirse de los hombres del común que usaban melena y flequillo, y poder exhibir los discos de oro y plata, "insignias" de su rango, que les deformaban los lóbulos de las orejas. En España, por el contrario, se suponía que las cabelleras masculinas que cubrían las orejas, ocultaban mochaduras o cicatrices infligidas por la justicia al individuo[9]. Los clérigos utilizaron esas creencias nativas para castigar a los idólatras o a los criminales, cortándoles el pelo. "Tienen puesta toda su honra en la cabellera en tanto grado, que la mayor afrenta que se les puede hacer es cortárselo", dice Bernabé Cobo (1964: vol. II, 237) de los peruanos. Otro rasgo que llamó la atención a los conquistadores fue el cutis lampiño de los indígenas. Esta particularidad les confería un aspecto un tanto mujeril, ya que la virilidad implicaba necesariamente la barba en la Península ibérica. Por esa razón, el

9. Véase Caillavet (2005).

emperador Moctezuma, a pesar de ser indio azteca, fue representado desde el siglo XVII, en cuadros diversos y en los célebres enconchados de la conquista, como un "mestizo", es decir, con barba y bigote, porque eso le daba hidalguía.

Los mestizos, ya sea de indio como de negro, están dibujados por Guaman Poma de Ayala como barbados, y este atributo físico los asemeja a los españoles, mientras que la melena corta y el flequillo indican la raigambre indígena. Las mujeres suelen tener el pelo largo y trenzado, y en ese sentido se parecen a las indígenas, aunque se distinguen por el tocado. El sombrero español, con sus variantes y sus modas, es indicador de un estatus superior. A fines del siglo XVI, en la villa de Potosi, cuya población era mayoritariamente mestiza, la documentación menciona 25 tiendas de indios sombrereros más otras ocho de sombrereros españoles, y se precisa que todos gastan mucho en sombreros "asi de Castilla como de Lima y hechos en este lugar"[10]. Otros textos mencionan las monteras de los mestizos y mulatos peruanos, probablemente de paño, aunque quizá ya en esa época las había también de cuero. Con el transcurso del tiempo, los indios del Perú adoptaron la montera, como pude comprobarlo en 1960 en la región de Kanas-Chumbivilcas, y ésta se convirtió en un tocado "típicamente" indígena. Hoy en día, en toda la región andina, el sombrero de fieltro o de paja de palma, de ala ancha o redondo, es un atuendo indispensable para los mestizos de ambos sexos.

El traje forma parte del cuerpo, marcando o ocultando su forma e indicando la identidad del que lo lleva. Éste es un principio general así en Europa como en la América precolombina. El vestido femenino indígena se modifica bajo la influencia de la Iglesia, sobre todo en los pueblos y ciudades. En México, las naturales y las mestizas se cubren la desnudez de los brazos y parte del rostro con un rebozo: el cuerpo se oculta con pudor y surge una nueva imagen de la mujer, muy distinta de la prehispánica. Los mestizos visten a la española, y así aparecen en las ilustraciones. Guaman Poma de Ayala los pinta con jubón, calzas, zapatos, sombrero y barba. En la ciudad de Potosí, a comienzos del siglo XVII, que era ya una gran metrópoli donde se juntaban toda suerte de aventureros, soldados, mestizos e indios huidos, sin contar los con-

10. "Descripción de la villa y minas de Potosí, 1603", en *Relaciones Geográficas de Indias* (1965: vol. I, 379).

sabidos mitayos, había 120 mujeres de "manto y saya", es decir, de polleras, como las cholas bolivianas, que conocidamente se ocupaban "en el ejercicio amoroso"[11]. Probablemente la saya, que dejaba ver los tobillos, estaba considerada como una marca de erotismo. En esa villa minera existían 24 tiendas de ropa de Castilla. En Lima, hacia la misma época, el jesuita Bernabé Cobo se admira del gran lustre de los ciudadanos en días de fiesta:

> que no se puede conocer por el pelo quien es cada uno, porque todos, nobles y los que no lo son visten costosa y ricamente ropas de sedas y todas suerte de galas, sin que en esta parte haya medida ni tasa, porque no llegan acá las premáticas [*sic* por pragmáticas] que se publican en España sobre los trajes; ante los vestidos contra premáticas desterrados de allá suelen enviarlos a vender a esta tierra[12].

La observación vale no sólo para comienzos del siglo XVII, sino para épocas posteriores, ya que en los reinos americanos las pragmáticas de la Corona contra el lujo excesivo y la confusión de estatus que resultaba se obedecieron pero no se cumplieron. Para Bernabé Cobo las calles céntricas de la Ciudad de Los Reyes parecen un gran hormiguero humano. Encontramos esta misma expresión en los escritos de fray Juan de Torquemada (1986: vol. II, libro XIV, cap. 13, 556) relativos a México. Además de los innumerables puestos de fruta, de verdura, de aves y de otros comestibles, en las capitales de los dos virreinatos principales a comienzos del siglo XVII, existen numerosas tiendas de ropa para un mercado que abarca a todos aquellos que pueden, según sus recursos, adquirir esas prendas, lo cual favorece la confusión de los estados. Los de pocos caudales pueden satisfacer sus deseos de medrar en la calle de los ropavejeros, situada en el centro de Lima. Comprar un traje español significa volverse tal. En otras circunstancias, el mestizo puede hacer lo contrario y presentarse en los pueblos de naturales en "hábito de indio", cruzando la frontera tributaria y social, "porque como son hijos de yndias en cometiendo el delito, luego se visten como yndios y se meten entre los parientes de sus madres y no se pueden hallar"[13].

11. Ídem.
12. Bernabé Cobo: "Fundación de Lima", en (1964: vol. II, 320).
13. "Carta del licenciado Lope de Castro dirigida al Consejo de Indias... (1567)", citada en Levillier (1821: tomo III, 267).

En un artículo esencial sobre esta cuestión en el Perú del siglo XVI, Berta Ares (1999) muestra la importancia de la variable de género. Cuando las mestizas se visten de indias, ese traje, considerado como lascivo, es "incitativo" de tratos ilícitos. Pero la referencia a las mujeres potosinas, la importancia de las mantas en los mercados de Lima, las indicaciones de los testamentos, indican que las mestizas siguieron una moda "intermedia" y que en los Andes la pollera, la manta y el sombrero distinguieron a esas mujeres libres, comerciantes o cocineras de las ciudades, de sus lejanas parientas indígenas, de melenas sueltas, descalzas y de faldas estrechas de bayeta. Martínez Compañón da muchos ejemplos de mestizas trujillanas vestidas de un modo semejante a las cholas actuales[14]. El examen minucioso de los inventarios de ropa de mujeres mestizas o indias urbanas de la provincia de Charcas, estudiadas por Ana María Presta (2005), muestra no sólo la desaparición del traje étnico entre las indígenas, sino también la gran diversidad de prendas: *lliclllas* de distintos orígenes, mangas de terciopelo, tejidos que pertenecieron a las élites incaicas y que luego fueron adoptados por mujeres de menor rango, camisas de ruán... como si lo que contara justamente para una mujer fuera la mezcla de estilos. Esta moda mestiza, que acentúa la diversidad y rompe con la homogeneidad étnica y ocupacional, sirve de identificación para la mayoría y no debe extrañarnos que Melchor Pérez Holguín, pintor potosino de comienzos del siglo XVIII, pinte a la Virgen lavando los pañales del niño vestida con la típica manta mestiza, el sombrero campesino de paja y las trenzas, a la manera de las mujeres del Altiplano.

Los cuadros de castas que florecieron a partir de los últimos años del siglo XVII, tanto en Nueva España como en el Perú, brindan detalles interesantes sobre la vestimenta en función de la condición y la calidad. El zapato, por ejemplo, es un indicador esencial. En la primera serie que presenta las combinaciones entre un español y una india, los hombres siempre están calzados, mientras que las mujeres de baja condición —mestizas que se unen con un hombre de menor categoría— van descalzas, como también sus hijos. Las gentes más civilizadas (más españolizadas) tienen en sus casas mesa, mantel, platos y cubiertos. El comer de pie, en la calle y descalzos es propio de los indios (véase ilus-

14. Como por ejemplo la lámina 105, que muestra una mestiza de 1789 trabajando en su herrería. Las mestizas están calzadas, contrariamente a las indias.

tración 1)[15]. El segundo ciclo de combinaciones está ilustrado por las uniones entre españoles y negras. A medida que la descendencia se blanquea, la vestimenta se mejora, como también el entorno doméstico, pero la mancha servil del color nunca desaparece y queda suspendida a la aparición del "tornatrás", memoria viviente de la clase

Ilustración 1: "De indio y bargina, zambaygo", de Miguel Cabrera (Museo de América, Madrid).

15. J. Solórzano y Pereyra (libro 2, XXV-4, 384) afirma que, según el Tercer Concilio de Lima, ser hombre "político" es "tener mesas para comer y lecho para dormir en alto y no en el suelo como lo hacían, y las casas con tanta limpieza y aliño, que parezcan habitación de hombres y no chozas o pocilgas de animales inmundos".

servil. En el tercer ciclo, que presenta las uniones "bajas" entre indios y negros, abundan los personajes de ropa raída y harapos, descalzos, sentados en el suelo sobre un petate tendido en la calle, rasgos vinculados con lo "indio" como decadencia.

Ambigüedad, duplicidad, desenfreno

Desde el surgimiento de la primera generación de mestizos se atribuyó a los varones un temperamento rebelde y falso. La deslealtad del hombre "mesturado" no es un tema nuevo, ya que aparece primeramente en España en relación con los mozárabes; en Hispanoamérica esta asociación entre mestizo y traidor es frecuente en el siglo XVI. A ello se añade el desprecio por la bastardía de esos mestizos, ya que muy pocos fueron hijos de matrimonios legítimos. Tenemos pues una primera aproximación al ser del mestizo que sería de orden "psicológica": inclinado a la traición, a la duplicidad y a la insumisión, pero también "un ser vil" puesto que resulta de la mezcla de dos individuos de calidad diferente, un "borde", ser grosero hecho "sin orden, ni razón ni regla", es decir, un ser "burdo" (según los términos utilizados por Sebastián de Covarrubias en su diccionario de inicios del XVII). Hacia finales del XVI, el discurso, muy redundante, se complica y se sofistica. En el siglo XVII, Solórzano (libro 2, II-6, 177) denuncia el mestizaje en términos muy duros: "mezclándose (los negros) con los Indios, fuera esto en total destrucción y mayor acabamiento de estos miserables [...] Y siempre en todas las leyes y en todas las letras se tuvo por peligrosa la junta de los que entre si en humores, fuerzas o condiciones son desiguales".

Solórzano defiende a los criollos, que considera españoles, contrariamente a los detractores que creen que éstos degeneran por influencia "del cielo y del temperamento de aquellas provincias, que pierden quanto bueno les pudo influir la sangre de España, y apenas los quieren juzgar dignos del nombre de racionales" (libro 2, II-30, 442).

Esta influencia astrológica, geográfica, climatológica y topográfica es una constante en las descripciones de las poblaciones americanas durante toda la época colonial. Detengámonos unos instantes en el texto de Juan de Cárdenas, médico y naturalista del siglo XVI, que explica las diferencias de la complexión entre los españoles peninsulares y los de las Indias. Los primeros, dice, son coléricos y en ellos domina el elemento "seco", mientras que los segundos, influenciados por los vapores de la tierra americana, poseen la mejor de las complexiones, caliente y húmeda, que sería perfecta de no incidir otros elementos como los "mantenimientos" (la alimentación), la ociosidad en la que viven (es decir, el desdén por los trabajos mecánicos), los excesos "con las mujeres" y con los manjares, cosas que "ablandan" el cuerpo (Cárdenas 1988: III-1, 207). Fray Agustín de Torquemada no dice otra cosa: "como cada día lo dicen los que de Europa vienen a las Indias diciendo que los manjares no son de tanta substancia como allá, de necesidad se ha de seguir menos fortaleza en los cuerpos y debilitación en todos los miembros dél" (1986 [1615]: libro XIV, cap. 19, 591).

Curiosamente estas consideraciones coinciden con las de los indígenas de Pindilig (Ecuador) del siglo XX, que consideran que el cuerpo de los indios es muchos mas "duro" que el de los blancos (y de los mestizos, desde luego). Sin embargo Cárdenas considera que el ingenio de los españoles de las Indias —entre los cuales podemos incluir a los mestizos— es mucho más vivo, "trascendido" y delicado que el de los peninsulares. Y a continuación compara el lenguaje suave y delicado de estos criollos con el habla recia de los chapetones, "que no hay palo con corteza que más bronco y torpe sea" (Cárdenas 1988: III-2, 209). Lo mismo ocurre con las mujeres. Esta "viveza" tiene su contrapartida en la versatilidad de las opiniones y la falta de perseverancia. Guaman Poma de Ayala machaca ese tema cuando afirma que los mestizos, mulatos y criollos son "resabidos", "bachilleres", "ladinos"; aquí hay coincidencia con Cárdenas, salvo que para el cronista peruano ésos son vicios mientras que para el segundo, son "perlas".

Esta relación entre la tierra y la complexión es fundamental. Desde el inicio de la conquista, los cosmógrafos y los geógrafos se esforzaron en describir el nuevo continente destacando su singularidad. A pesar de compartir con el Viejo Mundo una misma estructura física, puesto que está compuesto de tres elementos fundamentales, tierra, agua y fuego, esa similitud es engañosa, puesto que las proporciones en las cuales se dan los dichos elementos no son las mismas en una y otra parte. Por otra parte, los cronistas afirman que las Indias se caracterizan por las variaciones climáticas caprichosas: el verano y el invierno no corresponden muchas veces a estaciones claramente definidas sino a cambios entre el día y la noche, entre los períodos lluviosos y los de sequía, sin contar las erupciones volcánicas, los temblores y las inundaciones caudalosas, accidentes que no pueden dejar de ejercer una influencia sobre los temperamentos de los hombres. Y esto es evidente, ya que los seres animados e insensibles, como las plantas, poseen también rasgos extraños: uno de ellos, frecuentemente apuntado, es el que ningún árbol de la tierra pierde sus hojas. En términos generales el mundo vegetal americano tiende a expandirse: las plantas y las hierbas crecen sin que nadie tenga necesidad de sembrarlas, gracias a los cuidados de la naturaleza, y es por ello que son duras y fuertes. Inclusive el maíz, planta doméstica, parece crecer y madurar sin requerir esfuerzo, contrariamente al trigo. En cuanto a los seres sensibles, animados y no racionales, que son los animales, éstos no poseen ninguna función utilitaria, excepto las llamas y las alpacas.

Otra característica de la tierra americana es su excepcional fertilidad. En el Nuevo Mundo las especies europeas se reproducen en detrimento de las indígenas. No sólo las plantas y los animales importados de Europa se multiplican en poco tiempo, sino también los hombres. Por eso no debe extrañarnos que más de un cronista o administrador señale, con tono alarmista, la proliferación de los mestizos y la contraponga a la extinción de los naturales, consumidos por las epidemias, el sufrimiento y la desgana vital. Desde luego, la fuerza contenida en la naturaleza salvaje ("viciosa") es a la vez una ventaja y una amenaza para el orden social, ya que la abundancia incita a la ociosidad. Tal potencia genésica se transmite a todos los seres vivos que ocupan el continente: los vegetales, los animales (Garcilaso dedica un capítulo de sus *Comentarios* a la invasión del Perú por las ratas desembarcadas en el Callao) y, por supuesto, los hombres. Por cierto que esta naturaleza "viciosa" puede darse el lujo de poseer espacios "vacíos", "infructuosos", como los páramos, las ciénagas, las selvas, los cerros, que constituyen una especie de "reserva natural" donde se concentra esa fuerza: los mitos de los campesinos andinos lo dicen claramente, y evitan esos sitios "pesados" cuyo contacto puede acarrear enfermedades.

Pero la naturaleza americana no se limita a multiplicar las especies, sino que también las modifica. En el lapso de unos pocos años, los cerdos, las vacas, los caballos se vuelven salvajes, "cimarrones", y no pueden ser contenidos por ninguna cerca. Estos animales libres transforman a su vez el medio ambiente y se "naturalizan". Los seres humanos "nuevos", los criollos y mestizos pero también los negros cimarrones, comparten con estas especies la tendencia a multiplicarse en modo excesivo cuando viven en libertad, y Gregorio García, a comienzos del siglo XVII, habla de *animales peregrinas*, *animales mestizos*. El término de "peregrino" es indicativo de esta expansión y contrasta con el enraizamiento en un sitio, como es el caso de los indios de comunidades. Volvemos a encontrarnos con el nomadismo como comportamiento ambiguo.

Los mestizos, al igual de las plantas y de los animales originarios de Europa, nacen "de hora en hora". Esta idea también la expresa Guaman Poma a su manera, dibujando en el folio 606 un arriero español —probablemente un mestizo— que conduce a Lima una acémila cargada de "mesticillos" metidos desordenadamente en alforjas (véase ilustración 2). En el cuerpo mestizo, y sobre todo en el cuerpo mulato, la sensualidad y la lascivia dominan las otras pulsiones. Esta idea es compartida tanto por los españoles como por los indios. Guaman Poma declara que las mujeres se "hacen grandes putas y paren todo mestizos" (fol. 539), y los hombres se vuelven bebedores, jugadores, pendencieros y amantes de juergas. El criollo mestizo de la lámina de Guaman (fol. 856; véase ilustración 3) está vestido y calzado como español, pero con

Ils. 2 y 3. Dibujos de Guaman Poma en la *Nueva Coronica* (Biblioteca Real de Copenhague).

la melena y el flequillo típicos del indígena. El cronista, dibujándolo de ese modo, ha querido destacar que por más que quiera aparentar, se le nota su condición y naturaleza.

Una expresión frecuente en los textos de la época declara que los mestizos y los mulatos viven "apartados y desviados", es decir, libres, sin que sobre ellos recaiga el control social del pueblo y de la comunidad. "Y los dhos mestizos son más peores para con sus tíos y tías madres ermanos ermanas carnales y parientes yndios son muy bravísimos y soberbiosos" (Guaman Poma: fol. 539). El jesuita Luis López escribe en 1569:

> gente facilísima para creer y más fácil para volver atrás; inconstantissimos, vicio que a todos los que nacen en esta tierra es natural [...]. El Cielo de suyo está en esta tierra influyendo cuatro vicios principalmente en todo género de gentes, que es sensualidad, avaricia, soberbia e instabilidad en los que nacen en ella; y esto con tanta fuerza que los que en España viven libres y señores de sí, se hallan perseguidos acá y acosados de ellos [...]. Y a esto se añade las dificultades que hay en el trato de todo género de gentes. Porque de las antiguas, que Vuestra Paternidad sabe bien, cada día se *recrecen nuevas* y dificultossisimas, y aun quasi imposibles de remediar. [...] Estos son también floxos y regalones[16].

En ese sentido estos hombres son ya individuos premodernos que toman sus distancias respecto a las tradiciones. De ahí que muchos mestizos elijan, como ya lo hemos mencionado, el ser arrieros, comerciantes, regatones, gentes que recorren largas distancias y cambian de domicilio, llevan una existencia errante y sirven necesariamente de intermediarios entre los indios y los centros urbanos. Los escasos trabajos sobre esta categoría de gentes insisten en el dominio de las lenguas indígenas, con lo cual, además de achacárseles una vida licenciosa, se cree que enseñan a los indios las malas costumbres y los vicios. Según Gerónimo de Mendieta, los arrieros que se desplazaban libremente, podían abandonar sus costumbres fácilmente y adoptar otras nuevas, pues "viven como en la ley de Mahoma, en libertad, borrachos y amancebados, sin saber cosa alguna de doctrina cristiana, mas que los mesmos moros" (1945: vol. III, 169). Cristóbal Pérez de Herrera, en su

16. "Carta del padre Luis López a Francisco Borja, 1569", citado en Egaña (1954: 328-329 y 332-333).

Amparo de pobres (1598), al hablar de los falsos mendigos que viven en España, dice: "casi ninguno déstos sabe la fe que profesa, sino que viven como Alárabes, sin razón, ni justicia, ni concierto". Y el mismo autor añade: "si no se remedia esto con brevedad, dentro de veinte o treinta años, ha de ser la mayor parte dellos desta nación, moriscos y gitanos, porque éstos van creciendo y multiplicándose mucho y nosotros disminuyéndonos muy apriesa en guerras y religiones" (Pérez de Herrera 1975: 37 y 177).

Tenemos aquí expresada, y en una época temprana, la angustia ante lo que podemos llamar el "complot demográfico", no sólo organizado por los moriscos y los gitanos, sino también, en América, por los mestizos y mulatos. A inicios del siglo XXI la misma angustia justifica las reticencias europeas ante la admisión de la Turquía en la UE.

Flojos, blandos, regalones, los mestizos estereotipados carecen de las cualidades viriles de los españoles peninsulares: poca pilosidad, cobardía, pereza, molicie, versatilidad ("inconstantissimos"), son rasgos que generalmente se imputan a las mujeres. Estos hombres mezclados no saben beber con moderación y cuando se emborrachan, lloran y expresan sus sentimientos más íntimos y confusos. El borracho andino tiene "dos corazones" (*yscay soncco*), y de ahí que los mestizos, según la mayoría de los cronistas, tiendan a embriagarse. En estado de ebriedad, dice Thierry Saignes (1993: 65-67), los hombres hablan en español, a pesar de chapurrear ese idioma en la vida cotidiana. El alcohol libera fantasmas femeniles, evocan embarazos imaginarios y menstruaciones, en tono de broma[17]. Este tipo de inversión es frecuente en los delirios etílicos y también aparecen en las pulquerías coloniales de Puebla y de México, así como en los temascales "por las circunstancias que concurren en ellos del calor, obscuridad, tactos, mobimientos, azotes, vapores, todo junto es probocativo, muebe, irrita, ynsita a torpezas, mas siendo las personas que alli assisten de vil condición y de muy malas costumbres: de que han resultado y resultan enormes pecados como es el de la sodomía" (México, 1687)[18]. En otros casos, que necesitarían ser profundizados, los "vagamundos" novohispanos, es decir, los transeúntes,

17. De este volumen, véanse los textos de Thierry Saignes (pp. 11-21 y 65-67) y el de Penélope Harvey (pp. 113-138, en especial, p. 130).

18. Citado en Gruzinski (1986). Los travestistas escogen los rasgos de las mujeres criollas.

son denunciados a la Inquisición por "sométicos", como lo muestra el estudio exhaustivo de Raffaele Moro. Curiosamente la "feminización" de los marginados se da también en España. Para el médico Gerónimo de la Huerta, los judíos, como las mujeres, padecen de flujo sanguíneo[19].

Las mujeres mestizas, por el contrario, tienden a adoptar comportamientos "viriles", es decir, "libres". Tal es el caso de las cholas, término que se declina en femenino principalmente durante la época colonial. En la ciudad de La Paz, esas regatonas callejeras, generalmente abandonadas por los padres de sus hijos, manejan los negocios como si fueran hombres, compran y venden, acopian bienes y viven como se les antoja prescindiendo de las obligaciones coercitivas del parentesco que imperan en los pueblos indígenas. Las cholas visten polleras y se distinguen de las indias y de las señoras; su identidad es "emblemática" no sólo de una clase social sino de una concepción distinta del género, como lo muestra Rossana Barragán (1997). En el Ecuador, en la región de Cuenca, encontramos también esas mujeres en pollera, masculinizadas por sus actividades. Para Jacques Poloni-Simard (2000: 119-121), esa diferencia del mestizaje en términos sexuados es típica de la época colonial. De ahí que "chola" se vuelva un insulto frecuente, acompañado de la inevitable retahíla "puta ladrona", términos que aluden a la libertad sexual y económica.

La herencia materna

El mestizaje es una retórica del cuerpo humano y de los humores vitales que lo sustentan. La sangre no es solamente una substancia, sino también el fundamento ideológico del parentesco y de la calidad; en el mestizaje se da la mezcla de sangres "desiguales". La sangre, según la medicina clásica, está sustentada por la alimentación y la cocción que se opera en el cuerpo humano, en el hombre, la transforma en simiente cálida. Ésta es abundante, "viciosa", en los mestizos, puesto que se supone que se multiplican más que los indios. En las mujeres, la cocción de la sangre es incompleta y se transforma en substancias frías: la leche materna y la sangre residual: la menstruación. Françoise Héritier, en

19. Véase Méchoulan (1979: 157-158).

su indagación sobre el origen del postulado sobre la inferioridad de la mujer, compara las concepciones aristotélicas con las africanas, mostrando cómo funciona en diferentes contextos culturales el triángulo significativo de las tres substancias corporales, esperma/sangre/leche para legitimar la superioridad masculina, que se supone justificada por la fisiología (1996: 133-151). Esta "naturalización" de una jerarquía construida es para F. Héritier el entramado del pensamiento simbólico. Humores, fluidos y órganos sirven para pensar la diferencia y ésta siempre coloca a lo masculino en posición superior, como si ese hecho se impusiera a la observación de la diferencia empírica de los órganos sexuales. A estos principios hay que agregar que ningún ser humano se reduce a sus componentes materiales y que todo cuerpo está necesariamente "animado". El alma varía también cualitativamente: se creía que la de los indios era muy débil o que se asemejaba a la de los niños. Para Aristóteles y la medicina galénica, el esperma es *pneuma*, a la vez soplo y sangre.

En la tradición española encontramos también una explicación de las diferencias religiosas y sociales como producto de un desequilibrio "natural". En el contexto de la represión de los judíos, por ejemplo, se cree que la simiente masculina posee cualidades "morales". Hacia finales del siglo XIV —la primera conversión masiva de los judíos tuvo lugar en 1391— se habla de la sangre "infecta" de los judíos deicidas, y de la simiente judía, que les predispone al mal. Esta relación entre el humor y un rasgo psicológico o moral es constante. En el opúsculo *El Alborayque* —nombre corrupto del caballo de Mahoma—, publicado en 1488, o sea, poco antes de la expulsión, los conversos son vistos como seres híbridos y monstruosos, muy peligrosos. Se dice que cocinan durante toda la noche del viernes y los olores apestan el aliento de los que lo comen, olor que aun a distancia mancilla la sangre cristiana. El cerdo, el alcohol y el consumo de sangre animal distinguen al cristiano de los infieles. Los jueces del Santo Oficio estiman que la religión de los gentiles corre por la sangre de los conversos y se pega al cuerpo como una mácula. Juan de Pineda exhorta a la vigilancia, pues la leche de las nodrizas conversas está cargada de influencias nocivas y puede transmitir a los niños la perversidad que conlleva[20]. Estas ideas culminan en los estatutos de sangre formulados en la primera mitad del

20. Citado en Méchoulan (1979: 126-128).

siglo XVI, que prohiben a los descendientes de judíos, debido a la impureza de su sangre, el acceso a cargos y oficios, así como a las profesiones liberales y al honor. Numerosos son los ejemplos de conversos que maman la religión judía en la "leche", y por lo tanto no son verdaderos cristianos. El bautismo de los cristianos nuevos no borra la "mácula", que se transmite por la simiente y se "pega" a los huesos.

En América estas ideas sobre la sangre infecta, la herencia de la mácula y la impureza de las generaciones cobran un nuevo vigor, pero esta vez la población discriminada es la mezclada, y más aún la que desciende de esclavos africanos. La infamia de la condición no es solamente una consecuencia de la mezcla adulterada, sino que se refuerza con el ejercicio del trabajo servil, el ejercicio de las "artes mecánicas" propias a la mayoría de estas gentes. Estas ideas están tan arraigadas que las encontramos a través de distintas épocas sin que incidan en ellas las circunstancias y los contextos históricos particulares. Se trata de constantes conceptuales reacias al cambio, inercias que se mantienen a pesar de las transformaciones sociales probablemente porque "naturalizan" la diferencia y la esencializan. Por ejemplo, a finales del siglo XVIII, y para combatir el parasitismo de los nobles ociosos de los reinos de España, una Real Cédula eliminó, en teoría, los prejuicios que existían respecto a las artes mecánicas y declaró que los oficios de "herrero, sastre, zapatero, carpintero y otros a este modo son honrados y honestos, que el uso de ellos no envilece la familia, ni la persona del que los ejerce ni los inhabilita para obtener los empleos de la república". Esta real disposición fue reiterada en 1805 y dos años después, en vísperas de las luchas independentistas, el fiscal de Popayán explica las dificultades que surgen en la difícil aplicación de estas resoluciones pues

> si en la Península, donde no hay mas que nobles y plebeyos, ha producido esta disposición siniestras inteligencias [...] cuáles no causaría en América con la multitud de castas, pardos, zambos, mulatos, zambaigos, mestizos, cuarterones, octavones. Todas éstas tienen el vicio en la raíz y se hallan infectas a distinción de los indios y negros legítimos que no se los tiene por infames, y como cabalmente los de dichas castas son los que ejercen los oficios de herrero, zapatero y demás mecánicos.

Por lo tanto, si se comunicase la referida cédula a aquellos países resultaría una confusión que iría en desmedro de la sociedad. Como vemos, la terminología racial de los estatutos de sangre contamina los oficios. Esto no es del todo sorprendente, ya que la actividad manual requiere la mecánica corporal: la fuerza, las secreciones, la suciedad, la fatiga y la usura general del cuerpo, contrariamente a las actividades nobles que desarrollan la inteligencia. La situación multirracial de Hispanoamérica y, sobre todo, la esclavitud refuerzan este estigma.

Si bien el mestizaje puede darse tanto por vía paterna como materna, la situación más común es que el padre sea español y la madre india. Se cree que, en general, el niño "sale" a la madre, pero adulterado. No sólo porque todos los mestizos, como los criollos e indígenas, están en contacto directo y carnal con la madre o la nodriza, que los amamantan y llevan en contacto con su propio cuerpo, cargados en mantas y rebozos, sino también porque se cree que los vicios y las cualidades se transmiten al niño en la leche materna. La misma fórmula se aplica a los mestizos, y por esa razón se piensa, como dice el mismo Joseph de Acosta, que no pueden ejercer el sacerdocio. Garcilaso de la Vega, el mestizo más célebre del Nuevo Mundo, se ampara en esta fórmula para reivindicar la veracidad de los hechos que narra: "lo mamé en la leche", y para justificar su versión de la historia de los incas. Sobre este rasgo, Garcilaso insiste mucho y hace de esa transmisión la garantía de la veracidad de su pluma. La herencia de las malas costumbres, cuyos tres pilares son la holgazanería, la ebriedad y la idolatría, resulta del acto sexual entre dos seres de condición diferente. Como generalmente los mestizos son hijos naturales o bastardos, se piensa que la mancha de los padres recae sobre los hijos, los mancha de infamia y los marca dándoles el *color vario*; en la leche materna maman otros vicios que se vuelven naturales en ellos. Desde la Antigüedad se creía que los híbridos eran degenerados. Este prejuicio, en el Nuevo Mundo, está favorecido por la propagación de la sífilis, las "bubas", enfermedad que se origina en las relaciones sexuales entre españoles e indias. Las indias contraen ese mal en el vientre de la madre y lo transmiten a su descendencia, sobre todo si ésta es mestiza, es decir, resulta de una mezcla de "sangres" (*Relaciones* 1965). Los españoles y también los indios, como Guaman Poma de Ayala, consideran que la sífilis es el castigo de esas uniones desiguales. Pero la responsabilidad última la tiene el hombre: "El hombre tiene la culpa hacer hijo judío o mestizo y sus parientes tienen la culpa", dice Guaman Poma de Ayala (fol. 506), porque si el hombre es bajo o judío, el linaje se echa a perder. Esta concepción del mestizo como engendro corrupto y degenerado de una unión a la vez lúbrica y contaminante, se ha mantenido hasta nuestros días. Probablemente no sea una casualidad que Garcilaso de la Vega se infringiera como penitencia, en sus años postreros, servir en el hospital de venéreos de Córdoba...

La vulnerabilidad del mestizo: sustos, pasmos, desplazamientos orgánicos

Para los indígenas mexicanos y andinos, el cuerpo es el receptáculo de fuerzas distribuidas en forma desigual entre los humanos. Es un hecho conocido la importancia para los antiguos mexicas del calendario de destinos vinculados con el día del nacimiento. Para simplificar una cuestión compleja, puede decirse que las fuerzas vitales, como el *tonalli* azteca, el *sami* y el *camac* de los pueblos andinos, forman parte de una energía cósmica de la cual participan todos los seres vivos. Tanto en el México prehispánico como en el Imperio incaico, esas fuerzas pueden disminuir e incluso salir del cuerpo, ya sea en forma recurrente como en los sueños, ya sea en circunstancias particulares (transgresión, espanto, actividad sexual prematura o interrupta súbitamente, hechizo..). En estos casos el individuo se debilita, pierde su vitalidad y puede llegara morir si no se le restituye esa fuerza. Estos trastornos tienen nombres específicos, en náhuatl, en quiché o en quechua.

Sin embargo, a la especificidad indígena y local de creencias vinculadas con el robo del alma o de las fuerzas vitales, creencias que siempre tienen por fundamento una transgresión, se superpone en todo el continente americano —incluidos los Estados Unidos donde estas afecciones están presentes— y desde una fecha temprana, aunque imposible de determinar con certeza, un síntoma descrito por un vocablo castellano, el "susto" o "el espanto", que se refiere a una serie de trastornos que afectan generalmente a los niños pero que no excluyen a los adultos y que resultan de un sobresalto o de un asombro. En las descripciones del susto-espanto, la causa es un choque emocional ante un ruido intempestivo, una visión, una caída... Hechos imprevisibles que facilitan la salida del alma que la víctima tiene "en un hilo". Las curas del susto-espanto varían según las regiones, pero lo que no cambia es la concepción de esos trastornos y la idea de que el alma ahuyentada queda retenida en el lugar donde se produjo el sobresalto. El "susto" mestizo se asemeja al sobresalto o al asombro. Sebastián de Covarrubias aclara que espantar es "casi pasmar". En el vocabulario del siglo XVI "espanto" es sinónimo de "asombro", lo cual puede explicar que en Mesoamérica la pérdida de la substancia vital ha sido también llamada "pérdida de la sombra". Este susto de origen europeo existía aún en el último tercio del siglo XX en Cerdeña, en Calabria y en Sicilia (*spavento*, *sustu*), territorios que pertenecieron a la Corona española[21].

Esta pérdida de la fuerza vital se asemeja, sin confundirse, a los efectos nocivos de los arcos y de los cerros, de la tierra y de los vahos. Al marginar los espacios sagrados ancestrales, relegándolos a zonas de difícil acceso, la evangelización reforzó la idea de las fuerzas destructoras de los vestigios gentiles. En América, ya desde el siglo XVI, esa voz castellana permitió a los mestizos y a los criollos nombrar lo innombrable: el cerro, la tierra, el *tonalli*, la guaca, sin correr el riesgo de ser acusados de idolatrar. Esto puede explicar la difusión continental del susto y del espanto, síntomas banales que expresaban, en un modo socialmente aceptable la vulnerabilidad del alma conflictiva por la ambivalencia intrínseca, "natural", de los americanos mezclados o acriollados. Si bien no podemos conocer el origen exacto de la difusión del susto como forma "mestiza" de designar la pérdida de las fuerzas por efectos del miedo, de la sorpresa o de una caída, encontramos un indicio de tal modificación semántica en los testimonios recogidos durante la visita de la doctrina de Sayán (Perú central) efectuada en 1662. No viene al caso resumir en este texto la complejidad de una causa de hechicería que implicó a gente de distintas calidades y condiciones. Lo que me interesa destacar es la denuncia, efectuada por una criolla española llamada doña Raphaela de los Ríos, natural de Lima, de varias personas sospechosas, entre las cuales, el indio Phelipe "que le dixo que se auia quedado su cuerpo a orilla de un río y su alma auia entrado en una huaca [...] y que su alma auia estado tres días en la dha huaca y que al cabo de los tres días (gracias a la intervención de un fraile franciscano que se hallaba dentro del cerro-guaca con otros hombres) bolvio su alma al paraje donde estaba el cuerpo [...] y que del *susto* auia

21. Véase, por ejemplo, Gallini (1965: 19) y Pitrè (1896: 422) sobre la noción de *spavento* en Sicilia. Elsa Guggino (1986) habla del *scantu*, cuyas características son las mismas que las del susto latinoamericano.

estado enfermo y descolorido"[22]. El dicho Felipe comparece a su vez ante el tribunal y describe con sus propias palabras la escena que le tocó vivir, pero siendo indígena y obedeciendo a otros criterios, no utiliza, como doña Raphaela, la palabra "susto".

Las concepciones relativas al corazón también se amestizan. En la América colonial abundan las referencias al "mal del corazón" (conocido también como "gota coral" y, mas comúnmente, como "ataques"), descrito según las ideas nosológicas de la época, como una manifestación histérica, convulsiva o epiléptica. Covarrubias define de este modo ese mal: "gota coral como gota que cae sobre el coraçon", sinónimo de mal del corazón y de epilepsia o "morbus comitialis". En el Perú, como en otras partes, la epilepsia era un signo chamánico. El jesuita Pablo José de Arriaga (1968: cap. III, 207) cuenta que cuando a algún indio le daba un mal repentino "del corazón" y se privaba del juicio, los sacerdotes creían que había sido elegido de las guacas. Guaman Poma de Ayala utiliza la expresión "mal del corazón" y afirma que una de las coyas (reinas incas), Chimbomama, sufría de ese mal desde su boda, "que cada día dicen que le daba tres veces y gritaba, daba voces y arremetía a la gente y mordía y se rasgaba la cara y arrancaba sus cabellos" (fol. 129).

A pesar de ser indio, Guaman Poma de Ayala "amestiza" la epilepsia y la feminiza, brindando una "traducción" castellana y aceptable de un fenómeno probablemente chamánico que incluía privación sensorial.

Las mujeres españolas nacidas en América, por las influencias que hemos mencionado del clima, las constelaciones y el suelo, suelen desarrollar la propensión a enfermarse de gota coral o de mal del corazón, formas tolerables de los aires indígenas. Según fray Agustín de Farfán, autor de un *Tratado de medicina* "criollo", puesto que fue publicado en México en 1592[23], la melancolía era una enfermedad muy común que atormentaba a hombres y mujeres jóvenes: "Unos andan llenos de

22. "Causa de hechicería contra los indios de Sallán (1662)", en Sánchez (1991: 75-76). El dicho indio declara a su vez y cuenta el episodio. No emplea la palabra "susto" pero cuenta que se puso a temblar y luego se echó a dormir junto a unas piedras y "llegaron un negro y un mestizo con sus monteras en la cabeza y llebaron su alma y su cuerpo quedó allí" (Ibíd.: 91). El visitador le exige que no crea ya en sueños y que se trata de una simple calentura del sol.

23. Sobre la melancolía en concreto, véase Farfán (1944: 197-113).

miedos y sobresaltos y traen afijado en la ymaginación que se mueren... Otros dizen que les sube del baço y del vientre un no se qué al corazón que se lo despedaça".

Pero contrariamente a la opinión general, advierte el médico, el órgano afectado no es el corazón, sino el cerebro. Garcilaso de la Vega, de temperamento saturniano, menciona en varias ocasiones la melancolía que invadía a los mestizos y a los españoles del Perú.

Un tercer tipo de patologías mestizas, contenido en la descripción anterior, consiste en los desplazamientos de órganos. La caída de la mollera puede resultar de una caída que "desplaza" la fontanela o de un destete brusco, y en ese caso se combina con el susto. El niño vomita, llora, y hay que curarlo mediante plantas y procedimientos rituales. La paletilla, el cuajo y la pelota, pero también la "madre", son órganos muy sensibles que se mueven y pueden llegar a dañar seriamente a la víctima. En los Andes de Venezuela, el cuajo es el órgano del equilibrio vital en el niño, pero se "cae" con facilidad, generalmente a consecuencia de una caída. Este órgano desaparece en los adultos y es reemplazado por la "pelota", situada debajo del ombligo, que también puede moverse, aunque hacia arriba. Son órganos del equilibrio, particularmente inestables en gentes que lo son intrínsecamente[24]. Estas enfermedades mestizas corresponden a lo que los antropólogos americanos llaman *folk diseases* y que George Foster (1953), en un artículo clásico, comparó con síntomas análogos en España. Sin embargo, lo que nos interesa destacar aquí no son las semejanzas con otras enfermedades españolas, sino el hecho de que se trate de males que se inscriben en la lógica general de las representaciones del cuerpo humano mestizo, desequilibrado y vulnerable en virtud de su dualidad.

Colofón: el cuerpo en movimiento

El cuerpo mestizo, infame, ambiguo, vulnerable, excesivo y sensual no se pliega a las reglas de la gente decente, porque esos vicios se han reforzado en la composición misma, material, del cuerpo, en sus humores y desequilibrios, en la inestabilidad anímica y en la debilidad de la voluntad, por la acción de la procreación y el ejercicio, lo que los

24. Véase Clarac de Briceño (1981).

antropólogos han llamado naturaleza y cultura. Pero esos defectos, nutridos de generación en generación por el ocio, el alcohol y la sexualidad, en virtud de un proceso de compensación o de sublimación, adquieren poco a poco en toda la sociedad valores positivos. El cuerpo mestizo se libera de la ritualidad, pagana o cristiana, y canta y se mueve para divertirse, en espacios plebeyos, que comparten con todos aquellos que buscan liberarse de la rigidez de las convenciones sociales. Los fandangos, danzones, tangos, sones, surgidos de la música lúbrica de las castas, que con tozudez pero con ineficacia los bandos reiterados de los virreyes se esforzaron en combatir año tras año, invaden inexorablemente todos los estratos de la sociedad, introduciendo lo sensual en la vida cotidiana. Sin lugar a dudas, el cuerpo en movimiento es la revancha del cuerpo mestizo y la característica más notable, hasta el día de hoy, de lo "latino".

Bibliografía

Ares, Berta (1999): "Mestizos en hábito de indios", en R. Loureiro/Serge Gruzinski (eds.), *Passar as fronteiras. II Colóquio Internacional sobre Mediadores Culturais, séculos XV-XVIII.* Lagos: Centro de Estudos Gil Eanes, pp. 133-146.

Arriaga, Pablo José de (1968): *Extirpación de la idolatría del Pirú.* Madrid: Atlas (Biblioteca de Autores Españoles).

Barragán, Rossana (1997): "Entre polleras, *ñañacas* y *lliqllas*. Los mestizos y cholas en la conformación de la 'tercera república'", en Enrique Urbano (comp.), *Tradición y modernidad en los Andes.* Cuzco: Centro de Estudios Regionales Andinos Bartolomé de Las Casas, pp. 43-73.

Caillavet, Chantal (2005): "Imágenes del cuerpo. Divergencias, convergencias entre España y América", en Gregorio Salinero (comp.), *Mezclado y sospechoso. Movilidad e identidades, España y América (XVI-XVIII).* Madrid: Casa de Velázquez, pp. 23-42.

Cárdenas, Juan de (1988): *Problemas y secretos maravillosos de las Indias.* Madrid: Alianza Editorial.

Clarac de Briceño, Jacqueline (1981): *Dioses en exilio. Representaciones y prácticas simbólicas en la Cordillera de Mérida.* Caracas: Fundarte.

Cobo, Bernabé (1964): *Obras completas.* Madrid: Atlas (Biblioteca de Autores Españoles).

COVARRUBIAS, Sebastián de (1611): *Tesoro de la lengua castellana o española, compuesto por el licenciado Don Sebastián de Cobarruvias Orozco...* Madrid: L. Sánchez. [(2006: *Tesoro de la lengua castellana o española*. Edición integral e ilustrada de Ignacio Arellano y Rafael de Zafra. Madrid/Frankfurt: Iberoamericana/Vervuert.]

DÍAZ DEL CASTILLO, Bernal (1947): *Historia verdadera de la conquista de la Nueva España.* Madrid: Atlas (Biblioteca de Autores Españoles).

EGAÑA, Antonio de (ed.) (1954): *Monumenta Peruana I (1565-1575).* Roma: Monumenta Historiaca Societatis Iesu

— (ed.) (1958): *Monumenta Peruana II (1576-1580).* Roma: Monumenta Historiaca Societatis Iesu

— (ed.) (1961): *Monumenta Peruana III (1581-1585).* Roma: Monumenta Historiaca Societatis Iesu.

FARFÁN, Agustín (fray) (1944): *Tratado breve de medicina.* Edición facsímil de la original (Madrid, 1592). México: s. e.

FOSTER, George (1953): "Relationships between spanish and spanish-american folk medicine", en *Journal of American Folklore*, 66, pp. 201-209.

GALLINI, Clara (1965): *Un rito terapeutico sardo: s'imbrusciadura.* Padova: Atti del Convegno di Studi Religiosi Sardi.

GÓNGORA, Mario (1998): *Estudios sobre historia colonial de Hispanoamérica.* Santiago de Chile: Editorial Universitaria.

GONZÁLEZ HOLGUÍN, Diego (1608): *Vocabulario de la lengua general de todo el Perú, llamada lengua qquichua o del Inca... compuesto por el padre Diego Gonzales Holguin...* Ciudad de los Reyes: F. del Canto. [*Vocabulario de la lengua general de todo el Perú llamada lengua Qquichua o del Inca.* Presentación Ramiro Matos Mendieta. Prólogo de Raúl Porras Barrenechea. Lima: Universidad Nacional Mayor de San Marcos, 1989.]

GRUZINSKI, Serge (1986): "Las cenizas del deseo. Homosexuales novohispanos a mediados del siglo XVII", en Sergio Ortega (ed.), *De la santidad a la perversión.* México: Grijalbo, pp. 255-281.

GUGGINO, Elsa (1986): *Un pezzo di terra di cielo: l'esperienza magica della malattia in Sicilia.* Palermo: Sellerio.

HARVEY, Penélope (1993): "Género, comunidad y confrontación: relaciones de poder en la embriaguez en Ocongate, Perú", en Thierry Saignes (ed.), *Borrachera y memoria.* La Paz: Hisbol/Instituto Francés de Estudios Andinos, pp. 113-138.

HÉRITIER, Françoise (1996): *Masculin/Féminin. La pensée de la différence.* Paris: Odile Jacob.

LEVILLIER, Roberto (1821): *Gobernantes del Perú*, tomo III. Madrid: s. e.

LÓPEZ AUSTIN, Alfredo (1980): *Cuerpo humano e ideología.* México: Universidad Nacional Autónoma de México.

MÉCHOULAN, Henri (1979): *Le sang de l'Autre ou l'honneur de Dieu. Indiens, juifs et morisques au Siècle d'Or*. Paris: Fayard.

MENDIETA, Gerónimo de (1945): *Historia eclesiástica indiana*. México: s. e.

PÉREZ DE HERRERA, Cristóbal (1975): *Amparo de pobres*. Madrid: Espasa-Calpe.

PITRÈ, Giuseppe (1896): *Medicina popolare*. Torino/Palermo: C. Clausen.

PRESTA, Ana María (2005): "Indígenas, españoles y mestizaje en la región andina", en Isabel Morant (dir.), *Historia de las mujeres en España y América Latina*. Madrid: Cátedra, pp. 555-582.

POLONI-SIMARD, Jacques (2000): *La mosaïque indienne. Mobilité, stratification sociale et métissage dans le corregimiento de Cuenca (Equateur) du XVIe au XVIIIe siècle*. Paris: Éd. EHESS.

POMA DE AYALA, Felipe Guaman (1936): *Nueva corónica y buen gobierno*. Paris: s. e.

Relaciones Geográficas de Indias (Perú) (1965). Madrid: Atlas (Biblioteca de Autores Españoles).

SAHAGÚN, Bernardino de (1979): *Historia General de las cosas de la Nueva España*. México: Editorial Porrúa.

SAIGNES, Thierry (1993): "Estar en otra cabeza: tomar en los Andes" y "Borracheras andinas: ¿por qué los indios ebrios hablan en español?, en Íd. (ed.), *Borrachera y memoria*. La Paz: Hisbol/Instituto Francés de Estudios Andinos, pp. 11-21 y 43-71.

SÁNCHEZ, Ana (1991): *Amancebados, hechiceros y rebeldes (Chancay, siglo XVII)*. Cuzco: Centro de Estudios Regionales Andinos Bartolomé de Las Casas.

TORQUEMADA, Agustín de (fray) (1986 [1615]): *Monarquía Indiana*. México: Editorial Porrúa.

Antropofagia y sentimientos. Venganza y cariño en el cuerpo devorado

Mark Münzel

Introducción

En lo siguiente, se tratará de una expresión corporal y teatral de tres sentimientos, ira, furia y cariño, en la tradición cultural de cinco pueblos indígenas de América del Sur. Todos ellos se han visto acusados, o incluso ciertas personas entre ellos se han confesado, de antropófagos, y cierta expresión corporal del odio y a veces del amor parece haber pasado por esta incorporación extrema.

Los pueblos enfocados aquí son los kamayurá (grupo tupí del sudeste de la Amazonía), los aché (tupí del Paraguay oriental), los nadep (makú de la región del río Negro, Brasil), los tupinambá (tupí, costa atlántica del Brasil, hoy casi extintos) y los araweté (tupí del sureste amazónico). De pasada, se mencionarán también a otros grupos; pero, si bien no podemos descartar la posibilidad de tratarse de fenómenos más largamente difundidos en la América tropical y subtropical al este de los Andes, aquí nos concentramos en los datos de un círculo delimitado y relativamente bien investigado de pueblos, casi todos, con excepción de los nadep, de la familia lingüística tupí. Ésta constituye un foco de discusiones acerca de la antropofagia indígena. No pretendemos aquí discernir entre verdad y fantasía de esta costumbre, sino explorar la manera en que es integrada retóricamente en la expresión tupí de ira y furia. Nuestro tema no son los sentimientos profundos de aquel que muestra su ira, sino únicamente la traducción de lo que se muestra y dice públicamente. “Ira” y “furia” aquí no son vistas como sentimientos en el fondo del corazón, sino como expresiones de una actitud pública a veces violenta, a semejanza de como tratamos la antropofagia: no nos interrogamos acerca de una realidad escondida detrás de los relatos, sino por la retórica del relato mismo.

Nuestro punto de partida serán experiencias personales, primero de un aventurero del siglo XVI, y después, del autor de este ensayo.

El libro del aventurero

En los años 1548-1549 y 1550-1555, el artillero Hans Staden, originario del principado alemán de Hesse, efectuó dos viajes a la costa atlántica del Brasil donde, en 1552, entró al servicio de un comandante portugués en la isla de Santo Amaro. En 1553 o comienzos de 1554 fue apresado por indígenas tupinambá, enemigos de los portugueses, y llevado al pueblo de Ywatibi (hoy Ubatuba 100 kilómetros al oeste de la ciudad de Río de Janeiro), donde, a su llegada, las mujeres lo hicieran gritar: "Yo, vuestra comida, llegué"[1].

Liberado después de nueve meses, regresó a su tierra natal y publicó en 1557 una relación de viajes y de las costumbres de los tupinambá[2]. El libro contiene una serie de datos etnográficos interesantes y confirmados más tarde por la antropología, pero su éxito editorial[3] se debe, principalmente, a la descripción de ritos caníbales de los que Staden se confiesa testigo. En la autocrítica satírica del Brasil del siglo XX, llegó a ser como un ejemplo de lo grotesco de la antropofagia elevada a un símbolo de la voracidad del carácter y de la cultura nacional[4].

1. Cito la traducción castellana. Staden (1983 [1557]: 87).

2. Staden (1925 [1557]), aquí citado, como va dicho, según la versión en castellano: Staden (1983). De la voluminosa bibliografía se puede mencionar, entre muchos otros, Fouquet (1981), Menninger (1996), Neuber (1991) –estos dos últimos no acreditan a Staden y niegan la existencia de la antropofagia tupinambá, pero reúnen material bibliográfico acerca de ella–, Whitehead (2000), y los ensayos en la revista *Martius-Staden-Jahrbuch* (São Paulo), vol. 53 (2006).

3. Ya en el año de su primera publicación siguieron dos ediciones más; al año siguiente, una traducción al neerlandés y, hasta 1964, 83 ediciones en ocho idiomas: véase Fouquet (1981: 157-198).

4. Así, por ejemplo, el "Manifiesto Antropófago" de la versión brasileña del dadaismo (Andrade 1928) muestra el influjo de Staden.

¿SERÁ VERDAD?

Mientras las informaciones de Staden sobre las formas de las casas, las maneras de guerrear, los adornos corporales, etc. no se ponen en duda y encajan con observaciones de otros viajeros tanto de su época como entre indígenas actuales (que no son los propios tupinambá, sino otros emparentados, ya que los pocos sobrevivientes de los primeros hoy en día conservan muy poco de su cultura antigua), muchos críticos actuales cuestionan, por el contrario, la antropofagia. Cabe aclarar que otros cronistas de los siglos XVI y XVII también describen esta costumbre y que los antropólogos del siglo XX han encontrado no pocos relatos indígenas que parecen confirmarlo. Pero, según cierta escuela, principalmente de los estudios poscoloniales de las literaturas coloniales europeas, todo esto sería una fantasía eurocéntrica. Es evidente que resulta difícil, en este tema, reconocer claramente las fronteras entre literatura de viajes, fantástica y científica[5]. También se puede leer el libro como ensueño o pesadilla. Tampoco debemos menospreciar la fuerza de la imaginación iconográfica colonial, como lo demostró Bernadette Bucher (1977) al analizar la transformación ulterior de los dibujos originales de Staden en ilustraciones de misas satánicas. Con todo, es lícito tomar en cuenta la fantasía europea, un posible colorido occidental sobre un fondo indígena.

El crítico más agudo de lecturas antropológicas demasiado crédulas de fuentes como Hans Staden, Richard Arens (1979) interpreta la antropofagia (indígena americana, africana o asiática) como una metáfora occidental de la diferencia cultural. Arens es contemporáneo de la crisis de la antropología de los años setenta del pasado siglo, que puso en duda el paradigma de Malinowski. La observación etnográfica raras veces puede ser tan exacta y documentada como la prueba experimental en las ciencias naturales. Los autores ¿habrán descrito la realidad o sus fantasías?, ¿no serán, en realidad, simplemente autores beletrísticos que crean una realidad ficticia hábilmente vendida como observación empírica? La perspectiva de Arens ha sido desarrollada

5. Sobre esta dificultad, en el caso de la antropofagia, véase Keck (1999). Para un ejemplo extremista de reducción de los relatos sobre antropofagia a fantasías, Peter-Röcher (1998). Para resúmenes de la discusión sobre la antropofagia tupinambá bajo el punto de vista de interpretación de fuentes históricas, con más bibliografía, Forsyth (1983), Gareis (2002), Obermeier (2001).

por la deconstrucción posmoderna, especialmente por Peter Hulme y Kristen Guest (2001). Según ellos, la práctica antropofágica era una técnica descriptiva europea para crear una alteridad negativa o, para utilizar el vocablo deconstructivista posmoderno, para el *othering*. Los antropófagos son los otros[6].

Por otro lado, Beth Conklin (2001: 6-7), que recibió informaciones muy claras en Rondônia, por parte de indígenas wari' sobre sus prácticas antropófagas que, a su gran pesar y por presión exterior, habían sido obligados a dejar, se indigna con los paralelos entre las actitudes colonial y poscolonial: los señores coloniales pusieron veto a las costumbres que les parecían insoportables; los señores de la interpretación poscolonial ya no protestaron contra las costumbres, sino contra las pesquisas sobre y el recuerdo de ellas. Primero se destruye un elemento central de una cultura, después se borra hasta la memoria de éste. En su crítica de la deconstrucción de la antropofagia, Bettina Schmidt (2001: 85) arguye que "no podemos negar la existencia de un trazo cultural únicamente porque se abusó de él en el discurso colonial". Es interesante que el mismo tabú no toca ni a la tortura (que se admite alegremente que haya podido existir en muchas culturas), ni al incesto, pero sí a la antropofagia, que parece horrorizarnos más. Este dolor se extirpa negándolo.

En la segunda mitad del siglo XX, son sobre todo antropólogos brasileños quienes se ocupan de reconstruir nociones y prácticas antropofágicas indígenas a través de recuerdos de sus informantes, de épocas no muy lejanas[7]. De estas investigaciones podemos deducir lo siguiente: o bien los indígenas ágrafos que hablan sobre la antropo-

6. A Richard Arens le queda el mérito de haber dirigido la atención sobre el problema del testimonio ocular, aunque justamente, en el caso de Staden, esta crítica parece superficial. A Arens le hubiera sido útil conocer este texto mejor que a través de traducciones evidentemente imperfectas, así como tomar conocimiento de la bibliografía, tanto acerca de la vida de Staden como de su contexto histórico y literario. Las fallas que hacen de la crítica de Arens una mera polémica ignorante, ya han sido demostradas por Brady (1982) y Forsyth (1985); véase también Gareis (2002), Münzel (2001, 2006). Para una crítica más seria de los mitos europeos de canibalismo; con referencia a los tupinambá, véanse Lestringant (1994), Wendt (1989).

7. Un estudio clásico en su manera de fundir datos de indígenas actuales con informaciones sobre los tupinambá coloniales (aunque sin bibliografía) es Huxley (1963: 276-298).

fagia nos esconden que, en realidad, son letrados y han leído la obra de Hans Staden (u otras de contenido semejante de la misma época), o bien ya ha estado entre ellos otro antropólogo que les ha enseñado cómo presentarse como antropófagos, o (tercera posibilidad y la más sensata) su antropofagia, real y verdadera, o por lo menos realmente descrita en sus mitos, continúa la tradición de los tupinambá vivida por Staden.

Hay que admitir que probablemente ningún antropólogo ha observado con sus propios ojos la antropofagia indígena[8]. Las frecuentes referencias suelen remitir a otros relatos. Es eso lo que hacen resaltar, con cierta razón, los críticos (especialmente Arens) del crédito que los antropólogos dan a relatos de antropofagia. Aun creyendo en la honestidad de nuestros informantes indígenas, no se puede excluir la posibilidad de que hayan sido influenciados, ellos mismos, por su mitología, del mismo modo como que no es imposible que, en el siglo XVI, Hans Staden haya enriquecido su testimonio ocular con relatos míticos escuchados o bien en el pueblo tupinambá o bien en los navíos europeos. Además, no es siempre fácil distinguir claramente la interpretación de un ritual simbólico de la realidad imaginada a través de su representación ritual.

Esto nos obliga a ser prudentes. En vez de afirmar que los indígenas brasileños eran antropófagos, solamente podemos alegar que tanto ellos como los viajeros y científicos que han convivido con ellos tienden a afirmar esto, sea sueño mítico o realidad[9]. En lo siguiente no hablaré de cuerpos, sino de conceptos sobre cómo tratar cuerpos, más exactamente sobre cómo despellejarlos, destriparlos y asimilarlos, tal como animales de presa.

8. Excepto la forma necrospodofágica, observada por varios antropólogos: cfr. Becher (1968), Cocco (1987: 351-355), Clastres/Lizot (1978), Dole (1974), Ramos (1990: 195-196).

9. Para resúmenes bibliográficos sobre antropofagia en Brasil, especialmente de los tupinambá, y de los guaraníes, véanse, sobre todo. Chase (1964), Hélène Clastres (1972), Combès (1992), Fernandes (1952) –la crítica de esta explicación de la antropofagia es utilizada por Viveiros de Castro (1986: 87-88, 650-660, 665-669, 678) como punto de partida para su propia interpretación–, Métraux (1928: 124-169). Para el conjunto de América del Sur, véanse Blanco (1948, 1970), Koch (1899) –todavía actual, ya que se trata mayormente de resúmenes de fuentes antiguas–, Métraux (1947, 1963: 400-406), Wendt (1989), Whitehead (1984), Zerries (1960).

La danza macabra del cuerpo atado

Según cuenta Hans Staden, llegado a Ywatibi, las mujeres se echaron a lo *außführen*, traducción del autor de una palabra indígena. El vocablo alemán significa "llevar afuera", pero tiene también el sentido de "llevar alguien a bailar, beber y comer bien", como, por ejemplo, en una cita de novios:

Fig. 1. "Ahora, las mujeres te llevarán afuera, Aprasse. Entonces no comprendí esa palabra, que quiere decir 'danzar'".

"Me arrastraron hasta la plaza tirando de las cuerdas que aún tenía en el pescuezo [...] Unas me cogieron de los brazos, otras de las cuerdas que tenía en el pescuezo, de manera que casi no podía respirar" (Staden 1983 [1557]: 89-90). Siguen después los maltratos, pero, curiosamente, no dejan de respetar la voluntad del prisionero. Llega una mujer que le quiere cortar la barba (véase fig. 1, a la derecha, la barba que distingue visiblemente al europeo de los indígenas), "pero esto no lo pude aguantar y dije que me matasen con barba y todo. Me respondieron que aún no me querían matar y me dejaban la barba" (Ibíd.: 91). Así pues, continúan danzando con él:

> Formaron un círculo alrededor de mí, quedando yo en el centro, con dos mujeres; me amarraron en una pierna unas cosas que chocaban entre sí, otra cosa en la nuca, hecha de plumas de pájaros, que sobrepasa la cabeza y que se llama en su lengua *Arasoya*. Después, las mujeres comenzaron a cantar y, conforme a un son dado, yo tenía que golpear el suelo con el pie en que estaban atadas las sonajas, para que sonaran acompañando al canto (Ibíd.: 92).

Fig. 2 "La pierna herida me dolía tanto, que difícilmente podía aguantar de pie".

Por cruel que esto le pareciera al pobre europeo, el tocado de plumas y las maracas en los pies eran una indumentaria de honor y fiesta, hasta hoy, el danzante tupí que así comparece invoca la belleza masculina y deslumbra a las bailarinas femeninas. Las mujeres se burlan del prisionero, es verdad, pero de una manera que no parece excluir cierto erotismo.

El trato al prisionero no se limita a obligarle a danzar: "los amarran bien para que no huyan. Les dan una mujer para cuidarlo y también para tener relaciones con ella" (Ibíd.: 212). En el texto alemán de Staden, "amarrar" no tiene doble sentido manifiesto, se refiere literalmente a las ataduras que sujetan el cuerpo, aunque luego sí se habla de "enlace". Se trata pues de una cariñosa danza macabra. El reo, amarrado, no es perdido de vista ni un momento, como otros cronistas (mas no Staden) relatan: "lanção uma corda mui grossa ao pescoço do cativo pera que não possa fugir [...] e dão-lhe huma india moça, a mais fermosa e honrada que ha na aldeia, pera que durma com elle, e tambem tenha cuidado de o guardar, e não vai pera parte que não o accompanhe" (Gandavo 1980 [1570]: 54).

Es difícil distinguir, en este relato, entre prisión y amor. El prisionero es atado para saltar grotescamente, adornado con plumas para que las mujeres bailen con él mientras les marca el ritmo con sus pies. Su cuerpo es retorcido, ridículo, para luego ser seducido (¿atado aún por la cuerda?). Al fin y al cabo, será ejecutado y deglutido, pero a veces en una relación más de amor que de odio:

> Estas mulheres são commumente nesta guarda fiéis [...] muitas vezes se afeiçoão a elles de maneira que nãu somente lhes dão azo para fugirem, mas também se vão com elles (Cardim 1978 [1925, ms. c. de 1584]: 114).

> Mas também ha algumas que tomaram tamanho amor aos cativos que as tomaram por mulheres, que lhe deram muito jeito para se acolherem e fugirem das prisões, que êles cortam com alguma ferramenta, que elas às escondidas lhes deram, e lhe foram pôr no mato, antes de fugir, mantimentos para o caminho Sousa (s. d. [1587]: vol. I, 279).

Y aun cuando lo matan, el trato no es sólo el que se le dispensa a un enemigo, sino que tampoco está exento de amor, triste esta vez: "a companheira o deixa, se vai para casa muito saudosa e dizendo por despedida algumas lastimas pelo menos fingidas" (Cardim 1978: 117), pues poco antes de la ejecución, lo pintan de fiesta, "y beben y conversan con él" (Staden 1983: 213). Para "conversar", Staden utiliza el vocablo alemán, *schwatzen*, que indica familiaridad, una conversación entre amigos o, incluso, amantes. Más tarde, el cuerpo es repartido según reglas exactas. Las mujeres se regalan con las partes genitales de la víctima[10].

UNA NOTA SOBRE SENTIMIENTOS

Después de haber yo publicado un libro sobre los aché (ex antropófagos), un colega (Helmut Schindler) llamó mi atención sobre una nota en la que describo cierta forma de ira, *yrmachijá* (Münzel 1983: 275) que le parecía interesante por recordarle una rabia humana que todos conocemos pero raras veces mencionamos. En opinión de los indígenas aché consultados, esta ira traspasa los límites del cuerpo individual y se desarrolla hacia una furia global en el universo. Yo había notado algo, pero sin prestar mucha atención al asunto, y fue sólo después de la observación de mi colega cuando comencé a rastrear sistemáticamente mis propias notas, buscando ese tipo de ira.

Esto era antes de la publicación de la confesión de Renato Rosaldo (1989) de cómo llegó a comprender la ira, nacida de la aflicción por casos de muerte, que llevaba al grupo filipino con el que convivía a cazar cabezas: había buscado toda una serie de explicaciones religiosas para esta caza de trofeos, y no fue sino al sufrir él mismo la muerte de una persona querida cuando fue embargado por una rabia más allá de las interpretaciones ideológicas y llegó a comprender el sentimiento que inducía a sus anfitriones a tal grado de furia como para iniciar una caza humana. Más tarde aún, John Leavitt (1996) proclamó su *Anthropology of Emotions* que desliza la actitud de Rosaldo de una antropología autorreflexiva a un análisis seco, de gabinete, de emociones ajenas, o sea, bastante indiscreto. Éstos no son los ejemplos que sigo aquí: no pretendo llegar a la comprensión de rituales ajenos a través de mis propias emociones para declarar ambas universales y fáciles de sentir para cualquiera, ni quiero penetrar en los sentimientos más íntimos de aquellos sobre los cuales escribo. Ciertos paralelismos no hacen más que ayudarme para tomar nota de algo que, de otra manera, me hubiera pasado desapercibido.

10. Véanse Thevet (1953 [1575]: 194) y Fernandes (1963: 122).

Dos relatos personales

Para ilustrar el problema metodológico, mencionaremos dos situaciones clave en nuestra propia investigación (pasada) que, al mismo tiempo, introducirán en la materia.

La dulzura de la miel y la ira de la venganza

El primer relato (que consta de dos episodios) es una experiencia personal entre los kamayurá, etnia tupí-guaraní de unos 600 individuos en el sudeste de la Amazonia, unos 700 kilómetros al noroeste de Brasilia. Son parientes próximos de los antiguos tupinambá de la costa atlántica. Sus vecinos llaman a los kamayurá "comedores de cadáveres humanos", que sólo habrían renunciado a su costumbre después de haberse integrado en la civilización de su hábitat actual (Gregor 1977: 314). Pero, aparte de dicha denominación, los kamayurá no tienen antecedentes de antropofagia registrados en la bibliografía científica. Su mitología sí incluye claras referencias a lo que parece ser un ritual copiado directamente del libro de Hans Staden, pero éste se puede leer muy bien como memorias de un contacto con otros indígenas, éstos sí antropófagos. Menos crédulos, podríamos conjeturar que esta misma mitología era aquella que Staden llegó a conocer –mitología, ritual simbólico, pero no necesariamente realidad–. En las narraciones kamayurá, o bien los antropófagos son vecinos míticos y salvajes, y sus ritos son ridiculizados; o bien es la víctima la ridícula, en este caso un tapir gordo, graso y llorón, que cae enamorado de una joven y bonita humana que se burla de él y que entregará al muy sufrido galán a la gula de sus parientes de más edad[11].

En 1967 vivíamos mi esposa y yo en un pueblo kamayurá. Un día, mi compañera regresó del río, donde había tomado un baño en compañía de una señora ya de más edad, y me preguntó qué sabía yo de antropofagia entre los kamayurá. Le aseguré que no había peligro, ya que yo era el antropólogo y sabía a través de la bibliografía científica que los kamayurá no eran antropófagos. Pero ella permaneció escéptica

11. Véanse Agostinho (1974: 196), Münzel (1973a: 133-134, 144-145, 346) y Villas Boas (1972: 188).

y me narró lo siguiente: cuando se desnudaron en la playa del río, la señora de más edad le miró los muslos, los tocó con admiración y comentó que eran blancos y redondos, seguramente una comida sabrosa. Textualmente, mi compañera citó a la vieja con estas palabras: "Blanco, sabroso [de comer]". Dijo también algo sobre la miel. No me pareció prueba de nada, pues nunca llegaron a comerse a mi esposa.

Pasaron veinte años antes de nuestro regreso al mismo pueblo kamayurá. En 1989, nuevamente allí, nos pusieron al tanto de lo que había ocurrido en los años recientes. Uno de estos episodios lo narró su propio protagonista principal, jefe del pueblo y chamán respetado por sus visiones. Alrededor de 1969, poco después de que hubiéramos dejado el pueblo, una epidemia de gripe causó varias muertes. Como culpable, se descubrió a un hechicero (que era —qué coincidencia— el rival político más fuerte del jefe del pueblo), y se le condenó a muerte. La ejecución fue encomendada al mismo jefe mencionado quien, veinte años después, nos contó lo sucedido.

De noche, cuando el hechicero dormía, quiso matarlo de un machetazo en la cabeza. Pero, como los monstruos de esta estirpe ya no son verdaderamente humanos, nunca duermen, y lo oyen todo aun cuando haya sido planificado lejos y en voz baja. Así que la víctima (en la perspectiva del narrador, el culpable) ya estaba esperando a su verdugo y le dijo que ésta no era la forma correcta, sino que la ejecución debía realizarse según la costumbre, es decir, cortando primero los pies (que no se debían comer), después las piernas (los muslos eran para las mujeres de edad), después las manos (que no se debían comer), después los brazos (las partes de arriba eran para los guerreros jóvenes), etc. Antes de que le cortaran las manos, ya sin piernas, el hechicero aún tuvo la serenidad de entregarle al jefe del pueblo el secreto de su poder: una pequeña escultura de madera, escondida en su hamaca. El narrador me la mostró y regaló. Después de la correcta ejecución, se erigió una parrilla y allí se asó al delincuente para luego comerlo, de forma correcta también, distribuyendo sus diversas partes según las indicaciones de él mismo.

Evidentemente, ciertos detalles de esta narración no parecen realistas, especialmente la conversación formal entre los dos protagonistas, la preocupación del delincuente no tanto por su muerte sino por ser ejecutado de forma correcta, y su capacidad física y psíquica, cuando ya estaba agonizante, para encontrar en su hamaca una escultura y pasársela al otro. Se trata, a todas luces, de un mito.

Por otro lado, la parrilla con partes del cuerpo asados fue vista por una enfermera blanca que estaba en la zona luchando contra la mencionada epidemia de gripe, según nos comunicó al preguntarle si sabía algo de esta historia. Ella estaba horrorizada por lo que había visto.

Fig. 3. La parrilla tupinambá vista por Staden.

Es oportuno mencionar también que al narrador le habíamos conocido en los años sesenta, y habíamos convivido con él, con su hamaca a dos metros de las nuestras, y así habíamos tenido la ocasión de presenciar su aprendizaje como chamán, la exteriorización de sus primeras visiones y su miedo a los monstruos. Estoy profundamente convencido de su honestidad, que no excluye, en un hombre político, cierto maquiavelismo que lo habrá ayudado en creer, sinceramente, que su más peligroso rival era, de hecho, el culpable de la epidemia.

Este contacto con una antropofagia, verdadera o mítica, de los kamayurá ilustra no sólo el problema de las fuentes —de hecho, no tenemos ninguna prueba, y aun así podemos acreditar si bien no en todos los detalles, al menos buena parte de ellos—, sino también algo de la teoría de la antropofagia. El primer episodio, si se toma en serio, muestra una idea antropófaga afectiva, cariñosa. No podemos saber si la digna señora que admiró los muslos de mi joven compañera pensaba realmente en comérselos. No parecía ni agresiva ni con ninguna mala intención. Más bien, creo que utilizaba una retórica de la carne humana como una forma de ser amable. Referirse a calidades físicas, elogiarlas, es una cortesía común entre los kamayurá, tanto como es una agresión frecuente censurar abiertamente algún defecto físico.

A mí, los kamayurá no me han echado ninguna flor del tipo caníbal que recibió, una sola vez, mi esposa en un episodio que, metodológicamente, no permite generalización. Pero no por eso el acontecimiento es totalmente aislado. Entre los indígenas aché, en el Paraguay oriental, más de una vez hemos escuchado voces semejantes. Los aché también son parientes lingüísticos de los tupinambá, aunque se distinguen de ellos por su economía de cazadores y recolectores. Eso sí, tienen, en su bibliografía antropológica antecedentes registrados de antropofagia, aunque falta, en éste como en otros casos, testimonio científico ocular. Al parecer, se aprovecharon de una corta ausencia de *su* antropólogo, Pierre Clastres, durante nada más que unas pocas semanas, para rápidamente ejercer un acto antropófago que después le narraron (Clastres 1968: 35-45).

Se dividen en dos subgrupos: uno antiguamente autodeclarado antropófago, y que se autodenomina "comedores de gente" (*aché wagi*), pero que, a lo que parece y cuentan, siguió esta costumbre sin ceremonia; el otro, seguía un ritual bastante semejante al de los tupinambá, pero en el curso del cual no se mataba a nadie, sólo se comía un poco del cuero cabelludo de la víctima (*aché tomombúgi*)[12]. Según parece, la fosa cultural entre los "comedores de gente" sin ritual y los del ritual sin muerte no era tan profunda, por lo que no es improbable

12. Sobre la diferencia entre estos dos grupos, véase, por ejemplo, Münzel (1973b: 98; 1983: 270-272).

que los segundos hayan podido participar, en ciertas ocasiones, en el festín caníbal de los primeros, o al menos, que lo hayan tolerado y hasta aprobado. Todo esto, según cuentan ellos, y sin pruebas tangibles.

Entre los aché del grupo "comedor de gente", hemos escuchado un idioma profundamente penetrado por una retórica antropófaga[13]. Eran prácticamente intercambiables las voces para "bonito" y "sabroso", y una persona bonita se consideraba "buena para comer", siendo una mujer joven de piel clara (hay entre ellos personas de piel bastante oscura, y otras de piel color de leche) una que incita al siguiente piropo: "Eres tan apetitosa que luego voy a buscar miel para completar el festín de tu piel blanca"[14].

Es la misma retórica que aquella señora kamayurá utilizó para mi compañera. Retórica no realizada en ningún caso que hayamos presenciado, tal vez nada *más* que retórica, pero completada por expertas opiniones indígenas que discurrían sobre la materia y que nos explicaron que nada en el mundo podía superar la carne blanca de una mujer joven, o aún mejor, de niña, sobre todo cuando se condimentada con miel.

Quién sabe si esto es mera preferencia cultural o si no sería también un hecho físico o simplemente una tradición. De los tupinambá del siglo XVI que Hans Staden visitó se relataba que "unta[ba]n al cautivo entero con miel de abejas" antes de matarlo, aunque no está claro si era para como sazón o sólo para poder pegar las plumas que después le adherían a su cuerpo (Sousa s. d. [1587]: vol. I, 281). En 1966 un taxista de origen fulniô (grupo indígena del estado de Pernambuco, en el interior del nordeste de Brasil, lingüísticamente nada emparentado y culturalmente bastante alejado de los tupinambá) que conocí en la capital del estado de Pernambuco, me contaba que había comido carne humana, y que la de los niños es excelente con miel. Naturalmente él se daba cuenta de que yo era extranjero, curioso por las extravagancias del Brasil, y que este tipo de relatos (verdaderos o no) me fascinaba. Y lo cierto es que ésta no es ninguna prueba ni fuente seria, pero queda la posibilidad de que eso de la miel para sazonar la carne joven fuera una experiencia física verdadera, trasmitida de boca en boca.

13. Sobre la antropofagia aché, véanse Baldus (1972: 488-489), Clastres (1968: 30-47, con comparaciones con otros grupos) y Münzel (1983: 285-293).

14. "Nde engatu ái tykwe barekáperõ gatúma iamara nde pire iju gaitambáma uryvwã". La frase, por lo tanto, permite también otras interpretaciones, según la circunstancia: buscar miel "para que tu piel blanca esté feliz".

* * *

La otra parte de nuestra narración nos hace ver la antropofagia (verdadera o no), siempre según los indígenas, desde un ángulo diferente. La ejecución y el subsiguiente consumo del hechicero no era un acto de admiración cariñosa ni de aprecio de una carne apetitosa, sino de venganza. No se comía con miel, sino con disgusto. Se trataba del restablecimiento necesario del orden de las cosas.

Debo admitir que, al escuchar las informaciones indígenas al respecto, lingüísticamente no las comprendí muy bien, y por eso pedí aclaraciones en portugués. Me lo explicaron pues en este idioma utilizando la palabra *vingança* (venganza), y no recuerdo la voz kamayurá para tal término. Entre los aché, al contrario, conseguí captar el vocablo correspondiente que se utiliza al explicar no la antropofagia, sino otros rituales, tanto aquel de comer un poco del cuero cabelludo de la víctima, como otro de golpear cruelmente, a veces hasta matar, a una niña. La palabra *jepý* se puede traducir por "venganza", pero expresa un concepto algo diferente de nuestra venganza: aquí, la víctima no ha cometido ningún crimen, no es odiada. En el caso del ritual del cuero cabelludo, por ejemplo, quien más tortura a la pobre víctima es su novia y, de hecho, el ritual precede al casamiento. Más bien, se traduciría por "restablecimiento de un orden perturbado". Según Pierre Clastres (1972: 218), es como una rectificación, "de tout événement, positif ou négatif, nuisible ou bénéfique, qui, issu du monde des choses ou du monde des hommes, est susceptible d'introduire dans la communauté des Aché, un surplus, ou d'y ouvrir un manque. Soumettre à la règle les choses et les êtres", éste es el sentido del *jepý*.

Esta rectificación pasa por la expresión de una ira teatral, según mi impresión (no por haberla observado, sino únicamente por lo que me narraron algunos aché, cuando el ritual *jepý* ya estaba prohibido) menos sentida que representada. Se trataba más de demostrar furia que del sentimiento de la rabia en sí. Pero no puedo asegurar esto con certidumbre, sólo hablo de un ritual y de su significado imaginado, tal vez un sueño, pero que bien podía ser completado por un festín caníbal.

* * *

El segundo relato es más corto. En 1967 conviví brevemente con indígenas nadep (subgrupo de los makú, entre los ríos Negro y Solimões, en el noroeste de Brasil). Una etnia de guerreros considerados "salvajes" hasta los años cincuenta, que se habían convertido en pacíficos y dependientes de blancos, por lo que pasaron a ser "mansos". Más lejos, hacia las cabeceras del río, todavía quedaron muchos nadep que se negaban a vivir en paz con los blancos. Con aquellos parientes "salvajes", los "amansados" contaban que habían roto las relaciones y sellado la ruptura por el acto siguiente, típicamente "salvaje": a una mujer originaria de la familia de los "mansos" casada con un "salvaje", éste la rajó de la cabeza a los pies, la despellejó, la destripó, tal como se hace con un jabalí, y, después, se la comieron.

La referencia al jabalí es interesante, pues los nadep "mansos" cuentan la historia de un joven que se fue río abajo para vivir con los blancos. Al regresar río arriba, ya como un blanco, se transformó paulatinamente en un jabalí. Los nadep humanos lo cazaron y lo comieron. Sea verdad o no esta historia de la mujer sacrificada, su sentido (aun si es, tal vez, mítico) me parece claro: quien se asocia con los blancos deja de ser humano, se vuelve jabalí, y es tratado como tal. Además, el acto de comerse a la mujer fue comprendido por sus familiares "mansos" como una declaración de ruptura con la intención de sembrar el terror.

De nuevo no puedo confirmar la veracidad de los hechos. En aquel momento, evidentemente no me era posible visitar a los llamados "salvajes", y por diversas razones nunca regresé allí. Y aun en el caso de que lo hiciera, tampoco hubiera encontrado pruebas palpables. Pero me parece posible establecer la hipótesis de una semejanza entre las retóricas (repito: retóricas, no entro en la discusión sobre los hechos) de la ejecución del hechicero y del castigo de la mujer cuyos familiares se habían aliado con los blancos. En ambos casos, la víctima se ha deshumanizado, y por consecuencia es tratada como una presa de caza. Además, los dos hechos relatados (o mitos) tienen en común que el acto se describe como inseparable de cierta ira.

El enemigo en mi interior

Junto a la idea de transformación de la víctima, hay otra (y a veces parece indisociable de ella): la transformación del verdugo. Esta concordancia de dos metamorfosis corresponde a cierta idea de la persona. Ésta —escribe Manuela Carneiro da Cunha (1978: 145)— se comprende en las sociedades indígenas brasileñas, no por sencillas oposiciones, sino en pares a la vez complementarios y mutuamente excluyentes, negaciones de negaciones: "por complementaridades, por negações: eu sou aquilo que o que eu não sou não é",

Aracy Lopes da Silva (1986: 258) describe la práctica de denominaciones de personas entre los xavante (de la familia lingüística jê) como un juego complicado: "com graus variados de separação e oposição. [...] A sociedade Jê recria, internamente, um mundo de opositores e aliados pela sua constante e variada divisão ao meio".

La sociedad entera y cada persona individual se comprenden, dialéctica y simultáneamente, como unidad y contradicción interior. Alexandre Surallés (2003: 69), al transponer una observación de Marilyn Strathern sobre la noción de persona en Melanesia a una visión amazónica, habla de la diferencia entre la "idea de la persona" europea que es "in-dividual" y la indígena (en este caso, amerindia) que es "di-vidual".

Los araweté, según Eduardo Viveiros de Castro (1986: 22), después de la muerte pierden su unidad personal precaria y se dividen cada uno en dos partes que toman rumbos diferentes: Una, es salvaje y enemiga de los humanos, su destino es unirse con las bestias. Otra, amiga de la gente, se llama "Cosa de los Dioses" y a éstos se dirige. Pero los dioses, por su lado, se han transformado en sus enemigos y la devoran. El nombre "Cosa de los Dioses" es ambiguo: significa no sólo que pertenece a una esfera divina, sino también que pertenece a aquéllos como propiedad y presa. Esta parte del muerto, por llegar a ser enemigo y víctima de los dioses, dialécticamente se transforma él mismo en dios, y al final, paradójicamente, con la ayuda de los otros dioses, reaparece entre los humanos como una nueva alma[15].

Viveiros de Castro (1996) llama esto perspectivismo indígena. Según la posición momentánea del individuo o de una parte de él, en la red densa y complicada de relaciones entre humanos, naturaleza y dioses, la perspectiva y las alianzas cambian. Mi muerte convierte en enemigos a los amigos divinos de mi alma, se puede decir que me convierto en mi propio enemigo: "o destino da Pessoa Araweté é um *tornar-se outro*, e

15. Para un resumen breve, véase Viveiros de Castro (2000: 165-166).

isso é a Pessoa -um devir. Intervalo tenso, ela não existe fora do movimento" (Viveiros de Castro 1986: 22).

En los rituales araweté, el enemigo abatido es mencionado como aquel que les ha enseñado las canciones y recibe el mismo nombre de "profesor de la canción" que el viejo perito de rituales de danza (Lukesch 1990: 310). Entre ambos, la víctima y el victorioso, teóricamente ya no hay diferencia, el primero renace en el segundo. La civilización de los rituales no encontraría continuidad sin la ayuda de los enemigos-amigos.

La ira que transforma

En este movimiento de transformaciones permanentes, la ira parece ser de ayuda para deshumanizar cuerpos, convertirlos en animales

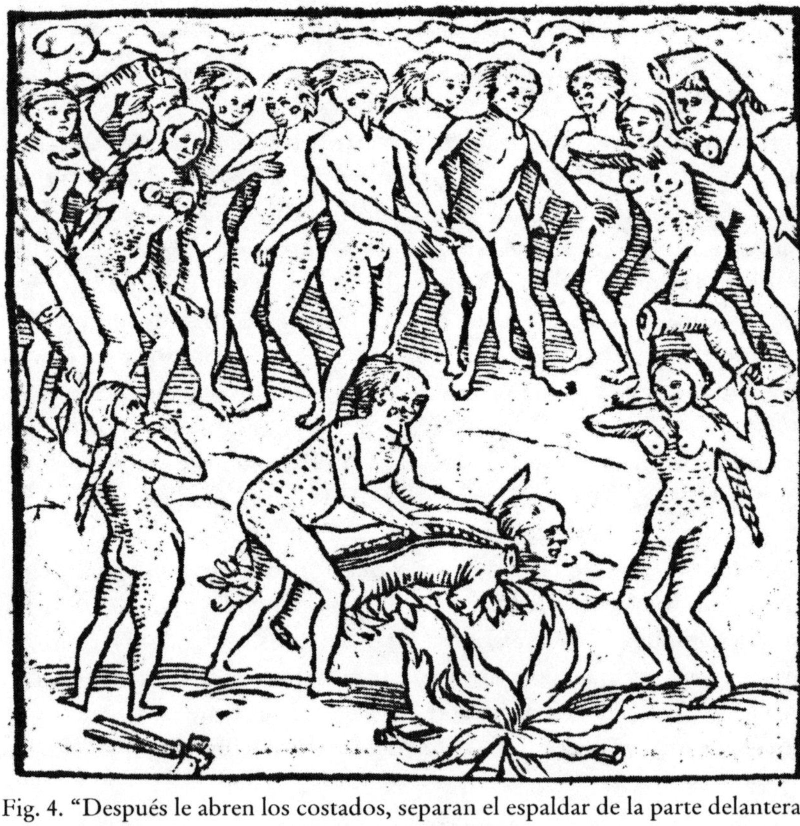

Fig. 4. "Después le abren los costados, separan el espaldar de la parte delantera" (Staden 1983: 217-218).

comestibles, pero también para la conversión del que mata o come en una bestia feroz capaz de ejecutar sus actos.

El buen cristiano Hans Staden describe cómo, en cierta ocasión, censuró a Conhan Bebe (jefe histórico del pueblo tupinambá de Arirap, con el cual Staden parece haber tenido una relación de curiosidad mutua por las costumbres del otro) porque estaba comiéndose la carne de un enemigo. Le hizo ver que aquello era un comportamiento peor que el de las bestias, que al menos no se comen a sus semejantes. Conhan Bebe respondió con el gesto salvaje de morder la pierna de la víctima, y comentó: "*Yawara sche*" ("El jaguar soy yo")[16].

La frase ya ha sido objeto de la curiosidad de Viveiros de Castro (1986: 625), que no está seguro de si no tiene más sentido que el de un mero chiste. Pero ve también que encaja con otras menciones del jaguar entre grupos tupí-guaraní, no raras veces en relación con la antropofagia, y, podemos añadir, con la ira. Según Viveiros de Castro, el hombre que come a otro, en una especie de comunicación mística, se convierte en y se asimila a los ancestros y espíritus protectores del otro, sus propios enemigos poderosos. Se transforma en Jaguar Azul, esto es, en caníbal celeste, salvaje y malvado. Al confundirse con los Jaguares Azules, el humano puede finalmente encontrarlos de igual a igual, ya sin miedo, y vencerlos. Con referencia a la antropofagia, Viveiros de Castro desarrolla su interpretación del pensamiento tupí (de los araweté entre los que ha vivido, y de los tupinambá más conocidos por la bibliografía) en contrapartida a la de Florestan Fernandes. Éste interpreta el ritual tupinambá de una manera clásicamente funcionalista: "As práticas antropofágicas [...] tinham por função perpetuar os laços tribais de solidariedade [...] restablecendo o estado de tensão emocional coletiva, dirigida contra determinados inimigos" (Fernandes 1963: 299).

Contra esta explicación, Viveiros de Castro argumenta lo siguiente: a través de la antropofagia, el enemigo se incorporaría a la comunidad y se uniría con sus matadores en una comunión tanto corporal como espiritual. En el fondo, retoma aquí la vieja tesis de los antropólogos de comienzos del siglo XX, que dominaba también el ya mencionado y famoso "Manifiesto Antropófago" de Oswald de Andrade

16. Mi traducción del tupí, citado en Staden (1925 [1557]: fol. m, ii). En Staden (1983: 143) es traducido al castellano por "soy un tigre".

(1928), en el que el autor transforma la "ley de participación" de Lucien Lévy-Bruhl en una "ley de los antropófagos"[17].

Aun subrayando la importancia de la comunión espiritual entre la víctima y quienes la matan y comen en la antropofagia tupí, Viveiros de Castro no silencia el elemento de venganza evidentemente presente, sólo que no lo coloca en el centro de su disertación. Pero este ele-

Fig. 5. "Las mujeres guardan los intestinos, los hierven, y del caldo hacen una sopa que se llama mingau, que se beben ellas y los niños" (Staden 1983: 218).

17. Viveiros de Castro (1986: 668) no parece conocer la tradición beletrística brasileña de esta interpretación, sino que cita únicamente al antropólogo Alfred Métraux (quien a su vez debe haber estado al tanto de la obra de Oswald de Andrade). Sobre las interrelaciones entre la antropología francesa y la discusión brasileña de los años veinte, un artículo mío está en preparación en el Boletín de Antropología, Medellín (Colombia).

mento es mencionado con tanta persistencia en los relatos coloniales que sería difícil pasarlo por alto:

> Sí, salimos como acostumbra hacer la gente valiente, para capturaros a vosotros, a nuestros enemigos y comeros. Ahora sois vosotros quienes estáis en ventaja, nos habéis capturado, pero esto no nos preocupa [...], los nuestros nos vengarán en vosotros. Sí, decían los otros, vosotros ya habéis comido a muchos de los nuestros, esto es lo que queremos vengar en vosotros (Staden (1927 [1557]: fols. m-ii v., m-iii r.)[18].

> Isto he mais por vingança e por odio que por se fartarem. Depois que comem a carne destes contrarios ficão nos odios confirmados, e sentem muito esta injuria, e por isso andão sempre a vingar-se huns contra os outros (Pero de Magalhães Gandavo 1980 [c. 1570]: 55).

> não come por mantimento, senão por vingança [...] e se alegrarem em vingança de seu contrário (Gabriel Soares de Sousa s.d. [1587]: vol. 1, 284).

> ils ne font point la guerre pour garder ou estende les limites de leur païs, ny pour s'enrichir des despoüilles & du butin de leurs ennemis, mais pour l'honneur seulement & pour se vanger (Claude d'Abbeville 1963 [1614]: fol. 287 v.).

Y Staden dedica todo un capítulo (breve, pero claro) a la pregunta y respuesta: "Por qué un enemigo devora a otro. No lo hacen por hambre, sino por grande odio y envidia, y cuando combaten, se gritan unos a otros con grande odio: '[...] para vengar la muerte de mis amigos estoy aquí'" (Staden 1983: 206).

Evidentemente, la transformación de los tupinambá en sus propios enemigos no se efectúa sin emociones como ira, odio y deseos de venganza.

La venganza atada

La venganza mutua se celebra teatralmente y de una forma que deja a la víctima la ocasión de prometer, a su vez, su propia venganza.

18. Mi traducción del alemán del siglo XVI. La traducción castellana (Staden [1983: 144-145]) no destaca tanto la referencia a la antropofagia vengativa mutua.

Fig. 6. "Atan la mussurana al cuello y alrededor del cuerpo de la víctima tirando por los dos lados".

Poco antes de ser ejecutado, a la víctima atada a una cuerda floja "le dan piedrecitas para que las arroje contra las mujeres que corren en torno a él y amenazan con devorarlo". Es de notar que, en este acto, a la víctima se le concede suficiente libertad como para tirar tales piedrecitas. Su cuerpo está atado por una cuerda, tensa, pero no al punto de impedirle defenderse.

La figura del cuerpo atado, torcido pero que se puede mover y hasta defender, es grotesca, mueve a la risa, pero al prisionero no se le priva del derecho a una respuesta. Es, de nuevo, aquella danza grotesca ya señalada en el inicio de este ensayo. Algo semejante cuenta Hans Staden, recién capturado y trasladado a otro pueblo, de nombre Arirap:

el hijo del rey me ató las piernas por tres sitios, obligándome a saltar con los pies juntos. Se reían de eso y dijeron: "Por ahí viene saltando nuestra comida" [pero acto seguido] me quitaron entonces las cuerdas de las piernas y me pellizcaron, rodeándome y hablando [...]. Después me obligaron a cantar y canté versos religiosos. Querían que los tradujese. Dije entonces que había cantado acerca de mi Dios. Respondieron que mi Dios era excremento (Staden 1983: 104).

Fig. 7. "Por ahí viene saltando nuestra comida": Staden con las piernas atadas ante el jefe del pueblo de Arirap.

Evidentemente, se está buscando una disputa en la que la víctima puede responder. A su danza responde el paseo del jefe, engalanado de plumas: "Se levantó, y orgulloso de sí, comenzó a pasear [frente a mí]. Tenía una gran piedra verde atravesada en los labios".

Una vez presentados así los dos protagonistas, el jefe vuelve a sentarse e inicia una conversación: "los otros estaban de pie, escuchándome. En suma: me preguntó mucho y habló mucho" (Ibíd.: 103). Y antes de su muerte, es a la víctima a quien se deja la última palabra. No se trata de un tribunal, sino de una representación teatral de la venganza en la cual al prisionero le cabe una actuación importante: "El otro responde: 'Cuando esté muerto, aún tengo muchos amigos que seguro me han de vengar'" (Ibíd.: 216).

La furia

En este punto, es oportuno volver a la etnografía de los aché (parientes lingüísticos y parcialmente similares también en otros aspectos culturales de los tupinambá), pero ya no a la antropofagia sensual del deseo carnal, sino a los aspectos de ira y furia, muy presentes también en el pensamiento aché.

Uno de los argumentos centrales en esta cultura de cazadores selváticos era el intercambio de ideas con el jaguar. Al luchar con el enemigo más temido entre los animales de la selva, el cazador "habla" con él. Lo que los une es una ira feroz: la del jaguar, que sufre el dolor sordo de los golpes del pesado arco que el humano le infringe, y la del humano, que se ve confrontado a un peligro mortal. La mezcla de angustia e ira puede llegar, desde los dos adversarios, a llenar el aire y hasta el mundo entero de una furia enorme llamada, en aché, *pichua*. León Cadogan (1968b: 141) explica esta palabra de la manera siguiente: "fenómenos meteorológicos que acompañan o son producidos por el alma, en el más allá y en la tierra [...], relacionándose con la misma práctica, la de incinerar los cráneos de quienes sufrieran muerte violenta".

Y cita frases aché en las que se llega a "rayos, vientos, etc." (Ibíd.: 119). Branka J. Sušnik traduce la palabra con "arremeter, apoderarse de algo", pero siempre en frases donde por ejemplo, un grupo de pájaros se arremeten entre sí por causa de una tormenta (1962: 188). En contextos observados por mí, significa una tormenta global de furia tanto meteorológica como sentimental. Está relacionada con el *jepy*, la venganza arriba mencionada: la emoción del *pichua* lleva al *jepy*. Y es justamente con el jaguar con el que, también entre los araweté interpretados por Viveiros de Castro, se intercambia la venganza y el apetito de comer gente.

El idioma aché tiene varias palabras para "ira" o "furia". Una rabia fuera del control civilizado se llama *pochy*. Por ejemplo, el encargado no aché (y como tal, a los ojos de sus subordinados, no civilizado) de la colonia indígena en la que vivíamos, a veces y bajo influencia de un consumo exagerado de alcohol, irrumpía en ataques de furia. A los habitantes indígenas de la colonia, el comportamiento no les parecía totalmente anormal, sino que era semejante a la ira de un buen jefe, sólo que en este caso era un jefe malo y una rabia mala. Mientras que *pochy* define una rabia vulgar, como la de un borracho, *ymachija*[19] describe una ira venerable y con connotaciones religiosas. El límite entre las dos formas de expresión no es fijo. Quien exagera su ira sagrada corre el peligro de no ser tomado en serio y las mujeres lo describen como *pochy*, ridiculizándolo en sus canciones de escarnio. En el fondo, las dos palabras no describen el mismo nivel: *pochy* se refiere al estado de ira; *ymachija*, más bien a sus consecuencias, que desempeñan un papel político y religioso. *Pochy* es más bien un sentimiento despreciado y *ymachija*, admirado, aunque ambos son temidos. Tal vez lo podamos formular así: *pochy* define el sentimiento y su expresión incontrolada; *ymachija* la transformación en una escenificación controlada.

La palabra *ymachija* se compone de *yma* y *chija*. *Yma* significa, según Sušnik (1961: 131, 196), "sobrepujar, sobrepasar" o, según Cadogan (1968b: 37, 94), "desarrollo (crecimiento)" a una edad superior, y está relacionado con palabras de otras lenguas tupí-guaraní que significan "alta edad", "tiempo de los antiguos". *Chija* significa "fuerte, potente", "impetuoso", y "hacer estampida, estallar" como un trueno o rayo. *Ymachija* significa también "fuerte, potente, varonil"; y, en la vida política, designa a los jefes respetados que sobresalen por sus ataques temibles, pero controlados, de furia. Ya no podemos saber con certeza si era esta actitud de demostrar superioridad de jefe, o mera desesperación, la que se observaba entre los aché (o sus parientes próximos) cuando, capturados en el período colonial,

"Puestos en prisiones, las muerden como pudiera un tigre y arrojan rabiosos espumajos por la boca" (Lozano 1873: 413).

19. Siempre escuché yrmachija con "r", pero como las autoridades lingüísticas Cadogan (1968: 194) y Sušnik (1961: 131) siempre escriben yma sin ella, también en la forma derivada ymachija, mantengo aquí su versión.

Sin perder de vista la tragedia humana de los aché ni tampoco excluir la posibilidad de alguna enfermedad, cabe cuestionarse si la mención del "tigre" (jaguar) es casual: es justamente al jaguar al que mencionan cuando, en tiempos más recientes, hablan del tipo de furia que debe mostrar un jefe. Entre los aché del siglo XX la furia era señal de virilidad y de una fuerza que ayuda tanto en la caza (sobre todo del jaguar) como en la guerra. Es una furia que se mostraba también en ciertos rituales, especialmente el *tomombu*, golpes rituales en la cabeza que debían soportar los jóvenes del grupo aché del norte en el curso de su iniciación, y que simbolizaba una suerte de matanza simbólica, y el *imbimombu*, la perforación del labio inferior del varón en otra parte de su carrera hacia la edad adulta. Es en estos rituales donde nace el *pichua*, el mencionado trastorno meteorológico y hasta global, que a veces significa que, junto a la lluvia, el trueno y el rayo, bajan almas de muertos (Clastres 1971: 161, 231). Hay una conexión entre virilidad, furia, rayo, sacudida y estremecimiento del mundo. El cazador necesita la fuerza de la furia cuando se ve confrontado con animales peligrosos. En el combate con el jaguar, o huirá cobardemente o se volverá tan furioso que logrará traspasar su miedo. Y es la furia la que produce aquel estremecimiento global, *pichua*, que lleva más allá del encuentro individual con un jaguar[20]. El fenómeno meteorológico del *pichua*, una tormenta con fuertes truenos y rayos, detrás de los cuales puede estar la furia (provocada por el cazador) de las almas de muertos, no está completo sin el *chono*, el trueno-rayo. Tampoco esto es una mera cuestión meteorológica, sino igualmente un acontecimiento cosmológico, la personificación de un ser superior, llamado por Cadogan la "figura central de la mitología guayakí [= aché]" (1968b: 40)[21]. La furia del cazador es una fuerza productiva que evidentemente inspira a las almas de los muertos y al ser superior Trueno-Rayo. La furia también suele acompañar el mencionado *jepy*, la venganza que restablece el orden. No se trata de un ritual de harmonía (pese a que la harmonía restablecida puede ser el resultado), sino de violencia furiosa. *Jepy* es el duelo con palos, pero también la tortura infligida al varón durante su iniciación. No obstante,

20. Traduje un relato aché sobre tal encuentro en Münzel (1983: 201), donde traduzco pichua por "seelische Erschütterung" (estremecimiento espiritual). En el mismo libro, p. 275, me refiero nuevamente a esto, pero olvidé indicar la relación con lo dicho en p. 201, por lo que queda poco claro.

21. Véase también Cadogan (1968a).

no es necesariamente una rabia fuera de control. Según mi impresión (no basada en la observación propia, pues el ritual en mi tiempo ya estaba prohibido, sino en comentarios aché) se trataba de demostrar furia y no el sentimiento de rabia en sí mismo. Pero no puedo asegurar esto con certidumbre, y tampoco es el tema que ahora interesa, que es, repito, no el sentimiento, sino el ritual y su significado imaginado.

Resumiendo: varias formas de ira o furia son factores importantes en actos aché tradicionales y pueden provocar, según describen, una sacudida productiva. Ésta, no descoloca cosas, sino que más bien las recoloca, lo que se puede llamar, si se prefiere una visión armoniosa del mundo indígena, un acto para restablecer la armonía. La restitución del equilibrio.

La furia... domesticada

Echemos, por último, un breve vistazo a otro grupo tupí-guaraní, los guaraníes, vecinos inmediatos de los aché. Entre ellos, que en su tiempo también tenían fama de antropófagos (Blanco 1948, 1970; Chase Sardi 1964), es difícil encontrar ira, si seguimos la bibliografía correspondiente. Pero es pertinente plantearse si el ambiente piadoso y pacífico que allí encontramos (búsqueda de la armonía en la Tierra, de la concordia colectiva) no podría tener algo que ver con influencias cristianas, tanto entre los propios guaraníes como en la literatura científica.

Usan los guaraníes la misma palabra que entre los aché ya hemos encontrado para la versión vulgar de la rabia: *pochy*. Evidentemente, no era difícil utilizar este vocablo para traducir el concepto teológico cristiano de "pecado". Pero también hay indicios de que esta ira es considerada un factor importante para el desarrollo del mundo, sin el cual los acontecimientos míticos no hubiesen avanzado (Chamorro 1998: 14-145).

El único autor que, hasta donde sé, interpreta la ira como una fuerza productiva importante en la cosmovisión guaraní es Gaston Brisbois, que ve en el *pochy* una categoría central del pensamiento guaraní[22]. Se trata de la expresión de crisis y transiciones importantes, sin

22. Véase Brisbois (1984, esp. pp. 57-59). Se refiere también a datos de segunda mano sobre los aché (pp. 59-69), pero sin ver su particularidad, y con errores como el de confundir el vocablo aché bai con el guaraní vai.

las cuales no pueden suceder los cambios necesarios en el desarrollo cultural. Brisbois habla de una relación recíproca entre dos principios opuestos, "caliente" (ira) y "fresco" (armonía). El autor es consciente de que tal interpretación corre el riesgo de introducir un sesgo europeo y, de hecho, critica la *Ethnoscience* de los antropólogos que consideran la cultura como un sistema regulativo (Brisbois 1984: 73) que fácilmente puede llevar al error de acreditar un sistema cerrado. Como representación del concepto "caliente" de los guaraníes, Brisbois propone al jaguar. En otro lugar (Münzel 1998), describí la figura felinamente ambivalente del jaguar tupí-guaraní, que en sus contradicciones y su dialéctica me parece una traducción más fiel del pensamiento tupí que la dicotomía esquemática y cognitivista de la que el propio Brisbois desconfía. Pero que un contraste caliente-frío puede ser otra expresión de la tensión entra furia y control mesurado, lo describe recientemente y en base a su propio trabajo de campo Graciela Chamorro (1998: 145). Por lo tanto, ella pone más en relieve el carácter múltiple, de muchas facetas, de la visión guaraní del mundo y del hombre, y lo contrasta como politeísta frente al cerrado monoteísmo misional (Ibíd.: 110-118).

No obstante, no se puede negar que muchas veces encontramos entre los guaraníes un claro dualismo amigo/enemigo. En éste, el jaguar es lo malo, la ira y el pecado, relacionado con el adversario mítico del creador, el co-creador Mba'ekuaa (Ibíd.: 103). Si ésta es una reinterpretación cristiana de una antigua ambivalencia, es difícil saberlo, aunque sea interesante que el nombre Mba'ekuaa parece haber significado originariamente "conocedor de las cosas" o "el que tiene la sabiduría", y que, a quien tanto sabe, incluso se lo denomina también como al creador: "Nuestro Padre"[23]. Pero hoy en día hay guaraníes que también llaman de Mba'ekuaa al hechicero malo, aunque no necesariamente con una condena ética (Kraus 1997: 381), por lo que el antropólogo se pregunta si la diferencia entre hechiceros buenos y malos no reside más bien en la perspectiva de quien se sirve de sus servicios o es agredido por ellos. La dicotomía clara en la que el chamán malo (y con él, Mba'ekuaa) pertenece al principio del mal en la misión evangélica (Ibíd.: 399) parece la consecuencia lógica de un cuadro religioso en blanco y negro.

23. Véanse Kraus (1997: 379), Melià (1988: 62), Nimuendajú (1914: 317).

Entre los guaraníes, por lo menos hoy en día, no encontramos la ira como fuerza productiva sino en y detrás de los mitos; parecen más bien rechazarla. Pero no debemos olvidarnos del discurso del dirigente espiritual Soria Ro'yju, grabado por Clastres en 1965 (1974: 123-136). Este mbyá-guaraní, cuyo nombre significa "frío", comienza dando una lección de tradición religiosa al antropólogo, pero pronto trasciende en un discurso de una ira cada vez más profunda y "caliente", hasta transformarse en el Padre Divino que destruye el mundo para purificarlo. De informante del antropólogo se metaforsea en profeta y, finalmente, en jaguar antropófago. Desgraciadamente sólo conocemos este texto por una traducción francesa fragmentaria, pero aun en esta versión, probablemente no muy literal, transluce una ira que no es solamente negativa, sino también necesaria.

RESUMEN: LA ANTROPOFAGIA

Las etnias mencionadas aquí con referencia a su ira tienen en común que la antropofagia era una parte importante, si no de su manera de tratar los cuerpos (que ésta era muchas veces antropofágica queda como probable, aunque no allende de toda duda), seguramente sí de su discurso sobre el cuerpo. Tenían mitos antropofágicos y consideraban la antropofagia una parte esencial, al menos, del mundo del más allá.

Si bien no podemos decir, por las dudas expuestas, que las sociedades tupí-guaraníes vivían su corporalidad real y diaria en relación con la antropofagia, sí podemos afirmar que utilizaban un discurso antropofágico, construyendo una realidad en la que la antropofagia tenía su lugar: no se trata de cuerpos sino de visiones de cuerpos devorados.

Éstos se encontraban en una relación complicada con un animal tanto furioso como cariñoso, el jaguar. Era éste el enemigo cuya rabia amenazaba a los humanos, pero también los humanos se transformaban en este adversario y trataban con él amistosamente. Ya se ha dicho muchas veces que en la América del Sur indígena, la diferenciación académica entre endo y exocanibalismo no encaja. La antropofagia se dirige contra los enemigos, pero éstos han sido incorporados en la sociedad, y quienes se comen a sus enemigos se vuelven sus aliados (en el caso de los tupinambá); o se dirige contra los parientes, quienes en el momento de su muerte se transforman en enemigos (en el caso de los aché). En ambos casos, el amigo es también enemigo (y viceversa). Del mismo modo, la furia que nace entre el jaguar y el cazador aché es también un intercambio de ideas, y termina en que uno se funde en el otro. Así, la cuestión de si la ira y el deseo de venganza eran las causas de las guerras y de la antropofagia tupinambá (como lo describen los cronistas coloniales y lo supone Florestan Fernandes), o más bien una ideología para buscar al otro y fundirse con él (como lo describe con mucha plausibilidad Viveiros de Castro), tal vez se disuelve, si tomamos en cuenta la ambigüedad del sentimiento de la ira que es terrible, pero necesaria. Se aniquila también, quizá, la aparente contradicción entre relatos como el de Staden, que describe haber sido maltratado a golpes al llegar al pueblo de sus captores —"me vengo en ti del golpe que mató a mi amigo, muerto por aquellos entre los que tú estuviste" (1983: 88—, y otros según los cuales los tupinambá acariciaban al prisionero cuando éste llegaba (Thevet 1953: 193).

En el más reciente y exhaustivo trabajo sobre antropofagia entre indígenas brasileños del siglo XX, Beth Conklin explica cómo, entre los wari' (etnia de Rondônia, lingüísticamente no emparentada con los tupí-guaraníes), el familiar fallecido y añorado era tratado simbólicamente como un jabalí —recuérdese la metamorfosis en jabalí, arriba mencionada, de un personaje mítico que se había separado de su grupo y fue cazado y comido por sus antiguos familiares—. Para los wari', la transformación expresa "the fact that the dead are simultaneously part of us (*wari'*), and foreign to us (*karawa*)" (Conklin 2001: 228).

Continúa siendo un ser querido, pero ha dejado nuestra sociedad para volver como comida: comiéndolo nos consolamos. De hecho, los wari' distinguen entre dos formas de antropofagia: una se aplica a los familiares, es ceremonial y expresa respeto; la otra, aplicada a los enemigos, deja de lado las buenas maneras en la mesa. Pero, para Conklin, hay una ambivalencia entre amor y agresión en las relaciones entre parientes afines, y son éstos quienes se comen uno al otro, de modo que la agresión tampoco falta en el caso de los muertos queridos (Ibíd.: 96, 100-101). Acuérdese de que entre los tupinambá, el prisionero, antes de ser devorado, frecuentemente era transformado en pariente afín por casamiento.

El cuerpo expresa, de forma teatral, tanto la ira como el cariño, y por eso es consumido: se expresa su sujeción a sentimientos, destrozándolo, a la vez que gozando de su dulzura. Si bien no sabemos con certeza si esto es o nunca fue una práctica, al menos sí sabemos que es una fantasía indígena del cuerpo, tratado tanto con odio cruel como con cariño.

Fig. 8. "Se comen los intestinos y también la carne de la cabeza; los sesos, la lengua y todo lo demás son para las criaturas" (Standen 1983: 218).

Bibliografía

Abbeville, Claude d' (1963 [1614]): *Histoire de la mission des pères Capucins en l'isle de Maragnan et terres circonvoisines*. Graz: Akademische Druck-und Verlagsanstalt.

Agostinho, Pedro (1974): *Kwarìp: Mito e Ritual no Alto Xingu*. São Paulo: Editora Pedagógica e Universitária/Editora da Universidade de São Paulo.

Andrade, Oswald de (1928): "Manifesto Antropófago", en *Revista de Antropofagia* [São Paulo], n.º 1, año 1, mayo.

Arens, William (1979): *The Man-Eating Myth: Anthropolgy & Anthropophagy*. New York: Oxford University Press.

Baldus, Herbert (1972): "Die Guayakí von Paraguay nach Angaben von F. C. Mayntzhusen und eigenen Beobachtungen", en *Anthropos* [St. Augustin], 67, pp. 465-529.

Becher, Hans (1968): "Endocanibalismo yanonámi", en *Congreso Internacional de Americanistas, XXXVIII. Actas y Memorias,* vol. 3. Buenos Aires: s. e., pp. 41-49.

Blanco Villalta, Jorge Gastón (1948): *Antropofagia ritual americana*. Buenos Aires: Emecé.

— (1970): *Ritos caníbales en América*. Buenos Aires: Casa Pardo.

Brady, Ivan (1982): "The Myth-Eating Man", en *American Anthropologist*, 84, pp. 595-611.

Brisbois, Gaston André (1984): *Jeguakáva: Zur Kulturgeschichte einer indianischen Gruppe*. Bonn: Dissertationsdruck.

Bucher, Bernadette (1977): *La sauvage aux seins pendants*. Paris: Hermann.

Cadogan, León (1968a): "Chonó Kybwyrá: aporte al conocimiento de la mitología guaraní", en *Suplemento Antropológico de la Revista del Ateneo Paraguayo*, 3, 1/2, pp. 55-157.

— (1968 b): *Diccionario Guayakí-Español*. Paris: Musée de l'Homme.

Cardim, Pe. Fernão (1978 [1925]): *Tratados da terra e gente do Brasil*. São Paulo/Brasília: Companía Editora Nacional/Instituto Nacional do Livro.

Chamorro, Graciela (1998): *A espiritualidade Guarani: uma Teologia Ameríndia da Palavra*. São Leopoldo: Sinodal.

Chase Sardi, Miguel (1964): "*Avaporú:* Algunas fuentes documentales para el estudio de la antropofagia guaraní", en *Revista del Ateneo Paraguayo*, 3, p. 16-66.

Clastres, Hélène (1972): "Les beaux-frères ennemis: à propos du cannibalisme Tupinamba", en *Nouvelle Revue de Psychanalyse* [Paris], 6 ("Destins du Cannibalisme"), pp. 71-82.

Clastres, Hélène/Lizot, Jacques (1978): "La part du feu: rites et discours de la mort chez les Yanomami", en *Libre* [Paris], 3, pp. 103-133.

CLASTRES, Pierre (1968): "Ethnographie des Indiens Guayaki (Paraguay-Brèsil)", en *Journal de la Société des Américanistes* [Paris], 52, pp. 9-61.

— (1972): *Chroniqe des Indiens Guayaki: ce que savent les Aché, chasseurs nomades du Paraguay*. Paris: Plon.

— (1974): *Le grand parler: Mythes et chants sacrés des Indiens Guarani*. Paris: Seuil.

COCCO, Luis ([2]1987): *Iyëwei-teri: quince años entre los yanomamos*. Caracas: Librería Editorial Salesiana/Escuela Técnica Popular Don Bosco.

COMBÈS, Isabelle (1992): *La tragédie cannibale chez les anciens Tupi-Guarani*. Paris: Presses Universitaires de France.

CONKLIN, Beth A. (2001): *Consuming Grief. Compassionate Cannibalism in an Amazonian Society*. Austin: University of Texas Press.

CUNHA, Manuela Carneiro da (1978): *Os Mortos e os Outros: Uma análise do sistema funerário e da noção de pessoa entre os índios Krahó*. São Paulo: Hucitec.

CUNHA, Manuela Carneiro da/VIVEIROS DE CASTRO, Eduardo (1985): "Vingança e Temporalidade: Os Tupinambá", en *Journal de la Société des Américanistes* [Paris], 71, pp. 191-208.

DOLE, Gertrude E. (1974 [1962]): "Endocannibalism among the Amahuaca Indians", en Patricia J. Lyon (ed.), *Native South Americans: Ethnology of the Least Known Continent*. Boston/Toronto: Little, Brown and Company, pp. 302-308.

FERNANDES, Florestan (1952): "La guerre et le sacrifice humain chez les Tupinamba", en *Journal de la Société des Américanistes* [Paris], 41, 1, pp. 139-220.

— (1963 [1949]): *A organização social dos Tupinambá*. São Paulo: Difusão Européia do Livro.

FOUQUET, Karl ([4]1981): "Nachwort", en Hans Staden, *Zwei Reisen nach Brasilien*. Marburg an der Lahn: Trautvetter und Fischer, pp. 157-170.

FORSYTH, Donald Wayne (1983): "The beginnings of Brazilian anthropology: Jesuits and Tupinamba cannibalism", en *Journal of Anthropological Research* [Albuquerque NM], 39, pp. 147-178.

— (1985): "Three cheers for Hans Staden: The case of Brazilian cannibalism", en *Ethnohistory* [Durham NC], 32, 1, pp. 17-36.

GANDAVO, Pero de Magalhães (1980 [c. 1570]): *Tratado da Terra do Brasil. História da Provincia de Santa Cruz*. Belo Horizonte/São Paulo: Itatiaia/Editora da Universidade de São Paulo.

GAREIS, Iris (2002): "Cannibals, Bons Sauvages, and Tasty White Men: Models of Alterity in the Encounter of South American Tupi and Europeans", en *The Medieval History Journal* [New Delhi/London], 5, 2, pp. 247-266.

GREGOR, Thomas (1977): *Mehinaku: The Drama of Daily Life in a Brazilian Indian Village*. Chicago/London: The University of Chicago Press.

GUEST, Kristen (2001): "Introduction: Cannibalism and the Boundaries of Identity", en Íd. (ed.), *Eating Their Words: Cannibalism and the Boundaries of Cultural Identity*. Albany: State University of New York Press, pp. 1-9.

HULME, Peter (1998): "Introduction: The Cannibal Scene", en Francis Barker /Peter Hulme /Margaret Iversen (eds.), *Cannibalism and the Colonial World*. Cambridge: Cambridge University Press, pp. 1-39.

HUXLEY, Francis (1963 [1957]): *Selvágens Amáveis: Um antropologista entre os índios Urubus do Brasil*. São Paulo: Companhia Editora Nacional.

KECK, Annette (ed.) (1999): *Verschlungene Grenzen: Anthropophagie in Literatur und Kulturwissenschaften*. Tübingen: Gunter Narr.

KOCH-GRÜNBERG, Theodor (1899): "Die Anthropophagie der südamerikanischen Indianer", en *Internationales Archiv für Ethnographie* [Leiden], 12, pp. 3-35.

KRAUS, Michael (1997): "Zur Verarbeitung von Außeneinflüssen im Schamanismus der Izoceño-Guarani", en *Mitteilungen des Museums für Völkerkunde zu Leipzig*, 41, pp. 375-403.

LEAVITT, John (1996): "Meaning and Feeling in the Anthropology of Emotions", en *American Ethnologist*, 23, 3, pp. 514-539.

LESTRINGANT, Frank (1994): *Le cannibale: grandeur et décadence*. Paris: Librairie Académique/Perrin.

LOZANO, Pedro (1873): *Historia de la Conquista del Paraguay, Río de la Plata y Tucumán*, I. Buenos Aires: s. e.

LUKESCH, Anton (1990): *Schamanen am Rio Xingu: Neuentdeckte Indianerstämme im brasilianischen Urwald*. Wien/Köln: Böhlau.

MENNINGER, Annerose (1996): "Hans Stadens 'Wahrhaftige Historia' - Zur Genese eines Bestsellers der Reiseliteratur", en *Geschichte in Wissenschaft und Unterricht* [Stuttgart], 47, 9, pp. 509-525.

MÉTRAUX, Alfred (1928): *La religion des Tupinamba et ses rapports avec celle des autres tribus tupi-guarani*. Paris: Librairie Ernest Leroux.

— (1947): "Mourning Rites and Burial Forms of the South American Indians", en *América Indígena* [México], 7, 1, pp. 7-44.

— ([2]1963): "Warfare, cannibalism, and human trophies", en *Handbook of Soutrh American Indians*, 5: *The Comparative Ethnology of South American Indians*. New York: Copper Square, pp. 383-409.

MÜNZEL, Mark (1973a): *Erzählungen der Kamayurá, Alto Xingú - Brasilien*. Wiesbaden: Franz Steiner.

— (1973b): "Kware Veja Puku, 'Dejamos lejos al gran oso hormiguero': Notas preliminares sobre cinco canciones Axé", en Bartomeu Meliá/Luigi Miraglia/Mark Münzel/Christine Münzel, *La agonía de los Aché-Guayakí: historia y cantos*. Asunción: Centro de Estudios Antropológicos/Universidad Católica, pp. 83-156.

— (1983): *Gejagte Jäger: Aché- und Mbía-Indianer in Südamerika*, 1: *Die Aché in Ostparaguay*. Frankfurt: Museum für Völkerkunde.

— (1998): "Ich bin eyn Tiger thier: Inszenierungen bei Indianern des östlichen Waldlandes", en Bettina Schmidt/Mark Münzel (eds.), *Ethnologie und Inszenierung: Aufsätze zur Theaterethnologie*. Marburg: Curupira, pp. 373-399.

— (2001): "Hans Staden: Warhaftige Historia...", en Christian F. Feest/Karl-Heinz Kohl (eds.), *Hauptwerke der Ethnologie*. Stuttgart: Alfred Kröner, pp. 437-441.

— (2006): "Vier Lesarten eines Buches: zur Rezeption von Hans Stadens Warhaftige Historia", en *Martius-Staden-Jahrbuch* [São Paulo], 53, pp. 9-22.

NEUBER, Wolfgang (1991): *Fremde Welt im europäischen Horizont - Zur Topik der deutschen Amerika-Reiseberichte der Frühen Neuzeit*. Berlin: Erich Schmidt.

OBERMEIER, Franz (2001): "Bilder von Kannibalen, Kannibalismus im Bild: Brasilianische Indios in Bildern und Texten des 16. Jahrhunderts", en *Jahrbuch für Geschichte Lateinamerikas* [Köln/Weimar/Wien], 38, pp. 49-72.

PETER-RÖCHER, Heidi (1998): *Mythos Menschenfresser: ein Blick in die Kochtöpfe der Kannibalen*. München: Beck.

RAMOS, Alcida Rita (1990): *Memórias Sanumá: Espaço e Tempo em uma Sociedade Yanomami*. São Paulo/Brasília: Marco Zero/Universidade de Brasília.

ROSALDO, Renato (1989): "Introduction: Grief and a Headhunter's Rage", en Íd., *Culture and Truth: The Remaking of Social Analysis*. Boston: Beacon Press, pp. 1-21.

SCHMIDT, Bettina E. (2001): "The interpretation of violent worldviews: cannibalism and other violent images of the Caribbean", en Bettina E. Schmidt/Ingo Schröder (eds.), *Anthropology of Violence and Conflict*. London: Routledge, pp. 76-96.

SILVA, Aracy Lopes da (1986): *Nomes y amigos: da prática Xavante a uma reflexão sobre os Jê*. São Paulo: Universidade de São Paulo.

SOUSA, Gabriel Soares de (s. d. [1587]): *Tratado Descritivo do Brasil em 1587*. São Paulo: Livraria Martins Editora.

STADEN, Hans (1925 [1557]): *Warhaftige Historia und beschreibung eyner Landtschaft der Wilden, Nacketen Grimmigen Menschfresser Leuthen, in der Neuenwelt America gelegen, vor und nach Christi geburt im Land zü Hessen unbekant*, etc. [Facsímil de la primera edición "Marpurg uff Fastnacht 1557"]. Frankfurt: Wüsten & Co.

— (1983 [1557]): *Verdadera historia y descripción de un país de salvajes desnudos feroces y caníbales, situado en el nuevo mundo América, desconocido en la comarca de Hesse antes y después del nacimiento de Cristo*, etc. Barcelona: Arcos Vergara.

SURALLÉS, Alexandre (2003): "De la percepción en antropología: Algunas reflexiones sobre la noción de persona desde los estudios amazónicos", en *Indiana* [Berlin], 19/20, pp. 59-72.

SUŠNIK, Branka J. (1961): *Estudios Guayakí*, II parte. Asunción: Museo Etnográfico/Sociedad Científica del Paraguay.

— (1962): "Vocabulario Ačé-Guayakí. Continuación. III parte", en *Boletín de la Sociedad Científica del Paraguay y del Museo Etnográfico*, 6, miscelánea, 3, pp. 105-220.

THEVET, André (1953 [1575]): "La Cosmographie Universelle d'André Thevet Consmographe du Roy [...] Tome Second", en Suzanne Lussagnet (ed.), *Le Brésil et les Brésiliens par André Thevet*. Paris: Presses Universitaires de France.

VILLAS BOAS, Orlando/VILLAS BOAS, Cláudio ([2]1972): *Xingu: Os índios, seus mitos*. Rio de Janeiro: Zahar.

VIVEIROS DE CASTRO, Eduardo (1986): *Araweté: os deuses canibais*. Rio de Janeiro: Jorge Zahar Editor/Associação Nacional de Pós-Graduação e Pesquisa em Ciências Sociais.

— (1996): "Os pronomes cosmológicos e o perspectivismo amerindio", en *Mana: estudos de antropologia social* [Rio de Janeiro], 2, 2, pp. 115-144.

— (2000): *Araweté: O Povo do Ipixuna*. Lisboa: Museu Nacional de Etnologia/Assírio & Alvim.

WENDT, Astrid (1989): *Kannibalismus in Brasilien: Eine Analyse europäischer Reiseberichte und Amerika-Darstellungen für die Zeit zwischen 1500 und 1654*. Frankfurt/Bern/New York/Paris: Peter Lang.

WHITEHEAD, Neil L. (1984): "Carib Cannibalism: The historical evidence", en *Journal de la Société des Américanistes* [Paris], 70, pp. 69-88.

— (2000): "Hans Staden and the Cultural Practice of Cannibalism", en *Hispanic American Historical Review* [College Park MD], 80, 4, pp. 720-751.

ZERRIES, Otto (1960): "El endocanibalismo en la América del Sur", en *Revista do Museu Paulista*, 12, pp. 125-175.

Persona y etimología en una ontología tzotzil[1]

Gary H. Gossen

Este estudio toma como punto de partida la presentación de una trama, similar a la de un cuento de detectives, sobre un personaje sumamente enigmático del panteón de dioses chamula[2]. A esta deidad se le llama Oxib Vinik (tres personas u hombres), y suele corrientemente interpretarse como la Santa Trinidad. Su imagen, que se encuentra en la iglesia de Chamula, es objeto de un prestigioso culto patrocinado por cuatro mayordomos y un alférez. Su historia es extraña y amplia, y nos lleva por rumbos inesperados, tanto antiguos como modernos. Mi estudio concluye con el planteamiento de algunas ideas sobre la ontología chamula tzotzil: ¿dónde y cómo se encuentra el individuo en el cosmos?, ¿cuál es la naturaleza de su ser?, y, por fin, ¿cómo se traza el mapa del cosmos en o dentro del individuo?

1. Mucho agradezco a Pedro Pitarch y a los otros miembros de este proyecto sus comentarios y críticas sobre el presente texto. Al Dr. Pitarch le brindo mi especial agradecimiento por su corrección y visto bueno de la versión castellana del mismo.

2. Para quienes deseen más información de carácter etnográfico, complementaria a este estudio, San Juan Chamula es el más grande (con más de 100.000 habitantes) de los once municipios de habla y cultura maya tzotzil que se encuentran actualmente en los Altos de Chiapas, México. Su cultura y religión son de la clase denominada "maya cristiana" en la literatura etnográfica de Mesoamérica. Las fuentes etnográficas más completas en castellano son Pozas Arciniéga (1954 [1977]) y Gossen (1974 y 1979).

UN ROMPECABEZAS ETIMOLÓGICO

Iniciaré mi indagación presentando un bosquejo del misterio que pretendo desenredar: Oxib Vinik, el personaje religioso del que es objeto este estudio, es de por sí muy extraño si de alguna manera representa a la Santa Trinidad. Para empezar, su nombre es asaz raro. A otros santos "mayas cristianos", como San Juan, se les llama simplemente por su nombre castellano traducido al tzotzil, como, por ejemplo Jtotik San Juan (Nuestro Señor San Juan). No es así en el caso de Oxib Vinik; aquí la traducción es traicionera. El nombre Oxib Vinik no usa correctamente la forma plural del sustantivo, que debe ser *viniketik*, vocablo que sería el apropiado si se tratara de tres hombres. El nombre del santo tampoco usa la partícula clasificadora que debe de incluirse cuando se enumera una cantidad determinada de alguna cosa. Así, si se utiliza la partícula clasificadora en su forma correcta, *vo'*, que es la pertinente cuando se cuantifican o modifican sustantivos humanos, la traducción correcta de "tres hombres" o "tres personas" debe ser *ox vo' viniketik.* Nótese que, al utilizar la forma cardinal de *oxib* como modificadora de un sustantivo, hay que acortarla para usar sólo la raíz o radical *ox*, como ocurre en la forma correcta de decir "tres hombres": *ox vo' viniketik.* Estas tres anomalías gramaticales en el nombre de Oxib Vinik nos sugieren dos conclusiones, ambas interesantes: la primera, que los frailes que tradujeron el concepto de la Santa Trinidad no sabían hablar bien tzotzil, y la segunda, que los sacristanes y maestros de coro indígenas (que también pudieran haber sido traductores "factibles") sabían muy bien de qué se trataba: de conservar un culto indígena importante encubierto de tal manera que no causara conflicto con los dominicos sobre uno de los dogmas católicos doctrinales.

Sean cuales fueran las circunstancias de su evolución, Oxib Vinik ha llegado a ser la forma tzotzil-cristiana preferentemente usada hoy en día tanto para referirse a la Santa Trinidad como también para aludir a alguna idea mesoamericana muy antigua y expresar las múltiples acepciones o rostros de los dioses. Siguiendo esta hipótesis, se sugiere aquí la posibilidad de que Oxib Vinik sea una fecha calendárica de origen maya antiguo que proceda etimológica y lógicamente del nombre de la deidad, como era costumbre entre los mayas antiguos. Sin embargo, el velo de encubrimiento está colocado de manera muy sutil, destacando de forma superficial "lo correcto" de los detalles de la celebración y culto de la Santa Trinidad. La fiesta dedicada a este santo se celebra todos los años entre el seis y el ocho de mayo, fechas que son "legítimas" para la celebración de la fiesta de la Santa Trinidad en el ciclo litúrgico de la cristiandad occidental (porque su ubicación en el calendario litúrgico varía según la fecha, también variable, a su vez, del Domingo de Pascua). Las dos cofradías religiosas que atienden la imagen y banderas de este santo son los mayordomos, que se encargan del cuidado de su imagen física, de su ropa, y sus otros efectos personales, y los alféreces, quienes se encargan de las banderas que representen su esencia simbólica (cabeza = la punta de la bandera, cuerpo y esqueleto = el asta, y su corona brillante = la bandera y listones). Estas cofradías no se destacan ni por ser específicas ni mucho menos insólitas en un campo que incluye por lo menos otras treinta cofradías similares. Además, la imagen física (la estatua) de Oxib Vinik, que se encuentra en la iglesia de Chamula, tiene, como casi todas las demás, un rostro que representa a un santo blanco de aspecto europeo. Para añadir otro elemento peculiar a la trama de esta investigación, también se le llama San Miguel a esta imagen de Oxib Vinik, aunque la fiesta de San Miguel y Todos los Ángeles —que se celebra en el ciclo litúrgico de la cristiandad occidental el día 29 de septiembre— no se festeja de forma alguna en San Juan Chamula. Todo lo antedicho nos sugiere que la Santa Trinidad quizá no sea más que el principal enfoque público de un conjunto de creencias que sirve de base a esta investigación. Deben existir otras capas de significado encubierto.

De esta manera la historia de Oxib Vinik se convirtió para mí en un gran rompecabezas, un reto etnográfico. Me di cuenta que de ni Ricardo Pozas ni yo —que somos los etnógrafos modernos que más a fondo hemos estudiado la comunidad de San Juan Chamula— comprendíamos de forma completa quién o qué era, desde la perspectiva teológica o histórica indígena, Oxib Vinik. Los informantes de Pozas le dijeron en la década de 1940 que Oxib Vinik era San Miguel, santo patrón y protector de los músicos y de los instrumentos musicales (Pozas 1977: II, 106-107). Mis informantes me contaron lo mismo en los años sesenta y setenta del pasado siglo, que Oxib Vinik se refería tanto a San Miguel como a la Santa Trinidad (Gossen 1970: 94). También estaban generalmente de acuerdo en que era patrón de la música y de los instrumentos musicales (Gossen 1979: 403). Además, en mis conversaciones sobre otros papeles que San Miguel desempeñaba (ya que no había duda de su vínculo con Oxib Vinik), surgió el dato interesante de que era él, ni más ni menos, el personaje religioso que llevaba la pesada responsabilidad de ser el cargador de la tierra. En virtud de esta acepción, San Miguel se convierte, junto con el Dios Sol (Jtotik ta Vinajel), en una de las dos anclas del cosmos (véase figura 1, tomada de Gossen 1979: 44). El Dios Sol recorre la totalidad del cosmos, mediante su circuito diario sobre (día) y debajo (noche) de la Tierra. Por su parte, Miguel sostiene el sistema cósmico entero sobre su espalda y hombro, siendo aparentemente el único cargador del mundo en esta comunidad (a diferencia de otros pueblos mayas cuya cosmovisión afirma la presencia de cuatro u ocho cargadores). A él lo representan los chamulas (véase fig. 1) en un estilo que nos recuerda la forma redondeada, cuatripartita, de un glifo prehispánico maya. Además, esta representación de San Miguel lleva un añadido corporal al final de la espalda que se asemeja a la cola de un castor. Según me dijeron mis informantes, al menear esta cola, San Miguel, en el desempeño de sus labores como cargador de la tierra, causa terremotos. Este relato me fue confirmado de forma inesperada un día de 1979, cuando mi compadre chamula me llevó a la esquina suroeste de la plaza central de la ciudad de San Cristóbal de las Casas y me mostró una pequeña imagen tallada en piedra (de 30 por 50 cm) que estaba allí instalada en un nicho. Lo reconocí de inmediato en mi propia construcción del mundo como el famoso dios del mar Neptuno, con la barba, el tridente, la parte superior del cuerpo humano y la inferior representada como cola de pez. Pero, ante mi gran asombro, mi compadre me contó que esta imagen era la de San Miguel. Ofrendas de velas pequeñas, flores y juncia aparecen hoy en día (esto lo vi por última vez en junio de 2006) en el fondo del nicho esquinero de la imagen. Para aumentar mi asombro, esta representación tallada de Neptuno, de "nuestra imaginaria", reinterpretada por la comunidad indígena como personaje según "su imaginaria" resulta ser, irónicamente, parte de la fachada principal del palacio de Diego de Mazariagos, el conquistador de Chiapas. Este palacio y esta escultura tallada en piedra se conservan hoy día como monumentos oficialmente protegidos del distrito histórico de San Cristóbal.

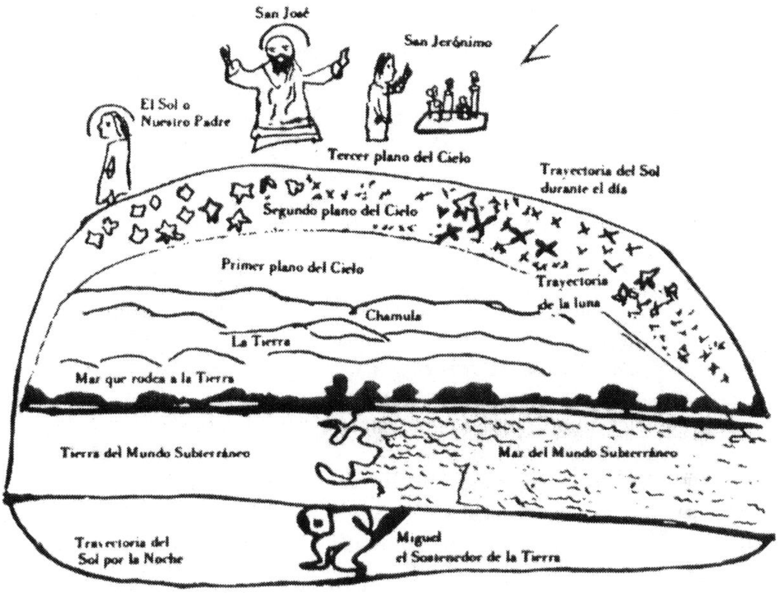

Fig. 1. Sistema cósmico chamula.

La lógica de conferirle a San Miguel el papel de cargador de la Tierra resulta tener una explicación lingüística factible: la palabra tzotzil Mikel (la versión maya de Miguel) se parece a la palabra tzotzil *nikel*, que quiere decir "terremoto", explicando así, probablemente, la relación entre ambos conceptos. Mis informantes chamulas confirmaron esta hipótesis al destacar que San Miguel, además de sus otras responsabilidades, es el cargador de la Tierra. Siguiendo lo que era para mí un paso lógico para comprender lo extraño de esto, me preguntaba si la equivalencia entre San Miguel y Oxib Vinik podía tener algo que ver con la visión cristiana de los ángeles, a los que les concedemos en la tradición occidental el papel de mensajeros que llevan súplicas humanas a los poderes celestiales. Este planteamiento resultó ser falso, pues los nombres de los otros arcángeles en la cristiandad occidental (por ejemplo, Rafael y Gabriel, que forman junto con Miguel el grupo principal de los santos arcángeles) no existen en el tzotzil moderno. Sin embargo, Miguel, en su forma tzotzil de Mikel, es un nombre común y corriente. Yo también especulaba con la hipótesis de que los sabios mayas de hace siglos pudieran haberse interesado por la idea de Satanás como ángel caído que fue expulsado del cielo, según cuenta la Biblia. Mis amigos tzotziles afirmaron que esta idea era absurda; que Miguel tiene su oficio como cargador de la Tierra y no tiene nada que ver con los ángeles. Esta afirmación también me causó asombro, pues la palabra *anjel* (del español ángel) se refiere en muchas comunidades amerindias a los dioses de la lluvia, los truenos y los rayos. Por cierto, el nombre tzotzil para el dios de la lluvia, el trueno, y el rayo es Anjel.

Siguiendo otra pista más que pudiera ser de interés, pregunté a mis amigos chamulas qué era exactamente un *anjel.* Resulta que *anjeletik* son las manifestaciones exteriores, y como tales sujetas a nuestras percepciones físicas (en forma de lluvia, truenos y rayos), de los seres omnipresentes y omnipotentes en la cosmovisión tzotzil que son llamados *yajvaletik banamil*, personajes sobrenaturales que se citan en la literatura etnográfica como "Señores de la Tierra" o "Dueños de la Tierra". Sea cual fuera su identidad histórica, estos seres poderosos habitan en el inframundo, caminan por túneles subterráneos y, como ángeles cristianos, son mensajeros, llevan "información" por todo el cosmos (inframundo, tierra y cielo) que puede afectar al bienestar humano. Esto lo hacen los *yajvaletik banamil* por su control de la lluvia y, por extensión, gracias a su control de la riqueza, el dinero, la producción agrícola y, en consecuencia, el bienestar material de la gente. Además, según dibujos y otros textos indígenas, los *yajvaletik banamil* comparten con la imagen de Oxib Vinik (y por extensión lógica con la de San Miguel) en la iglesia chamula una identidad étnica blanca o mestiza y no indígena. Así que en el enigma de Oxib Vinik parece existir alguna dimensión racial/étnica que está vinculada con su poder.

Si, de hecho, fallara mi propuesta de vincular a "nuestro" arcángel San Miguel con el Mikel de Chamula, ¿qué otra pista habría que sirviera para vislumbrar qué vinculación tiene este Mikel chamula (santo y cargador de la Tierra) con el conjunto de creencias que rodea a Oxib Vinik? Para ampliar mi perspectiva sobre esta problemática consulté a Jan Rus, gran historiador del Chiapas moderno y especialista en la historia de Chamula (Rus 2008). Hablamos del tema de mi presente investigación y se mostró entusiasmado al aportarme un dato nuevo e interesantísimo: una red informal de docenas de oráculos (*kaxaetik*) o "cajas hablantes" que sirven como fuentes de consulta particular sobre problemas personales como objetos perdidos, dificultades económicas, males amorosos y conflictos interpersonales. Estos oráculos se encuentran en la mayoría de los parajes chamulas y se les llama, además de *kaxaetik*, *mikeletik* ("Migueles"), y al portavoz del oráculo se le llama o bien Mikel o *muchachu* (del español "muchacho"), y cobran una tarifa económica por la consulta. Se dice que las *kaxaetik* y sus portavoces son capaces de resolver problemas personales que son demasiado delicados para ser mencionados en el foro de devoción pública o familiar. Según Rus, el portavoz o *muchachu*, "habla" por teléfono con la voz del Mikel del oráculo en español. Así que, de manera parecida al caso de la identidad blanca y española de San Miguel y de los Dueños de la Tierra, el poder especial de los oráculos y de Oxib Vinik parece estar vinculado con la alteridad étnica y con la preferencia de comunicarse en español con las personas interesadas.

Yo seguía perplejo. El lugar de importancia del Mikel chamula en el mantenimiento del cosmos (como cargador de la Tierra), su aparente vinculación con el concepto de la Santa Trinidad y con el sistema de oráculos privados, y con la música, eran para mí elementos variados y dispersos que no tenían ningún aspecto común que los integrara. Obviamente a mi indagación detectivesca le faltaba mucho para llegar a alguna conclusión provisional. Mi soñada historia de Oxib Vinik no estaba bien encaminada, ni mucho menos completa. No entendía por qué los tzotziles se reían de mí cuando afirmaba que, según nuestra tradición, Miguel era un ángel. ¿Cómo podía Miguel, "nuestro ángel", desempeñar un papel de tanta importancia en lo que parecían ser elementos de una construcción del mundo precristiana? ¿Cómo se podía vincular a Miguel con la Santa Trinidad? ¿Cómo podía ser que ni el papel de Miguel como arcángel en el panteón cristiano ni su papel reinterpretado como *anjel*/representante de los Dueños de la Tierra en la cristiandad postconquista tuvieran nada que ver con la identidad de Oxib Vinik? Iba aclarándose para mí que la abstracción de la Santa Trinidad cristiana y el papel de Miguel como arcángel eran irrelevantes para acercarme a una comprensión de la verdad sospechosa de Oxib Vinik.

Y como última ironía, resultó que la pista clave de este rompecabezas sincrético resultó llegar mediante la música, sin ninguna abstracción cristiana ni precolombina. Mediante el tema de la música llegué a la revisión de uno de los grandes ciclos heroicos de Mesoamérica, cuyo protagonista chamula es Juan López Nona. Entre otros talentos mágicos, este personaje logra escapar tres veces de la prisión, y luego de verse libre, toca la guitarra, canta y desfila frente a sus apresadores, mofándose de ellos, enfureciéndolos y causando así los eventos que conducen a su inmortalidad.

Juan López Nona entra en escena

Mi descubrimiento del significado del relato de Juan López Nona surgió de un trabajo que Martin Pickands escribió en 1981 para mi seminario de posgrado sobre antropología simbólica. Se publicó en 1986 bajo el titulo de "The Hero Myth in Maya Folklore" (Pickands 1986: 101-124). Irónicamente, el ímpetu que alentó a Pickands a realizar su estudio salió de un texto que yo había recogido y que había dejado sin analizar. Se lo pasé a mi estudiante de posgrado para que le diera sentido y significado, ya que yo no había tenido éxito en tal empeño. Me di cuenta desde el momento en que lo recogí, en 1965, de que este relato tenía aspectos extraños y maravillosos, siendo de todo mi corpus de 180 textos, recogidos en tzotzil entre 1965 y 1986, el más complejo desde la perspectiva retórica y poética. Sin embargo, este texto —"El relato de guerra y paz con Guatemala, cuyo protagonista es Juan López Nona"— no parecía tener ningún vínculo claro con las historias fundacionales del "mundo del sol" que llegaron a ser mi enfoque principal de investigación sobre la religión chamula (Gossen 1979). Me encontraba dispuesto a pasar por alto lo raro de Juan López Nona porque no entendía su significado. Está publicado con texto tzotzil completo, traducción al inglés y notas etnográficas e históricas (Gossen 2002: 414-431), pero sin el análisis adecuado. Se me hacía que este texto era una oveja negra, un relato discordante en un campo de muchos otros textos que tenían sentido en conjunto, formando entre ellos un gran panorama de la creación y del mantenimiento del cosmos patrocinado por el Dios Sol y su madre la Diosa Luna. Pickands se interesó en mi texto exótico, del cual, por mi falta de imaginación y de capacidad para entenderlo, yo había prescindido, y lo convirtió en un texto ejemplar que, en conjunto con otros textos mesoamericanos, condujo a la redacción de un ensayo que merece ser celebrado, según me complace hacer en esta ocasión.

Pickands plantea que la historia exótica de Juan López Nona, que cuenta las peripecias de tres hermanos del mismo nombre, no es nada más ni menos que una versión chamula tzotzil de una leyenda heroica de arraigo profundo en la historia de los antiguos mayas. Por medio de un análisis elegante, al estilo de Vladimir Propp (1977), de once textos cognados, Pickands utiliza la metodología del gran folclorista ruso para demostrar que mi texto de Juan López Nona es una expresión local de lo que probablemente sea el mito fundacional clave del mundo de los mayas antiguos. Los textos que forman el corpus de su análisis comparativo incluyen relatos de Yucatán, Chiapas, y los altos de Guatemala. Pickands logra vincular, sin lugar a dudas, mi relato de Juan López Nona con una serie de textos mayas bien conocidos que incluyen el famoso episodio de los gemelos héroes en el *Popol Vuh* y el relato, también procedente del *Popol Vuh*, de la fundación del reino Quiché por los señores nobles que llegan a ser jefes de las dinastías que estaban todavía en el poder en el momento de la conquista de Utatlán. El ensayo de Pickands es, de verdad, una obra magistral, y es la clave que me guía en el presente estudio por un camino que no habría pensado seguir.

Resumen de la historia de Juan López Nona

Quisiera presentar a continuación un resumen de la historia de Juan López Nona. Es importante tener en cuenta que este relato pertenece a la segunda creación, en el conjunto más amplio, cuatripartito, de la visión chamula de la historia. Según esta ubicación histórica, las aventuras de Juan López Nona ocurren en una edad heroica, parecida a la de *La Odisea*, época en la cual los personajes ya eran humanos, pero sin embargo todavía disponían de la capacidad de interactuar libremente con los seres sobrenaturales y los dioses. Así que la historia de López Nona no pertenece ni a la época fundacional de la experiencia chamula histórica (la primera creación) ni a la época moderna (la cuarta creación), sino a la época maravillosa de entremedio.

> Un demonio había estado llevándose a chamulas a Guatemala para que sirvieran de alimento a los guatemaltecos. Los conducía a través de pasadizos subterráneos que conectaban las dos partes. Tres valientes chamulas

(uno con un alma de fuego, el otro el espíritu de una avispa y el tercero con el alma de un remolino) mataron al demonio, quemaron la cabeza y la llevaron a Guatemala tras haber encontrado un jaguar y un coyote en los pasadizos subterráneos que no pudieron darles ayuda ninguna en cuanto a qué camino debieran seguir. La cabeza quemada fue presentada al presidente de Guatemala (también un demonio). Al reconocer la cabeza quemada de su hijo, el presidente de Guatemala se enfureció y encarceló a los hombres. Éstos escaparon tres veces de la prisión, cada vez marchando por la plaza tocando guitarras y cantando. Al ser aprehendidos la tercera vez, aceptaron que se los matara en una hoguera. Surgieron de las cenizas como tres gallos rojos y luego recuperaron su forma humana muy alta y muy grande, arrojándoles cenizas a los guatemaltecos allí reunidos y matándolos a todos. Sólo el jefe quedó vivo. Entonces los tres valientes hicieron un trato con él, prometiéndole revivir a su gente si los guatemaltecos se comprometían a dejar de robar chamulas para comérselos. Firmaron un pacto que ahora se conserva en la capital de Guatemala. Los tres hombres, que compartían el mismo nombre de Juan López Nona, regresaron a Chamula y vivieron como dioses en los confines de la tierra, protegiendo a los chamulas de la guerra y otras amenazas. En caso de que estalle otra guerra, retornarán para defender a los chamulas (Gossen 1979: 396-397).

Características insólitas de Juan López Nona y su historia

Para destacar lo que creo es la importancia especial de este personaje y su historia, quisiera proporcionar información más amplia sobre algunos detalles del texto.

Importancia especial dentro de su comunidad de origen

En mi colección de 184 textos de origen de San Juan Chamula, éste es el que tiene el pulido retórico y poético más bello. Sin embargo, me resultó muy difícil conseguir comentarios de otros narradores más allá de Salvador López Sethol, quien me lo contó. Los otros narradores no lo conocían, así que tengo una sola versión de esta historia. En cambio, otros relatos de mi corpus existían en muchas versiones, ya que todos los otros narradores compartían un repertorio común de cuentos favoritos. El caso de Juan López Nona llegó a impresionarme como anomalía, tanto por su aparente escasez de presencia en el repertorio general de narradores de la comunidad, como por la ausencia del apellido López Nona en la lista relativamente corta de nombres de linaje actuales en Chamula, así como por la formalidad estilística del texto. Tenía la sensación, al traducirlo y tomar apuntes junto con el narrador, que de alguna forma pudiera ser "propiedad esotérica" de la familia López Sethol, cuyo hijo Xalik me lo contó en el verano de 1965. El estilo del texto es tan formal que pudiera haber sido destinado a ser dictado de memoria en vez de recreado en el acto de la representación, que suele ser lo habitual en la narración tradicional de textos orales. Según afirma Pickands en su estudio comparativo de este texto y otros diez textos cognados (1986), todos ellos conforman al mismo arquetipo y todos se destacan de varias maneras como "especiales" en sus propias comunidades de origen. Cito profusamente el estudio de Pickands a continuación:

> Muchos de los relatos que se escogieron para incluirse en este análisis comparten el hecho de gozar, según el criterio de sus propias tradiciones locales, un carácter esotérico o de exaltada importancia. La Farge y Byers (1931: 118-119), por ejemplo, apuntan en cuanto a su intento de recoger textos completos sobre el héroe Cuwan K'anil que su esfuerzo fue impedido de forma casi insuperable debido a la resistencia de parte de los jacaltecos a contar una historia de índole tan sensible, por miedo de que el protagonista, quien habita —según se cree— en un cerro cercano a Jacaltenango, vuelva para castigarlos [...]. La historia de los gemelos héroes (incluido como texto 10 del presente estudio) no es sólo un extracto clave del *Popol Vuh*, sino también un episodio clave del mito mejor conocido del Nuevo Mundo. Su importancia singular se debe a sus afirmaciones sobre conceptos básicos como la inmortalidad y la condición ontológica de la vida. El texto 9 del presente estudio también procede del *Popol Vuh*. Este relato nos cuenta el origen y la experiencia histórica de los fundadores del reino Quiché; su importancia como texto fundacional es obvia. [...].
>
> Afirman Redfield y Villa Rojas (1954: 335, n. 2) que el relato sobre Ez (incluido como texto 8 del presente estudio) se destaca por ser uno de los cuentos más apreciados de Yucatán. A su vez, este texto parece estar vinculado con relatos semi históricos sobre un personaje llamado Hunac Ceel o Hunac Eel, que aparecen en los *Libros de Chilam Balam*. Todos estos relatos nos cuentan el origen y la procedencia de las migraciones de los cuatro ancestros primordiales, sus aventuras y desgracias, y su instalación posterior como patriarcas fundadores de los grandes linajes de abolengo de los mayas

yucatecos. Así que el relato de Hunac Ceel es cognado con el relato de los señores fundadores del reino Quiché procedente del *Popol Vuh* [...].

La importancia singular de estos relatos, según los criterios de los portadores de las tradiciones respectivas a las que éstas pertenecen, nos sugiere que este corpus puede tener un significado crucial para lograr un acercamiento al meollo —es decir, al código clave— de la mitología maya antigua. Aunque fuera sólo por esta razón, valdría la pena penetrar lo que realmente es el mensaje (¿significado?) del cuento enigmático sobre Antonio Martínez (Roys 1933). Dentro de este texto enigmático se encuentran motivos fascinantes que nos ponen el reto de comprender cuál es su significado. Por ejemplo, el protagonista/héroe (Pedro Martínez) no es sólo un personaje, sino dos individuos. Este detalle nos recuerda de inmediato a los gemelos héroes del *Popol Vuh*. El héroe Pedro Martínez también se identifica a sí mismo en el mismo texto como la Santísima Trinidad, la cual ha llegado a vincularse íntimamente con creencias precolombinas de gran importancia, según nos señala Tozzer (1941: 136, n.º 632) (Pickands 1986: 101-102; traducción al español de G. Gossen).

Sin demorarnos mucho en lo obvio, Juan López Nona se encuentra en compañía de los héroes más distinguidos de la tradición literaria maya. También queda claro que la Santa Trinidad, desde hace muchos siglos, ha sido desde la perspectiva de los intelectuales mayas un tema religioso cristiano predilecto que era y es fácil de compaginar con el pensamiento maya tradicional.

Estilo poético

Hace años observé que los estilos narrativos formales de los mayas tzotziles y sus géneros de habla ritual, rezo y canto utilizan la repetición sintáctica y semántica como forma retórica para subrayar y destacar la importancia simbólica de la temática del discurso. A esta técnica poética la he llamado "calor metafórico". Como forma de la poética tzotzil, es un sacramento que comparte con otros símbolos rituales la presencia del calor —por ejemplo, de velas, tabaco, incienso, fuegos artificiales y alcohol—, elementos destinados a ofrecérselos a los dioses, y todos relacionados con el dios Cristo Sol. "Hablar con el corazón encendido", y hacerlo bien, es comunicarse con los dioses —todos también relacionados con el calor— con la mejor ofrenda que los humanos pueden brindar, aun más que la sangre. Así que "el hablar con el corazón encendido" viene siendo como una ofrenda apropiada de índole recíproca: el calor destinado al que tiene calor por su naturaleza (Gossen 1979). Más que cualquier otro texto que yo conozca en la tradición tztozil, la historia de Juan López Nona es la que se acerca a la altura poética de los grandes momentos de la historia de la literatura indígena mesoamericana. A continuación presento la conclusión del texto de Juan López Nona:

> Y cuando sus soldados [del presidente de Guatemala] y quién sabe cuanta gente fueron revividos, hablaron así los hermanos héroes:
>
> —Que hagamos un tratado de paz, pues a eso venimos a Guatemala desde un principio.
>
> — Está bien —dijo el jefe de Guatemala.
>
> Así quedó escrito que ni el fuego ni la prisión podían matar a los tres hermanos.
>
> Así quedó escrito que estos tres hermanos sabían revivir a la gente de entre los muertos.
>
> Así quedó escrito que estos tres hermanos no podían ser hechos prisioneros.
>
> Así quedó escrito que estos hermanos no sabían hacer mal.
>
> Así quedó escrito cómo los hermanos se habían convertido en gallos.
>
> Así quedó escrito cómo esos gallos picoteaban en torno de los restos del fuego.
>
> Así quedó escrito que los guatemaltecos habían muerto por la fuerza mágica que salió de la ceniza del fuego.
>
> Una vez que fuera redactado dicho tratado, habló el jefe guatemalteco de esta forma:
>
> —¿Cuánto queréis que os pague?
>
> — Pago no lo deseamos, pues el dinero no nos sirve.
>
> Y concluido eso, partieron ellos,
> a casa fueron pero allí no se quedaron.
> Simplemente se acercaron a su casa
> para contarles todas las cosas que les habían sucedido en sus viajes.
> Una vez dicho lo hecho,
> fueron a vivir a la orilla del cielo.
> Inmortales se han hecho,
> al borde del cielo se han ido.
> Si vuelve la guerra, ellos volverán,

del borde del cielo donde han ido.
Por cierto a los chamulas socorro les darán,
del borde del cielo donde han ido.
Así son los chamulas,
que fuertes antes eran
y ahora la fuerza apenas la tienen.

(Gossen 2002: 428-431; traducción de G. Gossen con la ayuda de Pedro Pitarch).

El nombre del héroe y el número tres

Es bien sabido que los dioses y conceptos religiosos mesoamericanos antiguos tenían múltiples aspectos o rostros (Thompson 1970: 198-200). Como apunta Pickands, con relación a Tozzer (1941), ésta es indudablemente la razón por la cual el concepto de la Santa Trinidad se acomodó de forma tan fácil con las creencias precolombinas en el proceso sincrético que se produjo en la época colonial. Juan López Nona comparte con todos los héroes en el estudio de Pickands la calidad de un ser bipartito, tripartito o cuatripartito, casi siempre llevando todas las partes el mismo nombre. En el caso de Juan, Pickands plantea otra idea que es de interés para este estudio. El hecho de que el nombre de Juan (Xun en tzotzil), tal como se le llama al héroe hacia la mitad del texto, puede ser relacionado con un título real de origen maya yucateco —*vaan*— que aparece en el texto del *Chilam Balam de Chumayel* (Roys 1933: 67-68). El término *vaan* también está desglosado en los diccionarios coloniales de *San Francisco* y *Motul de Yucatán* como, respectivamente, "la estatura o altura de un hombre" o "el de gran altura" (Pickands 1986: 109-110). En tzotzil, el verbo *va'an* (cuya pronunciación se parece a la de "Juan" en español) y el adjetivo *va'al* significan algo parecido al yucateco: el verbo quiere decir "erguirse", "empinarse", "levantarse", "hacerse más alto", etc., y el adjetivo significa "de pie", "alto" o "erguido" (Laughlin 1975: 360). Sean los que sean los vínculos de sonido y significado de "Juan" como título real, en el ámbito semántico, el texto de López Nona deja bien claro que, cuando resucitan tras haber sido quemados por los guatemaltecos, los protagonistas son más grandes de lo que eran previamente; éstos "subieron a su plena altura" y echaron ceniza de la fogata de su propia inmolación a las caras de los guatemaltecos, y luego la ceniza se convirtió mágicamente en las armas que los destruyeron. En el mismo texto, y en comentarios del narrador que salieron de entrevistas conmigo a la hora de hacer juntos la traducción al español, queda bien claro que López Nona no era un dios, sino más bien un antepasado poderoso (llamado en tzotzil *totilme'il*, "padre/madre").

La identidad de López Nona como antepasado poderoso cuyos tres aspectos corporales y espirituales han partido para vivir "al borde del cielo" —todo esto está bien relatado en el texto— sugiere que estos tres personajes puedan tener algo que ver con la organización político-social de la comunidad. Planteo lo siguiente: ¿podrían ser los tres hermanos López Nona los señores nobles fundadores de San Juan Chamula? Aunque la sabiduría colectiva de académicos, etnógrafos e historiadores, y hasta de los mismos chamulas, tiende a afirmar que el pueblo de Chamula recibió su nombre por alguna vinculación espiritual con San Juan Bautista, conferido por los frailes dominicos en el siglo XVI, pienso que esta afirmación no cuenta la historia completa. Otras narrativas, todas identificadas por los mismos narradores como relatos que pertenecen a la segunda creación, afirman que un dios bipartito Jtotik San Juan ("Nuestro Señor San Juan"), con sus dos aspectos, mayor y menor, descubrieron y fundaron la comunidad, tras llegar procedentes del este y del norte (Gossen 2002: 320-347). Sin embargo, estas mismas narrativas no hacen mención alguna a detalles específicos que correspondan a la organización política y social actual de la comunidad; ni tampoco hacen constar que este dios dual tuviera hijos. En cambio, dos de los hermanos Juan López Nona sí tuvieron hijos. Uno de ellos no estaba casado, y el narrador afirma que éste le vendió su terreno a los otros dos para que sus familias tuvieran cómo sostenerse (Gossen 2002: 1054-55). Así, en base a estos datos, creo que Juan López Nona, en sus tres aspectos, es análogo a los cuatro señores fundadores del Reino Quiché que son los protagonistas de la última parte del *Popol Vuh*, la sección en la cual el largo relato de la historia de los quiché se une con datos concretos que corresponden a la historia moderna. Las dinastías nombradas en esta parte del *Popol Vuh* estaban en el poder a la hora de la conquista de Utatlán, la capital del Reino Quiché. También hay que recordar que uno de los cuatro señores fundadores de Quiché no tuvo hijos. Este interesante dato corresponde al caso de uno de los tres hermanos Juan López Nona, que tampoco tuvo hijos.

El San Juan Chamula moderno está dividido en tres sectores, a los que se les llama en tzotzil *naetik*, "casas", "patrilinajes" o "clanes". La palabra común y corriente que se usa en español para referirse a estos sectores es "barrio", término que a mi parecer no es adecuado, porque estas entidades son más que unidades demográficas y de "vecindad". Son, más bien, nexos claves administrativos, representativos y de parentesco según los cuales se organiza la comunidad. Los tres sectores están clasificados según criterios de rango y tamaño: al sector denominado San Juan se le llama *muk'ta na* ("gran linaje" o "casa grande"), y éste se encuentra geográficamente al este de la cabecera municipal, ubicación que expresa su primacía en el esquema total de la comunidad por su vinculación con el este y el "calor saliente" del dios Sol Cristo, el ancla clave del cosmos entero. San Juan (el sector) también tiene la población más grande de los tres. Además, en su término está la montaña Tzontevitz (el pico más alto de los Altos de Chiapas), que queda al este de la cabecera municipal. En esta montaña se dice que habitan el "primer" Dios San Juan (Bautista) y también los animales compañeros (almas) de todos los chamulas. Así que el sector San Juan de la comunidad es, sin duda, "mayor" en relación con los otros dos.

A los sectores San Pedro y San Sebastián se les llama *bik'it naetik*, "linajes menores" o "casas pequeñas", y se sitúan generalmente al norte (San Pedro) y al oeste y al sur (San Sebastián) de la cabecera municipal, orientación que corresponde a su rango inferior (por no estar tan íntimamente vinculados con el potente poder simbólico del oriente). Estos dos sectores tienen menor número de habitantes y menos parajes que San Juan y por lo tanto funcionan muchas veces como una sola entidad para fines de celebraciones rituales. En cambio, San Juan, el linaje mayor, actúa siempre como entidad independiente para fines rituales, manifestando así su rango permanente como "mayor entre iguales". Como expresión de la composición tripartita de la comunidad, existe para cada sector una montaña sagrada llamada *calvaryo*, nombre que trasciende su obvio significado cristiano para alcanzar otras acepciones, entre ellas la de servir como domicilio de los antepasados (*totilme'iletik*, "padres/madres") de los respectivos sectores.

Estas montañas, como conjunto, rodean la cuenca en la que se halla la cabecera municipal. Ésta funciona ritualmente como microcosmos que representa el macrocosmos (el universo), de tal forma que es explícitamente posible que los "antepasados distinguidos" llamados Juan López Nona vivan en sus respectivas montañas "al borde del cielo", dentro del microcosmos de la cabecera municipal, dispuestos a que se les llame "para volver a ayudar a los chamulas, si en futuro hay guerras y problemas graves que indiquen la necesidad de su intervención" (Gossen 2002: 431). Esta lectura de la realidad social de Chamula permite tomar en serio el planteamiento en que afirmo que Juan López Nona y Oxib Vinik son antepasados sagrados, discretamente disfrazados como la Santa Trinidad y San Miguel.

El número tres, Juan López Nona y las coesencias

Si bien es verdad que Oxib Vinik es el ancestro divino de los tres sectores del Chamula moderno, y también, en sus acepciones como la Santa Trinidad y San Miguel, el cargador de la Tierra que sirve como ancla subterránea del gran cosmos que está circunscrito por el Dios Sol, y además, comosanto patrón protector de la música, los músicos y los instrumentos musicales, parece claro que su naturaleza es sumamente poderosa y plurivocal. Por cierto, se dice que los hermanos López Nona destruyeron y resucitaron a toda la gente de Guatemala utilizando para ello armas sobrenaturales. Anteriormente habían manifestado su poder y audacia por medio de la música que tocaban con guitarras mientras desfilaban arrogantemente por la plaza central de Guatemala tras haber escapado tres veces de la cárcel. Como colmo de la trama de maravillas que se expresan en esta cadena de ideas intercaladas, hay un dato que nos permite mirar muy de cerca la esencia del poder del héroe Juan López Nona: el conjunto de sus almas, lo cual es también, según mi afirmación, la persona tripartita y ancestro de todos los chamulas modernos. La expresión más explícita de la fuente de la que nace el poder extraordinario de Juan López Nona —y su vínculo con el presente— se encuentra en lo siguiente:

> Los hermanos se preguntaron que tipo de alma poseía cada quién.
> El primero afirmó que tenia alma de fuego.
> El segundo afirmó que tenia remolino de alma.
> Y el tercer hermano declaró que de alma tenía avispa.
> Así que las almas de los tres hombres eran igual de fuertes (Ibíd.: 417).

Todos estos elementos —fuego, remolino, avispas— y fuerzas parecidas como los truenos, los rayos, los jaguares y serpientes emplumadas son coesencias, fuentes extrasomáticas del poder que han sido ubicuas en el pensamiento e iconografía mesoamericanos desde hace por los menos tres mil años (véanse Gossen 1999: 225-246 y Friedel/Schele/Parker 1993). El conjunto de creencias que rodea el concepto de la coesencia (o alma) varía mucho según la región de la Mesoamérica indígena de la que proceda. Pero de su antigüedad no queda ninguna duda. Desde el principio de la civilización olmeca (ca. 1000 a. C.) hasta el presente, la idea de la procedencia extrasómatica del poder sobrenatural y secular ha estado en el yacimiento más profundo del pensamiento mesoamericano[3].

Según se expresa hoy día en San Juan Chamula, este sistema de creencias está íntimamente vinculado a la teoría indígena de la persona, el ser y el destino. En general, cada persona posee un juego de tres coesencias o almas, dos de las cuales tienen dos aspectos, mayor y menor. Estas dos (las que tienen aspecto mayor y menor) se dividen a su vez en más partes —trece suele ser el número de partes usuales— que pueden, bien individual bien colectivamente, perderse, herirse, asustarse o afligirse de cualquier otro modo causando la enfermedad, el malestar, la ansiedad, la riqueza, la pobreza, el éxito, el fracaso o la muerte de la persona. Este sistema de creencias funciona como fuente lógica fundacional del chamanismo, la brujería, la curación tradicional, la interpretación de sueños, la adivinación y toda clase de especulación sobre lo que rodea al individuo a medida que navega por avatares de la salud, la fortuna, la reputación y el destino.

A continuación, presento un resumen breve de este sistema de creencias (véase Gossen 1999: 225-244 para una versión más completa).

1. El *ch'ulel* se encuentra en la punta de la lengua y está relacionado con el inicio y el fin da la vida. Su naturaleza se enfoca en la respiración, el aire vital. Esta coesencia es la primera que entra en el cuerpo a la hora de la concepción y la última que lo abandona cuando llega la muerte. Tiene dos aspectos, mayor y menor, y también se encuentra

3. Véanse, por ejemplo, dos estudios monográficos modernos sobre este tema: Watanabe (1992) sobre Chimaltenango, Guatemala; y Pitarch (2001) sobre Cancuc, Chiapas.

en la punta de la lengua del *chanul* o animal compañero del individuo. En todos sus aspectos, el *ch'ulel* se subdivide en trece partes. A la hora de la muerte, es ésta el alma que va a vivir para siempre al inframundo.

2. El *chanul* o animal compañero es otorgado al individuo en la hora de su nacimiento y es del mismo sexo que éste. Tiene dos aspectos, mayor y menor. El aspecto mayor vive en la tercera capa abovedada del cielo; el aspecto menor vive en la montaña sagrada llamada Tzontevitz, que se encuentra en el sector/barrio de San Juan, en el municipio de San Juan Chamula. Todos los *chanuletik* son mamíferos que tienen cinco dedos, por lo que se parecen a los humanos, y están clasificados según el rango de su poder o potencia relativa. Por ejemplo, los jaguares y los coyotes están relacionados con personas poderosas, y los conejos y las comadrejas, con personas pobres o menos poderosas. Los chamanes y los brujos tienen, además de su *chanul* normal, uno o varios *chanuletik* adicionales o suplementarios. Éstos no suelen ser mamíferos silvestres de cinco dedos, sino seres de otras clases: animales silvestres anómalos que tienen garras (por ejemplo, pájaros), cascos (como el venado), ninguna extremidad (culebras o gusanos) o seis patas (por ejemplo, avispas); animales domésticos (como los guajolotes) y también, aunque con menos frecuencia, fuerzas de la naturaleza (por ejemplo, los rayos y los remolinos).

3. La vela del destino (*ora*) se prende a la hora de nacer y se apaga a la hora de la muerte. La cuida en el tercer nivel del cielo San Gerónimo. Ésta es una forma de predestinación que puede cumplirse de manera normal con la muerte natural (se apaga la vela como símbolo de que uno ha cumplido su tiempo indicado) o con una muerte anómala, debida a una intervención de brujería, acción malévola que corta, perjudica o apaga con antelación la vela de una persona y, como consecuencia, su vida.

Oxib Vinik y la ontología chamula

Para concluir, quisiera plantear lo siguiente: que Juan López Nona es una presencia tan céntrica en la visión chamula de su genealogía divina —o mejor dicho en su memoria inconsciente de ella—, que los tres aspectos (fuego, animal y viento) de su antepasado sagrado se reproducen en el conjunto de las almas que forman la esencia de cada individuo contemporáneo. Las coesencias que tienen los tres hermanos López Nona como individuos son precisamente la pauta y precedente para los tres tipos de coesencias que todos los chamulas actuales poseen. Según esta lectura, cada individuo moderno tiene un conjunto de almas que está hecho según la imagen de los tres tipos de coesencias de Juan López Nona: *ora* (la vela del destino) corresponde al alma fuego de Juan; el *chanul* (la coesencia animal), al alma avispa y el *ch'ulel* (el alma de la punta de la lengua o de la respiración vital), al alma remolino de Juan.

Ampliando esta perspectiva —si incluimos los otros rostros de López Nona como ancestro divino, la Santa Trinidad, San Miguel como cargador de la Tierra y San Miguel como patrón de los oráculos y de la música— se nos permite ver que el personaje de Oxib Vinik expresa muchos puntos claves en la metafísica chamula y en su memoria histórica.

Además, no parece fuera de lugar plantear que elementos fundamentales del cosmos y la organización social están vinculados a este mismo conjunto de significados, puesto que el rango relativo de los tres llamados "barrios", "casas" o "linajes" de la comunidad (San Juan, San Pedro, y San Sebastián) reproduce precisamente el rango relativo (mayor a menor) de los tres hermanos López Nona (el mayor como alma de fuego, el siguiente como alma de avispa, el menor como alma de remolino de viento). Como complemento que respalda mi planteamiento existen ejes espaciales y temporales que son homólogos a la estructura propuesta. En el espacio, San Juan, el barrio que más alto rango tiene como "gran linaje", queda al este de la cabecera municipal; San Pedro, el que tiene rango de segundo lugar, queda al norte; San Sebastián, el de menor rango, queda al oeste y al sur. Esta secuencia de mayor a menor rango (este/norte/oeste/sur) no es ni más ni menos que el equivalente espacial y simbólico de la ruta diaria del dios Cristo Sol (la órbita solar), según la creencia tradicional y práctica ritual de la comunidad (Gossen 1979). Además, las fechas de las fiestas patronales de los tres barrios demarcan fielmente los extremos (los solsticios) del ciclo solar anual: las fiestas de los barrios mayores corresponden a fechas que están cercanas al solsticio de verano (San Juan, el 24 de junio; San Pedro, el 29 de junio); y la fiesta del barrio menor, San Sebastián, cae en invierno (el 20 de enero), aproximadamente un mes después del solsticio.

Por fin, se nos presenta la problemática de qué vínculo pueda tener la música con todo lo arriba dicho. Sin demorarnos mucho en el tema, ya que a la fuerza tiene que tratarse de manera especulativa, me resulta, de todos modos, fascinante. ¿Por qué? Quizá porque la teoría de la estética de más renombre conocida en Mesoamérica (la teoría de flor y canto de los aztecas) afirma que las iteraciones humanas bellas sirven (y son recibidas) como ofrendas dignas para ser dirigidas a los dioses. En Chamula existe una teoría del habla y el canto obviamente relacionada con la de los nahuas (véase Gossen 1996: 456-457). Brevemente resumido, el habla estilizada, de la que la música es la más compleja y avanzada forma, es un sacramento de elementos calientes que, como los otros sacramentos —ron, tabaco, incienso, velas, y fuegos artificiales— tiene la capacidad de dirigirse a lo divino en términos correctos, es decir, como lo caliente. La música es la voz encendida del hombre y así, es la ofrenda más exaltada (con excepción de la sangre sacrificial) que el hombre puede rendir a los dioses como homenaje. Así que, dentro de la cadena de significados que tiene Oxib Vinik, su cualidad de San Miguel y santo patrón de la música está ligada de forma comprensible con el motivo de la historia de Juan López Nona cuando, cada vez que se escapan de la cárcel de los guatemaltecos, los hermanos van desfilándose por la plaza tocando sus guitarras y cantando. Es como si la música fuera símbolo y manifestación de su poder sobrenatural.

* * *

No extraña, pues, que el concepto de la Santa Trinidad se encuentre fácilmente acomodado, reinterpretado y venerado en tal ambiente ontológico, estético y cosmológico amerindio. Tampoco extraña que, dentro de la comunidad indígena, sucesos actuales y personajes públicos de interés local sean vistos y percibidos por la gente como algo "ya visto". Así que la cadena de referencias, registros, y significados aquí apuntada sobre Oxib Vinik como héroe mítico va incorporando y captando en nuestro tiempo más capas de significado, la más reciente, según me cuentan colegas que han estado recientemente en Chiapas, el ínclito Subcomandante Marcos. Como mito clave, pues, Juan López Nona parece tener en su poder la capacidad de resucitarse, de revivirse y de reinventarse —según dice el propio texto— cada vez que el pueblo lo necesite.

Bibliografía

CARMACK, Robert M./GASCO, Janine/GOSSEN, Gary H. (comps) (1996): *The Legacy of Mesoamerica: History and Culture of a Native American Civilization.* Upper Saddle River, NJ: Prentice-Hall.

FRIEDEL, David/SCHELE, Linda/PARKER, JOY (1993): *Maya Cosmos: Three Thousand Years on the Shaman's Path.* New York: William Morrow.

GOSSEN, Gary H. (1970): *Chamulas in the World of the Sun: Time and Space in a Maya Oral Tradition.* 2 vols. Unpublished Ph. D. dissertation. Cambridge, MA: Department of Anthropology, Harvard University.

— (1974): *Chamulas in the World of the Sun: Time and Space in a Maya Oral Tradition.* Cambridge: Harvard University Press. [Traducción al español, (1979): *Los Chamulas en el mundo del sol: tiempo y espacio en una tradición oral maya.* México: Instituto Nacional Indigenista.]

—(1996): "The Indian Voice in Twentieth-Century Mesoamerican Literature", en Robert M. Carmack/Janine Gasco/Gary H. Gossen (comps.), *The Legacy of Mesoamerica: History and Culture of a Native American Civilization.* Upper Saddle River, NJ: Prentice-Hall, pp. 442-471.

— (1999): *Telling Maya Tales: Tzotzil Identities in Modern Mexico.* New York: Routledge Press.

— (2002): *Four Creations: An Epic Story of the Chiapas Mayas.* Norman, OK: University of Oklahoma Press.

LA FARGE, Oliver/BYERS, Douglas (1931): *The Year Bearer's People.* New Orleans: Tulane University.

LAUGHLIN, Robert M. (1975):*The Great Tzotzil Dictionary of San Lorenzo Zinacantán.* Washington, D. C.: Smithsonian Institution of Washington.

PICKANDS, Martin (1986): "The Hero Myth in Maya Folklore", en Gary Gossen (ed.), *Symbol and Meaning Beyond the Closed Community: Essays in Mesoamerican Ideas* Albany. New York: Institute for Mesoamerican Studies/State University of New York, pp. 101-124.

PITARCH, Pedro (1996): *Ch'ulel: una etnografía de los almas tzeltales.* México: Fondo de Cultura Económica.

POZAS ARCINIEGA, Ricardo (1954): *Chamula, un pueblo indio de los Altos de Chiapas.* 2 tomos. México: Memorias del Instituto Nacional Indigenista (vol. VIII). [Nueva edición (1977): México: Instituto Nacional Indigenista.]

PROPP, Vladimir (1977): *The Morphology of the Folktale.* Austin: University of Texas Press.

REDFIELD, Robert/VILLA ROJAS, Alfonso (1964): *Chan Kom: A Maya Village.* Chicago: University of Chicago Press. [Edición original (1934): Washington, D. C., Carnegie Institution of Washington.]

ROYS, Ralph(1967): *The Book of Chilam Balam of Chumayel.* Norman, OK: University of Oklahoma Press. [Edición original (1933): Washington, D. C.: Carnegie Institution of Washington.]

RUS, Jan (2008):"Personal communication", January 6, 2008.

THOMPSON, J. Eric S. (1970): *Maya History and Religion.* Norman, OK: University of Oklahoma Press.

TOZZER, Alfred M. (1941): *Landa's Relación de las cosas de Yucatán.* Cambridge: Harvard University Press.

WATANABE, John (1991): *Maya Saints and Souls in a Changing World.* Austin, TX: University of Texas Press.

El problema de los dos cuerpos tzeltales

Pedro Pitarch

Los indígenas tzeltales —como los mayas de manera más general— tienen no un cuerpo, sino dos. Llegué a esta conclusión de manera relativamente fortuita, mientras trabajaba con cantos chamánicos de curación. En éstos se emplean dos términos —*bak'etal* y *winkilel*— los cuales traduje durante bastante tiempo por "cuerpo", hasta que caí en la cuenta de que tienen significados diferentes. Después, las conversaciones con mis informantes indígenas me confirmaron y aclararon esas diferencias. En general, la radical distinción entre lo que podríamos llamar un cuerpo carnal —un objeto físico inerte— y un cuerpo fenoménico —un medio para relacionarse con otros seres humanos— nos exige repensar las ideas indígenas sobre la corporalidad. Pero también nos obliga a recomponer un poco el concepto indígena de persona. En particular, la existencia de dos cuerpos —dos corporeidades, si se quiere— viene a complicar el esquema dual cuerpo-alma, al introducir un término mediador —un cuerpo intermedio— que conecta y articula el cuerpo carnal con las almas y demás espíritus sin cuerpo.

El primer cuerpo, o "cuerpo-carne"

Traduciré la palabra tzeltal *bak'etal* por "cuerpo-carne". La raíz del término es *bak'et*, que significa "carne", tanto carne humana como animal, carne tanto viva como un pedazo para ser comido; en un sentido literal, *bak'etal* significa el "conjunto de la carne"[1].

El cuerpo-carne coincide aproximadamente con el cuerpo humano europeo, pero con algunas excepciones. No comprende los huesos, ni el cabello (junto con el resto del vello corporal), ni las uñas. Esto es porque por estas partes no circula la sangre. La sangre, en efecto, parece ser el elemento básico que define este cuerpo. "La sangre da vida a la carne, si se corta la carne brota sangre", me explicaron; el cuerpo-carne es "por donde circula la sangre, donde se recibe el aire, donde respira (la carne)". Las ideas indígenas acerca del funcionamiento interno del cuerpo son sumamente imprecisas, pero en general prevalece la idea de que los sistemas sanguíneo, respiratorio y digestivo constituyen uno solo. El corazón/estómago recibe directamente el aire inspirado, indispensable para vivir, y el alimento, que proporciona la fuerza al cuerpo, y de aquí pasa al resto del cuerpo a través de la sangre. Por supuesto, ni los huesos, ni el vello ni las uñas son recorridas por la sangre. "Si se cortan no duele". La presencia del dolor, asociada al derramamiento de la sangre, es otra de las características de este "cuerpo-carne". La carne duele si es cortada o abierta en una herida. Duelen las extremidades, la cabeza, las articulaciones. También duelen las partes internas, como el corazón o el estómago, si bien el conocimiento orgánico interno es muy precario. De hecho, como veremos más adelante, una de las características del cuerpo-carne es estar formado por "partes", fragmentos discretos claramente distinguibles y susceptibles de ser dañados directamente por ciertos enemigos, las enfermedades. Como componentes de este cuerpo-carne suele nombrarse la carne, las venas, la piel, la cabeza, las orejas, los dedos, etc.

Los animales —terrestres, acuáticos, aves— también tienen un cuerpo-carne. Como sucede entre los humanos, entre los animales el pelaje no forma parte de este cuerpo, así como tampoco los huesos, las uñas o garras, pluma o picos. Por supuesto, a diferencia de lo que sucede con los humanos, entre los animales estas partes del cuerpo pueden representar una fracción considerable del total del cuerpo, pero esto no resulta en una modificación de su apariencia, puesto que este cuerpo no proporciona una forma concreta. En cuanto a los vegetales, éstos carecen de un cuerpo-carne; en este punto todos parecen

1. Como "cuerpo", "carnal cosa" es traducido *bak'etal* en el vocabulario de lengua tzeltal del siglo XVI de fray Domingo de Ara (1986).

estar de acuerdo: las plantas, los árboles "no tienen sangre, no respiran". Y tampoco los espíritus, almas, muertos, dioses y seres sagrados en general tienen un cuerpo-carne.

Sólo he podido identificar dos sinónimos de *bak'etal*. El primero, *ajch'alel*, significa "lodo", "barro", y hace referencia a algo tierno (sin duda en alusión a la carne) y también algo nuevo (como el barro que no se ha endurecido todavía para formar la tierra); puede traducirse por "su ternura", y se emplea únicamente como sinónimo de cuerpo-carne en los cantos chamánicos. El segundo sinónimo es más interesante: *kojtol*. Deriva del verbo *kojt*, que significa estar "a cuatro patas", en posición cuadrúpeda (esto es, denota una postura y no una forma corporal determinada); y *kojt* es también el clasificador empleado para enumerar animales, mas no seres humanos[2]. Curiosamente, el término se emplea en un contexto cotidiano, como cuando se ordena "lávate tu cuerpo": *atinan te akojtol*, como si se dijera: lava tu cuerpo animal, tu materia animal. Sin embargo, más que un cuerpo animal, el cuerpo-carne es algo así como una materia equivalente entre las especies animales, incluida la humana.

Un dato revelador para comprender esta clase de cuerpo es que el feto, mientras permanece en el vientre materno, no tiene un cuerpo-carne. (Pero como veremos más adelante, sí tiene, en cambio, el segundo cuerpo, el "cuerpo-presencia"). La razón de esto es que, antes de nacer, la criatura forma parte todavía del cuerpo-carne de su madre. Mientras la criatura permanezca en el vientre vive gracias a la sangre materna: respira y se alimenta de ella —e incluso percibe el mundo exterior a través de sus sensaciones y emociones (Moreno 2008)—. El flujo menstrual es interpretado como la sangre destinada al feto, y que por no existir éste, simplemente es expulsada y desperdiciada. El feto, por tanto, carece de un sistema sanguíneo independiente, que es, como hemos visto, el principal criterio que define el cuerpo-carne, y de hecho se afirma que el corazón del feto no comienza a palpitar hasta que nace la criatura. Sólo en el proceso del nacimiento —literalmente, cuando "toca la tierra", cuando llega a este mundo— el niño deja de ser una parte de la madre para adquirir un cuerpo-carne propio e independiente.

2. Según Levinson (1994: 838), la raíz verbal *kojt* indica la posición que adoptan los animales "a cuatro patas", los bípedos con plumas, y también el banquito tradicional (que suele estar labrado con la forma de un animal, generalmente un armadillo).

En otras palabras, para que pueda llegar a producirse un cuerpo-carne se requieren unas condiciones espacio-temporales ordinarias —estar en "este mundo" y en "este tiempo"—, de las cuales son garantes la luz y el calor del sol (Gossen 1974). Sin embargo, sumido en el frío y la oscuridad, el nonato se encuentra todavía en un "estado otro". Desprovisto de un cuerpo-carne y alimentándose exclusivamente de sangre, su naturaleza ocupa —como argumentaré más adelante— un estado intermedio entre los seres sagrados y los seres humanos carnales. Los mayas (Nájera 2000) no parecen compartir esa idea extrema de los quechuas de Bolivia según la cual el feto no es sino un pequeño demonio procedente de los tiempos presolares, devorador de sangre, que va consumiendo a su madre durante la gestación (Platt 2001). Pero no cabe duda que el feto precisa nutrirse de sangre; y si esto es así es porque carece de un cuerpo-carne. Podemos de hecho preguntarnos si esta necesidad, a menudo dramática, que demuestran por la sangre los seres sagrados mesoamericanos —abiertamente en tiempos prehispánicos por medio de sacrificios humanos, de manera disfrazada en la actualidad mediante el sacrificio de animales o otras analogías eufemísticas— no es en el fondo la consecuencia de la ausencia de un cuerpo-carne, la privación de esa materia carnal recorrida por la sangre que define a humanos y animales. A propósito de los sacrificios humanos precolombinos, es probable que lo que se brinde a las divinidades sea un cuerpo-carne y no un cuerpo-presencia. Entre los aztecas, se cortaba el cabello de la corona de la cabeza a quienes iban a ser sacrificados, y a los niños que debían ser sacrificados al dios de la lluvia se les arrancaba las uñas (Duverger 1983: 129, 136), como si se tratara de obsequiar materia carnal exclusivamente. Y puesto que los cuerpos ofrendados también eran consumidos por los sacrificadores, puede deducirse que su sentido no era incorporar un sujeto, sino consumir su carne (González Torres 1985). El sacrificio humano parece encontrarse más cerca de la caza que del canibalismo "ritual".

El segundo cuerpo, o "cuerpo-presencia"

El segundo cuerpo, *winkilel*, comprende el conjunto del cuerpo humano, incluido el cabello, las uñas y los huesos. Mis informantes indígenas insisten en que este cuerpo está formado por "todo", incluido el interior del cuerpo. Pero de sus descripciones se deduce claramente que este cuerpo se caracteriza por ser algo visible. No tanto lo visible del cuerpo, como un tipo de cuerpo que existe para ser visto, percibido, y también a través del cual tiene lugar la percepción. Esto es, un cuerpo involucrado en relaciones intersubjetivas con otros cuerpos semejantes. Es en este sentido que traduzco *winkilel* como "cuerpo-presencia"[3].

El cuerpo-presencia es la figura, la forma corporal, el semblante, "la forma de ser", la forma de hablar, la manera de caminar, de vestir la ropa. Si veo a alguien en la distancia puedo decir que parece el *winkilel* de Pedro, aunque luego resulte ser otra persona. El cuerpo-presencia no tiene, sin embargo, por qué estar físicamente presente, pues es también lo que se recuerda de una persona ya fallecida, y es lo que se presiente de una criatura antes de nacer.

Podemos tratar de precisar un poco más esta idea de "presencia" prestando atención a la raíz de *winkilel.* El diccionario de lengua tzotzil de Laughlin (1975) traduce el verbo *vin* (*win*) por "aparecer, ser expuesto, ser visto, ser escuchado, ser distinguido, darse a conocer", lo que parece implicar una aparición, algo que no existía antes o, más exactamente, que no era perceptible, y que de pronto se vuelve presente. La raíz *win* —origen de un campo semántico muy amplio en lenguas mayas— da lugar a su vez a dos términos bien conocidos: *winik* y *winal.* El primero tiene el significado de ser humano, cuerpo o persona y aparece comúnmente asociado a la idea de corpulencia o volumen. Y, en efecto, da la impresión de que el cuerpo-presencia, en lugar de ser identificado, tal y como sucede con el cuerpo-carne, por la materia que lo compone —carne, sangre—, es más bien pensado como un volumen, un cuerpo en el espacio en el sentido europeo de *res extensa.* Por cierto que un reconocimiento elemental de los diccionarios y vocabularios de lenguas mayas demuestra que la distinción terminológica entre un cuerpo-presencia y cuerpo-carne es algo generalizado en ellas. Junto con *winik* (o *winak*, o similar) para cuerpo y persona[4], encontramos otro conjunto de términos para designar un

3. Debo a Alexandre Surrallés haberme sugerido este título.

4. En el diccionario etimológico de las lenguas mayas compilado por Kaufman (2003), *winik* o *winak* abarca los siguientes significados: persona, cuerpo, ser humano, gente, natural (indígena), llegar a ser hombre, dueño, corpulencia; en algunas lenguas, como el quiché y el tzutujil, se encuentra en la raíz de producir, crear, inventar.

tipo de cuerpo carnal, como se deduce de que su raíz significa "carne" en la lengua en cuestión[5].

En cuanto a *winal*, es, por supuesto, cada una de las dieciocho unidades de veinte días del calendario solar maya precolombino —relacionado sin duda con los veinte dedos de los seres humanos—. En la región de Chiapas, se llama *winkil* a las primeras cinco unidades de veinte días con las que se inicia el ciclo anual y que comprenden la temporada de lluvias entre mayo y agosto, la época del crecimiento del maíz y también la del hambre, cuando hay que recurrir a alimentarse de animalillos, que proliferan también en estos días. Transpuesto a un plano filogenético, este período se corresponde con el tiempo de los orígenes, cuando sobre la tierra aparecían generaciones de humanos que sólo vivían veinte años y al final de este ciclo debían ser sustituidas porque eran incapaces de reproducirse sexualmente[6].

Además, tanto en tzeltal como en otras lenguas mayas, la palabra *swinkilel* significa genitales, masculinos y femeninos. De hecho, en ciertos contextos del habla, su uso se vuelve ambiguo, pues no resulta claro si se alude al cuerpo-presencia o más concretamente a los genitales. Unos amigos me contaron el siguiente suceso: ocurrió que una mujer, furiosa porque sospechaba que su esposo, un hombre mayor ya, estaba cortejando a una mujer joven, en pleno centro y a la vista de todos, le agarro de los genitales hasta que sus gritos se escucharon

5. Por ejemplo: tzotzil: *vinikil / bek'talil*, o *vinikil / tacupalil* (Hurley 1986, Laughlin 1975, 1988); tojolabal: *winkil / b'ak'tel* o *sak'anil / b'ak'etel* (Lenkersdorf 1979), pero en la actualidad se utiliza la palabra castellana "cuerpo", indicando quizá que en esta lengua la distinción entre ambos cuerpos se ha vuelto innecesaria; chol: *winkilel / bac'tal* o *winkilel / bok'tal* (Schumman 1973, Wilbur 1988); tzeltal: *winkileltic / baq'etaltic* (Ara 1986, Slocum/Gerdel 1981); tektiteko: *winak / chi'jel* (*chi'*: morfema que clasifica alimentos derivados de la carne, Simón y Baltasar 2007); k'ekchí: *cwiink / tz'ejcwal* (*tzejcwalej*: carne, Haeserjin 1987); mam: *winak / xmilal* (Pérez Alonzo 2007); cakchikel: *vinak / tiohil* (*tioh*: carne, Coto 1983); maya yucateco: *winikil / bak'el* o *winikil / bak'tal* (Barrera Vázquez 1980). He podido confirmar con hablantes de chol, tzotzil y tojolabal que la versión de cuerpo-carne no incluye los huesos, el cabello ni las uñas. Por otra parte, si las lenguas mayas actuales emplean dos conjuntos de términos, otras lenguas mesoamericanas parecen optar, en cambio, por un único término para cuerpo humano, como en el náhuatl clásico con la palabra *tonacayo*, "nuestro conjunto de la carne" (López Austin 1980: 172). Evidentemente, necesitaríamos una comparación metódica para conocer en qué medida las lenguas indígenas reflejan esta distinción.

6. Mis informantes tzeltales asocian espontáneamente este período con el mito de la lucha entre el jaguar y la zarigüeya, cuyo comentario, sin embargo, no podemos llevar a cabo aquí.

en toda la aldea. Sin embargo, los narradores no utilizaron uno de los numerosos eufemismos que se emplean para los genitales, sino específicamente *winkilel*. Es muy posible que el episodio de a entender que la intención de la mujer no era sólo castigar a su marido, sino dejarle infértil. En todo caso, este significado suplementario señala la fuerte asociación del cuerpo-presencia con la sexualidad y la capacidad de generación y reposición de seres humanos (generación como grupo de edad es otro significado de *winkil*).

Es probable que las lenguas mayas hayan tomado el término *win* del proto mixe-zoque. En los vocabularios de lenguas mixes y zoques, éste parece estar asociado con el poder como facultad de hacer cosas, y es comúnmente traducido por rostro, ojo, superficie, cuerpo, uno mismo (la forma reflexiva del pronombre personal), punta o extremo, fachada, envoltura y, también, máscara[7]. Es decir, algo que es visto y a través de lo cual se ve o, mejor, sirve para ver. Por lo demás, esta identificación indígena del yo ("uno mismo") con la máscara, es decir, con algo externo al cuerpo carnal, nos recuerda que también en la tradición occidental —como sabemos por el celebre ensayo de Marcel Mauss (1971)— la máscara se encuentra en el origen del sentido primitivo de la noción de persona, lo que no deja de ser una intrigante coincidencia.

¿Qué clase de seres tienen un cuerpo-presencia? Con seguridad, no los vegetales, tal y como sucede con el cuerpo-carne, pero sí en cambio los animales, porque éstos "caminan, juegan, crecen, trabajan, viven en casas como las nuestras, tienen hijos". Ahora bien, los animales tienen un cuerpo-presencia sólo en la medida que se relacionen con los miembros de su misma especie. Un conejo sólo tiene un cuerpo-presencia si es visto por otro conejo[8]. En cambio, para los humanos, como para las demás especies animales, los conejos tienen únicamente un cuerpo-carne, como sucede a la inversa para los conejos. El cuerpo-presencia, pues, sólo es perceptible, sólo hace "acto de presencia", entre seres que tengan un cuerpo-presencia semejante. Si el cuerpo-carne, como veíamos, funciona como una materia interespecífica, el

7. Para esta deducción —bastante atrevida, dada mi competencia lingüística—, me he basado en los siguientes diccionarios y textos: Harrison y Harrison (1981), Knudson (1989), Ruz (1997), Schoenhals/Schoenhals (1982) y Whichmann (1995)

8. Mas, en relación con el postulado perspectivista amazónico (Viveiros de Castro 2004), no parece que este cuerpo-presencia tenga un aspecto humano, tal y como es visto entre conejos.

cuerpo-presencia sólo se actualiza intraespecíficamente. De hecho, entre humanos, el clasificador numeral para este cuerpo —*tul*, que denota una posición bípeda y una figura característicamente humana— se aplica exclusivamente a los seres humanos. Si el cuerpo-carne no posee una forma determinada, el cuerpo-presencia tiene, en cambio, una forma específicamente humana[9].

Tal y como han observado los etnógrafos amazonistas, desde un punto de vista indígena, toda especie constituye una sociedad, y cada sociedad representa una especie (Taylor/Viveiros de Castro 2006). Una especie es definida y su extensión limitada por la capacidad de relacionarse por medio de este cuerpo-presencia, esto es, de establecer una sociabilidad mediante este cuerpo. Ahora bien, la separación entre especies-sociedades es una cuestión de grado, más que absoluta, como demuestra el caso de los humanos. Entre éstos existe una diferente capacidad de *reconocimiento* de los cuerpos-presencia. Europeos e indígenas, por ejemplo, son capaces de reconocer hasta cierto grado sus respectivos cuerpos-presencia; pero no se trata de un reconocimiento sencillo ni completo. El hecho de que no hablen la misma lengua y no compartan los mismos hábitos —gestos, etiqueta, vestimenta, etc.— revela un cuerpo-presencia en parte distinto, lo cual impide una percepción completa y por tanto un intercambio social fluido. En la relación entre europeos e indígenas ciertos aspectos corporales se vuelven, casi literalmente, invisibles para unos y otros. Y en la medida en que la *presencia* se desvanece en algunos aspectos, lo que emerge en ciertos aspectos también es el común cuerpo-carne. Es probable que la insistencia indígena en la naturaleza parcialmente animal de los europeos, aunque ciertamente no sea un cumplido, tampoco implique la idea de degradación en el sentido de brutalización —una jerarquía de este tipo sería, por lo demás, absurda—, sino más bien una simple constatación de la diferencia "cultural", esto es, corporal. Y aunque en un grado menor, algo parecido sucede entre distintos grupos indígenas, lo cual explica la importancia concedida, entre los miembros de un mismo pueblo, a la uniformización del cuerpo-presencia, por ejemplo mediante el dialecto y la indumentaria.

9. Es la apariencia —como ha señalado Anne Christine Taylor (1996: 205) a propósito de los achuar— lo que diferencia a las especies, y, podríamos añadir, la materia animal lo que las une.

Probablemente, el término conceptualmente más cercano en lengua tzeltal al europeo indio o indígena es *swinkilel lum*, literalmente "cuerpo-presencia del lugar". Lo que indica esta expresión es que cada clase de cuerpo-presencia se encuentra asociada a un tipo de lugar específico: los indígenas viven en sus aldeas, los europeos en las ciudades o los ranchos, los jaguares en la selva. Se dice entonces que cada tipo de cuerpo-presencia domina, en el sentido de que ocupa un dominio, cierto territorio. No es sin embargo tanto un espacio físico como ontológico: cada clase de cuerpo-presencia posee una suerte de ecosistema cultural que no interfiere geográficamente con el de otras especies, y que es aquel que le resulta apropiado. Por lo demás, es la imposibilidad de engendrar descendientes lo que marca el límite de una sociedad-especie —un discreto cultural equivalente de los discretos naturales de la biología—. De ahí la preocupación indígena por esta posibilidad, y la endémica sospecha de que la mezcla entre europeos e indígenas —pero también entre estos últimos— produzca hijos deformes, idiotas o albinos.

¿Tienen cuerpo las almas?

Los cuerpos contienen a su vez almas. No obstante, el conjunto de las almas parece estar fundamentalmente asociada al cuerpo-presencia, pues desde un punto de vista indígena lo lógico es suponer que las almas abandonan éste y no el cuerpo-carne. Aquello que yace exánime sobre la estera vegetal durante el sueño o a la orilla de un camino en los momentos de embriaguez alcohólica es sin duda un cuerpo-presencia.

Pero las almas plantean sus propios problemas en relación con los cuerpos. En otros trabajos he definido la persona indígena como un pliegue del afuera (Pitarch 1996, 2000). Las almas pueden describirse como fragmentos del estado sagrado que, en el proceso de nacimiento son envueltas y arrastradas por el cuerpo, esto es, por el cuerpo-presencia, hasta este mundo. Durante la vida individual estos fragmentos permanecen precariamente retenidos en el interior del cuerpo y con la muerte de éste —momento de despliegue— son devueltas a su estado original. Ya hemos visto cómo, para los indígenas, resulta evidente que las almas, como sucede con los seres sagrados de manera más general, carecen de un cuerpo-carne. ¿Poseen, en cambio, un cuerpo-presencia propio? Resumiendo mucho, los tzeltales distinguen dos clases principales de almas. La primera, el alma-*ch'ulel*, parece estar desprovista de un cuerpo-presencia mientras permanece en el interior del corazón humano (aunque en este punto hay ciertas dudas), pero cuando abandona éste, o al menos cuando es vista por otros seres humanos —cosa más bien excepcional— se muestra con un cuerpo-presencia de aspecto humano. Parece una sombra que se desplaza aproximadamente a un metro del suelo, con la misma figura del cuerpo que habita, incluido el cabello y la ropa. *la kil te swinkilel sch'ulel mamal tyak* es una expresión no frecuente pero sí perfectamente aceptable: "he visto el cuerpo-presencia del alma-*ch'ulel* del anciano Diego".

La segunda clase de alma, los nahuales, que existen desdoblados entre el corazón y el mundo exterior, tampoco posee un cuerpo permanente. Por supuesto, los cuerpos humanos se relacionan con estas almas a través del sueño o de los cantos chamánicos, pero en condiciones normales resultan imperceptibles al cuerpo-presencia humano (salvo, significativamente, en el instante de la muerte, cuando una persona, por primera y última vez, reconoce sus propios nahuales y los de los demás). Ahora bien, hay circunstancias extraordinarias en que estos nahuales son capaces de entablar una relación directa, física, con humanos. El requisito para ello es la adquisición de un cuerpo-presencia provisional. Por lo general, los nahuales hacen esto con el propósito de provocar enfermedades y, en última instancia, la muerte, o a veces para mantener relaciones sexuales. Se fabrican entonces unos cuerpos aparentemente humanos, si bien suele tratarse de cuerpos excesivos: gigantes o enanos, gordos o demacrados, ricamente ataviados o harapientos, con apéndices enormes o ausentes. Y de nuevo, por lo general, con accesorios que remiten al mundo e historia europea: plumas de escribir, libros, birretes, sombreros, botas, gafas de sol, etc. Hay nahuales que, como los búhos y las cabras, incluso sin llegar a confeccionarse un cuerpo humano, pronuncian un lenguaje tan cercano a éste que son capaces de provocar enfermedades.

Este cuerpo de carácter provisional difiere, sin embargo, del de los humanos por el hecho de que sólo está formado por ropa, accesorios y ornamentos: bajo la ropa no hay un cuerpo carnal. Intuyo que éste es un dato esencial para comprender la noción indígena de cuerpo-presencia. Por ejemplo, el cuerpo de cierto tipo de nahuales que representa curas católicos —un espíritu muy agresivo— está en realidad formado por la vestimenta característica de los sacerdotes: negra, blanca o de colores brillantemente intensos, con un crucifijo colgando del cuello, zapatos negros de charol, el cabello cortado en tonsura, etc. Pero para que esta vestimenta pueda sostenerse, las propias almas la rellenan con papel de libro o de periódico. Se dice que si se captura una de estas almas-cuerpos y se le prende fuego, el papel desprende un hediondo humo blanco. En definitiva, este tipo de cuerpo-presencia fabricado funciona como un instrumento provisional que habilita la relación con los seres humanos; pero una vez utilizado, el cuerpo-vestimenta es desmontado y las ropas son guardadas en algún lugar del bosque o simplemente desechadas. El tipo de ser que lo ha fabricado deja de poseer un cuerpo-presencia y con él pierde la facultad de afectar a los humanos.

En relación con este procedimiento, merece la pena señalar que varias personas lo asociaron espontáneamente con la fabricación del muñeco *xutax*, es decir, la imagen que de acuerdo a la tradición católica representa durante la celebración de la Semana Santa al personaje de Judas. En la región de Chiapas el muñeco se confecciona con una chaqueta y pantalones de fieltro rojo, sombrero, botas, un morral de redecilla, y una máscara de madera ennegrecida en cuya boca se encaja un cigarrillo que una vez encendido se consume lentamente, y la figura se cuelga de la cruz del atrio de la iglesia (fig. 1). Esta ropa se rellena con hojas secas de maíz (esto es, con un no-cuerpo-carne), las cuales se queman o hacen estallar con pólvora al acabar la celebración (fig. 2).

Fig. 1.

Fig. 2.

La efigie de este muñeco se llama precisamente en tzeltal *winkilel*, es decir, cuerpo-presencia, y a él solían remitirse mis informantes cuando preguntaba acerca de este cuerpo. Otro dato en el fondo similar: en lengua maya-yucateca el espantapájaros recibe el nombre de *winak'*, que el diccionario Cordomex (Barrera Vázquez 1980) traduce por "dominguete, espantajo de pájaros, algunas veces se toma y significa fantasma o visión nocturna, espantajo para aves y animalillos como dominguillo".

Este tipo de figura desmontable se encuentra muy extendido entre las poblaciones de la región maya, por supuesto facilitado por el propio contexto de la tradición católica. Sin duda, el más y mejor conocido es Max Simón, a orillas del lago Atitlán, cuyo culto se ha extendido a lo largo de Guatemala y cuyo cuerpo, de hecho, ya ha dejado de desmontarse. Incluso quizá pudiéramos incluir en esta serie al Tío, el guardián de la riqueza de las minas bolivianas (Fernández Juárez 2000, Nash 1979). En todo caso, todos estos personajes están estrechamente asociados con la sexualidad —como obviamente sugiere ese fálico cigarro puro encendido en la boca—. En su etnografía de Max Simón, Mendelson (1963) señala la asociación explícita de éste con la fertilidad humana, el cual, si bien castiga el bestialismo —se trata de un cuerpo-presencia, después de todo—, también consiente las violaciones y las fugas de parejas, y él mismo vive con una puta, María o Magdalena Castellana. Ahora bien, en todos estos casos se trata no tanto de animar un objeto inanimado, de "traer a la vida" un ser, como de suministrar un cuerpo a un ser sagrado que en condiciones normales carece de él; no tanto transformar una identidad, como producirla. Y al hacerlo, permitir una relación con un ser sagrado en un contexto ritual que se encuentra relativamente bajo control humano. Cuando Ruth Bunzel (1981) preguntó en el pueblo de Chichicastenango por qué se desmontaba al final de la Semana Santa la figura de Judas, le respondieron: "para que no vaya por ahí asustando gente".

La facultad de adoptar cuerpos-presencia en realidad se extiende potencialmente a todos los seres sagrados. En condiciones habituales carecen de un cuerpo o forma determinada, esto es, de una identidad estable; son ausencia, en lugar de presencia; se encuentran en un estado virtual que solo se actualiza cuando se introducen en el estado ordinario de la existencia. Pero a diferencia de los seres humanos, cuyo cuerpo-presencia se halla fijado por el cuerpo-carne —lo cual nos somete a una identidad relativamente constante—, los (no)seres sagrados pueden adoptar cuerpos-presencia distintos o simplemente recombinar las piezas que lo componen. Las enfermedades epidémicas representan un buen ejemplo: "existen" en estado latente en el otro mundo, pero cuando van a precipitarse sobre los humanos se incorporan, esto es, se convierten en un sujeto; no son *alguien* hasta que no toman un cuerpo. (Se trata de un cuerpo, sin embargo, que cambian en cada ocasión, lo cual, como se lamentan siempre los chamanes, dificulta su identificación). Esta incorporación es expresada de la siguiente manera en un canto chamánico preventivo:

jayeb swinkilel ch'ul lajel	¿cuántos cuerpos tiene la sagrada muerte?
swinkilel ch'ul kastiko	los cuerpos del sagrado castigo
jich smiil lamal	en el plano del mundo de la muerte
banti yax lok'	de donde sale
ta swinkilel tsa'nel	el cuerpo de la diarrea
swinkilel muk'ul chuel	el cuerpo de la gran tos
swinkilel k'ajk'	el cuerpo de la fiebre
swinkilel julbak sik	el cuerpo del reuma frío
swinkilel ch'ich' tsa'nel	el cuerpo de la diarrea sangrante

La palabra cuerpo podría ser sustituida aquí sin pérdida por agente o presencia, a condición de que esa presencia sea considerada en su dimensión corporal.

Conforme a esta lógica, tampoco las almas de los muertos tienen un cuerpo-presencia, salvo cuando son vistos —muy excepcionalmente— por los vivos. Por cierto que la imagen convencional de los muertos como un esqueleto con cabello no es sino el resultado de sustraer el cuerpo-carne del cuerpo-presencia. Si ciertos seres sagrados se construyen, por así decir, un máximo de cuerpo-presencia mediante la ropa y los ornamentos, otros —como los muertos— se fabrican uno mínimo, empleando únicamente los huesos y el cabello (los cuales ni siquiera es seguro que fueran originalmente los suyos).

Ello plantea a su vez la cuestión de si la ropa y los ornamentos forman parte del cuerpo-presencia. En el caso de las almas y espíritus no cabe duda: la vestimenta y los adornos *son* el cuerpo. ¿Es esto así en el caso de los seres humanos? En este punto mis informantes parecen vacilar. Por una parte, el cuerpo-presencia es considerado como algo permanente, y la ropa, como me hacían ver, es algo que se quita y se pone, se cambia; el cuerpo puede quedar desnudo —a diferencia del cuerpo-carne, que parece ser pensado como ni vestido ni desnudo—. Pero, por otra parte, resulta igualmente evidente que el cuerpo-presencia tiende a ser pensado en abstracto como estando vestido, como si, aunque la ropa no fuera parte indispensable de este cuerpo, sí lo fuera la vestimenta como atributo. A propósito, Mario Ruz (1996: 105) hace notar cómo en el vocabulario tzeltal de Domingo de Ara del siglo XVI, si bien apenas hay referencias al cuerpo en sí mismo, aparecen en cambio numerosas menciones a la ropa como cuerpo, como si hablar de la ropa fuera, en definitiva, hablar del cuerpo-presencia.

El contraste entre ambos cuerpos

Hasta el momento hemos examinado los dos cuerpos por separado, pero si nos fijamos en sus diferencias de un modo más ordenado veremos que éstas pueden organizarse en torno a dos pares de contrastes: divisibilidad/totalidad, y pasividad/actividad. El cuerpo-carne se caracteriza por ser una reunión de partes y tener un carácter pasivo, mientras que el cuerpo-presencia es individual y activo.

Donde más claramente se revela esta distinción es en los cantos chamánicos dirigidos a curar enfermedades. En tzeltal, éstos se clasifican en dos grandes géneros, *poxil* y *ch'abatayel*, y uno de los principales criterios para distinguirlos es, precisamente, que el primero se ocupa del cuerpo-carne y el segundo del cuerpo-presencia. Únicamente en casos excepcionales —fundamentalmente en los cantos chamánicos de protección— se nombra conjuntamente a ambos cuerpos, y entonces se emplea el paralelo semántico *swinkilel/yajch'alel*. Ambos cuerpos son vulnerables a la enfermedad, pero lo son de una manera distinta; el primero es prácticamente una presa de los espíritus, mientras que el segundo es víctima de las emociones de éstos (o bien de las emociones humanas vía sus almas).

En los cantos de curación del género *poxil* dirigidos al cuerpo-carne, por ejemplo, la impresión no es que el cuerpo esté enfermo cuanto que una de sus partes ha sido atacada. La enfermedad se ha dirigida contra una parte concreta. El conflicto se produce, pues, entre una parte del cuerpo y el objeto patógeno intruso, y la curación consiste en la extracción de ese objeto de la parte afectada. De hecho, raramente es citado en los cantos el cuerpo-carne (*sbak'etal*). Por ejemplo, el fragmento de un canto dirigido a tratar cierto tipo de locura (*chawaj*):

nakalon yo'tik	me he instalado
pejtsajon xiatwan	me he asido
ta yolil sni' yo'tan xiatwan	en mitad de la nariz de su corazón
ta yolil sejkub yo'tik xiatwan	en mitad de su hígado
ta yolil sti' xmoch yo'tik	en mitad de su pecho
najkajon ta xujk xchikin xiatwan yo'tik	me he instalado en el costado de su oreja
jich ajulon ta chij	así he llegado a la vena
julon ta bak'et	así he llegado hasta la carne
jul jk'opon chij	he llegado a hablar a la vena
jul jk'opon bak'et	he llegado a hablar a la carne
jich anajkajon xiatwan	así me he alojado
jich apetsajon xiatwan	así me he asido
jich la kich' kisim yo'tik xiatwan	así he puesto mi raíz
jich la jkich' jlop' yo'tik xiatwan	así he extendido mi rizoma

En el cuerpo-carne del paciente se ha introducido la enfermedad —a quien pertenece la voz— en forma de palabras, y éstas se han dirigido a ciertas partes: el corazón, la oreja, el pecho y el hígado (generalmente, las enfermedades se concentran en una o dos partes, aunque las locuras tienden a dispersarse algo más); el resto del cuerpo, sin embargo, no está necesariamente enfermo.

Por cierto que esto da pie a una observación parentética. No siempre las partes tienen porqué ser fragmentos. No es fácil, de hecho, reconocer en el campo corporal qué es considerado un fragmento y qué un todo. En ciertas circunstancias lo que parece sólo una parte funciona como un cuerpo completo y viceversa. La etnografía disponible sugiere que en Mesoamérica las partes anatómicas son frecuentemente pensadas como un cuerpo en sí mismo, o al menos susceptibles de formar uno. Por ejemplo, entre los otomíes, se considera que el pene tiene cabeza, boca, sombrero, etc. (Galinier 1990: 643). Y en el propio fragmento de texto que acabamos de leer se habla de la "nariz del corazón" o del "costado de la oreja", es decir, que las propias partes del cuerpo-carne parecen ser pensadas a su vez como un cuerpo[10]. En relación con la representación del cuerpo en el arte precolombino, James Elkins (1994) ha observado cómo los análisis tienden a describir cuerpos "fragmentados". Pero la idea de la fragmentación, que procede del romanticismo alemán, no tiene porqué ser necesariamente útil para entender el arte maya, por ejemplo, y quizá sólo estemos proyectando un lugar común de los intereses europeos del arte. A propósito de los corazones pintados en los murales de Teotihuacán, pregunta Elkins, ¿no podría ser que el corazón fuera un todo? Los corazones pintados pueden ser un todo y sólo nuestra mirada occidental es la que nos obliga a pensarlos como órganos.

Volvamos ahora a los cantos chamánicos, en este caso al género *ch'abatayel* cuyo objeto es la curación del cuerpo-presencia. Aquí, el cuerpo (*swinkilel*) afectado por la enfermedad lo es todo él. Donde en los cantos *poxil* se enumera detalladamente partes del cuerpo y se describe minuciosamente la manera en que la enfermedad se ensaña con alguna de ellas, en los cantos *ch'abatayel* no se nombra ninguna parte concreta. Por ejemplo, en cierto canto donde el "lenguaje jaguar" ha penetrado en el cuerpo, se escucha:

¡mil choj!	jaguar de la muerte
¡lok'anix choj!	¡sal de una vez jaguar!
max awak'beyix xchojil ati'	ya no inflijas lo felino de la palabra
maxa wak'beyix xchojil swinkilel ati'ik	ya no inflijas la palabra felina sobre su cuerpo
maxa awak'beyix swinkilel aweik	ya no inflijas la mordida sobre su cuerpo
te chamele	sobre el enfermo
mach'a yakal ta wokolejel swinkilel	¿quién está haciendo sufrir su cuerpo?
¡ba'anix choj!	¡vete de una vez jaguar!
¡lok'anix choj!	¡sal de una vez jaguar!
¡lok'anix choj!	¡sal jaguar!
ya sjeltatay sbaik	cambia de víctima
¡lok'an choj!	¡sal jaguar!
¡lok'an choj!	¡sal jaguar!
¡lok'anix choj	¡sal de una vez jaguar!

10. Relacionado probablemente con el hecho de que las lenguas mayas proyecten la nomenclatura anatómica del cuerpo humano —del cuerpo-carne— sobre el resto de los objetos del mundo (Brown 1991, León 1992)

En este cuerpo-presencia se ha introducido un tipo de lenguaje felino llamado "jaguar", un lenguaje que con toda probabilidad procede del mundo de los muertos. Ahora bien, en este caso es la totalidad del cuerpo —el cuerpo como totalidad— quien sufre la dentellada de la enfermedad. El paciente "está sufriendo en su cuerpo". Más aun, en la medida en que se trata de un cuerpo-presencia, el paciente es mostrado como sujeto, está presente en el texto. Lo cual nos lleva al segundo contraste entre ambos cuerpos: pasividad/actividad

Puede decirse, en forma general, que el cuerpo-carne es un cuerpo objeto y el cuerpo-presencia un cuerpo sujeto. En los cantos dirigidos al cuerpo-carne, éste —o las partes que lo forman— aparece simplemente como una presa que no opone ninguna resistencia a la enfermedad, como tampoco posee voz ni se deja escuchar a través del texto. Podemos tomar como ejemplo uno de los textos dedicados a tratar una complicación de parto. En él se distinguen, aunque con dificultad, varias voces: la del propio chamán, la de la enfermedad y la del feto, entre quienes se establecen complejos y tensos diálogos, pero, significativamente, nunca la voz de la parturienta. El chamán está tratando el cuerpo-carne de la madre, pero éste no aparece como interlocutor. Sin duda experimenta dolor físico —hemos visto que éste es uno de los rasgos que definen el cuerpo-carne, lo cual nos recuerda que su cosificación no llega a ser completa— pero es incapaz de hacerse presente:

xtixetukix yolil kajon yo'tik	que se dilate ya el interior de la caja
xtixetukix yolil jo'ben yo'tik	que se dilate ya el tronco vaciado
bit'il kati ma xk'opojotik yo'tik stukel	con una hierba *payté* de Castilla
jun kaxlan payte' yo'tik stukel	una *payté* cultivada de Castilla
jun kaxlan ts'unub payte' yo'tik	con trece pimientas de Castilla
oxlajuneb kaxlan pimenta yo'tik	con trece hierbas de Castilla
oxlajuneb kaxlan wamal yo'tik	que se abra una gran vía
ja'me jichuk bit'il muk'ul bej yo'tik	que se abra un gran camino
ja'me jichuk bit'il muk'ul kamino yo'tik	que salga ya con fuerza
joyetuk k'axel yo'tik	que salga girando como una peonza
jots'oluk jichuk ta muk'ul bej yo'tik	deslizándose por el lodo de un gran camino

jots'oluk jichuk ta muk'ul karetera	resbalando por el lodo de una gran carretera
yo'tik stuke	
wajetukix k'axel yo'tik	que se abra el paso
jtiltikix ta oxlajuneb xilete yo'tik	cortamos ya con trece hojas Gillette
ta oxlajuneb kaxlan nawaja yo'tik	con trece navajas de Castilla
ya je'tikix k'axel yo'tik	ya abrimos para que pase
ya jamtikix k'axel yo'tik	ya rasgamos para que pase
ayuk bit'il tantan p'asukix jti' yo'tik	que mi palabra penetre ahora
tantan p'asukix jk'op ta yolil jo'ben	que mi lenguaje penetre el interior del vientre
ta yolil kajon yo'tik stukel	el interior del cajón ahora

Es la voz del chamán la que escuchamos. El vientre materno es un "caja", un "tronco vaciado" como el de una canoa o una batea donde se da de comer a los animales domésticos; el conducto uterino debe convertirse en un camino ancho o una carretera lubricados con lodo para que el feto pueda llegar a este mundo deslizándose como por un tobogán; la palabra del chamán se introduce en el conducto para dejarlo expedito y para ello rasga con una navaja, con una cuchilla de afeitar Gillette, etc. Víctima muda de la enfermedad y objeto pasivo de las manipulaciones rituales del chamán, el cuerpo-carne de la parturienta es el convidado de piedra de toda la operación; en cierto modo se ha convertido en objetos de otro mundo.

En cuanto al feto, en el texto nos encontramos con la distinción de los dos cuerpos en pleno funcionamiento. En su versión de cuerpo-carne, el feto es sólo una parte del cuerpo-carne de su madre, y está siendo tratado en la medida en que lo es la parturienta. En cambio, la criatura sí posee un cuerpo-presencia propio e independiente, mas éste no se encuentra enfermo y por tanto el texto no está dirigido a él. Es precisamente este cuerpo el que se escucha más adelante en el mismo canto:

ts'amalon ta sik, xiat wan	estoy sumergido en el frío
ts'amalon ta nojel ja', xiat wan	estoy sumergido en el agua profunda
makalon yo'tik stukel	estoy encerrado
makalon yo'tik ta jun ja'	estoy encerrado dentro del agua
yakalon ta juetel	estoy girando
yakalon ta ts'uts'etel	estoy gimiendo

makalon yo'tik stukel	aprisionado estoy
jichuk yakan tentsun	como la pata de una cabra
makalon yo'tik	encerrado estoy
jichuk yakan na'bil	como la vena de un manantial
makalon jichuk samulte'	aprisionado estoy como la hojarasca del río

El cuerpo-presencia del feto es, junto con el chamán, la enfermedad y los espíritus que la han enviado, uno de los "actantes" que interviene en el texto y que por tanto maniobra en la operación: se lamenta, informa, describe.

Esto es en definitiva lo que define el cuerpo-presencia: hacer cosas. "Trabaja", "pasea", "juega", "habla". Cuando en los cantos dirigidos a la curación del cuerpo-presencia son enunciadas partes concretas, éstas no son tanto fragmentos anatómicos cuanto actividades corporales que son expresadas en forma de paralelos semánticos. El par "corazón/labios" expresa la función del lenguaje, de acuerdo con la teoría indígena de que las palabras brotan del corazón y ascienden hasta la boca, donde son articuladas por los labios para producir un habla adecuada. El par "mirada/rostro" remite a la capacidad de los sentidos (vista, oído y gusto/olfato), que están en efecto asociadas al cuerpo-presencia. Pero seguramente el más importante de estos paralelos es el de "manos/pies" o, su equivalente, "brazos/piernas", que refiere la facultad del movimiento articulado y, sobre todo, del trabajo, aspecto que, como se ha señalado con frecuencia en las etnografías de la región maya, es uno de los rasgos definitorios de la humanidad.

Una última observación a propósito del contraste pasivo/activo, pero que, sin embargo, constituye un dato etnográfico esencial. En tzeltal, el cuerpo-presencia lava el cuerpo-carne: *atinan te abak'etal*, "lava tu cuerpo-carne", se le dice por ejemplo a un niño. Conforme a su naturaleza no agentiva, el cuerpo-carne no puede lavar el cuerpo-presencia. Lo interesante, sin embargo, es el que cuerpo-presencia no es aquello que debe ser lavado; todos los indígenas a quienes pregunté veían absurda la idea de lavar el cuerpo-presencia, esto es, la idea de lavar*se*. No es "láva*te* tu cuerpo", sino "lava tu cuerpo-carne". Lo que debe ser lavado es el cuerpo-carne, y quien lo lava es el cuerpo-presencia. En otras palabras, si el cuerpo-carne es visto como un objeto y el cuerpo-presencia experimentado como un sujeto, estas posiciones no son reversibles. Hay que reconocer que, en este punto, los indígenas se muestran más dualistas que los europeos. En un pasaje muy conocido, Merleau-Ponty hizo notar que lo que define el cuerpo (europeo) es su reversibilidad. Nuestra mano derecha nunca toca la izquierda cuando la izquierda toca la derecha; cuando una hace de sujeto, la otra hace de objeto. Pero "cuando una de mis manos toca la otra, el mundo de cada una de ellas se abre al de la otra porque la operación es facultativamente reversible" (1970: 175-176). La posibilidad permanente de reversión afirma que se trata de lo mismo; mis dos manos tocan las mismas cosas porque son las manos de un único cuerpo. No así en el caso indígena.

Inciso sobre un dibujo

Quisiera aquí detenerme brevemente en un dibujo que pudiera ilustrar la diferencia entre los dos cuerpos. Fue realizado por una joven indígena tzotzil de Chiapas a petición de la antropóloga Kenia Alves, y aparece en un texto de ésta (2005) en curso de publicación, que aquí reproduzco con su amable permiso (si bien mi interpretación difiere de la suya). De acuerdo con Alves, Trifeña Arias, la autora del dibujo, había vivido entre su aldea natal en el municipio de San Pedro Chenalhó, la ciudad de San Cristóbal de Las Casas y la región turística de Cancún; hablaba aceptablemente bien el español, había asistido a la escuela desde pequeña y su familia pertenecía a la Iglesia presbiteriana. En el tiempo de la entrevista, Trifeña Arias sufría ciertas crisis nerviosas y debía permanecer prácticamente confinada entre su aldea y su habitación de la ciudad de San Cristóbal; entonces Alves le pidió que hiciera un dibujo de "tu cuerpo" (fig. 3) y de "ti misma" (fig. 4).

Carezco de cualquier confirmación directa de que estos dibujos representen la distinción de la que hemos venido hablando; además, es la única evidencia que poseo: los indígenas más tradicionales no dibujan —y ciertamente no dibujan cuerpos humanos— y quienes lo han comenzado a hacer siguen fundamentalmente el modelo de los libros de texto escolares. Mi conjetura, sin embargo, es que en estos dibujos Trifeña Arias ha transpuesto la diferencia europea de "mi cuerpo" y "yo" a la distinción indígena de "cuerpo-carne" y "cuerpo-

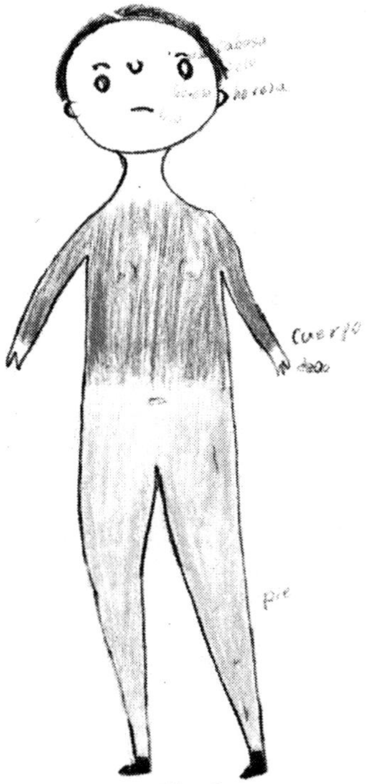

Fig. 3

Fig. 4

presencia". De ser así, lo que tendríamos sería en un tipo de representación europea del cuerpo, en la cual se habría deslizado una distinción anterior presente en la lengua indígena. Y no puede descartarse que este reconocimiento explícito se haya precipitado por causa del padecimiento de la joven, pues es precisamente en el contexto de la enfermedad donde más claramente se representa la distinción entre ambos tipos de cuerpos.

Si nos fijamos en las diferencias entre los dos dibujos, en el primero —el cual, según sugiero, corresponde al "cuerpo-carne— la autora se ha dibujado sin cabello o bien con un cabello tan corto que resulta inapreciable. Aunque parece encontrarse sin ropa, no ha dibujado sus genitales (los cuales, como hemos visto, se encuentran asociados al cuerpo-presencia, del mismo modo que la vestimenta o la desnudez es irrelevante al cuerpo-carne). En cambio, sí traza su ombligo y pechos, aunque éstos últimos son de un tamaño casi imperceptible. La impresión general es la de que se trata de un cuerpo asexuado, ni masculino ni femenino. Junto al cuerpo, la autora ha escrito en español nombres de sus partes: cabeza, oreja, boca, cuerpo, dedo, pie. Es muy posible que esto se deba a la influencia de las láminas escolares, pero lo ha hecho precisamente al dibujar su cuerpo y no a "ella misma", lo cual coincide con la idea ya expuesta de que el cuerpo-carne está formado por partes[11].

En el segundo dibujo, que correspondería al "cuerpo-presencia", Trifeña Arias se presenta, en cambio, con cabello largo y vestida con blusa, falda y faja tradicionales. En este caso se trata, pues, de un cuerpo, en primer lugar, vestido, y, en segundo lugar, claramente femenino, lo que es decir, tradicionalmente femenino (según Alves, Trifeña se vestía con indumentaria tradicional en su aldea, pero con pantalones y blusa modernos en la ciudad, lo que insinúa que ha preferido mostrarse con un cuerpo-presencia indígena). Junto al dibujo, en lugar de las partes del cuerpo, aparece escrito su nombre: M(aría) Trifeña. Aunque quizá lo más notable sea la actitud del cuerpo en su conjunto: un cuerpo vivo que parece querer llamar la atención sobre sí mismo. Los brazos están separados del cuerpo, así como manos y pies son más grandes que en el primer dibujo, lo cual puede guardar relación con la asociación indígena, ya mencionada, entre extremidades y capacidad de moverse y, sobre todo, de trabajar. Y a diferencia del primer dibujo, que no parece mostrar un gesto concreto, éste parece sonreír, es decir, expresa una emoción.

La interioridad ausente

Ya hemos mencionado la escasa atención indígena —aunque, como quiero sugerir, no es un problema de conocimiento sino de desinterés lógico— por la composición y funcionamiento del interior del cuerpo humano. El interior del cuerpo está formado por carne y vasos recorridos por la sangre. El corazón, que palpita como signo de vida y no como propulsor de la sangre, se confunde a veces con el estomago, una de cuyas partes es el intestino. Además, se reconoce en general la

11. Ignoro si hay alguna razón por la que la parte superior del cuerpo está pintada en rojo y la inferior en verde/azul; tal vez se relacione con que la indumentaria tradicional tiene una blusa rojiza y una falda azul —como aparece en el segundo dibujo—, como si el color de la ropa se hubiera impreso sobre la carne. Lamentablemente, estos matices no se aprecian en la presente reproducción en blanco y negro.

existencia de los pulmones y el hígado, también de una pieza llamada *ch'aj* ("amargo") que si se revienta contamina de amargura el interior del cuerpo, y del *me' chujt* ("madre del estomago"), una víscera de tamaño grande que a veces es traducida por "útero", si bien se encuentra tanto en hombres como mujeres. Pero, aunque estas partes interiores son sin duda necesarias porque deben estar ahí y no deben desplazarse ni romperse, ninguna tiene una función propiamente orgánica[12]. De hecho, la principal dificultad para encontrar una correspondencia entre las vísceras indígenas y las europeas reside en que las primeras no desempeñan funciones. Los cuerpos no se enferman porque algo no funcione correctamente, sino porque algo ha sido atacado o movido. Entre los muchos miedos que provoca una operación quirúrgica está la certeza de que una vez se ha hurgado dentro del cuerpo, éste ya no volverá a ser el mismo.

La literatura etnográfica, especialmente la de Chiapas (p. ej. Fabrega y Silver 1973, Holland 1978), ha notado frecuentemente este desinterés indígena por una anatomía fisiológica, sin que se le haya prestado, de todos modos, demasiada atención. Eloise y Brent Berlin (1996: 55) lo interpretan en los siguientes términos: "La anatomía de los mayas de las Tierras Altas es compleja y detallada, (pero) como en cualquier sistema médico que no practica las intervenciones quirúrgicas, el conocimiento del cuerpo exterior es mucho mayor que el de los órganos internos". Ahora bien, si se tratara exclusivamente de una dificultad empírica, cabría esperar que los indígenas urbanos que tienen acceso, a través de muy diversos medios —en la escuela, en las láminas de las farmacias y los hospitales, etc.—, a las representaciones biomédicas del interior del cuerpo humano debieran haberse formado una idea mucho más detallada de éste. En mi experiencia, sin embargo, el desinterés por las interioridades del cuerpo sigue

12. En este sentido, resulta ilustrativo que la descripción de Alfredo López Austin (1980) de los conceptos nahuas precolombinos sobre el interior del cuerpo humano sea, en relación con otros aspectos del mismo (centros anímicos, correspondencias cosmológicas, etc.), considerablemente exigua —como el propio autor observa—. Sospecho que las fuentes europeas simplemente reflejen la ausencia de elaboración orgánica nahua. Unos "órganos" que tampoco parecen tener funciones fisiológicas claras, como si la preocupación manifiesta en los textos por lo que "cada uno de ellos hace" reflejara más bien la lógica organicista de los autores europeos como Sahagún o Molina.

siendo tan marcado entre los indígenas urbanos como entre los más tradicionales.

Estamos, pues, ante una idea de cuerpo humano que dista mucho de la perspectiva europea de cuerpo como unidad orgánica. Pero sospecho que es precisamente la distinción entre los dos cuerpos que estamos discutiendo lo que inhibe la idea de un cuerpo fisiológico. Un órgano es una parte discreta del cuerpo que desempeña una función. Mas el cuerpo indígena no puede, por definición, tener órganos. En la medida en que los órganos son partes, debieran pertenecer al cuerpo-carne (divisible, formado por partes), pero, puesto que desempeñan funciones, debieran corresponder al cuerpo-presencia (el cuerpo activo, una totalidad). No hay lugar, pues, para la idea de órgano: sólo podemos tener o bien partes inactivas o bien una unidad agentiva, pero no ambas. Es la idea europea del cuerpo como organismo lo que convierte aquél en una totalidad indivisible que impide que los dos cuerpos puedan ser pensados por separado.

En el fondo, me parece, la distinción indígena de los dos cuerpos rehuye la oposición interior / exterior, lo cual, a su vez, comporta, el rechazo de la noción de interioridad personal[13]. Sabemos que esta oposición regula la casi totalidad de la visión europea de la corporalidad. Y engendra la idea de un interior que por definición contiene, a la vez que oculta, lo principal de la persona: la conciencia, las emociones, los conflictos, los traumas, etc., es decir, todo aquello que se guarda "dentro" y sólo ocasionalmente sube a la superficie. La idea de intimidad —como ha subrayado Manuel Gutiérrez Estévez (2002: 83)— es condición y efecto de la creación de una interioridad, y es justamente la dificultad de acceso a ésta lo que otorga a la intimidad su valor. Pero no debemos perder de vista que se trata de una interioridad orgánica —como sucede en la teoría hipocrática de los humores, o como en la teoría de que el corazón determina el carácter personal en virtud de ser el primer órgano que se forma en el embrión—, pues es esto lo que asegura en definitiva la reunión de los aspectos somáticos y subjetivos.

En cambio, el interior del cuerpo indígena no produce, por así decir, una interioridad psicológica. Es cierto que parte de lo que la tradición

13. La anatomía indígena distingue fundamentalmente los ejes "derecha/izquierda" y "arriba/abajo".

europea proyecta sobre la interioridad, lo hacen los indígenas sobre sus almas (aspectos del carácter, las emociones, etc.), las cuales suelen encontrarse instaladas en el corazón (o bien en alguna otra parte interna: hígado, estómago, etc.). Pero en este contexto, el corazón no es exactamente una víscera, sino una especie de coágulo del estado sagrado que ha quedado retenido en el interior del cuerpo por efecto del pliegue del nacimiento. El interior del corazón en realidad pertenece a lo más exterior, el estado sagrado de la existencia, que es la antítesis del estado corporal ordinario, de la materia carnal. Lo que pudiéramos entender como una interioridad indígena se encuentra en un estado ontológico distinto. No es el interior del cuerpo-carne lo que debe ser sometido a vigilancia, sino el cuerpo-presencia (esa especie de "fachada" que constituye el yo), donde se encuentra depositados los hábitos sociales y morales. La plástica corporal prevalece sobre la fisiología.

Podemos comparar esto con la diferencia que traza Roland Barthes (1982) entre el teatro europeo y el teatro de marionetas japonés, el *bunraku*. Su distinción se asienta precisamente sobre la base del papel de la interioridad. La función del teatro europeo, asegura Barthes, consiste esencialmente en revelar aquello que se considera secreto, como parte del interior de la persona, ocultando al mismo tiempo los artificios de ese proceso de revelación (la maquinaria, el maquillaje, las luces). El actor es el canal expresivo de la interioridad del personaje y el espectador observa —casi espía, dice— esta profundidad sumido en la oscuridad de la sala del teatro. Por el contrario, los agentes del *bunraku*, aunque impasibles, se muestran perfectamente visibles al público mientras se afanan en el movimiento de las marionetas, a la vez que otros agentes impostan las voces de los muñecos. En el *bunraku*, pues, las fuentes del teatro son expuestas como un vacío, algo desprovisto de entrañas (y sin significado); la idea de interioridad es sustituida por la acción necesaria para la producción del espectáculo. Esto es en cierto modo el cuerpo-presencia, un cuerpo que no esconde un interior, al menos no más de lo que lo hace una máscara, hecha no para ocultar sino para producir un personaje. Un cuerpo-fachada dispuesto para la interacción con otros cuerpos, basado en la acción y el *gestus*, el conjunto de movimientos y actitudes del cuerpo (Schmitt 1991). Un cuerpo, en suma, que puede ser pensado como separado del otro cuerpo carnal porque no hay una interioridad orgánica que los fuerce a permanecer unidos.

Entre la materia carnal y el alma incorporal

Resumiendo, podemos distinguir un primer cuerpo que es una unión —sin forma específica— de carne y fluidos formando un conjunto segregable en partes diferenciables, un objeto sensible, pero sin capacidad de relación social con los demás seres. Y un segundo cuerpo —con una forma característica para cada especie— que es un sujeto activo de percepción, sentimiento y cognición, comprometido en una relación intersubjetiva y sociable con cuerpos semejantes.

Pero ¿no estaré exagerando al hablar de dos cuerpos, cuando podría decirse simplemente que se trata de dos maneras distintas de hablar de lo que en realidad no es sino una misma cosa? Éste es, por ejemplo, el enfoque de Ernst Kantorowicz (1957) en su célebre estudio sobre "Los dos cuerpos del rey". El pensamiento político medieval inglés distinguía en sus reyes dos cuerpos: el cuerpo natural (*the body-natural*) y el cuerpo político (*the body-politic*). El primero era material y mortal, sujeto a las desgracias causadas por naturaleza o por accidente; el segundo era inmaterial e inmortal, un estado de absoluta perfección sobrehumana —"void of Infancy and old age, and other natural Defects and Imbecilities" (1957: 8)—, y sin embargo también de carácter "fisiológico", para emplear la expresión del autor, pues, por ejemplo, era éste cuerpo y no el "natural" el que se representaba como efigie en las monedas. Pero Kantorowicz considera esta distinción en realidad como un modo de hablar, "the idiom of the King's two bodies" (1957: 21), que permite pensar la naturaleza de la monarquía mediante la asociación en un plano corporal de un cuerpo humano y un cuerpo político.

En el caso indígena, sin embargo, no se trata simplemente de "una manera de hablar". El uso de dos términos distintos para referir —aunque de manera no exactamente equivalente— aquello que en las lenguas europeas denominamos sin más "cuerpo humano" sugiere que la distinción terminológica implica también una distinción conceptual. Como hemos visto, los nombres *bak'etal* y *swinkilel* poseen significados distintos, se emplean en circunstancias también diferentes, y uno no está incluido en el otro. Si admitimos que la experiencia física está moldeada por el contexto lingüístico —que el lenguaje no se limita a ser una función de la expresión— debemos suponer que éste produce un cierto significado perceptual. En este caso, nos encontramos con una manera en que el lenguaje determina la forma de concebir el cuerpo y la relación de éste con el mundo. Es en este sentido que puede hablarse de los dos cuerpos indígenas[14].

De todos modos, la cuestión, por supuesto, no es decidir si se trata de dos cuerpos o de uno sólo, como reconocer a lo que apunta esta distinción: la tendencia indígena a disociar los aspectos somáticos de los aspectos fenoménicos del cuerpo humano. Es como si los indígenas hubieran asignado uno de estos aspectos a uno de los componentes aristotélicos del cuerpo: materia y forma.

Entre las consecuencias que comporta esta distinción se encuentra la de atenuar la dualidad cuerpo-alma. Tenemos, en primer lugar, un cuerpo-carne propio de los seres del mundo ordinario —humanos y animales— que representa una cualidad *sustancialmente* homogénea entre todos ellos. En segundo lugar, un cuerpo-presencia, principio de unidad de cada una de las especies de seres ordinarios, entre ellas los humanos, que determina sus actividades y formas de sociabilidad; pero que es también susceptible de ser compartido por las almas y demás seres sagrados en la medida en que éstos pueden adoptar uno para entrar en contacto con el estado ordinario. Y en tercer lugar, ese impreciso e inestable conjunto de entidades que existen en un estado sagrado —almas, espíritus, muertos, etc.— y que en condiciones normales carecen de un cuerpo. En esta cadena ontológica, el cuerpo-presencia ocupa el eslabón intermedio que articula cuerpo y alma. Entre la corporalidad carnal y el alma incorporal, es el cuerpo-presencia el que permite la comunicación física —esto es, fuera del sueño y del ritual— entre los estados ordinario y sagrado de la existencia.

A este respecto, la definición del cuerpo indígena dada por los etnógrafos amazonistas, notablemente Eduardo Viveiros de Castro, me parece muy persuasiva, pero también algo parcial. El cuerpo amazónico sería, desde este punto de vista, "un conjunto de maneras o modos de ser que constituyen un *habitus*" (Viveiros de Castro 2004: 46) o,

14. Me doy cuenta que —para evitar hablar de dos cuerpos, lo cual no deja de ser algo antiintuitivo— podríamos llamar al *bak'etal* simplemente "cuerpo" y traducir *swinkilel* como "persona". Ahora bien, la persona europea incluye aspectos no corporales, como las almas, y se recordará que la persona cristiana (Mauss 1971) es en buena medida una entidad metafísica (las tres personas de la Santísima Trinidad, etc.). En cambio, *winkilel* se caracteriza por su *fisicalidad*: no puede entenderse fuera de la idea del cuerpo o campo corporal.

más precisamente, "el conjunto de disposiciones y aptitudes necesarias para desarrollar relaciones con los congéneres" (Taylor y Viveiros de Castro 2006: 153). Esta formulación define admirablemente todo cuanto hemos venido llamando aquí "cuerpo-presencia". No obstante, ¿hay lugar para un cuerpo carnal, no un cuerpo-sujeto sino un cuerpo-objeto, en esta definición? "Entre la subjetividad formal de las almas y la materialidad sustancial de los organismos —observa Viveiros de Castro (2004: 46)—, existe ese plano central que es el cuerpo como haz de inclinaciones y capacidades". Pero si reservamos exclusivamente el término de cuerpo a este plano intermedio, cómo llamaremos entonces a esa "materialidad sustancial" que se corresponde, según entiendo, con lo que he llamado "cuerpo-carne. Y, sobre todo, según hemos visto más arriba, qué relación se establece entre esos *tres* planos, y ya no únicamente entre los dos de "cuerpo" y "alma".

Cabe preguntarse si no será el énfasis de nuestra tradición europea en la dualidad cuerpo-alma lo que dificulta distinguir —o, simplemente, tomar en consideración— en las culturas amerindias la presencia de posibilidades intermedias entre ambos extremos. No obstante, no quiero insinuar con ello que nos encontremos ante un esquema ternario indígena frente a uno dualista europeo; entre otras razones porque, como nos recuerda Jérôme Baschet (1999), las concepciones cristianas medievales tampoco se reducían a una dualidad simple de cuerpo y alma, pues encontramos en ellas una tensión entre una representación dual y una ternaria de la persona. Pero, sobre todo, porque una discusión en esta línea no haría justicia a las sutilezas de cada composición, que no residen en un problema de número sino de relación. Ni tampoco deseo sugerir que la oposición cuerpo-alma no sea relevante. Una distinción de este tipo, por general e imprecisa que sea, parece prácticamente universal (Descola 2005) y suministra una polaridad fundamental. En el caso indígena tzeltal, de hecho, resulta esencial entre otras razones porque equivale a la distinción entre el "nosotros" indígena y el "los otros" almas-espíritus-muertos-europeos-acontecimientos del pasado, etc.; una oposición, por cierto, que se halla instalada en el seno de la persona mediante el contraste cuerpo-corazón (Pitarch 1996)

Pero es cierto que la identificación de dos cuerpos viene a complicar la relación de éstos *vis a vis* con las almas. Por ejemplo, en relación con el proceso de fabricación del cuerpo. Si, como se ha dicho (p. ej.

Seeger, Da Matta y Viveiros 1979, Viveiros de Castro 2004, Pitarch 1996, 2008), en el esquema indígena de la persona las almas representan aquello que es lo innato y el cuerpo aquello que debe ser fabricado ¿hay alguna diferencia en los procedimientos de fabricación del cuerpo-carne respecto del cuerpo-presencia? Mis datos sugieren que efectivamente así es. Ambos cuerpos deben ser fabricados continuamente. Pero el cuerpo-carne es producto directo de la alimentación —la comida se incorpora literalmente como carne y sangre—, mientras que el cuerpo-presencia es resultado del "aprendizaje" de los hábitos sociales de la especie: ciertas formas de conocimiento, el lenguaje y el habla, la etiqueta social, los movimientos y gestos corporales, la indumentaria, etc. (y sospecho que los indígenas incluirían aquí las técnicas culinarias como algo diferenciado de la alimentación en su sentido de nutrición).

Indudablemente, ambos procedimientos —alimentación y código social— son necesarios para alcanzar un único desarrollo biomoral, consecuencia de la conjunción del cuerpo-carne y cuerpo-presencia. Pero el grado en que ambos cuerpos pueden ser modificados es desigual. El cuerpo-carne es más es más *transformable* (más artificial, para utilizar los términos de Wagner) a lo largo del desarrollo ontogenético que el cuerpo-presencia. El cuerpo carnal se modifica con el cambio de alimentación y también, se dice, con el cambio de ambiente (por ejemplo, si se pasa de la tierra fría a la tierra caliente: el primero que nota las sensaciones de frío / calor es el cuerpo-carne es. Es mas, para que cambie el cuerpo-presencia, la forma de ser de cada uno, tiene que transformarse primero el cuerpo carnal; en todo caso el cuerpo-presencia es menos susceptible de ser modificado. Esto explica que para poder aprender español y ser, por ejemplo, maestro de escuela haya que comer carne y otros productos como el pan de trigo, arroz, patatas fritas o cerveza, pues al sustituir la dieta de maíz y frijol se transforma el cuerpo carnal primero, y al hacerlo cabe que se vayan transformado ciertos capacidades agentivas y de conocimiento propias del cuerpo-presencia.

Más arriba hemos definido las almas como fragmentos del estado sagrado que se han introducido en el vientre materno y que son plegadas y arrastradas hasta este mundo con el nacimiento. También hemos visto que el cuerpo-carne no se comienza a fabricar hasta que se produce el alumbramiento. Es razonable suponer que, entre un momento y otro, el cuerpo-presencia comience a gestarse en el vientre materno (esa cámara de incorporar) como el cuerpo provisional que adoptan las almas. Es este cuerpo el que se pliega —tal y como lo hace la ropa a la que se vuelve del revés, una imagen que no es del todo inapropiada dado que este cuerpo es, en buena medida, un revestimiento— encapsulando las almas y permitiendo así el tránsito entre el estado sagrado y el ordinario, hasta que, finalmente, como consecuencia del parto, este conjunto es fijado por el cuerpo-carne. (Me pregunto si no será esta figura del pliegue lo que se encuentra representado en esas extrañas y fascinantes esculturas precolombinas en las que, como en un juego de cajas chinas, un cuerpo o, más generalmente, un rostro abierto por la mitad —o una máscara: es lo mismo— aloja en su interior otro rostro que abierto a su vez muestra en su interior otro rostro, en lo que parece, de hecho, una regresión ilimitada).

Esta sucesión de incorporaciones concuerda, por lo demás, con la tesis de Roy Wagner (1981) según la cual numerosas culturas, a la inversa del sentido común europeo, consideran lo innato (la naturaleza, para entendernos) como el elemento variable de la existencia, y la convención (la cultura, también para entendernos) como lo invariable. Pues en efecto, en este caso, el cuerpo-carnal es más "artificial" que el cuerpo-presencia, si bien más "natural" —menos variable— que las almas, que existen desde siempre. Entre el cuerpo-carne, que posee una identidad relativamente constante, y las almas, que se encuentran en un estado de permanente inestabilidad, el cuerpo-presencia se halla en una posición intermedia y articular entre lo innato y lo construido. Quizá pudiéramos llamar a esa posición intermedia "lo cultivado", en el sentido, por ejemplo, de la palabra tzeltal *ch'iib*, cuyo significado es crecer, pero aplicado al crecimiento de ciertas plantas silvestres —el tabaco por ejemplo— a las que se debe prestar algún cuidado para que logren desarrollarse.

Conclusión

Cuanto hemos visto sugiere que la idea indígena del cuerpo dista de ser algo evidente. En los estudios mesoamericanos, el cuerpo, ese objeto fundamental, ha tendido a ser visto con frecuencia como una cosa natural y, por tanto, no necesariamente problemática. Las almas son múltiples, el cuerpo uno solo. Las primeras pertenecen al campo de la variación cultural —por así decir, de la creencia—, el segundo, en cambio, al de los hechos objetivos. Por más que se admita que el cuerpo es interpretado culturalmente, éste siempre remite a un objeto externo a la cultura. Los archivos de la etnografía contienen numerosos datos sobre cómo es el cuerpo indígena, pero muy poco sobre qué es un cuerpo indígena.

En relación con la historia del arte, James Elkins (1986) ha destacado cómo, para que el campo de los estudios del cuerpo pudiera surgir en esta disciplina, hubo de producirse primero una devaluación del estudio académico de la anatomía del arte, que hasta entonces había sido la herramienta principal con que los historiadores discutían el cuerpo. Me parece que algo de esto sucede en la etnografía mesoamericana. Contamos, entre otros, con trabajos de etnoanatomía o estudios de lingüística cognitiva referida al cuerpo (quizá bajo la asunción de que se trata de una experiencia cercana y por tanto más apta para la comparación lingüística), pero sabemos poco del propio concepto de cuerpo humano. Preguntarse ¿qué es un cuerpo? —para tomar el oportuno título del catalogo de una exposición del Museo Quai de Branly (Breton 2006)— nos exige un enfoque distinto del anatómico

Pero, a diferencia de la historia del arte europeo, en este caso no se trata sólo de un problema de enfoque, sino también, y quizá sobre todo, de traducción: cómo traducimos "cuerpo". Los frailes lexicógrafos dedicados a la confección de vocabularios pronto descubrieron que no existía en las lenguas amerindias una palabra equivalente a cuerpo, en el sentido europeo de "cuerpo generalmente". Y ¿cómo se podía traducir entonces la expresión "cuerpo humano" si ni siquiera existía el concepto de cuerpo? (Surrallés, en este volumen). La misma idea del cuerpo como un hecho natural tiende a impedir que reconozcamos la violencia que hacemos cada vez que trasladamos un término indígena por la locución "cuerpo humano".

No hay ninguna garantía de que estemos llevando a cabo una traducción mínimamente fiel. Pero el hecho de observar los problemas en la traslación —que no es sino fijarnos en el significado de los conceptos indígenas— nos pone sobre aviso. Nos revela las insuficiencias de nuestro lenguaje (con seguridad el mío) al tratar de comprender y traducir la idea indígena de cuerpo. Y nos descubre también la facilidad con que se deslizan los esquemas europeos de comprensión del cuerpo

—la fisiología, por ejemplo— en nuestras descripciones. Con el estudio del cuerpo indígena sucede un poco como con el espejo en la pintura: nos interesamos por las imágenes reflejadas en el espejo en lugar de fijarnos —esa hazaña atribuida a Velázquez— en el espejo mismo.

Bibliografía general

ALVES, Kenia (2005): "Recorriendo la ciénaga de las ilusiones muertas: fragmentos de un cuerpo impropio", manuscrito inédito.

BARTHES, Roland (1982):"Lesson in Writing", en Susan Sontag (ed.), *A Barthes Reader*. New York: The Noonday Press

BASCHET, Jérôme (1999): "Alma y cuerpo en el Occidente medieval: una dualidad dinámica, entre pluralidad y dinamismo", en Pedro Pitarch/Jérôme Baschet/Mario H. Ruz, *Encuentro de almas y cuerpos entre la Europa medieval y el mundo mesoamericano*. Tuxtla Gutiérrez: Universidad Autónoma de Chiapas, pp. 41-85.

BERLIN, Elois Ann/BERLIN, Brent (1996): *Medical Ethonobiology of the Highland Maya of Chiapas. The gastrointestinal diseases*. Princeton: Princeton University Press.

BRETON, Stephan (dir.) (2006): *Qu'est-ce qu'un corps. Afrique de l'Ouest / Europe occidentale / Nouvelle-Guinée / Amazonie*. Paris: Musée du Quai Branly/Flammarion

BROWN, Penelope (1991): *Spatial Conceptualization in Tzeltal*. Nijmegen: Max Planck Institute for Psycholinguistics.

BUNZEL, Ruth (1981): *Cichicastenango*. Ciudad de Guatemala: José Pineda Ibarra.

DESCOLA, Philippe (2005): *Par-delà nature et culture*. Paris: Gallimard.

DUVERGER, Christian (1983): *La flor letal. Economía del sacrificio azteca*. México: Fondo de Cultura Económica.

GALINIER, Jacques (1990): *La mitad del mundo. Cuerpo y cosmos en los rituales otomíes*. México: Universidad Nacional Autónoma de México.

GONZÁLEZ TORRES, Yolotl (1985): *El sacrificio humano entre los mexicas*. México: Fondo de Cultura Económica.

GOSSEN, Gary H. (1974): *Chamulas in the World of the Sun. Time and Space in a Maya Oral Tradition*. Prospect Heights: Waveland Press.

GUTIÉRREZ ESTÉVEZ, Manuel (2002): "Interioridades", en Íd. (ed.), *Según cuerpos. Ensayo de diccionario para uso etnográfico*. Cáceres: Cycon.

ELKINS, James (1986): "Two conceptions of the Human Form: Bernard Siegfried Albinus and Andreas Vesalius", en *Artibus et historiae*, 14, pp. 91-107.

— (1994): "The question of the body in Mesoamerican art", en *RES. Art and anthropology*, 26, pp. 113-124.

FABREGA, Horacio/SILVER, Daniel (1973): *Illness and Shamanistic Curing in Zinacantan: An Ethnomedical Analysis*. Standford: Standford Univetsity Press.

FERNÁNDEZ JUÁREZ, Gerardo (2000): "El culto al 'Tío' en las minas bolivianas", en *Cuadernos Hispanoamericanos,* 597, pp. 25-32.

HOLLAND, William R. (1978): *Medicina maya en los Altos de Chiapas*. México: Instituto Nacional Indigenista.

KANTOROWICZ, Ernst (1957): *The King's two Bodies. A Study in Mediaeval Political Theology*. Princeton: Princeton University Press.

LEÓN, Lourdes de (1992): "Body parts ans location in Tzotzil: a case of grammaticalization", en Lourdes de León/Stephen C. Levinson (eds.), *Space in Mesoamerican Languages*. Berlin: Akademie Verlag, pp. 570-590.

LEVINSON, Stephen C. (1994): "Vision, shape and linguistic description: Tzeltal body-part terminology and object description", en *Linguistics,* 32, pp. 791-855.

LÓPEZ AUSTIN, Alfredo (1980): *Cuerpo humano e ideología. Las concepciones de los antiguos nahuas,* vol. 1. México: Universidad Nacional Autónoma de México.

MAUSS, Marcel (1971): "Sobre una categoría del espíritu humano: la noción de persona y la noción del 'yo'", en Íd., *Sociología y antropología*. Madrid: Tecnos.

MENDELSON, Michael (1963): *Los escándalos de Max Simón*. Ciudad de Guatemala: Seminario de Integración Social Guatemalteca.

MERLEAU-PONTY, Maurice (1970): *Lo visible y lo invisible*. Barcelona: Seix Barral.

MORENO, Martha (2008): "Cuerpo, género y sexualidad en las mujeres indígenas de Chiapas". Tesis Doctoral, Madrid: Universidad Complutense.

NÁJERA, Martha Ilia (2000): *El umbral hacia la vida. El nacimiento entre los mayas contemporáneos*. México: Universidad Nacional Autónoma de México.

NASH, June (1979): *We Eat the Mines and the Mines Eat us*. New York: Columbia University Press.

PITARCH, Pedro (1996): *Ch'ulel. Una etnografía de las almas tzeltales*. México: Fondo de Cultura Económica.

— (2000): "Conjeturas sobre la identidad de los santos tzeltales", en *Journal de la Societé des Américanistes*, 86, pp. 129-148.

— (2004): "La conversión de los cuerpos. Singularidades de las identificaciones religiosas indígenas", en *Liminar,* II (2), pp. 6-19.

— (2008): "The Labyrinth of Translation: A Tzeltal Version of the Universal Declaration of Human Rights", en Pedro Pitarch/Shannon Speed (eds.), *Human Rights in the Maya Region: Global Politics, Moral Engagements, and Cultural Contentions*. Durham: Duke University Press.

PLATT, Tristan (2001): "El feto agresivo. Parto, formación de la persona y mito-historia en los Andes", en *Anuario de Estudios Hispanoamericanos*, LVIII-2.

RUZ, Mario H. (1996): "El cuerpo: miradas etnológicas", en I. Szasz/S. Leonor (eds.), *Para comprender la subjetividad. Investigación cualitativa en salud reproductiva y sexualidad*. México: El Colegio de México, pp. 89-136.

SCHMITT, Jean-Claude (1991): "La moral de los gestos", en M. Feher/N. Tazzi (eds.), *Fragmentos para una historia del cuerpo humano*, vol 2. Madrid: Taurus, pp. 129-148.

SEEGER, Anthony/MATTA, Roberto da/VIVEIROS DE CASTRO, Eduardo (1979): "A construçao da pessoa nas sociedades indígenas brasileiras", en *Boletim do Museu Nacional*, 13, pp. 11-29

TAYLOR, Anne Christine (1996): "The soul's body and its states: an amazonian perspective on being human", en *Journal of the Royal Anthropological Institute*, 2 (1), pp. 201-215.

TAYLOR, Anne Christine/VIVEIROS DE CASTRO, Eduardo (2006): "Un corps fait de regards", en Stephan Breton (dir.), *Qu'est-ce qu'un corps. Afrique de l'Ouest / Europe occidentale / Nouvelle-Guinée / Amazonie*. Paris: Musée du Quai Branly/Flammarion, pp. 148-199.

VIVEIROS DE CASTRO, Eduardo (2004): "Perspectivismo y multinaturalismo en la América indígena", en Alexandre Surrallés/Pedro García (eds.), *Tierra Adentro*. Copenhague: IWGIA, pp. 37-79.

WAGNER, Roy (1981): *The Invention of Culture*. Chicago: Chicago University Press.

Diccionarios y vocabularios

ARA, Fray Domingo de (1986): *Vocabulario de lengua tzeldal según el orden de Copanabastla*. Edición de Mario H. Ruz. México: Universidad Nacional Autónoma de México.

BARRERA VÁZQUEZ, Alfredo, *et al.* (1980): *Diccionario Maya Cordomex; maya-español, español-maya*. Mérida: Cordomex.

COTO, Fray Thomas de (1983): *Thesaurus verborv. Vocabulario de la lengua cakchikel V. Guatemalteca*. Edición de René Acuña. México: Universidad Nacional Autónoma de México.

HAESERIJN, Esteban (padre) (1979): *Diccionario K'ekchí-español.* Ciudad de Guatemala: Piedra Santa.

HARRISON, Roy/HARRISON, Margaret (1981): *Diccionario zoque de Copainalá.* México: Instituto Lingüístico de Verano.

HURLEY, Alfa/RUIZ, Agustín (1986): *Diccionario tzotzil de San Andrés con variaciones dialectales.* México: Instituto Lingüístico de Verano.

KAUFMAN, Terrence (1972): *El proto tzeltal-tzotzil.* México: Universidad Nacional Autónoma de México.

— (with the assistance of John Justeson) (2003): "A Preliminary Mayan Etymological Dictionary", manuscrito inédito.

KNUDSON, L. (1989): *Zoque de Chiamalapa, Oaxaca, Archivo de lenguas indígenas de México.* México: El Colegio de México.

LAUGHLIN, Robert M. (1975): *The great Tzotzil dictionary of San Lorenzo Zinacantán.* Washington, D. C.: Smithsonian Institution Press.

— (1988): *The Great Tzotzil Dictionary of Santo Domingo Zinacantan.* Washington, D. C.: Smithsonian Insitution Press.

LENKERSDORF, Carlos (1979): *Diccionario Tojolabal-español.* Comitán de Domínguez: La Castalia.

PÉREZ ALONZO, Juventino de Jesús (2007): *Diccionario bilingüe Estándar Mam. Pujb'il yol mam.* Ciudad de Guatemala: Cholsamaj.

RUZ, Mario H. (1997): *Las lenguas del Chiapas colonial. Manuscritos de la Biblioteca Nacional de París, vol. 2: La lengua zoque.* México: Universidad Nacional Autónoma de México.

SCHOENHALS, Alvin/SCHOENHALS, Louise C. (1982): *Vocabulario mixe de Totontepec.* México: Instituto Lingüístico de Verano.

SCHUMMAN, Otto (1973): *La lengua chol de Tila (Chiapas).* México: Universidad Nacional Autónoma de México.

SIMÓN, Enrico/BALTASAR, Ernesto (2007): *Diccionario bilingüe tektiteko-español.* Ciudad de Guatemala: HORMA.

SLOCUM, Mariana/GERDEL, Florencia (1981): *Vocabulario tzeltal de Bachajón.* México: Instituto Lingüístico de Verano.

WICHMANN, Soren (1995): *The relationship among the Mixe-Zoquean languages of Mexico.* Salt Lake City: University of Utah Press.

WILBUR, H./AULIE, E. de (1988): *Diccionario chol de Tumbalá.* México: Instituto Lingüístico de Verano.

Yo es otro: marcadores corporales de la (de)negación en el ritual otomí (México)

Jacques Galinier

«Yo es otro», decía el poeta Rimbaud. Es una de esas fascinantes paradojas que desorientan a los antropólogos en el mundo amerindio cuando ponen en juego al mismo tiempo espacio y tiempo, hombres y animales, vivos y ancestros, a través de un sutil calidoscopio de fórmulas ontológicas que nos despistan, nos pierden en abismos del pensamiento. Voy a tratar de explicitar este fenómeno a partir de un ejemplo mesoamericano, tomando en cuenta mi experiencia de campo entre los indios otomíes del México oriental.

Consideramos la negación de ser otro tal como se conceptualiza localmente en el dialecto otomí del sur de la Huasteca y se expresa en la praxis ritual. Es decir, en primer lugar la negación de ser mestizo. Puede expresarse solamente así: *hinki nyâpö*, «no hablo el idioma de los viejos». Ahora bien, este juicio asertórico contradice literalmente la presencia de esos mismos *alterii* —en particular los ricos hacendados— en el panteón local de las comunidades de la Sierra Madre, es decir, entre las figuras más prestigiosas del inframundo, los Padres y las Madres. Entonces, el problema es el siguiente: ¿por qué un pueblo indígena venera entidades oriundas del "mundo otro", considerado como hostil, hasta letal para los miembros de la comunidad? Es decir, a todos esos espacios desconocidos, el de los extranjeros, de la ciudad, de la migración, a los cuales se apega la creencia de que en tales lugares los indios serán transformados en jabón. Veremos que, de hecho, si las figuras de alteridad se consideran como "autóctonas", es porque han sufrido un necesario proceso de corporización que permite después su identificación. Más allá, comentaremos cómo esta proyección constante en el mundo ajeno define la ipseidad, la irreductibilidad del ser otomí, y. sobre todo, cómo pone de relieve el marco corporal, esquema indispensable de reflexión para describir esta aparente contradicción.

En el caso otomí, al principio, conviene tomar en cuenta la curiosa coacción semántica y gramatical, que obliga a significar que «uno no habla español» (*hinki nyâpö*) para indicar que uno no es mestizo o indio. El idioma español se llama *nyâpö*, es decir, la palabra, o la "punta", la "cabeza" (*nyâ*) del "viejo" (*pö*). El afijo *pö* se encuentra en la construcción de términos de parentesco como *pöhta* "viejo padre" o *pömbe*, "vieja madre", en el ámbito de Ego + 1. Hablando del idioma vernáculo de la "gente del otro lado" del mundo, se dice *nyâzubi*, la lengua de las "mujeres excremento", idioma de los "gringos" o del antropólogo (*šâzubi*). En los dos casos, esta "negación" se expresa de la manera siguiente:

nuko hinki nyâpö: literalmente, "yo (negación) hablar viejo"

nuko wi hinki nyâ pö: "tu-yo (dual) (negación) hablar viejo"

nuko mbe hinki nyâ pö: plural inclusivo nosotros (dos personas) (negación) hablar viejo (sin el interlocutor)

nuko khu hinki nyâ pö: plural inclusivo (más de dos personas)

nuko khe hinki nyâpö: plural exclusivo (más de dos personas sin el interlocutor).

En consecuencia, rechazar el etnónimo que se aplica a la población de los mestizos confirma el hecho de no dominar el idioma nacional, aunque uno pueda decir: *nuko di nyânyû*, "hablo otomí", ésta es, por supuesto, una afirmación totalmente superflua... En realidad la aserción *hinki nyâpö*, "no habla el idioma de los viejos", permite a la vez marcar una distancia étnica y significar que la lengua española no se usa en el contexto cotidiano. También autoriza el paso de la negación a la denegación, es decir, a la "presentación del ser bajo la forma del no ser" (Hyppolite 1996). Veremos más adelante por qué esta definición esencialista no nos satisface, visto que petrifica de cierta forma la expresión de la diferencia étnica, considerando únicamente este binomio, estos dos juicios de verdad. La cuestión se complica por el hecho de que la forma adjetival *pö*, que se refiere a los "viejos", tiene una polisemia pertubadora (Galinier 1979: 205-208). Conservaremos de manera exploratoria este primer sentido, recordando que *pö* connota la autoridad, la ancestralidad, una particularidad fisiológica (el proceso de entropía, de vejez, signo de renovación, a nivel humano y cósmico). Todo lo que se denomina *pö* se relaciona con el universo de los ancestros y, por antonomasia, con todo lo que justifica una práctica ritual. Recordemos de antemano que los otomíes contemplan tres registros de comunicación: dos lingüísticos, gracias al uso del otomí y del español, y uno metalingüístico, el «silencio ritual» (me refiero aquí al estatus del "hombre sin boca", *gonde*, en el Carnaval). No expresarse en el idioma de los "viejos" es un imperativo de "los costumbres", los rituales de fertilidad agraria, que tienen una importancia capital en esas comunidades de agricultores. Durante estos eventos, el uso de la lengua española está totalmente prohibido. Su uso sería una suerte de sacrilegio, una obscenidad, aunque el "castilla" conserva un valor instrumental específico en otra clase de rituales como forma de comunicación preconstreñida del arte oratorio en ciertos cantos del Carnaval. Ahora bien, ¿por qué se utiliza el español en un caso y se rechaza en otro? De hecho, el español ocupa una función bien particular en el juego ritual y su instrumentalización refleja su supuesta carga escatológica y erótica. El español simboliza la afirmación del poder nacional mexicano, a través de sus delegaciones locales, que son los ayuntamientos, y del aparato político del Estado que controla las comunidades indígenas, desde las cabeceras donde residen los mestizos, los cuales se niegan rotundamente a hablar en otomí, lo que no es el caso con el náhuatl. Hasta pude constatar modos de comunicación por lo menos desconcertantes: el uso simultáneo del español y del otomí entre locutores de un mismo pueblo, nacidos en el mismo lugar, viviendo uno al lado del otro, a algunos metros de distancia..., sin jamás intercambiar palabras en el idioma vernáculo de su vecino. Es evidente que este uso particularmente formalizado no es un hecho de pura casualidad. Consideremos igualmente el caso de los perros, que son tratados de manera particularmente cruel: los niños aprenden desde una muy temprana edad a arrojarles piedras tan pronto como se acercan de una vivienda. El perro, *yo*, "hueso", o *šâyo*, "hueso apestoso", hace las veces de psicopompo: tiene como vocación señalar la presencia de los difuntos. Ahora bien, el único idioma con el cual se les habla es el español, una costumbre presente entre las poblaciones indígenas circunvecinas (recordemos que durante el Carnaval, algunos personajes emblemáticos llevan nombres españoles).

En otras palabras, y paradójicamente, el castellano se puede identificar como uno de los idiomas de los ancestros. El idioma nacional se desvía entonces de su función apologética, de autoridad, y cobra una nueva función performativa, específica. Varias razones pueden explicar esta curiosidad. En primer lugar, la existencia del "Viejo Costal" (Tözâ), nombre de un personaje ritual que lleva una máscara negra con una nariz fálica, un costal de henequén como traje, pero también denominación de una clase de "inconsciente étnico", en el cual se hunde la memoria de la humanidad, es decir, todas las representaciones, los acontecimientos, incluso los que implican actores ajenos al mundo otomí (Galinier 1990: 365-372). Se considera que un largo proceso de ancestralización ha convertido a los mestizos en indios, ha cambiado a los enemigos en gente nativa. En verdad, en sus rituales, los otomíes no hacen prácticamente nunca alusión a otras etnias con las cuales están en contacto (nahua, totonaca o tepehua), ya sea que las consideren como incluidas en este mismo inframundo como "indios", en tanto que "naciones", o bien que el territorio de los mestizos y la lengua de los "viejos" ocupen un lugar específico en un dispositivo dualista arriba/abajo, marcado por un "efecto de volteo", de identificación y de negación, que transforma a los vivos "de arriba" en gente "de abajo".

No entraremos aquí en los detalles del Carnaval otomí, que representa una fuente enciclopédica de informaciones y de exégesis respecto a este tema; simplemente comentaremos los puntos más pertinentes de su ideología para la cuestión que nos preocupa (García Franco y Reyes 2002). Por eso, siempre es necesario identificar en su contexto los puntos más pertinentes de esta ideología, para entender la posición del sujeto autor de la denegación. En el Carnaval se trata de dar a conocer otra escena en la cual los actores son a la vez "gente de nosotros" y gente ajena. Ahora bien, el principio de inversión que organiza este dispositivo no consiste únicamente en enseñar el mundo al revés. Tiene como función poner en evidencia la parte ajena de uno mismo, y la parte autóctona del extranjero. El Carnaval enseña toda una serie de índices que permiten descubrir estas figuras complementarias de la alteridad. Primero, una serie de personajes, tales como los "padres viejos" (*pöhta*): en este caso los dueños del monte, pero también todos esos actores que aluden al mundo urbano, policías, militares, ingenieros, médicos, locos, abogados, músicos, estrellas de cine, antropólogos, etc. Surgen también las "damas" (*šumpö*), que hacen las veces de prostitutas ceremoniales y que son marcadas por una doble alteridad, sociológica y de «género» (se trata de hombres disfrazados). En este tipo de ritual, la representación más íntima de la identidad otomí pasa por la incorporación de lo extranjero. De hecho, se trata de un juego más complejo, porque la figura del diablo, que los expertos chamánicos glosan bajo el doble registro del álter ego indeseable y del yo profundo, marca de manera indistinta el polo de la alteridad y de la autoctonía. Cristaliza todos las dimensiones de la vida humana que en otro tipo de sociedad no podrían combinarse: masculino/femenino, arriba/abajo, pasado/porvenir, vida/muerte, externo/interno, etc. Esto no es sorprendente en la medida en que el diablo se identifica con el dueño del mundo, y puede rebasar las fronteras psíquicas, sociológicas, territoriales y étnicas. El diablo se conceptualiza más como un *go between* que como una figura identificada con un lugar preciso, como el infierno o "lugar de los muertos" (*nitu*); estas creencias existen de manera similar en los pueblos nahuas de la región (Báez Jorge y Gómez Martínez 1998).

Cambiemos ahora de ritual y observemos la analogía entre los discursos chamánicos durante las sesiones terapéuticas y las súplicas del Carnaval. Las dos remiten a la misma postura, que consiste en atraer hacia sí mismo lo que es ajeno para después expulsarlo (Dow 1986). En las «limpias», el proceso se divide en dos secuencias. La primera se dirige a la «mala obra»: consiste en convocar a las instancias patógenas ubicadas bajo la custodia del diablo y en volver más intenso el estado de sufrimiento del paciente. A este nivel, la autoridad del diablo no se pone en tela de juicio y no hay denegación. Al contrario, se venera con único dueño del mundo. Una vez el acto ha terminado, la parafernalia se tira en el monte. Entonces es cuando empieza la segunda secuencia, simétrica de la primera, en la cual los actores se dirigen hacia las instancias celestes, que encarnan figuras mayores de la religión cristiana. Aquí sí, nos situamos en el registro de la denegación. Podemos comparar el espacio ritual con un cuerpo cósmico en el cual el dueño del mundo (*šimhoi*) efectúa una suerte de "visita epifánica". El teatro del Carnaval funciona como el cuerpo de un enfermo agitado por fuerzas antagónicas. Estos elementos permiten profundizar las analogías entre los dos tipos de rituales: la presencia de actores calificados como "viejos padres", su "va y ven" dentro del "juego", pero también actos emblemáticos como la danza del palo volador, que hace las veces de alegoría cósmica del coito. Existe una similitud de operaciones, de ofrendas al «viejo», con la instalación de un dispositivo escénico, en realidad nada más que la duplicación del dispositivo terapéutico. Por otra parte, basta comparar los discursos de recepción y de despedida de los «viejos»: son absolutamente idénticos. En ambos casos, se trata de rechazar cualquier afiliación con el "mundo del otro lado", del cual se capta provisionalmente las máscaras para expresar su vida interior de manera igualmente provisional.

¿Cuál es entonces la lógica paradójica que gobierna la ideología de esos rituales? En primera instancia, podemos admitir que es la parte ajena del yo la que es objeto de una representación, la parte «otra», pero sin embargo autóctona, la de los "antiguas", la de los ancestros. Es la parte que daña, pero que sigue siendo indispensable para la supervivencia de la especie. Las cosas se complican cuando *šimhoi*, el dueño del mundo, aparece al mismo tiempo como epónimo de los mestizos. Al igual que en otras poblaciones de Mesoamérica, los otomíes no dejan de definir una ruptura sociológica entre "indios" y "no indios". Esta oposición se inscribe en modelos de organización dualista con un trasfondo cosmológico. Ahora, si los mestizos se integran en la categoría de "lo nuestro", es por esta revuelta nocturna, que los proyecta en el gran embudo del inframundo, donde se confunden con los ancestros. Esta creencia alude a un espacio que no admite límites de tipo espacial o temporal (las generaciones se aglutinan sin respetar ningún orden cronológico), un mundo que no está regido por el principio de no contradicción. Los individuos pueden ser alternativamente enanos o gigantes, hombres o mujeres, indios o mestizos, hasta "gringos". Aquí hay un primer argumento que justifica la asimilación de los mestizos con los indios en algún lugar del inframundo, a pesar de que se separan después durante el espacio-tiempo diurno. Pero el hecho más abrumador es que entre las deidades mayores del panteón otomí, algunas poseen atributos que son típicamente relevantes de la indumentaria mestiza. Por ejemplo, los botines, idénticos a los de Mpöhö, el "similar al viejo", es decir, el "rico". Avancemos paso a paso. ¿Qué nos comenta la vulgata indígena? La riqueza no es accesible por vías convencionales, legales, normadas por la costumbre local; es el fruto de un pacto con el diablo, que implica necesariamente un sacrificio: riqueza contra alma. Este contrato diádico es válido tanto para los indios como para los mestizos. Solamente el dueño del mundo puede ser a la vez numen de la riqueza, es decir, el *mbeti*, en otros términos la "escasez" (*mbeti* significa al mismo tiempo "abundancia"). Es esta "escasez" —bajo la forma de un pie amputado o de la falta de otra parte del cuerpo— la que lo designa como figura generadora de abundancia. Para acceder a este nivel ontológico, se impone entonces una desviación por un acto sacrificial. El mestizo se identifica con el "viejo" en la medida en que tuvo que sufrir esta prueba. Entre los dueños de la riqueza, existe también el nahual, animal en el cual se metamorfosean los individuos sobrepotentes, con los cuales se pueden identificar los mestizos, ricos o no. ¿No se dice que en la Ciudad de México abundan los nahuales? Ahora, lo que caracteriza el estatus del nahual es precisamente su labilidad genérica (¿masculino o femenino?) y específica (¿humano o animal?). Podemos considerar como ancestro paradigmático del nahual el astro lunar, porque está asociado con la noche, el sexo, pero también con la abundancia, como lo señala el mito de origen del sol y la luna. De tal suerte que este "rico" se identifica con luna, el astro mayor de los otomíes. Así, desde el origen, existe esta ecuación "viejo" = luna. Al principio, según el mito, el candidato para encarnar al sol es un hombre joven, que tarda en arrojarse en el fuego sacrificial, y cuyo cuerpo pierde su calor una vez está recubierto por cenizas. En tanto que numen frío, se vuelve un astro nocturno, femenino, «de abajo».

Regresemos al ritual. En primera instancia, es menester convocar, y entonces incorporar, para después expulsar. Se deshace uno de la parte indeseable del individuo, que se confunde con la parte mala del cosmos, según un proceso de tipo homeopático que consiste en reforzar el *s'o*, para que advenga el *ho*. Por eso es preciso instalar el diablo en el cuerpo, introducir cada vez más diablo, para poder retirarlo después. En los discursos chamánicos, la denegación consiste en aceptar una realidad introyectada en primera instancia, y después rechazada. El Carnaval es la única situación en la cual esta identificación se vuelve *pública* y aceptada en la medida en que remite a una lógica de *retournement*, expresada como tal. Uno sabe muy bien que una parte de su identidad se confunde con lo ajeno, ubicada en el monte, o por debajo, es decir, lo que no se puede socializar, lo "delicado" (*šunt'üški)*, lo que se arranca cuando se cambia de piel. El uso del idioma español —lengua del poder, hablado con reticencia o para confirmar una situación de superioridad, en particular para la gestión de asuntos administrativos— establece esta distancia que vuelve más obsceno todavía el canto del viejo.

En las prácticas chamánicas existe este juego complicado de los afectos que traduce un verdadero deseo de incorporación y de *encorporación* (*embodiment*) de la figura del *s'o*, del otro, y la negación expresada por esta no pertenencia reivindicada. Pero en el Carnaval, el contexto impone de inmediato otra clase de discurso, porque el diablo tiene este carácter *unheimlich*, que diría Freud, de «inquietante extrañeza», que combina a la vez los rasgos del yo y de un álter ego desconocido (Freud 1999: XII, 229-267).

En verdad, el diablo no es más que un familiar. Su imagen se relaciona, como lo conceptualiza Freud, y así también lo señala Urtubey, con la idea de coacción (Uturbey 1983). El dueño del mundo ejerce una clase de poder tiránico para con los vivos y expresa de manera violenta la fuerza de su deseo, de su "boca", *nde*, tal como aparece con mucho realismo en un ritual de cópula entre el "dueño con cabeza de viejo" (*hmûyântö*) y la "mujer loca de amor" (*hörasu*). De hecho, este *hmûyântö* es un falo cósmico, instalado al pie del palo volador. Es el dueño del discurso, emanación de una clase de *logos spermatikos*, porque viene al Carnaval a regar su sangre o su esperma, *khi*, es decir, un "idioma de verdad", de "corte" (*makhwani*). Los datos iconográficos confirman esta idea de un «cuerpo que habla». Tal vez podemos entender la denegación, "nosotros no hablamos la lengua de los viejos", como una tentativa desesperada de apoderarse de este falo cósmico, visto que al ultimo día de Carnaval, un volador trata de subir al palo antes de caer "muerto". El ritual sirve para mantener este dispositivo escénico, en el cual los hombres se abandonan en conductas indecentes hasta la llegada del "viejo padre", que amenaza con su ira a los vivos, después de haber tenido una relación sexual furtiva y sádica con sus "hijas", las damas, prostitutas ceremoniales (hombres, por supuesto). Hablar el idioma de los "viejos" es asegurar la autoridad de este falo cósmico, del viejo padre, sobre sus "hijos". En este juego, el uso diferencial de los dos idiomas —otomí y español— borra en realidad las demarcaciones étnicas. Por encima de los hombres, existe un dueño universal, el cual puede indiferentemente dirigirse a los otomíes en ambos idiomas, e incluso en el del "gringo", *nyâzubi*.

Como señalan los datos etnográficos, existe realmente una denegación, porque el proceso de negación se inscribe dentro de una práctica ritual cuyas reglas son implícitamente reconocidas o explícitamente afirmadas. Por otra parte, hemos visto cómo existe una "represión colectiva" asociada con estos procesos de llamada y de expulsión. La denegación se ensarta en un dispositivo culturalmente programado, el cual afirma explícitamente lo que puede ser negado, lo que no podría hacer un sujeto cualquiera. En el caso del Carnaval, la denegación es una denegación colectiva, en todo caso representa "un punto de vista" otomí compartido sobre el mundo. No puede ser atribuida a un individuo en particular en la medida en que se trata de un enunciado culturalmente construido, y además en contradicción con la realidad, a dos niveles: 1) porque la mayoría de los hombres que lo afirman —"no hablamos la lengua de los viejos"— son bilingües, y muy raros son los casos de personas para las cuales esta aserción corresponde a su nivel de competencia lingüística; 2) porque se supone que los otomíes hablan la lengua de los ancestros, la lengua de los orígenes. ¿Denegación o simple "deni" de la realidad? En esto caso, la que decide es la cultura, pues es la que impone, según el contexto, un tipo de aserción u otro. En un medio hispanohablante (entre los mestizos o en la ciudad), el locutor puede reportar su nivel de competencia sin que tenga la impresión de que lo consideren como no indio. Hablar "castilla" significa a la vez expresarse en español y no ser indio.

Ahora bien, ¿cuáles son las herramientas conceptuales disponibles para abordar tales aporías? ¿Cómo salir de esta dificultad intelectual tan irritante que no podemos dejar de lado? Considero necesario referirme al concepto de negación en el sentido técnico que le otorga Freud en el célebre texto de 1925 denominado *Die Veneinung*, que remite a la segunda tópica. No a la renegación o *Verleugnung (denial)* como rechazo de la realidad de una percepción en el origen de un trauma. En nuestro ejemplo, se trata más bien de la negación (que en francés llamamos *dénégation*...), que Freud atribuye al sujeto cuando expresa deseos y al mismo tiempo sigue negando ser el autor de esos pensamientos, de esos afectos, antes reprimidos. Examinaremos hasta qué punto el concepto freudiano de negación puede ser un instrumento de explicación de esos procesos asertóricos "invertidos". Pero primero recordemos que para los etnolingüistas, el concepto de *Verneinung* no remite a una realidad precisa. Sin embargo, algunos estudios nos pueden abrir una vía de reflexión en cuanto al estatus ritual de la "negación". Por ejemplo, el "discurso antinómico" entre los tzeltales (Monod Becquelin 2000: 515), o también el «discurso autoderogatorio» en el alto Xingú (Franchetto 2000: 483). Así, la palabra del jefe kuikuro aparece "constelada de expresiones autoderogatorias y de índices de neutralización del yo, formas pronominales de inclusión colectiva o codificando la distancia social de la afinidad, partículas epistémicas que expresan un saber que atraviesa el locutor, manifestaciones de incertidumbre, neutralización de la expresividad individual en el ritmo de la versificación" (Ibíd.: 483). Como en la hipótesis freudiana sobre la *Verneinung*, hay una toma de conciencia. Uno acepta y "toma acto del contenido del mensaje reprimido" ("das Verdrängte zur Kenntnis zu nehmen"; Freud 1994: XIV: 13). El problema es más bien saber si existe una «represión colectiva» que no tuviera los mismos dispositivos de funcionamiento que la represión individual. Cuando Freud habla de un juicio intelectual en este caso, hace referencia a un mecanismo de afirmación o de negación de un atributo particular. Si la posición del Ego consiste en mantener o rechazar lo que no está de acuerdo con el principio de placer, en el caso otomí la denegación funciona siguiendo dos etapas: primero, aparece como en contradicción con el acto, que consiste en invitar a una potencia ajena, el representante de los "viejos" para después repudiarla. Concretamente, la denegación acompaña el mismo acto, ya que este juicio puede ser pronunciado durante el curso del Carnaval. Pero en nuestro ejemplo aparece una dificultad respecto al texto de Freud, cuando hace referencia al idioma de las más antiguas "mociones o pulsiones" y al "yo-placer originario" ("ursprüngliches Lust-Ich"), el cual desea "introyectar todo lo bueno" ("alles Gute sich introjizieren"), "rechazar todo lo malo" ("alles Schlechte von sich werfen") (Freud 1994: XIV, 13). Desde el punto de vista otomí, podemos aceptar la idea según la cual "esto debe estar en mí, aquello debe estar fuera de mí". Freud indica claramente que el origen "das Schlechte" se confunde con el "Lust-Ich. Das Schlechte, das dem Ich Fremde, das Aussenbefindliche, ist ihm zunächst identisch" (Ibíd.: 13). Sin embargo, 1) la oposición *gut/schlecht* ("malo/bueno") no tiene sentido en otomí, en la medida en que lo "bueno" (*ho*) tiene una dimensión letal, y lo "malo" (*s'o*), una dimensión vital, por naturaleza inestable; 2) si el *Schlecht* es originario, como lo es el *s'o* otomí, es forzosamente indispensable para la supervivencia de los humanos. No se puede eliminar definitivamente.

Freud escribe: "La denegación es una manera de tomar conocimiento de lo reprimido, es ya, por decirlo así, un levantamiento de la represión, pero en ninguna manera una aceptación (un modo de 'tomar consciencia') de lo reprimido" ("Die Verneinung ist eine Art, das Verdrängte zur Kenntnis zu nehmen, eigentlich schon eine Aufhebung der Verdrängung, aber freilich keine Annahme des Verdrängten"; Ídem). Me parece que el sentido de *erkennen* (admitir) se puede acercar a lo que dice Frege cuando postula que el sentido de un enunciado exige que una idea sea considerada y reconocida a la vez como cierta o rechazada por ser falsa: "Eine Satzfrage enthält die Aufforderung, einen Gedanken entweder als falsch zu verwerfen" (Frege 1918: 143). Pero aquí aparece otro problema por el hecho de la intrincación entre denegación individual y denegación colectiva. Se verifica un trabajo psíquico que toma a su cargo de cierta manera la denegación individual para elaborarla y transformarla en un enunciado colectivo, vinculado gracias a un fuerte consenso y una cohesión del conjunto de la comunidad. Lo que plantea la cuestión de la articulación entre lo intrapsíquico y lo intersujetivo, como dice Green. Respecto a este primer punto, en términos indígenas, podemos decir que hay una apertura del sujeto hacia lo que está inscrito en su propio "Viejo Costal" (Tözâ). Del otro, las fronteras de este mismo sujeto no coinciden con las de su propio cuerpo. Existe una circulación de informaciones, un control de sus afectos y de sus pensamientos por una entidad otra. Si examinamos hasta sus límites esta lógica, sí existe una denegación de un "sujeto", a nivel supraindividual, en el discurso de esta entidad nombrada dueño del mundo. Así podemos entender mejor cómo puede retornar, visto que en realidad nunca ha sido expulsado y está aquí, presente, bajo la forma de esta fuerza lábil, a la vez "humana" y "animal". La iconografía facilita mucho su identificación, ya que esta identidad suprahumana está antropomorfizada bajo la forma de los personajes, los *ídolos*.

Terminemos ahora de nuevo con la cuestión del "sujeto" de la denegación. ¿Quién es el autor de la denegación? A partir de los datos etnográficos que hemos expuesto, podemos reconocer dos por lo menos. Pero, ¿hasta qué punto podemos seguir hablando de denegación en el segundo caso, en la medida en que 1) se trata de una elaboración psíquica colectiva y que 2) está "activada" en contextos heterogéneos? Sí, probablemente, a partir del momento en que el actor que pronuncia un juicio asertorico (*hinki ra nyâpö*) lo reinvierte y lo reinscribe en su propio psiquismo, en un lugar y un tiempo dados. Como lo contemplamos, la denegación se apoya sobre la cultura que "habla" en su lugar, lo que es precisamente el caso. Por eso se expresa en cualquier lugar en los mismos términos, cualquiera que sean los soportes individuales que se prestan para ello. Esto apoya la tesis de un "hipersujeto" que piensa excluyendo a los demás, el dueño del mundo, el diablo. Ahora bien, ¿cómo esta entidad suprahumana, que expresa con algo de arrogancia este solipsismo, puede lograr expulsar "todo lo malo fuera de ella" si lo exterior no es más que lo suyo propio? ¿Existe un espacio psíquico donde el diablo puede arrojar su propia parte "mala"? Precisamente, en esta infinidad de cuerpos singulares. Según la vulgata otomí, *šimhoi* afirma que su experiencia es la única realidad, que los humanos no son para él más que objetos que invierte en función de sus propios deseos, para expresar su potencia. Todo lo que no es él es el soporte de estados mentales que no son más que sustitutos de los suyos propios. Aquí se ubica el núcleo de esta filosofía que considero como una de las variantes más radicales del solipsismo.

Efectivamente, de un lado, existe un credo que manifiesta un imperativo categórico, el cual consiste en adorar a una identidad supraindividual, denominada diablo, demonio, "gran pie podrido", *tâškwa*, dueño del mundo...; y al mismo tiempo se le niega esta omnipotencia. Del otro, existen individuos que formulan esta denegación pasando por un juicio de atribución, en verdad la aceptación de una alteridad rechazada. El Carnaval permite la expresión de este doble movimiento, transformando de manera transitoria esta denegación en aserción. El diablo crea a los actores, se multiplica bajo la forma de «viejos» que hablan en su nombre. Con Lacan, diremos que la *Verneinung*, la denegación, no es una "desaprobación" (*desaveu*) de la pertenencia (Lacan 1966: 179). El locutor otomí, durante la súplica, utiliza la vía ritual para afirmar dos juicios asertóricos, contradictorios en apariencia: 1) "no somos idénticos a ti, no nos has creado"; 2) "no hablamos la lengua de los viejos", el español, que es también la lengua del diablo, del cual acabamos de afirmar la alteridad, a pesar de que sí hablamos este idioma, aunque no es el nuestro. Somos *nyûhû*, los miembros de una misma comunidad lingüística. Los demás son los *pö*, es decir, criaturas oriundas del inframundo... lo mismo que nuestros ancestros. En esas condiciones, no es sorprendente que las figuras carnavalescas sean a la vez dueños de la vegetación (nativos) o personajes representativos de la sociedad dominante. Vimos cómo la denegación implica el uso del español en un contexto ritual. Es su posición en cierto espacio ritual, de interacción, la que determina el uso de la lengua española, como hemos señalado anteriormente respecto a las imprecaciones dirigidas hacia los perros.

La denegación está íntimamente ligada con un discurso que reitera la incompatibilidad de la participación de una entidad llamada diablo en el proceso de civilización. El chamán dirige su palabra hacia él en tanto que perturbador de un orden institucional que se confunde con la organización de la misma comunidad. Solicitarlo tiene como fin eliminar las escorias que perturban el buen funcionamiento de la vida pública, y desarreglan el equilibrio psíquico y somático de los individuos. En un primer momento, se trata de marcar una distancia, de enseñar lo distinto, su carácter *unheimlich*, su "inquietante extrañeza", que ejerce una fuerza patógena, y en consecuencia presentarse como alguien ajeno a esta entidad. Ahora bien, en las limpias, todo el guión chamánico tiene que consistir en una negociación que logra, a través de denegaciones sucesivas, la meta esperada, es decir, atraer, seducir a lo que se rechaza. Entre más se expresa ante el ancestro, el "antigua", el "gran pie podrido", los efectos deletereos de su comportamiento, o sea, su carácter antisocial, más está encorporado, introyectado. Es definitivamente la *loi d'airain* (*iron law*) de la relación entre los hombres y el diablo. Por eso, esos actos carnavalescos, terapéuticos (o de brujería) sirven de *shifters* rituales de la denegación. En resumen, cualquier otomí puede declarar que no habla "castilla" en cualquier circunstancia de la vida social, pero únicamente en el contexto de carnaval se puede afirmar que uno no es *nyâpo*..., es decir, que lo es realmente, mestizo. Sin la referencia al cuerpo como "altar sacrificial" esta aporía me parece totalmente incomprensible. El genio del pensamiento chamánico otomí consiste en apoyarse constantemente, incluso cuando se trata de sutiles abstracciones, en la iconografía de procesos "inconscientes", pero activos, a través de los cuales se reorganizan los preceptos, los afectos y los conceptos, operaciones visibles en los misteriosos *ídolos* de papel, que perturban tanto nuestra razón occidental, como sugiere el ejemplo que acabamos de comentar. Confirma que la cosmovisión otomí no puede descifrarse sin un cuidadoso y constante examen del esquema corporal, la caja negra de todas nuestras ficciones ontológicas.

Bibliografía

Báez Jorge, Felix/Gómez Martínez, Arturo (1998): *Tlacatecolotl y el Diablo. La cosmovisión de los nahuas de Chicontepec*. Xalapa: Secretaría de Educación y Cultura.

Dow, James (1986): *The shaman's touch. Otomi Indian Symbolic Healing*. Salt Lake City: University of Utah Press.

Franchetto, Bruna (2000): "Rencontres rituelles dans le Haut Xingu. La parole du chef", en A. Monod Becquelin/P. Erikson (eds.), *Les rituels du dialogue.* Nanterre: Société d'Ethnologie, pp. 481-509.

Frege, Gottlob (1918): "Die Verneinung – Eine logische Untersuchung", en *Beiträge zur Philosophie des Deutschen Idealismus*, vol. 1, 19, p. 143.

Freud, Sigmund (1999): *Gesammelte Werke,* vol. X: *Das Unbewusste, in Werkeaus den Jahren 1913-1917*. Frankfurt: Fischer.

— (1999): *Gesammelte Werke*, vol. XII: *Werke aus den Jahren 1917-1920.* Frankfurt: Fischer.

— (1999): *Gesammelte Werke,* vol. XIV: *Werke aus den Jahren 1925-1931, Über die weibliche Sexualität*. Frankfurt: Fischer.

— (1999): *Gesammelte Werke,* vol. XIV: *Dien Verneinung, Werke aus den Jahren 1925-1931, Einige psychische Folgen des Anatomischen Geschlechtsunterschieds*. Frankfurt: Fischer.

Galinier, Jacques (1990): *La mitad del mundo. Cuerpo y cosmos en los rituales otomíes.* Mexico: Universidad Nacional Autónoma de México/Centro de Estudios Mexicanos.

— (1979): "La peau, la pourriture et le sacré – Champ sémantique et motivations dans un exemple otomi (Mexique)", en *Journal de la Société des Américanistes*, LXVI, pp. 205-218.

García Franco, Marco/Reyes, Pedro (2002): "*Neni:* Carnaval otomí-Ixtololoya, Pantepec", en *De Carnaval a Xantolo. Contacto con el inframundo*. Ciudad Victoria: Programa de Desarollo Cultural de la Huasteca, pp. 80-95.

Hyppolite, Jean (1966): "Commentaire parlé sur la *Verneinung* de Freud (1925)", en J. Lacan, *Écrits.* Paris: Editions du Seuil.

Lacan, Jacques (1966): "Réponse au commentaire de Jean Hyppolite sur la '*Verneinung*' de Freud (1925) par Jacques Lacan", en Íd., *Écrits*. Paris: Editions du Seuil.

Monod Becquelin, Aurore (2000): "Polyphonie thérapeutique. Une confrontation pour la guérison en tzeltal", en A. Monod Becquelin/P. Erikson (eds.), *Les rituels du dialogue.* Nanterre: Société d'Ethnologie, pp. 511-553.

Uturbey Lucie de (1983): *Freud et le Diable.* Paris: Presses Universitaires de France.

El cuerpo como referente del universo chayahuita. Aproximación a una teoría de la persona

María Luisa González Saavedra

El grupo étnico chayahuita[1] pertenece a la familia lingüística Cahuapana y se encuentra en la parte nororiental de la Amazonía Peruana, a lo largo de las riberas y afluentes del río Paranapura, en las cuencas del Cahuapanas y del Sillay y en algunos caseríos aislados del río Huallaga y de las riberas del majestuoso río Marañón[2]. Conforma uno de los grupos más numerosos del Departamento de Loreto, con algo más de 18.000 personas distribuidas en cinco distritos: Cahuapanas, Balsapuerto, Jeberos, Teniente César López y Yurimaguas[3], pero

1. Chayavitas, cahuapanas, paranapuras, tssawi o shawi son calificativos bajo los que este mismo grupo ha sido reconocido en la literatura de misioneros y antropólogos. El uso de uno u otro término esconde tras de sí una discusión a la que se aludirá brevemente en este texto, pero que no goza de demasiado interés para el estudio que aquí proponemos. Utilizaremos la palabra castellana "chayahuita" refiriendo con ella a la totalidad del grupo étnico que ocupa el territorio aquí demarcado y recogiendo así la acepción más comúnmente usada bajo la cual se identifican. La acepción shawi, presente también en gran parte de nuestro texto, encontrará su explicación en el desarrollo del mismo, en las alusiones concretas a su significado, su valor y su uso dentro del lenguaje chayahuita.

2. Los chayahuita se encuentran en el inaccesible territorio entre el piedemonte andino y la selva baja, un lugar considerado por algunos como emblemático por sus características entrecruzadas entre los Andes y la selva (ver Renard-Casevitz, Saignes y Taylor 1988).

3. La cifra oficial del Instituto Nacional de Estadística e Informática (INEI) del Perú para el 2005 hablaba de 10.000 personas chayahuita, aunque algunas organizaciones no gubernamentales como Terra Nouva la elevaban por entonces hasta los 17.000. Nancy Ochoa, por su parte, en su recién presentada tesis doctoral, ya cuenta 20.000 chayahuita concentrados en 180 comunidades, una aproximación que se acerca sin duda más a la que nosotros podemos hacer hoy de esa misma realidad (ver Ochoa 2007: 21).

hasta el día de hoy sin peso en las iniciativas sociales, políticas y culturales de esta parte importante de la Amazonía del Perú.

Disponen de una bibliografía reducida, no más de tres o cuatro nombres importantes para su estudio. En primer lugar, las referencias históricas sobre los chayahuita se reducen a discretas notas de diarios de misioneros y gobernadores de la antigua Provincia de Maynas, como Diego de Vaca y Vega, Raimundo de Santa Cruz o Gaspar Vidal, quienes no dedicaron mucho empeño a la descripción de un grupo que en cualquier caso, eso sí, es recordado por su sumisión a la conversión[4]. Entre las alusiones posteriores más importantes están las de Günter Tessmann, en *Los indígenas de la amazonía nororiental del Perú*, donde ofrece a nuestro parecer la primera descripción detallada de indígenas chayahuita del Alto Amazonas[5]; y entre los autores más recientes, María Pía Dradi, misionera italiana, que publica en 1987 *La mujer chayahuita: ¿un destino de marginación?*; Aldo Fuentes, que con su libro *Porque las piedras no mueren* es el referente del "antropólogo" entre los propios chayahuita; y Nancy Ochoa, quien completa con la presentación de su tesis en el seno de la EHESS[6] algunos de los trabajos que ya desde 1991 venía publicando en Perú sobre este mismo grupo; un aporte esencial para el conocimiento de la historia, el espacio y la cosmovisión chayahuita. Finalmente, la referencia quizás más necesaria es la de la persona que más atención le ha prestado no sólo a la cultura sino también a los propios indígenas chayahuita, María Dolores García de Tomás, misionera de la Compañía del Sagrado Corazón de Jesús en San Lorenzo del Marañón. Los siete tomos publicados bajo el título de *Buscando nuestras raíces*, si bien no guardan muchas de las tónicas que algunos esperarían encontrar en un tra-

4. Es a este respecto que Chantre y Herrera subraya la "invisibilidad de los chayahuita entre los indígenas de Moyobamba y Lamas y los españoles" (Chantre y Herrera 1901: 300) y que Francisco de Figueroa anota el carácter dócil y fiel de los mismos frente a otros indígenas (Figueroa 1904: 94).

5. A pesar de que el trabajo de Tessmann se centra en los paranapuras, como él denomina a los chayahuita asentados en el río del mismo nombre, sus descripciones adquieren un valor esencial para entender ciertas costumbres chayahuita presentes en nuestros día, como la de pintar sus rostros, tomar masato o hacer cerámica o tejidos para cubrir sus cuerpos, datos que como decimos encuentran su contraparte de actualidad entre los nativos de hoy y no sólo en los del Paranapura sino también en los del Cahuapana.

6. L'École des Hautes Études en Sciences Sociales (París).

tado sobre Antropología, son un material de valor incalculable, cuyo análisis supondría, en sí mismo, toda una tesis doctoral. Mitos, rituales, dibujos, narraciones hechas por los mismos indígenas y recogidas en una suerte de obra sin índice que resulta vital para entender muchos de los aspectos presentes hoy en la propia cultura chayahuita.

Yo pisaría por primera vez tierra chayahuita, concretamente en el río Sillay, en el año 2005, tras una invitación de Rafael Chanchari, especialista shawi[7] del Programa de Profesores Bilingües del Perú[8]. Su comunidad natal, Chacatán, me acogió durante mis primeros dos meses de estancia, meses que dieron paso, por petición de los propios indígenas, a períodos más cortos, en otras tantas comunidades que reclamaban mi presencia también entre ellos. La mía o la de los posibles "proyectos" que para ellos representaba, pero el caso es que durante seis meses pasé de una a otra comunidad sin ninguna dificultad especial, haciéndome así con las gentes y los lugares del Sillay casi en su totalidad.

Al año siguiente, tras recorrer también el río Paranapura y visitar a mis conocidas familias del Sillay, me decidí a dar el salto al otro gran río de los chayahuita, el Cahuapanas, concretamente a Santa María de Cahuapanas. Capital del distrito, Santa María me obligó a precipitar mi salida tras el desarrollo de lo que entonces sólo supe calificar como una loca "caza de brujos"[9]. Envuelta en un halo de inmensa *extrañeza*, dejé Santa María presa de los acontecimientos que viví allí durante más de dos meses y de manera *especial* no sólo por ser *gringa* obser-

7. Como primer remarque al sentido del término shawi, se puede decir que el uso actual de la palabra *shawi* responde también y principalmente a las exigencias de un proceso de reivindicación y de recuperación de lo propio tanto en el ámbito de la política como en el de lo social y lo cultural, proceso compartido por todas las etnias de la Provincia Datem del Marañón. La denominación shawi, que aquí acompaña a Rafael como uno de los grandes defensores y conocedores de sus costumbres, anuncia la forma verdadera y auténtica de ser y autodenominarse indígenas chayahuita, sintiéndose así orgulloso de serlo.

8. Las siglas del programa son FORMABIAP, Formación de Maestros Bilingües de la Amazonía Peruana.

9. La presencia de "brujos" que provocan la enfermedad y la muerte en el seno de las comunidades es un problema esencial y vital para los chayahuita sin el que no puede comprenderse la realidad misma del vivir tal cual viven. No encontramos lugar en este texto para detenernos en su estudio, propósito al que encaminamos nuestra tesis, pero creemos importante resaltarlo y no perderlo de vista para llegar en profundidad a la realidad del grupo que nos ocupa.

vadora sino también "viviente participante" alojada en casa de una de las autoridades de la comunidad[10]. Resumir lo que sucedió resultaría demasiado extenso, pero muchas de las reflexiones posteriores que sobre la realidad chayahuita he hecho se deben, sin duda, a la situación que allí viví y que creo merece la pena advertir[11].

Con todo, inicié mi trabajo mirando hacia cuestiones vinculadas con el tratamiento del cuerpo[12]. Así, anoté aspectos relacionados con la ornamentación, las pinturas corporales, las enfermedades y los tratamientos de éstas; ritualidad en el nacimiento, en la pubertad o frente al momento de la muerte; chamanismo y casos de brujería, etc.; es decir, todo lo que pareciera suponer una forma concreta de manipulación, tal vez metamorfosis, transformación o concretización de la imagen de lo corporal y que consideraba relevante de estudio para un trabajo fijado en las maneras de hablar y mostrar los *cuerpos.* El pretexto final era iniciar un trabajo de tesis en línea con los estudios sobre la conceptualización del sujeto, hecho que haría gravitar a partir de la consideración del propio cuerpo como elemento de diferenciación y especificación del ser humano dentro del mundo chayahuita o, si así fuera, de las formas dispares de serlo[13]. En suma, responder a la pregunta de qué papel desempeña el propio cuerpo en la definición de persona para un chayahuita.

10. Mi posición de participante se tradujo en tres días seguidos de toma de ayahuasca, algo a lo que accedí invitada explícitamente por los miembros de la comunidad.

11. En el año 2006 se vivieron en todo el distrito de Cahuapanas grandes jornadas de tensión debido a la puesta en marcha por parte de las autoridades del mismo y a petición de los propios indígenas —chayahuita pero también aguaruna que comparten aquí el territorio—, una iniciativa de identificación de personas consideradas brujas o hechiceras, lo que conduciría, según todos, a la erradicación de la enfermedad, los odios y las muertes en el seno de las comunidades. Nadie estaba fuera de sospecha. Todos éramos, en potencia, posibles brujos. Disputas familiares, entre parientes y entre aguaruna y chayahuita fueron sólo algunas de las consecuencias de tal iniciativa que desgraciadamente se cobró la muerte de más de una persona tras "demostrarse" su poder de acción para provocar la muerte.

12. Tanto el trabajo de campo como una estancia investigadora posterior en el Laboratoire d'Ethnologie et de Sociologie Comparative de l'Université Paris X-Nanterre, más concretamente en el CEREA (Centre d'Enseignement et de Recherche en Ethnologie Amérindienne) del CNRS (Centre National de la Recherche Scientifique, Francia), han sido financiados por una Beca FPI adscrita al Proyecto I+D "Concepciones del cuerpo y la persona en culturas amerindias" (Ref. BHA2003-02495).

13. Sin duda, tenía en mente los trabajos realizados en la amazonía sobre cuerpo y persona por Eduardo Viveiros de Castro, por nombrar la figura más representativa y de cuyas reflexiones me serviría como excusa para considerar la importancia del cuerpo dentro del intento por comprender las ontologías amerindias.

Era fácil suponer que, tras mi primer período de trabajo de campo en el que la única metodología que podía seguir era la de aclimatarme a las condiciones ambientales y a la escasez de alimentos y el exceso diario de masato, poco a poco, me fuera olvidando de sus cuerpos en detrimento del mío, fijando mi tiempo entonces en intentar balbucear expresiones que además de la risa provocaran, si acaso, alguna comprensión, identificación o, al menos, una indiferencia, aunque remarcada, con respecto al grupo con el que había decidido convivir.

Mi desconocimiento del idioma chayahuita me permitía sólo una complicidad mínima con las mujeres, monolingües en su mayoría y, por eso, mi "lugar" terminaba siempre más cerca del lado masculino que del de la feminidad. Allí la curiosidad podía al menos encontrar un espacio común en el uso del castellano, aunque fuera resguardado siempre bajo grandes *tomaderas* de masato[14]. De otra manera, sólo el tacto, el olor de mi cuerpo, mis ropas, mis adornos servían como hilo conductor de una comunicación especial, pero limitada, entre las mujeres chayahuita y yo.

Decidí sumarme a las actividades cotidianas de la chacra y a aquellas que se desarrollaban a cada cierto tiempo de forma comunal[15]. Mi intención no era sino la de mostrar mi capacidad de "vivir" entre ellos o, al menos, de poseer una verdadera disposición a desarrollar sus mismas actividades con el fin de aprenderlas. Pues, ¿qué justificaba el que estuviera allí si no aprender y conocer las formas de vida chayahuita? Sin embargo, mi ansia de actividad, motivada también por lo que me asaltaba como un eterno transcurrir del tiempo —además de por un sentido de responsabilidad más propio de un occidental que de un amerindio—, me conducía de manera automática al fracaso de mi deseada integración entre los chayahuita. La idea de una especie de desorden "estético" en mí y en mi figura como resultado de caminar por el bosque, pescar, agarrar un machete o simplemente lavar mi cuerpo en el río junto al resto de las mujeres al atardecer, provocaba de manera invariable contagiosas risas... con mi consiguiente desesperación. Es verdad que con el tiempo mi desorden estético se convertiría en al menos capacidad y admiración de los chayahuita a mi dispuesta entrega, aunque no tanto por mis logros, limitados siempre

14. Bebida elaborada a partir de la fermentación de la yuca.

15. Nos referimos, por ejemplo, a la pesca con barbasco, la limpieza de zonas comunes, reuniones comunales o preparativos de fiestas, entre otros.

a la figura de lo que era calificado como mi propio ser: yo era *nisha piyapi*[16], gente de afuera, pero, además, *huirironton,* un cuerpo blanco de mujer.

Sin duda, mi figura era el reflejo de quien poseía un *cuerpo* no chayahuita: era alta, blanca, sin barriga, con los pies grandes y las líneas de mis manos remarcadas, con un aroma "oloroso" (*pimochin*), vello en mis brazos, adornos en mis muñecas, un cabello recogido y de color. Era un cuerpo blanco de mujer, sí, que además de mi aspecto poseía, según ellos, otra cualidad: la de no *saber (nito; nitotocaso); no saber* comer, ni mascar, ni tomar, ni caminar por el monte ni lavar mi ropa en el río. Y es por ello por lo que cualquier actividad desarrollada por mí se consideraba como "contra – mi – natura", llenando de artificialidad algo que en el mundo de nuestra acción sería legítimo calificar al menos de imitación. Pero mi remarcada alteridad me impedía entrar siquiera en esta situación. Claramente, más allá de los límites de ese *saber* que me impedían caminar sin tropezar o utilizar un machete para cultivar —caracteres recogidos en el hecho de ser *nisha piyapi*—, estaba el hecho señalado e implícito de ser *huirironton,* es decir, otra *corporalidad.* O, lo que es lo mismo, gente de afuera "siéndolo en mi propio cuerpo", aspecto por el cual me diferenciaba del ser *sanapi* o *quemapi*, es decir, mujer u hombre chayahuita, permaneciendo así, *fuera (nisha)* de ese conjunto exclusivo y delimitado de los *canpo piyapi*, "nuestra gente".

Pero el universo chayahuita estaba repleto de otros muchos seres entre los cuales no sólo me encontraba yo bajo mi cuerpo blanco de mujer. También estaban, por supuesto, los mestizos y sus vecinos los aguaruna, estos últimos siempre presentes en calidad de "máxima alteridad". Y ninguno con tal papel protagonista como el que desempeñan, en presencia real y cotidiana en la vida de los chayahuita, los seres del monte, las madres de los árboles y de los animales, la vida en general de las gentes que circundan los límites de la comunidad[17].

En un mundo concebido como *nino cancan* —un panal de avispas—, los chayahuita se presentan, pues, como los *piyapirosas* o, lo que es lo mismo, los seres humanos personas. A los mestizos se les denominan *hua'yan*, espíritus malignos; a los aguaruna, bajo la voz *ke'ma*

16. La grafía para el idioma chayahuita que seguiremos en todo el texto será la utilizada por Helen Hart (1988).

17. Límites perfectamente franqueables.

y/o *acua*, los otros salvajes; y a las gentes del monte, *tanan hua'yan*, los espíritus que habitan en el interior de éste. La convivencia entre todos ellos es una fuente constante de sensaciones para el cuerpo, sensaciones traducidas, en ocasiones, en enfermedades, otras, en transmisión de conocimientos. Las descripciones sobre algunas de estas gentes del monte son detalladas y comunes: son gentes, como nosotros, en ocasiones con sus cuerpos deformes, mutilados y desproporcionados según los nuestros. Son gentes y demonios *(hua'yan)*, con quienes un cruce de miradas supone la entrada a un estado de excepcionalidad para la vida del verdadero humano, el chayahuita: dietas, enfermedades, curas con tabaco y ayahuasca, miedo en un *cuerpo*, en definitiva, que se estremece ante un final no feliz por dicho y desafortunado encuentro.

Todos los seres están sujetos pues, a un cuerpo. Pero, ¿qué tiene de particularidad el del chayahuita? No era ésta, ciertamente, la cuestión que con más vitalidad asaltaba mi cabeza mientras compartía las labores diarias de la vida chayahuita, sino a la que me hacía desviarme, de manera casi "prejuiciosa", ese interés reportado desde mi mesa de estudios en España por tratar el tema de la corporalidad entre las gentes amazónicas. Debo reconocer, sin embargo, que sus posturas y composturas, sus formas de considerar el cuidado y la transformación de sus cuerpos eran de tan constante presencia en todos los momentos del día, que no me hizo falta demasiado para convencerme de que mi pregunta, "forzada" a través de aquellas lecturas sobre la importancia del cuerpo en la definición misma de persona, no estaba allí del todo fuera de contexto[18]. Hoy, cuatro años después de mi primer contacto con una sociedad amazónica me doy cuenta de que lo que me llevó a formularme estas y tantas otras preguntas sobre si nuestros cuerpos eran tan distintos, el mío tan remarcado y los suyos de tan constante aprecio, tiene más peso en la cotidianidad chayahuita de lo que entonces podía entender sólo viéndolos.

Algunas de las ideas desarrolladas en las páginas que siguen partieron de estas mis primeras reflexiones. Forzadas o no, como decimos, han seguido saliendo una y otra vez en mis estancias en el terreno. Muchas serán, a bien seguro, de presentación tortuosa y retorcida; son

18. Entre las actividades que ocupan más tiempo a los chayahuita se encuentran, por supuesto, el despiojarse, pero también su cuidada limpieza, su detección de insectos en el mismo, su pintura, su vestimenta, etc. En suma, toda una serie de elementos centrados en el cuidado del cuerpo, que pasa de ser, sin duda, un mero entretenimiento.

resultado de mi primera experiencia de contacto con un grupo en la Amazonía, una experiencia que deslumbra más que esclarece, que tapa más que desvela pero que sigue intacta cuatro años después de dejar de ser la primera.

Dedicaré algunas páginas a la localización en el espacio y el tiempo de los propios indígenas chayahuita, aludiendo brevemente a la historia conocida y contada sobre ellos: algunos datos sobre la actualidad de las comunidades, las actividades desarrolladas en ésta, la presencia cada vez mayor de chayahuita en las ciudades vecinas. Al hilo de los caracteres que los identifican y de las denominaciones que les califican —Chayahuitas, shawi o *canpo piyapi*—, según qué posición y frente a qué otros posibles, el texto quedará marcado por dos preguntas esenciales: quién es shawi y quién el ser humano que encierra. Analizaremos la acepción "shawi", una clara evidencia del sentirse diferenciados y no sólo como grupo humano[19], sino también, y sobre todo, individualmente, como las *personas (piyapirosas)* entre los "seres humanos". Y es que, sabiéndose nombrados como shawis, los chayahuita "reconocen" su constitución como personas, tomando distancia y diferenciándose de lo que consideran que no lo es. Es por ello que, finalmente, el "ser nombrados" no sólo supone el ser shawi sino además *ser* constitutivamente persona. En qué radica la razón de esta especificación es lo que intentamos mostrar presentando en nuestro texto el dibujo y la figura del chayahuita a partir de lo que su cuerpo dice de sí mismo y del mundo en el que queda inmenso. Por ello, la gran parte de él está dedicado a hablarnos de órganos y miembros corporales, elementos todos ellos, sin embargo, que quedan más fuera que dentro de su simple armadura corporal.

LAS PRIMERAS PISTAS SOBRE LOS CHAYAHUITA

Las referencias históricas sobre el grupo, reducidas como dijimos a notas de diarios sin descripción de misioneros y gobernadores de la

19. Es tal para nosotros el sentido que tiene la expresión "*canpo piyapi*", la de calificarse como un grupo humano. A este respecto no comparto la idea extendida según la cual ésta sería la propia autodenominación de los chayahuita, a manera de etnónimo si se quiere. Para nosotros este lugar lo ocuparía la voz shawi y no la de *canpo piyapi*, que consideramos califica a cualquier grupo humano sea o no de shawis.

antigua Provincia de Maynas, coinciden en señalar una característica esencial de los chayahuita: su condición servil y dócil que tanto facilitó las labores de reducción.

Puede que esta señalada actitud explique por qué la historia de los chayahuita, efectivamente, ha estado marcada por una continuada sucesión de *dominaciones*: desde la mirada avasalladora de los gobernadores, patrones, caucheros, petroleras e industrias madereras hasta la "protectora" de misioneros y religiosas que siguen en torno a ellos en el día de hoy.

Fueron los jesuitas quienes se acercaron inicialmente y de modo más intenso creando comunidades en las que concentrarlos y re-educarlos bajo el mismo convencimiento siempre de estar ante almas moldeables. Así nace Pueblo Chayahuita, para los propios indígenas considerada hoy la cuna de su cultura. Una comunidad del río Sillay caracterizada por su cercanía a los cerros y en la que se ha edificado, con ayuda de las misiones, lo que para muchos es la Catedral del Sillay, una iglesia de material noble, ladrillo y madera en cuyo seno se encuentran las imágenes veneradas durante la Pascua, entre otras fiestas religiosas.

No muy lejos de aquí, precisamente, los estudios arqueológicos intentan situar el primer asentamiento de los chayahuita, en el denominado Complejo Balsapuerto, en la cuenca del Cachiyacu. Pero incluso su propio investigador, Santiago Rivas Panduro, a cuyos análisis me remito, pone en duda que en tal lugar se hallasen realmente los antepasados directos de los indígenas actuales (cf. Rivas Panduro 1999). Por tanto, el lugar de nacimiento de la cultura de éstos sigue siendo, también para este campo, algo incierto.

Pero otro aspecto de naturaleza muy diferente insta a continuar con la búsqueda de las primeras huellas de la historia chayahuita. Se trata de una mina de sal próxima justamente al Complejo Balsapuerto que ha dado nombre al que para muchos debe considerarse un subgrupo —quién sabe si no el primero— dentro de los chayahuita: los yamorai[20]. Efectivamente, G. Tessman, en su obra ya referida, habla de los yamorai como de aquellos chayahuita de la cuenca del Cachiyacu encargados de la extracción de sal de la mina. Dicha sal no

20. *Yamora* significa "sal" en idioma canponan, de ahí la denominación de este grupo, el encargado de la extracción de la sal en dicha mina.

sólo era aprovechada para el consumo propio de los indígenas —fe de lo cual da el excesivo e imprescindible uso que de ella se hace hasta el día de hoy en todas las comunidades—, sino también como materia para el intercambio y el mantenimiento de nexos comerciales con diferentes grupos de la zona. Dichos intercambios fueron los encargados de abrir rutas terrestres y fluviales que, como reconocen las crónicas, llegaban hasta más allá de las montañas de Moyabamba. Se abre así un mundo de relaciones entre chayahuita y muniches, lamistas o cocamas entre otros, con quienes con toda seguridad utilizaron el quechua como idioma de intercambio y de quienes fueron asimilando algo más que el uso común de una lengua. Todavía hoy, por cierto, el quechua impregna el idioma de los chayahuita y en las comunidades se recuerda siempre a alguien que lo hablaba y utilizaba en sus relaciones con otros grupos.

Con todo, esta amplia gama de contactos conduce a ciertos autores a considerar a los chayahuita como un grupo "multiétnico", resultado del vaivén entre lo adquirido, lo recreado y lo propio[21].

El chayahuita de hoy

Dedicados principalmente al cultivo de la yuca, del plátano, del maíz y del arroz aunque en menor medida, los chayahuita tienen la pesca y la caza como las actividades principales para la consecución de su alimento. Sin embargo, la progresiva desaparición de animales y de aguas limpias y ricas en pescado les obliga a mantener una dieta centrada básicamente en la toma de masato, una bebida elaborada a partir de la fermentación de la yuca y que resulta vital en todos los aspectos, también simbólicos, de la vida de un chayahuita.

Siguiendo un esquema en el que la familia se concentra y crece bajo el techo de la mujer hasta tener, como mínimo, dos o tres hijos, se encuentran reunidos casi en su totalidad en torno a comunidades bien organizadas, con al menos un lugar reservado a la iglesia, al colegio y otro a la casa comunal. En todas, el Apu, junto a la figura del Agente Municipal y el Teniente Gobernador, ayudado por sus policías, representan el orden y el respeto por unas reglas de convivencia que permiten una vida tranquila y sin conflictos "aparentes" para el viajero que

21. Así lo reconoce Nancy Ochoa en varios momentos de su tesis (2007).

llega hasta sus tierras. Una estancia prolongada permitirá descubrir, sin embargo, la vaguedad de tal apariencia, sombreada por un gran número de rencillas que tienen como fondo común la convicción generalizada en la práctica de la brujería.

Es quizás este último aspecto el que ayude a explicar la escasa presencia de rasgos diferenciadores marcadores de su identidad por diferencia a otros nativos con los que conviven en zonas urbanas. Y es que, saliendo de las comunidades, en San Lorenzo del Marañón, por ejemplo, los indígenas chayahuita comparten (y confunden) su presencia con la población mestiza y, sobre todo, con indígenas kandoshi, aguaruna, quichuas del pastaza, shapra o huambisa, entre otros, procedentes de lo que hasta hace sólo dos años formaba parte de la Provincia del Alto Amazonas, hoy, Provincia de Datem del Marañón. En este espacio de relación interétnica su imagen queda marcada una vez más por la ausencia de rasgos distintivos, una *invisibilidad* que nos recuerda, con diferencias, a la de los cocama o cocamilla de la zona a quienes Anthony W. Stock ya les dio el apelativo de "los invisibles" (cf. Stocks 1981). De esta forma, la manera de hacerse o no presente entre las poblaciones vecinas es una estrategia para preservar su propia cultura, así como para escapar de un mundo lleno de acusaciones donde sus vecinos, los aguaruna, siguen jugando el papel de enemigo histórico ante el que hay que defenderse. Se trata, repetimos, de escapar a las acusaciones vertidas en torno al ejercicio de la brujería, como ya señalamos, y que les obligan a vivir en un estado de "ausencia permanente" en la que ningún rasgo de diferencia les haga bien ser víctimas, bien verdugos de la que es, sin duda, la mayor preocupación de las comunidades chayahuita.

Y a la invisibilidad y el hermetismo se une el uso de una lengua compleja de la que apenas se han hecho estudios[22] y cuyo conocimiento resulta empero una verdadera exigencia para acercarse al mundo chayahuita. Es una barrera *real* que, para quien no la comparte, no sólo significa un aislamiento frente a lo que acaece bajo el entramado social

22. Además de los estudios de Helen Hart elaborados en el seno del Instituto Lingüístico de Verano, se cuenta con los de Yris Julia Barraza de García, ligada al grupo de lingüistas del Programa de Formación de Profesores Bilingües del Perú. Su tesis, presentada en el 2005 en la Universidad de Pernambuco y titulada *El sistema verbal en la lengua shawi*, puede darnos algunas claves sobre la complejidad, precisamente, del idioma de los shawis (disponible en <http://www.bdtd.ufpe.br>).

de la comunidad, sino también, y a este respecto sí, una auténtica marca de diferenciación de un nosotros bajo el cual están (llamados) todos los chayahuita. El *canponan*, literalmente "de nosotros"[23], se considera, más allá de su uso, esencia de "identificación" entre los miembros del grupo, elemento fundamental en su propio definirse como *shawis* y, como veremos en adelante, en su saberse los seres humanos "personas", nombrados tal cual, precisamente, por su condición de serlo.

Los shawi

Para algunos autores el hecho de que la literatura sobre el grupo que nos ocupa los haya reconocido bajo diferentes nombres —chayahuita, cahuapana, paranapura, yamorai o shawi entre los más destacados (cf. Rivet y Astevin 1931)— responde a la necesidad de diferenciar subgrupos dentro de lo que sería la cultura chayahuita propiamente dicha. Mantienen estos mismos autores, sin embargo, que el idioma canponan presenta diferentes matices o variantes dialectales en su uso y que es a este respecto que debe hablarse, como mínimo, de tres subgrupos: el cahuapanas, el paranapuras y el chayahuita, correspondientes cada uno a un uso diferente en cada una de las vertientes o "variantes" lingüísticas o dialectales[24] del canponan.

El tema es complejo y difícil de sintetizar en pocas líneas. Por eso aquí nos limitamos a señalar que para nosotros las llamadas "variantes" no guardan la forma más que de mínimas diferencias fonéticas, en ningún caso esenciales ni fundamentos que justifiquen la distinción de dialectos y cuanto menos de culturas diferentes. Se trata, según nuestra propia experiencia, de la existencia de simples matices de acento en un mínimo de palabras que, en cualquier caso, no hacen incomprensibles ni impiden un perfecto entendimiento entre quienes comparten el ser chayahuita-hablante. Pero es cierto que la consideración de estas diferencias se engrandece al considerar que las comunidades chaya-

23. El pronombre utilizado para designar a la primera persona del plural (inclusiva), *campo*, designa además de a ese conjunto delimitado de "nosotros las personas" que se integran a través de los lazos del parentesco en el grupo chayahuita, a quienes son *nombrados* tal cual en relación a una misma lengua. Y es por ello que los campo piyapi o *piyapirosas* son las personas que hablan su propia lengua y ésta no es sino el *camponan(que)*, el idioma *de* nosotros los shawis.

24. Nancy Ochoa añadiría además un dialecto hablado en la cuenca del Cachiyacu (Ochoa 2007: 8).

huita se localizan a lo largo de tres ríos diferentes, animándose así la teoría de la "distinción" de al menos estos tres grupos o subgrupos ya señalados: los cahuapana, del río Cahuapana, los paranapura, del río Paranapura y los chayahuita, en el río Sillay.

Evitemos el debate y quedémonos en puntualizar simplemente la diferenciación de espacios o territorios por los que circula la cultura de estas gentes. Paranapuras y cahuapanas hablarían o no una misma lengua, o la misma pero con distinciones que se extendían también a quienes se asentaban en las tierras del río Sillay. Pero la verdad es que hoy todos responden al calificativo de chayahuita utilizado por los primeros castellanos sin necesidad de distinción. Los chayahuita entienden que ésta era la manera en lengua *nisha nisha*, en lengua de afuera, de nombrarles tal y como ellos mismos se sabían nombrar: *sahui*. Por ello, la acepción shawi, como se transcribe actualmente, lejos de reducirse a los chayahuita del río Sillay, identifica hoy a todos los miembros del grupo como indígenas chayahuita. Y como ejemplo podría ponerse la utilización que en los últimos años se hace de esta autodenominación por parte de federaciones e instituciones educativas de todo el territorio chayahuita en proclame y salvaguardia de su cultura indígena y en la línea de recuperación de su verdadera identidad, la shawi.

Pero, ¿qué es lo que entienden los chayahuita bajo la voz sahui o shawi? Dos son las explicaciones que sobre la precedencia del término se dan comúnmente: la primera nos dice que la palabra *sahui* procede de una planta de agradable olor denominada *sahuina* y cuya semilla solían utilizar las primeras mujeres chayahuita para hacer los collares con los que adornaban sus cuerpos; la segunda pertenece al plano de las narraciones míticas, aquellas que hablan sobre tres de las figuras más importantes de la cosmovisión chayahuita, Asahui, Asa y Mashi. De ellos, los hombres han aprendido a cazar, a pescar o tejer entre otras cosas. Se les sitúan en los cerros, aunque no siempre estuvieron allá. En un tiempo vivían entre los chayahuita queriendo aparentar ser como ellos, pero su verdadero ser es el de un demonio, un ser maligno que pertenece al monte y que precisamente por sus constantes inmersiones al mundo al que no pertenecen, fueron expulsados definitivamente de entre las gentes "de verdad"[25].

25. Varias son las fiestas que terminan su celebración con la llegada de los amana a la comunidad. Amana es el nombre genérico de los seres del monte que aparecen ante

> *ASA:* Demonio. Lleva sobre sus espaldas un panero ojón para meter ahí a los muchachos que roba. Cuando las mujeres de pueblo chayahuita hacían sus masatos para las fiestas de Navidad y Pascua, Asa hacía masato del huayito de airama, el masato le salía de color moradito, les convidaba de él a las mujeres chayahuita, pero ellas no lo aceptaban porque no les gustaba. A los hua'huam'sa cuando estaban solos en la comunidad porque sus padres se habían ido a la chacra, les daba de comer su paloma (sexo femenino), después que lo habían cocinado. Los hua'huaru'sa, se ponían poshecos y se morían. Sus padres, para hacer huir a Asa mataron chanchos y perros, botándolos al barranco cerquita del sitio donde vivía Asa. Porque olían hediondo. Este hecho hizo rabiar a Asa y se fue junto con Mashi, Ashaui (García de Tomás 1993-2000: II, 398).

Asa aparece relacionada esencialmente con el sexo femenino, mientras que Asahui y Mashi se identifican más a menudo como hombres. Asa adquiere la imagen de una mujer con hijos que hace su masato como cualquier mujer chayahuita. Pero éste no es del gusto de las mismas. Da a comer su vagina, se hace pasar una y otra vez por una mujer shawi pero su verdadera identidad siempre queda al descubierto.

> Roba a los muchachos y se los lleva al monte para que se transformen en Asa y vivan con ella. Cuando está en el monte se transforma en tigre. A otros muchachos después de robarlos, se los echa a los tigres para que se los coman. Tenía muchos piojos. En tiempo de los Viejos Pasados iba a pasar la fiesta de Pascua a Pueblo chayahuita. Quería ayudar a las mujeres chayahuita a hacer masato, para la fiesta, pero como ella masticaba airama, no le lavaba la boca antes de hacer masato, les daba asco tomar de ese masato a las mujeres chayahuita. Por eso le daban una tinajita para que lo hiciera ahí y ella tomara del masato de airama. Cuando el papá y la mamá de los muchachos se iban a la chacra y los dejaban solos en sus casas, ella entraba a su cocina, se cortaba trozos de su paloma o vagina y se los daba a tomar en sopa. Los muchachos se pusieron poshecos. Al saber sus padres lo que pasaba, mataron perros y chanchos, los botaron al barranco donde vivía Asa, cuando se mayaquearon, y olían tan mal, Asa salió del barranco (que era su casa y se fue a vivir lejos de la zona de los chayahuita) (García de Tomás 1993-2000: II, 398).

los chayahuita mientras éstos buscan animales, caminan de una comunidad a otra, o simplemente cultivan su chacra. Su representación se hace siempre en forma de pareja a la que se les suele llamar Asa y Mashi.

Finalmente, Asa es definida como un Ca'tantru'sa, palabra formada a partir del verbo *ca'tanin (ca'tanacaso)* acompañar, y que en ocasiones se nos ha transcrito como *ca'tanantru'sa,* siendo "*ca*" pronombre personal de la primera persona y "*tanan*", monte. ¿Se califica a Asa como un "yo" *(ca)* que no pertenece al mundo de los seres humanos (personas) a pesar de tener la capacidad de aparentar ser uno de ellos? A pesar de los valores negativos que como vemos más arriba se le otorgan a Asa, definirla como *ca'tantru'sa* supone ponerla al nivel de quienes reciben este calificativo de manera mayoritaria por parte de los chayahuita: familiares muertos que acompañan generalmente a los hombres en sus jornadas de caza o de salidas al monte. Una especie de álter ego propiamente dicho que se vincula en muchas ocasiones al éxito o al fracaso del hombre frente a los peligros que debe afrontar en sus continuas salidas del hogar. No deja de ser curioso. *Ca'tantru'sa* es el que me acompaña al monte o se me aparece en sueños para transmitirme conocimientos. Es un *otro* que sin ser yo, me acompaña. Como una prolongación de mí que me protege, me ayuda, me enseña, pero que también me mata.

> *ASHAUI*: Demonio, tenía muchos piojos que le picaban. Esperaba a las mujeres chayahuita que iban a sus chacras para pedirles que se los sacara, si las mujeres se negaban, les maldecía para que ellas también tuvieran hartos, y su pelo se le blanqueara pronto aunque no tuvieran edad, aunque fueran jóvenes. Huyó con Asa y Mashi (García de Tomás 1993-2000: II, 399).

Y en esa huida,

> [...] lloraban diciendo:
> —¡Oh!
> —¿A dónde vas a ir tú?
> Los demás respondían:
> —¡Oh!
> —Yo me voy a ir al cerro. ¡Ajaaaaa!, así decía Asa.
> Otros decían:
> —¡Oh!
> —Yo me voy a ir a la selva baja. ¡Ajaaaaa!, así decía Asa.
> También Ashahui lloraba diciendo:
> —Ashahui, ashahui, ashahui.
> Por eso los viejos, antiguos decidieron por llamarse ashahui, porque

> ese demonio nos llamaba así, sólo que le han quitado a la "a", entonces le dice SHAWI que en castellano equivale a chayahuita (García de Tomás 1993-2000: V, 198).

Como si hubieran sido innombrables hasta entonces. Los chayahuita reciben su (auto)denominación a partir de un acto de repulsa

Asa y Mashi en Pueblo Chayahuita. Fiestas de Pascua, 2006.

hacia esos seres de quienes, por otro lado, tantos conocimientos han adquirido. Pero su naturaleza verdadera no es la de un ser humano, sino la un ser del monte que busca confundirse entre las familias tomando apariencia de persona *(piyapi)*. Quieren ser uno más entre quienes sí se saben, sin embargo, verdaderamente "piyapirosas".

El grito desesperado de Asahui al ser descubierto y desterrado de las comunidades por los propios seres humanos, "¡¡¡asahui, asahui!!!", es entendido como la manera de dirigirse a ellos. El grito de Ashaui les nombra, les identifica y les diferencia de aquel conjunto que aun formando parte de su mundo, capaz incluso de aparentar ser como ellos, no lo es más que bajo una *capa* o una vestimenta que resulta ser simplemente falsa. Toma masato pero no de yuca, cocina humanos en vez de animales; lava su ropa y vive en casas como las nuestras, pero no es persona.

Valga o no la explicación sobre el grito de Asahui, lo significativo aquí es que el chayahuita convierta la búsqueda de sentido de su propia auto-denominación en una prueba de valor para mostrar quiénes son en realidad los "humanamente personas" de este su mundo. Y es que, repetimos, habiendo sido nombrados shawi, los chayahuita "reconocen" su constitución como personas, tomando distancia y diferenciándose de lo que no lo es. Es por ello que, finalmente, el "ser nombrados" supone no sólo el ser shawi sino también el *ser* constitutivamente persona.

EL SHAWI *PIYAPI*

En la obra *El Ojo Verde. Cosmovisiones Amazónicas*, el especialista shawi[26] Rafael Chanchari relata muchos aspectos de su cultura que, por una cuestión u otra, considera vital a la hora de presentarnos la manera en la que su pueblo organiza el mundo. Dentro de una exposición compleja que cita a todo ese entramado de personajes, seres del monte, animales, plantas, madres de la naturaleza o dioses entre otros que son, como decimos, concebidos en diferentes espacios paralelos al de un

26. El título "especialista shawi" no es ni mucho menos un agregado nuestro, sino la manera efectiva bajo la cual se reconocen en el Programa de FORMABIAP a aquellos indígenas que trabajan no sólo por la recuperación y transmisión de su cultura, sino por la unificación de la lengua y de las señas de identidad de todo el grupo al que representan. Son realmente los especialistas en materia cultural de sus pueblos.

panal de avispas, se halla sin embargo una referencia explícita al ser humano que es para él el shawi. Ésta es la cita a la que nos referimos:

> El ser humano, cuando muere, se descompone en cuatro almas. El alma de la sombra *(kiru wa'yan)*, el alma del ojo, que representa la envoltura del cuerpo *(ya'pira wa'yan)*, el alma de la sangre (nuwawe'e) y el alma del hueso *(nanse wa'yan)*. El alma de la sombra cuida la tumba donde está el cuerpo; el alma del ojo va al lugar de los muertos, a quemarse. El alma de la sangre se queda en el espacio del aire y cuida su sangre que quedo en la tierra. Y el alma del hueso también se queda en el aire y es el que busca las nuevas almas de los cuerpos que van a morir (Chanchari y Púa 2000: 187).

Lo aquí descrito me fue narrado en varias ocasiones a lo largo de mi estadía en tierras chayahuita. Así me decía su propio hermano:

> El *tunchi*, el espíritu del ser humano. Siempre a nuestra vista tenemos. Tú también tienes. Y cuando morimos, lo que está aquí escrito —señalando a los ojos—, lo que hay, señorita, se va al cielo; la sombra se queda, es mal y se transforma en tunchi malo que vendrá cuando muramos. Los muertos son tunchis, de ahí todo proviene. Lo que está en nuestra vista, eso sí se va al cielo. Eso sí es todo (Wilson Chanchari, comunicación personal).

Pero en las dos manifestaciones hay más referencias que lo meramente explícito. Por una parte, las palabras de Rafael, como ya dijimos, están extraídas de un texto en el que el fin es presentar la gama de diferentes seres que pueblan la cosmovisión shawi. La conversación de la que extraigo estas últimas frases, por su parte, fue una de las muchas que mantuve con Wilson a lo largo de nuestros meses de convivencia, centrada en esta ocasión en las enfermedades de los chayahuita. Mi anfitrión, tras afirmar que era mientras "soñábamos" cuando salía el espíritu y el brujo lo hacía enfermar, hecho por el cual "no hay que salir en la noche porque los *tunchis,* puro huesos son, los muertos, están ahí y te pueden matar", confesaba lo anterior. Y añadía que las partes más importantes del cuerpo y, por tanto, aquellas que habría que "cuidar" de ataques de afuera, eran, en este orden, el estómago (o hígado), la cabeza (pensamos, uno se marea y se puede caer), la piel y los sueños:

> Los pensamientos provocan dolor de estómago, *nino cancan,* "te duele el hígado" y eso te hace enfermar. Si uno piensa y duele su estómago, uno

> no puede estar[27]. Pero si uno puede tomar masato, trabajar y salir al monte, si no mezquina y es buen esposo, si advierte los peligros del monte, no mata animales más que para comer, invita, si uno vive siendo shawi pues, no más, entonces, noya cancanterahue, me siento bien, estoy bien, conforme a uno es, no más (Wilson Chanchari, comunicación personal).

En la primera comunicación encontramos las primeras claves para acercarnos a la particularidad del shawi en tanto que ser humano o *piyapi.* Rafael nos ofrece una descripción de las almas de la persona chayahuita y del destino que tomarán éstas tras su muerte. Wilson, por su parte, recoge la batuta de su hermano, incide en la existencia de diferentes almas y del destino de cada una de ellas, pero nos posibilita avanzar y dar un paso más hacia nuestro interés por la importancia del cuerpo en su definición misma de "persona". Efectivamente, las almas de la persona chayahuita son descritas más que como "almas de la persona" como almas de partes concretas de su cuerpo: de la sangre, de su sombra, de sus ojos. El cuerpo se convierte en un depósito del que parten las almas: miembros que transmutan y se vuelven esenciales a lo largo de la vida de una persona. Y Wilson subraya algo bien importante y claro: si nos duele el hígado, vivir no es vivir como shawis.

¿Cómo ligar estas confesiones? Los ojos, el rostro, la sangre, el estómago o hígado, el corazón, la piel, el pensamiento, los sueños, el dolor, la enfermedad; *ya'pira, ya'pi, huënai', cancan, ninopi, sha'huëtë', yonquirinso (yonquirin,* pensar), *huë'ëi (hua'narin,* soñar), *iquito, canio (canio cancan,* dolor de estómago; *cania'pi,* enfermo), son, cada uno a su manera, además de elementos que definen al ser humano, elementos localizados en sus propios cuerpos y, por tanto, elementos que definen la especificidad del shawi precisamente en tanto que ser humano. Si son o no adquiridos al nacer, si se construyen o se transforman en su propio carácter de definición de ser humano, si requieren una constante fabricación, todas son cuestiones que a la luz de lo dicho aparecen centrales ahora. Considerarlas con detenimiento, como se debiera, excede las páginas disponibles para este artículo, pero sigamos un poco más adelante, miremos en el adentro de ese cuerpo.

27. *Yahuerin*, existir; *yahuerin cancan,* estar, existir "bien".

Nonën: su cuerpo

Huirironton, cuerpo blanco de mujer; *huiripinton*, cuerpo blanco de hombre; *pëtopiton*, cuerpo de garza; *quëhuanpi*, cuerpo de animal rojizo; *i'nanpirapi*, cuerpo desnudo; *nonsha*, cuerpo pero también carne; *nonën, su* cuerpo..., su cuerpo de shawi; éstas son algunas de las acepciones que podemos encontrar en el diccionario de Hart al buscar expresiones que describan "cuerpos". Entre todas podría resultarnos especialmente significativa la acepción de cuerpo en tanto como carne, más aún considerando que es bajo ese mismo calificativo que se reconoce a la carne del animal muerto, muy apreciada por el chayahuita en los banquetes comunitarios. Pero teniendo en cuenta su trayectoria de contactos y de influencias misioneras, ¿qué es el cuerpo si no la carne?

A primera vista, en la figura del chayahuita, especialmente en el caso de las mujeres, resalta sobre todo el resto su barriga, *yo'namën*, resultado sin duda de un gusto exquisito por su masato. Pero otros órganos como los ojos y el rostro *(ya'pira, ya'pi)*, la sangre *(huëna'i)*, el hígado *(cancan)* y el corazón *(ninopi)*, resaltan por encima de lo normal y no precisamente a primera vista. Veamos con más detenimiento qué nos cuentan cada uno de ellos.

Los ojos, *ya'pira*. Decir *ya'pi*, rostro, o más concretamente, *ya'pira*, ojos, equivale básicamente a decir *piyapi*. En los ojos se sitúa a esa figura de persona de la que nos hablaba en su texto Rafael y a la que, no olvidemos, se describía como "la envoltura del cuerpo". Pero la presencia de los ojos —y la referencia a ellos— se encuentra en muchos y diferentes momentos de la vida cotidiana chayahuita; es la más constante tal vez, la que sirve de base para la primera regla del tomador de masato: dos son los tazones que debemos tomar, puesto que dos son los ojos que tenemos y debemos tener, para seguir siendo como somos, para que en definitiva, dicen, nuestra persona no deje de estar. La mujer que sirve el masato no debe mirar a los ojos de los hombres casados, más que a los de su esposo. Debe guardarse de tapar bien los huecos de donde extrae la propia yuca con la que elabora el masato para no provocar la pérdida precisamente de los ojos de sus hijos. Debe permanecer sin cruzar la mirada; los ojos son propios.

La sangre, *huënai'*. Adquiere su papel protagonista primero en el nacimiento y más tarde en el rito de pubertad de la mujer. Con la pintura del rostro del recién nacido con la sangre del parto, se da paso a la creación de los primeros lazos de parentesco de éste. A través del rito de la primera menstruación, la mujer adquiere su verdadero estatus de *sanapi*, tornando hacia una serie de compromisos que devendrán finalmente en la predisposición a crear un nuevo hogar. Si, en el caso del recién nacido, la sangre sirve para marcar su inclusión dentro de la red de lazos sociales de la comunidad, en el caso de la primera menstruación, su aparición significa la "individualidad" de la mujer, la adquisición de su verdadera posición como "persona" individual y con responsabilidad propia dentro del hogar y de la comunidad.

En ambos casos, el uso y la aparición de la sangre van acompañados de *restricciones* y de *transformaciones*; restricción por parte de los padres del recién nacido en sus comidas, en sus salidas al monte, en la toma de masato, y también de la muchacha en sus comidas, en su actividad diaria, en sus conversaciones, en sus salidas fuera del hogar familiar. La transformación en el cuerpo del recién nacido se hace a través de la pintura así como con adornos e incluso a través de icaros que lo fortalecen, que le hacen crecer protegido de cualquier mal. Se trata en cualquier caso, de abrir el camino de ambos hacia lo que será su estado de "persona" adulta dentro de la comunidad[28].

28. El estatus de *persona* se va adquiriendo a lo largo del transcurso de la vida. Y ello queda reflejado además de en la transformación corporal, en la manera de referirse, de nombrar a la persona en los diferentes estados de vida por los que pasa hasta convertirse definitiva e individualmente en *"piyapi"*. Efectivamente, los trabajos de Hart señalan que el sufijo -pi en sustantivos y verbos deriva o hace derivar el sentido de los anteriores hacia "fruto, cuerpo y espalda". En otra ocasión, también lo ve como denominador de "persona". No hay espacio suficiente para profundizar en esta cuestión aquí, pero sería interesante ver, a la luz de lo que nos dice Hart, cómo el desarrollo de vida de una persona chayahuita se equipara a los calificativos que recibe ésta en cada estado diferente de esa misma vida, calificativos que cuentan o no, en cada caso, con esa derivación a cuerpo o a persona que queda puntualizada en el sufijo *-pi*. Cuando un chayahuita es adulto, es decir, ha creado o está en condiciones de poder crear una familia, recibe el calificativo de *sanapi* si es mujer o *quemapi* si es hombre. Cuando las jóvenes no han tenido aún su primera menstruación y no han pasado, por tanto, por el rito de pubertad, son llamadas *hua'huasha*, o simplemente *sana*, pero nunca *sanapi*. El joven, por su parte, cuando ya deje de serlo tras su correspondiente rito de iniciación —conseguir 12 animales que entregará a su madre y a su padre y de los que no comerá— pasará a ser *hui'napi* o *i'napitërin*, que quiere decir *llegar a ser*, además de joven. En cuanto al anciano, será simplemente *masho*; y el bebé, un *hua'huan*, como si su persona, tal vez su cuerpo, ya o aún no estuviera presente. *Hua'huanpi* es un fruto verde y no un bebé.

El hígado, *cancan*. El hígado es para el chayahuita el órgano que, por un lado, determina el estado anímico de la persona (feliz, apenado, triste) y, por otro, el estado y las condiciones bajo las cuales acontecen hechos que inciden sobre aspectos tan "dispares" de su vida como son la caza, la siembra de un yucal, el parto de la mujer o la formación de un nuevo centro familiar. De ahí que expresiones como "estoy feliz" *(ca cancanterahue)* o "ser valiente" *(chiniquën cancantërin)* equivalgan literalmente a decir "estoy bien del hígado" o "tengo un hígado fuerte", respectivamente, siendo el órgano, en ambos casos, quien actúa como referente de los estados y del reflejo de éstos en la vida social chayahuita.

También los dolores corporales están identificados en su mayoría con el hígado, es decir que dolor *(iquito)* es principalmente "me duele el hígado" *(iqui cancan)*, de tal forma que decir enfermedad *(canio)* equivale, generalmente, a decir *canio cancan*, enfermo del hígado. Del buen funcionamiento de éste, dependerá, pues, el funcionamiento del resto[29]; y no sólo el estado de salud, como se ve, sino también la inclusión de los individuos en la vida de las comunidades como un auténtico y digno shawi de serlo.

Es verdad que para muchas sociedades el hígado ha sido y es un elemento clave para el estado de ánimo de sus individuos, por lo que expresiones como estar enfadado, malhumorado o incluso molesto corporalmente son comprensibles bajo la expresión "estar del hígado". No olvidemos además, el lugar que éste ocupa en la teoría de los humores refiriendo un estado amargo relacionado con la bilis. La importancia del hígado en el caso de los chayahuita tiene también su cara práctica: la toma de masato. La gran cantidad ingerida a lo largo del día, un promedio de tres o cuatro litros por persona adulta, necesita, sin duda, del buen funcionamiento del hígado[30]. Y es por ello que todo acto relacio-

29. A lo largo de mis más de once meses de trabajo de campo tuve la oportunidad de trabajar muy de cerca con personal sanitario que recorre cada cierto tiempo las comunidades chayahuita, así como con aquellos que, gracias a la existencia de postas médicas, trabajan permanentemente en éstas. Es en base a estos contactos que subrayo la casi generalidad entre los chayahuita de identificar el dolor invariablemente en relación al hígado. Y padecer dolor en el hígado es mucho más que "estar enfermo", es no poder vivir en conformidad con lo que uno mismo es, esto es, comiendo y sobre todo tomando sin dietar, para lo que sin duda uno debe ser, ante todo, cancan, es decir, hígado.

30. No olvidemos que la yuca es básicamente almidón, un azúcar complejo para cuya metabolización se necesita, con toda seguridad, de un buen hígado.

nado con la cotidianidad en la vida de las comunidades necesita de un buen estado del órgano para que uno no se sienta apartado de ésta, es decir, para que uno exista, se sienta vivo en su ser chayahuita. Tal vez de ahí que *cancan* —hígado— como *piyapi* —persona— aparezcan en la misma entrada del diccionario bajo "ser", en el sentido de existir como persona y también, digámoslo así, en el de vivir siendo un "hígado vivo o fuerte"[31]. A la vista de esto último, la cualidad "persona", *piyapi*, implicaría *ser*, entre otras cosas, un "hígado fuerte".

El cuerpo chayahuita contiene, pues, un rostro, ojos, un hígado y sangre. Y cada órgano encuentra su referencia en determinados momentos y a lo largo de la vida y del desarrollo de un chayahuita que busca conformarse no sólo como "persona" en su sentido más completo, sino también —y sobre todo— como persona shawi. No obstante, el ámbito del significado de estos órganos no termina ni mucho menos en lo que hasta aquí se ha señalado —aunque brevemente— y que podemos calificar como "funcionalidad dentro de los momentos más decisivos del camino del chayahuita hacia su estatus de persona". Un análisis de las palabras que sirven para designar a éstos y a muchos otros órganos de ése que hemos calificado nonën —su cuerpo— nos descubrirá otros tantos detalles sobre, finalmente, esa "persona" chayahuita a la que andamos buscando.

El lenguaje del cuerpo chayahuita. Más allá de órganos y miembros corporales

Como ya hemos apuntado antes, la palabra cancan significa hígado, pero además existir, ser, y también avispa[32]. *Piyapi* es a la vez persona y fruto, semilla; suplanta en muchas ocasiones a la palabra *ya'pi* —ojo— y simboliza el alma de éste que garantiza, como dijimos, la

31. Destaca a este respecto, la gran importancia que tiene el dar de comer a los niños el hígado de ciertos animales (siempre cerca del fuego, en relación con lo caliente), para fortalecerles y hacerles verdaderos hombres, así como darles *piripiri* especial para que sean grandes tomadores de masato y nunca se llenen. Ello significará que serán fuertes y grandes esposos y cazadores, aunque el signo —la idea— devenga igualmente del hecho de ser y poseer un hígado fuerte. El masato es clave también para el no pensar y, por tanto, como decía Wilson, para que el estómago no duela, porque pensar significa, principalmente, dos cosas: qué comer y qué tomar.

32. También reciben este apelativo algunos tipos de abejas.

envoltura del cuerpo. El sufijo *-pi* hace derivar el significado del sustantivo o del verbo al que se le añade hacia persona (Hart 1988). En la palabra *ninopi,* donde *nino* es panal (de avispas), el sufijo *-pi* lo coloca directamente en el seno de ésta, es decir, el corazón calificado como si fuera un panal de o dentro de la persona.

Recordemos que los chayahuita conciben el mundo como un panal de avispas, *nino cancan.* Dividido por espacios, en cada uno de ellos se encuentran grupos de "gentes" diferentes: el sol, los peces, los animales, Ukua, el amo del subsuelo, etc., todos dispuestos en un mundo que guarda la forma de un enorme panal.

Kiru wa'yan[33], el alma de la sombra; *ya'pira wa'yan,* el alma del ojo; *nuwawe'e,* el alma de la sangre; *nanse wa'yan,* el alma del hueso: así se nos han descrito. Todos ellos representan también a seres en sí mismos —es posible encontrarlos en la noche si uno sale de su mosquitero— y tienen su lugar en ese mundo-panal. No obstante, cada uno refiere "partes concretas del cuerpo", como si la muerte supusiera una descomposición del cuerpo en almas que sólo entonces adquieren vida propia como *cuerpos diferentes.*

Se podrían analizar muchas más palabras del lenguaje corporal chayahuita de las que aquí hemos reseñado y seguiríamos obteniendo ejemplos de equivalencias de éstas con *presencias* fuera del propio cuerpo de la persona[34], como si éste integrara en su interioridad la exterioridad del mundo al que él mismo pertenece; como si fuera una especie de sede, de "depósito" y no sólo de órganos que cumplen con su función vital para darle vida al hombre.

Así, el chayahuita sitúa la exterioridad en el "interior" de sí mismo, posibilitando una continuidad entre ambas. Por eso le otorga a su cuerpo un tratamiento específico, por eso "acepta" y "cuida" la acción de lo que proviene de *afuera* como formando parte de sí. La exterioridad, el entorno, los seres que viven en ella, influyen directamente en el devenir y no sólo en el devenir de los acontecimientos que le espe-

33. Respetamos aquí la grafía utilizada por Rafael en el texto reproducido más arriba, aunque según lo mantenido hasta ahora —la grafía de Hart— la escritura debiera ser *hua'yan.*

34. En los trabajos de George y Helen Hart (1975) se ofrece una interesante lista de sufijos y raíces derivacionales que nos serviría de apoyo para esta cuestión, abriendo el espectro de posibilidades de equivalencias entre el mundo y el cuerpo chayahuita. Ver Hart 1988: 480.

ran en su vida, sino también, y sobre todo, en lo que les tocará padecer en su propio cuerpo: transformaciones, metamorfosis, enfermedades, muertes. En suma, todo ello producido por la *acción* de esas otras muchas presencias que como los seres del monte, seres humanos "no humanos" del mundo al que pertenecen, existen de manera tan real para los chayahuita como lo es su propia existencia.

En efecto, los órganos que hemos escogido aquí para buscar su equivalencia en el entorno que circunscribe la cosmovisión chayahuita, han sido elegidos porque, por una parte, nos facilitaban mostrar de qué manera el chayahuita se imagina, se ordena y se mira así mismo en función de ese mundo-panal al que pertenece y, por otra, porque, como hemos podido ver, reciben un tratamiento determinante y especial en momentos claves para la formación de la persona shawi. Su cuerpo es un cuerpo que se trabaja y se consigue, se transforma y se desmiembra con la muerte; que queda vinculado de manera directa y privilegiada con un universo complejo y determinado al que, sin embargo, no sólo pertenece como nonsha, como carne, sino , y sobre todo, como *piyapi*, en su propia condición de ser humano.

A MODO DE CONCLUSIÓN

Sea el elemento central el hígado, la sangre, los ojos o los huesos, la interioridad de la "persona chayahuita" encuentra su referente en el universo al que pertenece. Este aspecto no sólo se refleja, efectivamente, en el uso de un lenguaje en el que las palabras que nombran órganos del cuerpo definen e identifican de igual manera a seres concretos y exteriores a éste, sino también en el tratamiento específico que se le da a algunos de estos mismos miembros en virtud de una relación con *agentes* o acciones externos.

Quisimos mostrar que el vocabulario corporal chayahuita, a través del uso de palabras que designan a órganos del cuerpo y "seres" de la naturaleza al mismo tiempo, dibuja un cuerpo inmerso en un mundo exterior de igual especificidad a él, en continuidad con esos espacios que se suceden para un uso cotidiano de los mismos en la vida del chayahuita. En el cuerpo, el hígado tiene el papel de órgano vital y central, al igual que la avispa en su panal; tal vez por ello recibe un trato específico y diferencial con respecto a otros órganos del cuerpo. También la sangre, el rostro, los huesos o la propia sombra reciben una especial atención: se les identifican con exterioridades ("almas", espíritus, seres en maneras diferentes) que aún *siendo* formas corporales remiten a algo que es en sí mismo un *cuerpo* diferente.

Sin duda, el paso más importante es el del reflejo de todo esto en el tratamiento del cuerpo por parte de los propios chayahuita. Sólo hemos dado algunas notas sobre el papel protagonista de la sangre o el hígado, por ejemplo, sobre la importancia de mantener en guardia los ojos, o sobre el hecho de que el ser humano, cuando muera, se descomponga en sus propias partes corporales que devienen almas, en la presencia de éstas como la figura de la enfermedad y de la muerte. Pero el trabajo debería seguir con la creación, la fabricación, la transformación, la determinación que se hace del cuerpo en otros muchos aspectos de la vida cotidiana de estos indígenas. En todo ello, devendría el ser social y cultural que es, específicamente, el sujeto chayahuita.

BIBLIOGRAFÍA

CHANCHARI, R./PÚA, J. (2000): "Como un panal de avispas", en *El ojo verde. Cosmovisiones amazónicas*. Lima: Programa de Formación de Maestros Bilingües/AIDESEP/Fundación Telefónica, pp. 182-193.

CHANTRE Y HERRERA, J. (1901): *Historia de las Misiones de la Compañía de Jesús en el Marañón español*. Madrid: Imprenta de A. Avrial.

DAGGETT, C. (1983): "Las funciones del masato en la cultura chayahuita", en *Anthropologica*, año 1, nº 1 (Lima: PUCP), pp. 301-310.

HART, George/HART, H. (comps.) (1975): *Vocabulario chayahuita*. Lima: Instituto Lingüístico de Verano (Datos Etno-Lingüísticos, 7).

HART, H. (comp.) (1988): *Diccionario Chayahuita-Castellano; Canponanquë Nisha Nisha Nonacaso'*. Lima: Ministerio de Educación-ILV (Serie "Lingüística Peruana", 29).

DRADI, M. P. (1987): *La Mujer Chayahuita: ¿Un Destino de Marginalización?* Lima: Instituto Nacional de Planificación/Fundación Friedrich Ebert.

FIGUEROA, F. de (1904): *Relación de las Misiones de la Compañía de Jesús en el país de la Maynas*. Madrid: V. Suarez (Colección de Libros y Documentos referentes a la Historia de América, I).

FUENTES, A. (1989): "Historia y Etnicidad en la Amazonía Peruana: el Caso de los Chayahuita", en *Amazonía Peruana*, IX, 17 (Lima: CAAAP), pp. 61-77.

— (1988): *Porque las Piedras no mueren; Historia, Sociedad y Ritos de los*

Chayahuitas del Alto Amazonas. Lima: CAAAP.

García de Tomás, M. D. (1993-2000): *Buscando Nuestras Raíces. Historia y Cultura chayahuita*, vols. I-VIII. Lima: CAAAP.

Grohs, W. (1974): *Los Indios del Alto Amazonas del siglo xvi al siglo xviii; Poblaciones y Migraciones en la antigua Provincia de los Maynas*. Bonn: Bonner Amerikanislische Studien.

Ochoa, N. (1990): *Kampopiyarosa Kambiari. Tradition et modernité chez les Chayahuita d'Amazonie Péruvienne* [Diplôme d'Études Approfondies]. Paris: École des Hautes Études en Sciences Sociales.

— (2005): "Bibliografía Chayahuita de la familia lingüística Cahuapana", en *Nuevo Mundo, Mundos Nuevos*, referencia del 4 de julio de 2006; disponible en: <http://nuevomundo.revues.org/index485.html?lang=fr.>

— (2007): *Entre plusieurs mondes. Les chayahuita de l'Amazonie*. Tesis Doctoral. Paris: École des Hautes Études en Sciences Sociales.

Regan, J. (2000): *La religión entre los Cocama, Chayahuita y Napuruna. Un Reino en la Frontera. Misiones jesuitas en la América Colonial*, 332-341. Lima: PUCP/Abya-Yala.

Rivas Panduro, S. (1999): *Investigaciones Arqueológicas en el Distrito de Balsapuerto: El Enigma de los Petroglifos de Balsapuerto*. Yurimaguas, Loreto: Municipalidad Distrital de Balsapuerto, Alto Amazonas.

Rivet, P./Astevin, C. (1931): "Nouvelle contribution à l'étude du groupe Kahuapana", en *Intenational Joumal of American Linguistics*, VI (New York-Bloomington), pp. 227-271.

Renard-Casevitz, F. M./Saignes,Th./Taylor, A. C. (1988): *Al Este de los Andes. Relaciones entre las Sociedades Amazónicas y Andinas entre los siglos xv y xvii*, vols. I-II. Quito: Abya-Yala/IFEA.

Stocks, Anthony Waine (1981): *Los Nativos Invisibles: Notas sobre la Historia y Realidad Actual de los Cocamilla del Rio Huallaga, Perú*. Lima: Centro Amazónico de Antropología y Aplicación Práctica.

Vaca de Vega, D. (1899): "*Capitulaciones*", en *Revista de Archivos y Bibliotecas Nacionales* (Lima), pp. 333-352.

Andar la vida. Trayectorias de los cuerpos en los espacios

María García Alonso

> Pienso que el mundo es como la arena... No se puede conocer su verdadera naturaleza mientras se la considera como cuerpo estático... No es que la arena fluya; el fluir mismo es la arena...
>
> Kôbô Abe, *La mujer de la arena*

Uno de los aspectos que Boas destaca, en la introducción al *Handbook of American Indian Languages* (1911), como una característica distintiva de las lenguas amerindias en su comparación con las indoeuropeas es su interés por mostrar la localización precisa de hablantes, sujetos, objetos y acciones. En gran parte de estas lenguas la expresión "Este hombre", que para cualquier hablante del español indica que nos referimos a una persona concreta y cercana, resultaría confusa e inadecuada. En los desarrollos más exigentes la expresión podría ser enunciada al menos de veintiuna maneras distintas, ya que habría que especificar si está cerca de mí, cerca de ti, cerca de él y lo mismo aplicado a las siguientes expresiones: detrás, delante, a la derecha, a la izquierda, encima o debajo, añadiéndose por ejemplo en kwakiutl indicaciones precisas sobre si se encuentra visible o invisible, o en ponca, una lengua sioux, si se encuentra en reposo o en movimiento. Si complicamos un poco este grupo nominal añadiendo "está enfermo" sería necesario precisar la fuente de la información: si se sabe de su enfermedad porque fue visto, o se tiene alguna evidencia sobre ello, se soñó con él o se escuchó algún rumor sobre el asunto y quizá incluir, por ejemplo, el momento en el que se encuentra del proceso aflictivo, siendo en este caso de especial importancia lo que Boas denomina modificadores verbales "semi-temporales" como incoativos, que muestran el comienzo de la acción; durativos, que expresan la extensión en el tiempo durante el cual persiste la acción; transicionales, que indican el cambio de un estado del ser a otro, etc. (Boas 1911: 38).

Para él y el equipo de personas que participaron en el *Handbook* resultaba especialmente notable la dificultad de diferenciar lo que era gramaticalmente prescindible del núcleo esencial comunicativo del idioma. Pareciera que todo aquello que resulta relevante para nuestras lenguas —las raíces en las palabras frente a los sufijos y prefijos, los nombres y los verbos frente a sus modificadores o la especificación de género o de tiempo como atributos imprescindibles— no fuera tan significativo para estas otras. En el binomio "Este hombre" cualquier hablante del español prescindiría rápidamente de la información transmitida por el demostrativo si fuera necesario, mientras que estas otras categorías lingüísticas se verían quizá tentadas a priorizar ese menospreciado "este", que ancla al abstracto "hombre" en alguna realidad tangible y le da consistencia, existencia en el mundo de lo vivo: alguien le conoce, alguien lo tiene delante o detrás, luego existe.

Estudios más recientes sobre morfosemántica, como el de Spadafora y Siffredi sobre la lengua nivaclé, aportan nuevas perspectivas sobre este planteamiento al indicar que "las distinciones conceptuales precisas siempre son formuladas en términos de un conocimiento situado. Así la distinción cognitiva va desde *lo que se conoce porque está presente* a *lo que se conoce por referencias remotas*, hasta *lo que es completamente desconocido* y al que sólo puede accederse a través del mito o la narrativa chamánica" (2004: 113).

La vinculación de los espacios y los tiempos ha sido estudiada en la antropología americanista sobre todo en relación a los procesos rituales, donde la disposición espacial correcta de los elementos y el potencial convocador de la palabra atraen acciones del pasado o de otra dimensión al presente inmediato. La repetición generacional de determinados desplazamientos, productivos o simbólicos, por un territorio ha sido utilizada también por muchas comunidades como uno de los principales argumentos para conseguir los derechos de propiedad de sus tierras[1]. "Tenemos los nombres de los lugares, los nombres de los torrentes de agua, los nombres de los pozos de las montañas. Esto tiene miles y miles de años. Estas son nuestras fronteras. Vosotros no podéis falsearlas", dirían los indios gitxsan de la Columbia Británica (Steward/Stratern 2001: 97). Si las fronteras son los nombres, en la correla-

1. En algunos casos significativamente se llama a estos procesos de recuperación de tierras "avanzadas", como es el caso de los paeses del sur de Colombia.

ción entre las palabras y los lugares, transmitida de padres a hijos, pervive una vivencia cotidiana del espacio, un uso activo de la memoria que ha sido fijado por las acciones repetidas de los hombres sobre las formas. Pues es el movimiento el que impulsa la maquinaria de la historia, la personal y la social, y con él se tejen las finas redes del recuerdo y el olvido, se forjan parentescos y alianzas[2] y se pone de manifiesto la "textura hojaldrada" de la existencia, compuesta de numerosas capas.

Estos niveles pueden hacerse porosos cuando ocurren determinados sucesos: hay ciertos sitios o momentos en que el flujo entre dimensiones puede hacerse más fácilmente, ciertos estados alterados de conciencia que proporcionan el paso, cierto tipo de prácticas que permiten "verlos" conjuntamente o, simplemente, una adquirida manera de mirar, una óptica particular. Hablamos así de vidas panópticas, en las que los sujetos utilizan la pericia motora y el dominio lingüístico para transitar por un mundo en el que una norma de conducta incorrecta o alguna sustancia ingerida o aplicada puede transformar la estructura de lo real de tal modo que es posible perderse en un lugar familiar y conocido y considerar parientes a los que hasta ese momento eran tenidos como presas de caza. Es importante resaltar la naturaleza relacional de algunos términos en lenguas amerindias referidos a extranjeros o enemigos que, según el contexto, pueden designar también a los amigos más queridos e, incluso, estar incluidos en la propia denominación de "persona". En la transacción entre el yo y el otro, potencialmente convertido en un sí mismo por el cambio de posición que subyace en la teoría del perspectivismo, hay una implícita metáfora de movimiento.

Las distintas subjetividades que pueblan el universo indígena —ya sean humanos, animales, dioses, espíritus, muertos, habitantes de otros niveles cósmicos, plantas, fenómenos meteorológicos, accidentes geográficos, objetos o artefactos[3]— parecen compartir la misma fluidez,

2. Si la historia se relaciona muy directamente con la genealogía, es decir, con el parentesco, éste implica normalmente cambios de residencia para alguno de los cónyuges, desplazamientos en el espacio por los que se espera que el desplazado "olvide" sus lealtades anteriores para incorporarse a la nueva familia. El fracaso de estos "olvidos" es uno de los motivos más importantes de la mitología amerindia.

3. Esta relación de entidades es listada por Viveiros de Castro para apuntar que la manera en que los humanos perciben a esos seres es radicalmente distinta de la percepción que esos seres, que son en cierto modo seres culturales (dotados de cultura), tienen del hombre y de sí mismos, una de las ideas básicas del perspectivismo. Véase Viveiros de Castro (2002).

habilidad y potencial movilidad. Estas condiciones también serían "el terreno común fundacional entre animales, plantas, humanos, minerales y cuerpos celestiales" de los grupos australianos que estudió Redmond.[4] Los hitos de la vida humana pueden por tanto ser vistos como momentos procesuales en un fluir creativo que abarca todo lo existente, cuya reproducción constante asegura la pervivencia de grupos y especies. Este peculiar ciclo de vida vendría a ser una explicación cosmológica que da sentido a un orden que permite que el devorador sea luego devorado en una cadena sin fin de víctimas y verdugos, como en el caso analizado por Claire Lorraine entre los kayapó: "Para los Kulina —dirá—, hay un ciclo cósmico de reproducción entre este mundo y el inframundo. Los espíritus de los muertos van al inframundo donde son devorados por pecaríes, en los que se reencarnan. A su vez, estos espíritus-pecaríes vuelven eventualmente a este mundo, donde son cazados y devorados por sus parientes" (2000: 293)[5].

EL IMPOSIBLE CICLO DE LA VIDA

Cada cultura aporta un entramado de certezas a las que nos asimos para poder sobrevivir en un mundo de total incertidumbre o, dicho de otro modo, un conjunto de metáforas organizadas que permiten traducir —y utilizo conscientemente este verbo para poner de manifiesto que las palabras no son en modo alguno la vida, sino una aproximación cultural a ella— vivencias que de otra forma son incomunicables.

4. "Para los ancianos de Ngarinyin, las imágenes del paisaje y del cuerpo están interpenetradas, son polimórficas, formando y metamorfoseando sedimentos de experiencia que establecen una identidad fundacional. Las historias de lugares que se mueven exploran las tensiones y solapamientos entre el cuerpo vivo, activo, en movimiento y cambiante y el cuerpo en reposo, dormido, soñando, muriendo y ya muerto. Esta tensión creativa también existe entre los cuerpos de los ancestros y los cuerpos humanos que llenan el universo social contemporáneo" (Redmond 2001: 122).

5. Existe un ámbito suprapersonal cercano a esta idea del ciclo de vida, por ejemplo, en la herencia de nombres en individuos reencarnados del mismo grupo de parentesco, aunque no necesariamente se produzca con los hijos del fallecido. Es posible también encontrarlo en un ámbito supracomunitario, a través de la incorporación simbólica de algún aspecto del enemigo muerto, a menudo su sangre, en el cuerpo de su asesino. Sin embargo, la combinatoria introduce factores imprevisibles en las trayectorias vitales y no necesariamente se trata de reproducciones de las mismas.

La noción "ciclo de vida" emerge en las ciencias sociales a fines del siglo XIX vinculada a las teorías darwinistas que relacionaban la herencia y el desarrollo de las especies con su supervivencia, su adaptación y su desaparición[6]. Presupone una permanencia de las estructuras más allá de los acontecimientos, de los linajes por encima de los individuos, de los mecanismos de reproducción en lucha con los mecanismos de extinción. Así, todo ciclo de vida se caracteriza por tener estadios sucesivos, un desarrollo irreversible (maduración) y una reproducción de la forma (generación). Si esta ordenación de los avatares de la vida era hasta hace poco un capítulo inexcusable de cualquier monografía etnográfica —simplemente había que detectar los "ritos de paso" de las distintas edades, y describirlos para poder hacer comparaciones interétnicas—, actualmente distintos temas que antes aparecían unificados son tratados en la bibliografía sobre pueblos amerindios formando parte de categorías diferentes: aspectos de índole sexual y aquellos relacionados con la gestación pueden encontrarse asociados a teorías más generales sobre sustancias corporales, los sistemas matrimoniales ligados a los estudios de parentesco y sobre todo a la discusión sobre la afinidad —y su relación con la alteridad— y la consanguinidad; la muerte asociada a los estudios sobre creencias religiosas, etc. No obstante, persiste una implícita certidumbre de que, de algún modo, todo ser humano pasa por las mismas etapas. Todos nacemos, crecemos y morimos. Existe un antes y un después, un tiempo que discurre para cualquier ser humano. En cierto modo se mantiene una legítima ficción de semejanza ordenatoria. Al fin y al cabo, no hay sociedad que no tenga sus niños, sus adultos y sus ancianos. Sin embargo esta legítima ficción tiene un precio, como lo tienen todas las ficciones cuando no se explicita su carácter inventado y precario. Los focos de luz demasiado directos espesan las sombras y las extienden por una superficie mayor de lo que la vista abarca. Avancemos, pues, entre tinieblas con la debida cautela.

Las narrativas del yo de tradición occidental remiten normalmente a una estructura de tiempo agrario en el cual las edades tienen su correspondencia en el ciclo anual —normalmente estableciendo una relación entre éstas y el efecto que producen las estaciones en el crecimiento de las plantas (como puede deducirse de frases como "estar en la flor de

6. Para una profundización en este concepto, véase O'Rand/Krecker (1990).

la vida" para referirse a la juventud, asociándola con la primavera, o la expresión "personas maduras", al igual que los frutos, para denominar a la edad adulta)—, o bien establecen una dinámica en tres fases de ascenso-estabilidad-descenso, con un principio y un fin muy definido: nacimiento y muerte. Parece, por el contrario, que la percepción estacional amerindia podría acercarse al modelo de dos estaciones ya estudiado por Mauss en 1905 al tratar las variaciones estacionales esquimales[7]. Según él, verano e invierno, lluvias y secas, transforman las sociedades según un modelo de intensidad y relajación en las relaciones sociales. Las necesidades alimenticias van creando y deshaciendo alianzas y modificando quehaceres cotidianos. Más importante que este aspecto, que puede extrapolarse en general a cualquier grupo étnico, me parece la consideración, ausente en este estudio de Mauss, de que la variación estacional en el caso americano tiene como causa o como consecuencia un traslado en el espacio. Es decir, en el modelo cíclico occidental es un mismo lugar el que sufre el paso del tiempo y en el amerindio el movimiento en el tiempo está estrechamente relacionado con el desplazamiento en el espacio.

No se trata por tanto de que nos encontremos con un esquema por cada modo de subsistencia —agrario en el caso occidental, cazador en el caso amerindio—, porque la relación entre movimiento y crecimiento se observa de modo muy evidente también en las culturas del maíz. Es común en Mesoamérica la comparación explícita entre "el crecimiento humano desde el embrión y el de la planta de maíz, y ambos con el de la luna"[8], imaginario que comparten con los navajos como muestran los dibujos de los senderos del Surgimiento, con mucha relación mitológica con el *Popol Vuh*, en los cuales la planta va creciendo a medida que avanzan los pasos dibujados.

Por otra parte, el modelo de persona occidental es esencialista. El embrión, la semilla, contiene en esencia el ser que luego se desarrollará[9]. Desde antes del nacimiento, la persona es un individuo público que tiene derechos, independientes de los de sus padres y defendidos

7. Dejo a un lado la posible universalidad de un modelo estacional como referente para la ordenación de la propia vida —algo muy discutible—, pero me parece interesante poner de manifiesto que, incluso en este caso, el resultado sería muy diferente.

8. El maíz también crece por la noche. Véase Brotherston (1997: 370).

9. Actualmente cumple esa función el código genético, todavía más inmutable que la cambiante semilla.

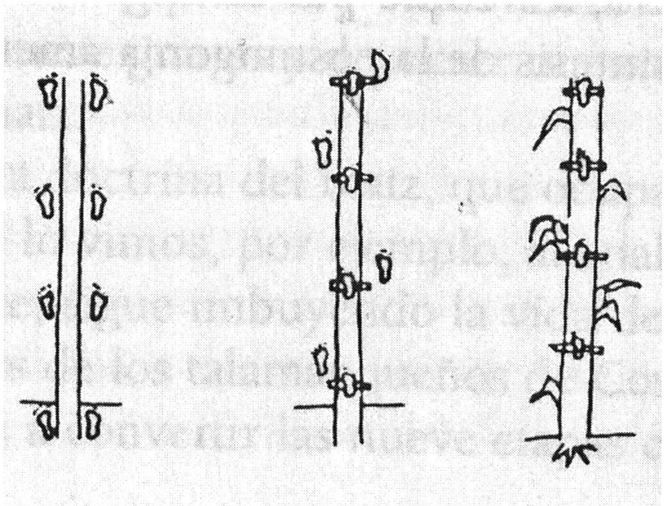

Fig. 1. Senderos del surgimiento del maíz (reproducido en Brotherston 1997: 372).

por los Estados hasta su muerte. Llegado este momento, aun para aquellos para los que existe una vida *postmortem*, los individuos dejan de ser sujetos, disocian su cuerpo y su alma y esta segunda entidad, en su forma pasiva, sólo sufre las consecuencias de sus actos terrenales, retenida en algún depósito espiritual para toda la eternidad. Frente a este canon, la persona amerindia parece mostrarse permanentemente en creación o, mejor dicho, en transformación, como si el crecimiento no fuera algo natural, sino inducido por el cuidadoso cumplimiento de las normas propias de cada sociedad. Si bien existe una gran variación cultural podemos tomar como ejemplo la embriología amazónica según la cual hay que ir rellenando con semen el molde uterino para que vaya creciendo un ser que sólo será humano cuando sea comunitariamente aceptado bastante después del nacimiento, o la movilidad de los muertos, que pueden volver a visitar a los vivos y fluctuar entre el mundo de arriba y el inframundo.

Por otro lado, las distintas partes constitutivas de la persona amerindia (sean éstas las que sean) mantienen entre sí una relación de, podríamos decir, "autonomía solidaria". Esta divisibilidad de los cuerpos —con la gran movilidad de las almas indígenas—, reafirma más la idea de que ni en su comienzo, ni en su desarrollo, ni en su final es posible utilizar los mismos parámetros. Esto ha llevado a algunos autores[10] a intentar explicar la paradoja de que la división corporal no implique una pérdida, sino una multiplicación de la persona, a través del modelo de fractales, las escalas geométricas permanentemente autosimilares.

El sistema se complica con la existencia de realidades paralelas con distintos tiempos que coexisten simultáneamente, lo que permite a seres de humanidades anteriores interactuar con los hombres de esta edad, por lo que es difícil plantear cualquier existencia lineal e irreversible.

Creo, por todo lo anterior, que podría resultar fructífero explorar un camino que permita incluir lo que los modelos occidentales excluyen: la íntima conexión del espacio y el tiempo, a través de las acciones motoras, y la primacía ontológica del primero con respecto al segundo. El patrón de crecimiento podría por tanto ser descrito a partir de las ubicaciones por las que transita el cuerpo y sus sustancias y la dirección en la que avanzan, sus reposos y sus itinerarios; los movimientos correctos que construyen o los erráticos que reflejan o producen el desorden y la anomia. No se es, se está. Contemplado de este modo, crecer tendría que ver más con pasar de un lugar a otro donde las características de los sujetos y la perspectiva desde la que ven y son vistos han variado, que con envejecer, es decir, pasar el tiempo por el cuerpo deteriorándolo. Este crecimiento implica, por supuesto, una modificación del aspecto corporal, pero esta modificación es sólo uno de los indicios de la madurez. El reflejo corporal de los años vividos es fundamentalmente una consecuencia de otro tipo de transformaciones y no una causa de las mismas. Es la experiencia de su "andar por el mundo" la que la impulsa y desarrolla.

Mi intención es voluntariamente fragmentaria y asistemática. Primero por la ambición de la comparación y mi propia ignorancia del "catálogo" de movimientos pertinentes, lo que me obliga a generalizar en demasía y seleccionar sólo aquellos que me resultan evidentes. Cada grupo cultural podría identificar de un modo mucho más sutil sus ademanes y gestos. Andar no es sólo poner un pie delante de otro: es la sabia combinación del ritmo de los pasos, la cadencia del vaivén de las caderas, el equilibrado péndulo de los brazos y las piernas, la posición de la cabeza y los hombros, la flexión coordinada de las articulaciones

10. Véase, por ejemplo, José Antonio Kelly Luciani (2001).

y un camino, un rumbo y una velocidad fijados por la voluntad propia o ajena, un momento propicio o desafortunado. Todo ello crea peculiares estilos de marcha culturalmente aprendidos cuyos matices se pierden escondidos en nuestra burda palabra. Andar es, por último, y para los efectos de este texto, una metáfora de otros movimientos en los que los pasos no son percibidos, aunque se produzca el desplazamiento: ir, marchar, volver, avanzar, etc.

Aunque he elaborado un guión simple de las acciones motoras principales en las que he fijado mi atención, no pretendo darle ninguna ordenación temporal. No se trata de sustituir un esquema por otro en el que las edades y sus momentos de transición sean descritos a base de diagramas en los que los sujetos asciendan o se muevan en círculo de oeste a este o de arriba a abajo, conservando la misma periodización tradicional de estadios, sino de ensayar una nueva reorganización igualmente ficticia, en la cual aparecerán juntos momentos de la vida que han sido descritos haciendo referencia a desplazamientos con un cierto aire de familia. Los ejemplos seleccionados han sido tomados de monografías de distintos autores[11] y se refieren a diferentes grupos étnicos amerindios, en los que he encontrado estas similitudes. Un análisis más detallado no podría prescindir de una referencia contextual para cada uno de estos ejemplos, que no aparece en este ensayo tan provisional e inconcluso. También en el caso europeo varía la consideración de la infancia si al compararla con el ciclo anual se la hace corresponder con el invierno, como ocurre en los libros de horas del norte de Europa, o con la primavera, como se muestra frecuentemente en el Mediterráneo. Pero no cabe duda de que ambas son ordenadas a partir de una misma lógica, una lógica que creo que también comparten entre sí las culturas amerindias si bien basada ésta en distintos principios.

La infancia sería un ejemplo paradigmático del desencuentro interétnico en los relatos autobiográficos. La recreación detallada de esta etapa, que en Occidente es tenida como la más decisiva para el desarrollo de la personalidad y, por lo tanto, la que da sentido o explicación a los avatares futuros del individuo, no suele tener tal impor-

11. El problema de la traducción de los textos cuando la lengua en que fueron recogidos no es la de escritura de estas monografías puede introducir factores de distorsión que asumo dadas las características de ensayo.

tancia en las narrativas del yo indígenas. Salvo en el caso excepcional de *Indian boyhood* de Charles E. Eastman —que es muy consciente de su público y empieza su libro diciendo: "¿Qué niño no querría ser indio en su infancia?"—, las vidas comienzan a merecer ser contadas desde el momento en que la persona es capaz de realizar alguna actividad productiva, es decir, cuando "va dejando de ser un niño". Las narrativas del yo occidentales se inician con un tiempo en el que la vida es siempre contada por otros e interiorizada por el sujeto dada la importancia que se le concede como prefigurador de la trayectoria futura.

Uno de los textos que reflejan con mayor claridad la virtud del movimiento espacial como acelerador del crecimiento se refiere precisamente a este asunto. Cuando Ángel Acuña trabajaba sobre las carreras rarámuri, Jesús Manuel Palma le explicó cuál era el motivo de la gran resistencia de su pueblo:

> El niño desde que tiene dos o tres años empieza a independizarse, no tanto del seno familiar, sino del apoyo paternal para hacer las cosas. El niño empieza a apoyar a los papas a traer leña, las tareas de labranza; aquí en la sierra un niño de año y medio o dos años él mismo hace su lumbre, su comida, eso tiene que ver mucho con la resistencia del corredor porque no está acostumbrado a que le estén dando, ofreciendo a la hora que lo necesita, si no existe tiene que resistir hasta la hora que lo haya, o esperar a que haya o buscar donde hay, o inclusive de 4 o 5 años empiezan a caminar hasta 15 o 20 km a pie y con el mismo ritmo que los papás, allí corre, corre para alcanzar a sus papás, entonces como que es un ensayo, una terapia desde niño, desde los cuatro o cinco años ir al ritmo de sus papás para ser buenos corredores. Desde allí empiezan a agarrar dureza los pies, para correr por los terrenos tan quebrados y tan pendientes, y poder manejar la bola. Ya desde niño se forjó el organismo y se hizo fuerte para enfrentar cualquier tipo de emergencia, entonces no es difícil que uno que lleva 10 años sin correr de repente corra muy bien, son muchos los casos así. Se está preparado para todo físicamente y mentalmente, porque la alimentación no la va a tener a la hora que él quiere, está preparado para alimentarse a la hora que lo haya no a la hora que lo necesita (Acuña 2006: 102).

Este texto relaciona la autonomía personal y la destreza en la marcha. Nos habla, sí, de un entrenamiento muscular, de un hábito de sufrimiento, pero también de un camino que recorrer con presteza, la "terapia de ir al mismo ritmo que los adultos" que convierte al pequeño en un ser válido dentro de la comunidad, en alguien que se "ha forjado el organismo". Los niños rarámuri son autónomos porque corren y corren porque son autónomos; a través de la carrera van adquiriendo con más rapidez su lugar en el mundo. Desde el punto de vista del que cree que la infancia dura un lapso fijo de tiempo, marcado por factores estrictamente biológicos como la dentición o la pubertad que son independientes de la voluntad, resultaría inútil, sino peligrosa, esta aceleración de las conductas[12]. En ningún caso debería permitirse a una criatura tan pequeña cocinar su propia comida, incluso aunque mostrara capacidad para hacerlo, porque no es un acto adecuado para su edad. El relato de Jesús Manuel Palma sería leído como una prueba adversa en un tribunal de maltrato infantil y no como una eficaz educación que permite a los niños valerse muy pronto por sí mismos, estimulando sus iniciativas y potenciando sus habilidades. Corriendo con sus piececitos duros adquieren antes la experiencia y la sabiduría para procurar su propio sustento.

De hecho, la finalidad principal de la carrera no parece ser la de llegar a ninguna meta concreta, sino asegurar la supervivencia. La relación entre alimentación y resistencia en la marcha se muestra en este texto de un modo explícito, al igual que se mostraba en el pasado en los relatos sobre la cacería del venado, en los que la presa era acosada y perseguida sin tregua hasta su desfallecimiento.

> La caza del venado consiste en perseguir por dos días; jamás menos de un día. Los tarahumaras mantienen al venado en constante movimiento. Solo de vez en cuando vislumbran a su presa, pero la siguen infaliblemente gracias a su tremenda habilidad para leer las huellas. El indio persigue al venado hasta que éste cae por agotamiento, a menudo con sus pezuñas completamente gastadas. Luego el hombre lo estrangula o los perros lo matan. La carne del venado está congestionada de sangre debido a la prolongada lucha (Bennett/Zingg 1978, citado en Acuña 2006: 53).

12. En los relatos míticos, se produce muy a menudo la aceleración del crecimiento de los héroes culturales por medios mágicos, por ejemplo, estirando sus miembros y forzándoles a mantener la posición erguida como haría el pájaro padre de Asdiwal. En otros casos, ya hablan cuando están en el vientre de sus madres.

Pero este texto apunta también una posible línea de acercamiento a otros relatos en los cuales el cuerpo también encuentra sus transformaciones. El cuerpo que crece es también un cuerpo que debe forjarse, endurecerse, aprender a sufrir, bien a través de la privación como ocurre en esa primera lección de humanidad que recibe el pequeño lactante quechua cuando se le niega el dulce calostro de su madre por ser demasiado bueno para él, doblegando su impaciencia a través del ayuno[13]; bien a través de la enfermedad —como los pumé con los que trabajó Gemma Orovig, que encuentran en sus momentos de aflicción los sueños necesarios para viajar a las lejanas tierras donde pueden escuchar las enseñanzas de los santos y los jefes, los únicos que pueden transmitir las palabras correctas para sus cantos de curación[14]—, bien a través de la ingestión de alguna sustancia psicotrópica, es decir, de las que "mueven el alma", etc. Este "endurecimiento" del cuerpo capacita a los chamanes para encontrar el camino hacia la curación y le da armas para superar sus temores y adentrarse en terrenos desconocidos, en los que está en desventaja. Son los niños abandonados los que traen el fuego a su aldea[15]; personajes enfermos y desamparados se encuentran entre los grandes héroes culturales. Sin el desequilibrio experimentado por la alteración de alguna de las partes de la persona —normalmente a través del sufrimiento del "cuerpo físico"—, es difícil adquirir el conocimiento; sin sabiduría el crecimiento es deficitario, como una potencialidad fallida. Ésta es una de las tristes verdades que se deducen del castigo que el *Popol Vuh* destinó a los primeros "verdaderos hombres".

13. "Los ritos post-natales de separación son necesarios para contrarrestar la sensación previa de la mujer de que su cuerpo estaba ocupado por un *diablito*, cuyo avance hacia la vida cristiana podría costarle la suya. Los bebés se apartan del pecho, y su voracidad ancestral se reprime, antes de que se les permita tomar la nueva fuente cristiana de alimentación. La sangre roja interna se reemplaza por leche blanca, aunque el calostro puede ser considerado como *demasiado bueno* para el bebé" (Platt 2001).

14. Orovig vincula explícitamente el primer viaje a través de la enfermedad con el paso a la vida de los adultos. "Estos jóvenes aún no saben —dirá César, uno de sus informantes—. Son gente que está aprendiendo a cantar. José Luis va a ser bueno; por eso los santos mayores castigan al espíritu de él. Yo siempre les digo: Ustedes no saben todavía. Deben enfermarse para aprender. Si no se enferman van a cantar chapuceando bajito porque los santos no van a ayudarles" (Orovig 2006: 277-278).

15. Recordemos, por ejemplo, el mito del origen del fuego entre los timbira recogido por Roberto da Matta; o las historias de huérfanos que se encargan en su vida adulta de vengarse de los asesinos de sus padres.

Estos descendientes directos de los Progenitores,

> hablaron, conversaron, vieron y oyeron, anduvieron y agarraban las cosas; eran hombres buenos y hermosos y su figura era figura de varón. Fueron dotados de inteligencia; vieron y al punto se extendió su vista, alcanzaron a ver, alcanzaron a conocer todo lo que hay en el mundo. Cuando miraban, al instante veían a su alrededor y contemplaban en torno a ellos la bóveda del cielo y la faz redonda de la tierra. *Las cosas ocultas* [por la distancia] *las veían todas, sin tener primero que moverse*[16]; en seguida veían el mundo y asimismo desde el lugar donde estaban lo veían. Grande era su sabiduría; su vista llegaba hasta los bosques, las rocas, los lagos, los mares, las montañas y los valles.

Molestos los dioses por la omnisciencia de los hombres, "el Corazón del Cielo les echó un vaho sobre los ojos, los cuales se empañaron como cuando se sopla sobre la luna de un espejo. Sus ojos se velaron, y sólo pudieron ver lo que estaba cerca, sólo esto era claro para ellos". Con esta simple operación establecen una relación obligatoria entre desplazamiento y conocimiento, entendido ya como experiencia. Así destruyen la sabiduría innata de los cuatro primeros quichés, antecesores de las gentes del maíz.

Movimientos principales

> Esta es la relación de cómo todo estaba en suspenso, todo en calma, en silencio; todo inmóvil, callado, y vacía la extensión del cielo. Esta es la primera relación, el primer discurso. No había todavía un hombre, un animal, pájaros, peces, cangrejos, árboles, piedras, cuevas, barrancas, hierbas ni bosques: sólo el cielo existía. No se manifestaba la faz de la tierra. Solo estaban el mar en calma y el cielo en toda su extensión. No había nada junto, que hiciera ruido, ni cosa alguna que se moviera, ni se agitara, ni hiciera ruido en el cielo. No había nada que estuviera en pie.

De este modo describe el *Popol Vuh* el comienzo de la creación, un cosmos que no surge de la luz y las tinieblas en un caos de confusión en el que aleteaba el viento de Dios, como precisa la Biblia de Jerusalem;

16. La cursiva es mía.

sino que es un inicio en el que el silencio y la inmovilidad de todo lo existente, la calma eterna, la horizontalidad en el paisaje, manifiesta la ausencia de vida.

Tras este preámbulo, que muestra un desarrollo de este problema en los orígenes míticos mesoamericanos, las páginas siguientes estarán articuladas siguiendo lo que podríamos llamar un "esquema de movimientos principales" a partir de una serie de movimientos que aparece de modo recurrente en las narrativas amerindias sobre el yo.

Movimientos en vertical

Es frecuente la aparición de cuerpos que caen en las narrativas que se refieren a acciones personales, es decir, cuerpos que perdiendo el equilibrio, realizan un movimiento de arriba abajo que solo finaliza cuando algo firme lo detiene. Se trata de un movimiento precipitado, no pautado, un inesperado desorden de gestos y posturas correctas que se aleja bastante en sus representaciones gráficas del camino descendente de los chamanes en su viaje hacia los mundos donde adquieren su poder y su sabiduría.

Fig. 2. El momento de parir (Mu ikala). Reproducido en Brotherston (1997: 73).

El episodio de la caída parece estar relacionado con un violento cambio vital. Este dar con el cuerpo en el suelo no es percibido ni relatado como un desequilibrio azaroso, sino que refleja una intencionalidad por parte de alguna entidad que desea atrapar a la persona. Así ocurre en las ya referidas carreras rarámuri, donde las trampas para los corredores incautos se realizan sobre la ruta que ha de ser pisada.

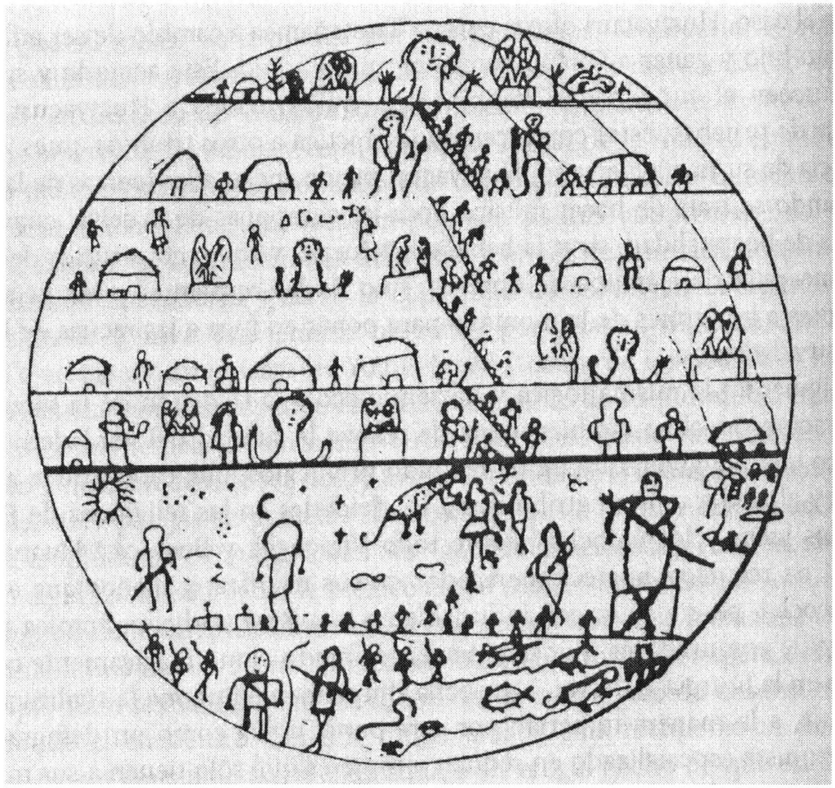

Fig. 3. Niveles de ascenso y descenso del chamán caribe, publicado por Guss y reproducido en Brotherston (1997:338).

En los comentarios al respecto de Bennett y Zingg, citados en el libro de Acuña (2006: 71), éstos afirman que: "se muelen en el metate huesos de piernas procedentes de antiguas cuevas funerarias, y se las mezcla con el polvo de la pista. El desprevenido contrincante, pisa el lugar contaminado; el muerto le agarra los pies y de esta manera le hace perder la carrera".

La caída —incluso cuando ésta no reviste gravedad desde el punto de vista de la medicina occidental— suele ser el comienzo de enfermedades y de otras transformaciones trascendentales. En la historia de Manuel de Pindilig, en los Andes meridionales de Ecuador, relatada por su esposa y recogida por Carmen Bernand (1984), el protagonista comienza el largo proceso de su epilepsia con una caída en el mismo lugar donde años después encontrará también su muerte.

> La enfermedad de Manuel había *remanecido* cuando éste tenía apenas catorce años, en aquel invierno de los *llashacus*[17] [...]. Los *llashacus* estaban escondidos en el cerro, detrás de una peña. Entonces la madre de Manuel le dijo: —Mañana vos has de ir al cerro a mudar los animales". El huambra [muchacho], muerto de susto porque la peña de los *llashacus* se encontraba justo en medio del potrero de sus padres, se pasa la noche en vela, cavilando: "¿Qué me he de hacer? [...]". Antes del alba sale de la casa rumbo al cerro. Justo a la salida del pueblo, resbala en un lodazal y se cae al barro sin conocimiento. Acababa de tener su primer ataque.

A su vuelta a casa, con su cántaro para la leche roto, su historia no es creída pues su madre piensa que marchó a jugar con otros niños en vez de cumplir sus obligaciones. Cuando le golpea con una correa, Manuel tiene otro ataque. Éstos le acompañarán hasta su muerte. Desde entonces su carácter cambia, se vuelve un hombre perezoso y violento. Su mujer logra convencerle de que su enfermedad es causada por la brujería de unos enemigos de su familia. Es tratado por un especialista ritual durante un tiempo y logra una mejoría que se interrumpe cuando cesa el tratamiento por falta de dinero.

> Cuando nace su segundo hijo, que lleva su propio nombre, Manuel se amansa y una noche, coge un balde y sale a buscar agua a la plaza para evitar la faena a su esposa. Como el hombre no regresa, Fila sale en su busca. En la oscuridad tropieza con el cuerpo de Manuel, tendido de bruces en el lodo, y muerto de asfixia. Allí en el mismo sitio donde cayó por primera vez.

Dentro de las muchas hipótesis que baraja Bernand para entender el origen de la enfermedad de Manuel, parece cobrar fuerza el "susto", una dolencia que puede adquirirse a consecuencia de un traspiés que permite a las guacas y otros seres sobrenaturales robar el alma del caído. Como un héroe clásico atrapado por su destino, no puede huir de los "vahos, aires y reflejos dañinos del lodazal", pútrido espejo donde acechan criaturas malvadas.

Durante el nacimiento se produce una sucesión de caídas y ascensos. La mujer adopta una postura durante el parto que provoca el des-

17. Los *llashacus* son los leprosos cuya sangre es espesa y necesita renovarse con la sangre de los indios (véase Bernard 1984).

censo de la criatura que se halla en su vientre. Por ejemplo, entre los quechuas de Macha, un *ayllu* de Bolivia,

> se adoptan distintas posiciones para dar a luz: en cuclillas (*chukusqa*), sentada (*tiyasqa*), de pie (con el apoyo de los presentes), agarrada al lateral del catre (si da a luz a solas), a cuatro patas (*wakachanqa*). El marido puede apoyar a su mujer, tomándola por la cintura desde atrás, con una partera o una pariente sentada delante para recibir al bebé; si el nacimiento se ha realizado en familia, la partera a veces puede entrar después del parto para levantar al bebé y dar cuidado post-natal a la madre (Platt 2001: 657).

Este acto de "levantar al bebé" es una parte importante del proceso que permite al pequeño la entrada en la comunidad. Es común que la persona que levanta al pequeño tenga un gran peso ritual y que lo acompañe en otros momentos de su existencia futura como ocurre con la *tapave* que asiste a la niña púber entre los guayaquíes estudiados por Clastres (1986: 124-125):

> Al poco rato, el tiempo suficiente para que todo el campamento se entere de que *pirä upu o* (ha corrido sangre), Chachugi sale de entre los árboles y, con la *mirada baja*, se dirige rápidamente a la choza de sus padres, que la han evacuado. Murmurando le dice a su abuela, que es la única que se ha quedado: "*Cho pirüma*" ("mi sangre está aquí"). Entonces la vieja anuncia en voz alta a otra vieja, instalada un poco más lejos: "La sangre de nuestra nieta está aquí". "Yo soy su *tapave*". Efectivamente, cuando nació Chachugi fue esa mujer la que la levantó del suelo y la tomó en sus brazos; y es ahora la que asistirá a su *chave*, que se ha vuelto mujer. La madre entona un lamento solitario. A partir de ahora todos los presentes han sido oficialmente enterados.

La sangre vertida reproduce el camino descendente que siguió en su momento la ahora adolescente.

La sucesión de movimientos verticales es especialmente interesante en el siguiente relato de San Miguel Acuexcomac, donde se narra el nacimiento sobrenatural de Santiaguito.

> Una muchacha era consentida y no querían que se casara, estaba encerrada..., sería rico su papá. Pero, cuando fue al baño, le cayó el lucero, y de eso que cayó, ya vino Santiaguito. [...] Cuando se alivió la muchacha, no lo querían a ese niño, lo despreciaban. Lo fueron a tirar al hormiguero,

nada le pasó, a lo contrario, ¡lo enfloraron! En el temascal lo echaron, igual, no se murió, a los marranos igual, no le pasó nada. Lo echaron al río y no se lo llevó el agua. Allá andaba leñando un señor y como no sabía criar su señora, ése lo alevantó. Ya se lo llevó para su casa y llega y le dice a su mujer:

—"Sabes, ¡yo me encontré a este niño en el río! Aquí lo traigo, acuéstate, voy a ver a mi mamá que te venga a ver".

Se fue con su mamá:

—Vaya usted a ver a su nuera, ya se alivió".

—"¡Mula![18] ¿Qué va a parir?"

—Vaya usted a ver. Lo vino a ver la nuera, hasta sus pechos luego se llenaron, luego le vino la leche" (Fagetti 2003: 2).

La concepción de Santiaguito se origina por la caída del lucero, atraído por la joven en el temascal. Esta primera madre actúa únicamente como un receptáculo físico de la brillante potencia del cielo, permitiendo la transformación y la posterior caída de la criatura no deseada. En cierto modo la sustancia vital del lucero que choca contra el vientre es transformada en *nasciturus,* como Manuel de Pindilig caería sano y se levantaría enfermo. El lucero modifica su estado transformándose en Santiaguito.

La familia de la muchacha, de la que dependía la incorporación del pequeño a la vida comunitaria —el verdadero nacimiento—, lo obliga a caer una y otra vez sin ser debidamente "levantado" y por lo tanto reconocido, de tal modo que sólo su excepcional origen lo salvará de la muerte. Levantar a la criatura es tan importante que puede provocar signos físicos de maternidad en una mujer estéril.

En este caso, como en los anteriores, las consecuencias de las caídas solo pueden ser contrarrestadas con la ayuda de segundas personas. El ser que cae, sea adulto o niño, debe ser sacado de su estado mediante algún ritual que no puede realizar por sí mismo. El cuerpo que se levanta, incluso si lo hace por sus medios, ha perdido algo que no puede hallar sin ayuda. Tanto el alma atrapada, el recién nacido incapaz de valerse o el corredor que fracasa necesitan palabras, gestos, acciones fortalecedoras por parte de especialistas rituales. "¡Ahí te levantás! ¡Vamos! ¡Levántate! [...] Entra en tu casa, descansa en la silla,

18. Se llama mula a la mujer estéril.

en el escaño de nuestro señor Jesucristo...", repetía insistentemente un *ilol k'ekchi'*, rezando a los cuatro vientos —que no en vano son la representación del movimiento en estado puro— para recobrar la sombra perdida de su paciente[19].

Estos desplazamientos ascendentes y descendentes suceden también en el interior de los organismos, como si las entrañas pudieran tener también actividad, si no consciente, al menos intuitiva. Al igual que las almas pueden desplazarse mientras el cuerpo se encuentra dormido —aunque el acto de dormir no presuponga un estado de inmovilidad en aquellos que se encuentran suspendidos en una hamaca mecida por el viento—, es posible que otras partes del organismo menos "gaseosas"[20] puedan también tener voluntad de desplazamiento. En el modelo de persona occidental solo podemos concebir el movimiento con apariencia consciente de una sustancia inmaterial, negándosele esta facultad a los cuerpos sólidos o a los contenedores de fluidos que se encuentran dentro del organismo. Sin embargo, esto no resulta evidente en los movimientos discordantes —en los que partes del organismo inician movimientos en los que no participan otras partes— que nos encontramos en descripciones como las que Clarac describe en relación al cuajo o la pelota situados en el centro de los cuerpos de los muku de Mérida:

> La *pelota* del adulto, es decir el padre o la madre, tiene igual que el *cuajo* tendencia a desplazarse, pero al revés: hacia arriba, que es cuando el alma o energía vital se va retirando del cuerpo, subiendo hacia la garganta para al final escaparse por la nuca y ser llevada volando hasta la Laguna de los Muertos, a la cual llega a veces también por el camino de los ríos ("los muertos se van por el agua", dicen los campesinos merideños, razón por la cual en el simulacro de tumba que hacen en sus casas durante los velatorios o "novenas de muertos" dibujan caminitos con piedritas blancas del río, para facilitar al muerto su desplazamiento e impedir que se pierda y permanezca con los vivos) (Clarac 2000: 200).

Entre los quechuas con los que trabajó Platt, también la placenta flota hacia arriba buscando al feto después del parto, quizás para servir

19. Datos de Cabarrús citados por Ruz (2000: 122).

20. El concepto de alma occidental tiene que ver con un estado intangible y por lo tanto más parecido a lo gaseoso que a otras formas de la materia.

de contrapeso al movimiento hacia abajo del recién nacido dentro del cuerpo de la parturienta.

Si la caída es por definición brusca y peligrosa —aunque el levantar deba ser ritual y pautado—, pueden existir ascensos de la totalidad o de alguna de las partes del cuerpo igualmente precipitados y conflictivos para la estabilidad de los individuos. Serán especialmente las almas —algunas tan asustadizas como el "pollito del corazón" de los tzeltales que se deja seducir por el dulce canto de los enemigos que desean devorarlo y sale atolondrado del cuerpo donde habita[21]— y los recién iniciados que todavía no conocen los recorridos correctos que comunican las distintas realidades y ensayan sus primeras experiencias de vuelo a través de experiencias traumáticas, que deben aprender a interpretar. Quizás sea esta vivencia la que provoque que el diseño del camino chamánico anteriormente reproducido no presente escaleras de subida y bajada hasta el tercer nivel, mostrando hasta ese estadio una sucesión de gentes que parecen volar, unificando en un mismo esquema un proceso iniciático gradual y un recorrido territorial.

El peligro no se encuentra tanto en el hecho de poner en comunicación distintas realidades estratificadas verticalmente, a través de la ascensión o el descenso, sino en realizarlo sin conocer las normas apropiadas. Es propio de los rituales convocar a entidades visibles o invisibles para que participen en ceremonias que se producen en alguno de los "mundos" donde normalmente no habitan y su participación implica un desplazamiento pautado —y un retorno igualmente pautado— como nos recuerda la plegaria del *h-men* yucateco Luciano Castillo, traducida por Carlos Montemayor (1999):

> Por eso, pues, con delicadeza rindo cuenta / a los Hermosos Santos Escribas / que he hecho bajar / de los hermosos puntos cardinales, / de las cuatro esquinas del cielo / que he hecho bajar / de los hermosos puntos cardinales, / de las cuatro esquinas del cielo / que he hecho bajar / los cuatro Santos / Señores / Mandatarios, / Señor mío.
>
> Con suavidad [explica Montemayor] con fórmulas tradicionales, el *j-men* suplica a las entidades invisibles que pertenecen a esos puntos cardinales que se sitúen exactamente allí en beneficio de la comunidad.

21. Véase Pitarch (1996).

Movimientos horizontales

En el análisis que Lévi-Strauss realizó del mito de Asdiwal distingue, entre numerosas oposiciones binarias, dos tipos que pueden resultar pertinentes para los objetivos de este texto: "Las oposiciones inicial y final [del relato]: alto/bajo y cima/valle son "verticales" y corresponden por tanto al esquema cosmológico. Las dos oposiciones intermedias (agua/tierra y caza marítima/caza de montaña) son "horizontales" y corresponden al esquema geográfico" (Lévi-Strauss 1970: 47). Fuera de cada contexto, sería ciertamente arriesgado presuponer que los desplazamientos verticales en las narrativas amerindias implican relaciones *cosmológicas*, es decir "sobrenaturales" —que en el caso de Asdiwal le llevan al cielo en pos de una osa blanca, hija del Sol, con la que posteriormente se casa, y a bajar a la morada bajo tierra de las morsas heridas por él— mientras que las horizontales son meramente "geográficas", es decir "naturales" — el héroe se encontrará con otras mujeres y, sobre todo, con nuevos cuñados con los que rivalizará y que le acabarán abandonando a su suerte—, por la imposibilidad, primero, de establecer una rígida barrera entre lo que puede ser considerado natural y sobrenatural y, segundo porque desde la perspectiva del protagonista del relato los encuentros excepcionales pueden producirse en una trayectoria que no implique su propio ascenso o descenso. Los seres "sobrenaturales" se pueden aparecer ante los humanos ante un deseo o invocación[22] o ser encontrados casualmente, como en este mito caduveo del origen del trueno: "Algunos hombres estaban en el bosque sacando miel de un árbol muy grande. Cuando serraron el tronco hasta el medio, encontraron allí un muchacho sumamente feo con una barriga grande. Las pestañas eran tan largas como la nariz. Los hombres lo recogieron y lo llevaron a su casa". Sus pestañas arrancadas se transformaron en relámpagos y truenos. En una parecida versión ayoreo[23], el

22. Por ejemplo, en el relato yaminawa del hombre que se casó con una vasija: "Era un hombre que vivía solo, sin mujer y sin nadie, sólo con su madre. La madre era alfarera y un día hizo tres vasijas. El hijo, que estaba echado en la hamaca comenzó a decir: 'Ah, qué bien estaría que una de esas vasijas se convirtiese en mujer'. Llegó la noche, y vio aparecer una mujer a su lado. '¿De dónde vienes?', preguntó el hombre. 'Tú dijiste que te desearías que me convirtiese en mujer, y me convertí en mujer'" (Calavia 2006).

23. Tanto la versión caduveo como la ayoreo son reproducidas por Edgardo Jorge Cordeu (2004).

niño que dará origen al trueno será encontrado tras una tormenta, lo que puede hacernos pensar que en el caso caduveo aquel muchacho encerrado en el árbol podría haber venido también del cielo. Sin embargo, desde el punto de vista de los buscadores de miel el encuentro se produce dentro del contexto de una acción cotidiana en un terrero conocido.

En el trabajo de Spadafora y Siffredi sobre las taxonomías espaciales de los nivaclé en el Chaco paraguayo se pone de manifiesto que si bien estructuran el cosmos siguiendo un criterio que podría asemejarse a un esquema de dos dimensiones —horizontal y vertical—, sus mapas culturales no coinciden exactamente con nuestras categorías espaciales.

> Aun cuando existan variantes, a grandes líneas la diagramación del cosmos nivaclé se perfila sobre dos ejes: uno horizontal concéntrico (que a nivel local incluye aldea, cultivos, monte y, a nivel supralocal, río sabana y monte) y un esquema vertical que atraviesa por dentro, donde se despliegan los distintos mundos o capas cósmicas del mundo. Lo importante por destacar es que el esquema horizontal supralocal incluye en forma constante las tres categorías de río, sabana y monte. El esquema dominante en esta clasificación por hábitats es de tipo metonímico, dado que agrupa a humanos y no humanos, según una relación de contigüidad espacial. [...] La intersección de ambos esquemas —horizontal y vertical— crean, conjuntamente, los límites de esta ecocosmología perspectivista de *proximidad* y *distancia* a la que nos referimos y constituyen los parámetros desde donde se construye la experiencia humana. Aún más, las entidades que están más alejadas del sujeto que califica, sin que importe si es en la dimensión horizontal (*yita* o monte) o la vertical (*cotsjaat climshí* o "tierra blanca"), son igualmente concebidas como borrosas, como desvaídas como una visión: en otras palabras indiferenciadas (2004: 114-115)

Por todo lo anterior, entiendo por "movimientos horizontales" simplemente aquellos que se realizan gracias a la sucesión de los pasos por la superficie de la tierra. En los relatos de vida ocurre a menudo que se ignora la orografía de los territorios como escenario de las acciones, probablemente por este carácter metonímico de las interrelaciones. En lugares de fronteras ambiguas o fluctuantes las gentes son en sí mismas marcadores territoriales: el territorio de un grupo de seres es el lugar donde normalmente habitan esos seres. Para un buen entendedor, el hecho del encuentro haría reiterativa la necesidad de denominar el espacio físico donde se produce. Así, simplemente se avanza, se llega, se retorna, los protagonistas se pierden, se detienen o son detenidos. La marcha se acelera con ritmo firme, se pasea o se produce un vagabundeo errático.

A efectos explicativos cabría hacer una primera diferenciación entre tres categorías de movimiento, que son relevantes en su aplicación a la antropología del territorio[24], y que pueden resultar también pertinentes aplicadas a este modelo experimental. Se trata de la diferencia entre movilidad, migración y desplazamiento forzoso.

La movilidad remite a aquellos traslados que no producen ninguna transformación significativa en la identidad de las personas. Se trataría de movimientos cotidianos que refuerzan los roles actuales, por ejemplo ir a la milpa o realizar tareas domésticas (recoger leña, preparar los alimentos, etc.).

Las migraciones, por el contrario, implican un cambio de vida o una nueva recreación de la persona y se les presupone una cierta voluntariedad. Este planteamiento nos permitiría agrupar experiencias tales como los movimientos migratorios propiamente dichos con, por ejemplo, prácticas curativas que implican el traslado de al menos una de las partes constitutivas del especialista ritual a algún lugar geográfico (a veces simplemente designado como allá en relación a un aquí social y físico perceptible en el entorno inmediato del hablante[25]) donde habitan entidades anímicas, familiares muertos o seres más o menos mitológicos, cuya temporalidad puede pensarse como diferente, pero que también está contextualizada en un espacio dotado de realidad física. Son lugares donde ocurren hechos dignos de ser contados, donde normalmente se vive de modo distinto y, sobre todo, donde se escuchan y se ven cosas que transforman la vida cotidiana al regreso. En ellos los viajeros se ven precisados a convivir en estas tierras con extrañas costumbres —a veces en un paisaje similar al que se dejó atrás—, en un aprendizaje constante sobre la diversidad del mun-

24. Agradezco especialmente a Beatriz Nates sus lúcidas sugerencias con respecto a este asunto.

25. Esto ocurre, por ejemplo, entre los pumé, que llaman "aquí", a la "tierra de los hombres" (los *tió*), y "allá" a la "tierra de los santos" (los *oté*). Véase Orovig (2006: 270 ss.).

do (como en el circuito de banquetes cada vez más equívocos que Renard-Casevitz [1991] nos muestra en la extraordinaria historia de los machiguenga que se fueron a recorrer el mundo y se encontraron con pueblos cordiales y afectuosos que se alimentaban de bichos asquerosos a los que denominaban con las mismas palabras que los protagonistas tenían para sus platos predilectos, causando la consternación y la nausea al descubrirse el malentendido).

Estas migraciones permiten "conocer mundo" a través de la relación con las distintas sociedades que lo pueblan. En un modelo netamente relacional la riqueza de la vida puede medirse por la variada tipología de gentes con las que se pueda llegar a interactuar que "van haciendo a la persona", construyéndola socialmente. La expresión "aquí" o "allí" sería un indicador de la localización espacial estas costumbres y culturas radicalmente distintas[26] ya sea porque se comen serpientes en vez de peces o porque se es católico en vez de protestante. El reconocimiento de las diferencias de percepción entre distintas comunidades de sujetos —que encarnan las dificultades inherentes a la traducción cultural— aparecen constantemente en los relatos indígenas de viajes y encuentros. Como señala Viveiros de Castro (2002: 350-351),

> por regla general los humanos, en condiciones normales, ven a los humanos como humanos y a los animales como animales; en lo que se refiere a los espíritus, el ver a estos seres normalmente invisibles es un signo seguro de que las *condiciones* no son normales. Por el contrario, los animales predadores y los espíritus ven a los humanos como animales de presa, al mismo tiempo que los animales de presa ven a los humanos como espíritus o como animales predadores. [...] Como nos ven a nosotros como no-humanos, los animales y los espíritus se ven a sí mismos como humanos. Ellos se vuelven, o se perciben como antropomorfos cuando están en sus propias casas o aldeas, y experimentan sus propios hábitos y características según su tipo de cultura: ven su alimento como alimento humano (los jaguares ven al sangre como cauim [una bebida alcohólica], los muertos ven a los grillos como peces, los urubus ven a los gusanos de la carne

26. En este sentido puede también entenderse la afirmación del informante de Acuña: "aquí en la sierra un niño de año y medio o dos años él mismo hace su lumbre, su comida, eso tiene que ver mucho con la resistencia del corredor". Esta habilidad infantil tiene mucho que ver con ser realizada "aquí". "Allí", sea cual sea ese allí para los rarámuri, sería imposible.

podrida como peces asados, etc.), sus atributos corporales (pelo, plumas, garras, picos, etc.) como adornos o instrumentos culturales, su sistema social como organizado de modo idéntico a las instituciones humanas (con jefes, chamanes, ritos, reglas de casamiento, etc.).

La localización espacial de las interrelaciones con cada una de estas criaturas —y con otras que no aparecen en el texto de Viveiros como los extranjeros, los vecinos de otra aldea o las personas con las que se ha convivido en otro tiempo y con las que ya no se tiene relación— tiene sentido también en el relato de las transformaciones que sufren las categorías que ordenan el juego de espejos de la vida. El presente aquí se transforma en el pasado allí: lo que era costumbre en un momento vital causa extrañeza y desagrado en otro, una vez que han cambiado los interlocutores y los contextos. Allí, en el oscuro vientre de la madre macha —según los estudios de Platt— un feto solitario, que no reconoce alianzas filiales, reencarnación de un alma precristiana una y otra vez vencida, se alimenta de sangre con voracidad sin límites. Aquí, tras la cruenta batalla entre el presente y el pasado en el que la mujer puede perder la vida —*vomitado* violentamente al mundo—, reconocido como ser humano y como miembro de una comunidad, cristiano nuevo por la gracia de Dios y de sus padres, se alimenta de leche, de infusión; pero antes se le mantiene hambriento como la primera lección de este mundo, negándole el calostro: "No, ya no le hagan amamantar ese calostro, ¡ordeñen eso! Para que no lo coma así, si llegara a ser hombre, comerá, mucho comerá, y ¡será una vergüenza para sus padres! ¡Ordeñen esa leche [el calostro] directamente, si va a llegar a ser un hombre!" (Platt 2001: 662).

Este recurso discursivo perspectivista es también utilizado en el caso de las narrativas de conversión, donde los adverbios de lugar indican un desplazamiento de carácter totalizador: territorial, emocional, moral y social. Veámoslo a través de la autobiografía de "presentación" de don Plácido, indígena maya yucateco e informante de Manuel Gutiérrez Estévez[27]:

> Yo nací en 1908 y me dice mi papá a la hora que se está muriendo:
> —Júrame, hijo, que usted no va a agarrar ese camino [de la bebida] que

27. En el siguiente texto las anotaciones entre corchetes son de Gutiérrez Estévez. El relato completo se encuentra en Íd. (1998: 149-154).

no está bueno. Ya ves dónde está tu madre [muerta] por causa del vicio, perdí a tu mamá porque no tenía yo dinero para curarla. Júrame que sí no lo vas a hacer.

Nos arrodillamos nosotros dos y le digo:

—Yo te juro, papá, no lo haría.

—Hijo, si usted cumples con estas palabras que me está jurando, [lo] único [que] te suplico; levanta [cría] a tu hermanito, cuídalo. Cuando ya después lo cases, que tenga mujer, pues ¡allá! hijo, se aparta, porque ya hizo otra familia, ya se formó su hogar. [...]

Y lo juré. Cuando [después] vi que me está yendo de malas [por] lo que estoy haciendo de la borrachera que empecé a hacer. Perdí todo mi capital. Cuando agarre ese vicio, abandoné [a] ese niño; estoy apurado ir sobre el vicio. Empecé a ir de cabeza, de cabeza, de cabeza. Estaba yo así pobre, pero pobre. [...] Y entré al vicio, enseguida me fui al suelo, perdí todo lo que he buscado.

Incapaz de levantarse por sí mismo de ese suelo, la pobreza constante y el infortunio lo llevan a la desesperación. Los principales hitos de esta etapa de su vida son las enfermedades que le impiden desarrollar una actividad productiva, que ponen en peligro su vida y que son curadas en soledad con hierbas que solicita a sus vecinos. Tras un acceso de fiebre recibe la visita de dos seres que le orientan sobre el modo de cambiar de vida: "Empecé a pensar; el pensamiento sí mata a uno. Pensando en la vida que ya cursé y después llegar sin dinero, sin comida, sin ropa... está duro eso. Bueno, de repente vino mi suegra, pero vino, lo vi, hablé con ella". Su difunta suegra le recrimina por su aspecto desaliñado y le aconseja lo siguiente:

Mira, hijo, mañana busca el valor de una vela, enciéndelo al Señor de la Salud y salte de aquí, no te quedes. Así enfermo, vas a empezar a trabajar poco a poco.

—Está bueno, mamita.

—Ya me voy.

Yo ya me disperté, estaba pensando: "Si está de Dios que me va usted a sacar en buen camino, ya pagué la cuenta. Donde yo llego a soñar otra vez este que ya soñé, me estoy yendo; no me quedo".

Pero el dinero que debía destinar a esa vela hacía falta para la comida de la familia. Fue necesario un segundo aviso en sueños, esta vez de un hombre moreno y vestido de negro —el propio Cristo—, para que don Plácido encontrase las fuerzas para "venir": "Mira —repetirá el caballero—, enciéndela esa vela al Señor de la Salud y salte de aquí. No te quedes. Si usted llegas conmigo, yo te voy a dar trabajo para que buscas el fin de tu vida".

"Desde eso —continuará su relato— yo dejé de tomar [de beber], desde eso. Entonces empezamos a venir, a venir". Inició entonces la búsqueda del santo señor y cambió de costumbres. Por ello fue premiado. Con ocasión del bautizo de su última hija se abrió el templo de Haltunchén y encontró su efigie. "Entonces yo pensé de lo que he soñado, [lo] que hablé ya con él [y] dije: 'Pues aquí me quedo. Ni que me digan [que] allá [en otro lugar] están recogiendo oro'. Le digo a doña Lucrecia: 'Aquí nos quedamos; no vamos a seguir corriendo camino'. Desde eso lo estoy bien que sí. Bien cumplido lo que me ofreció, bien cumplido".

El entramado de contratos rotos, castigos y restituciones que permiten el análisis de esta autobiografía según un modelo compartido por muchas otras de "pecador, arrepentido y penitente que consigue con esfuerzo la recompensa de una vida digna", se encuentra organizado a partir de una distribución moral del espacio, no sólo como se vio en el apartado anterior de tipo vertical, sino también horizontal. En este sentido, para don Plácido ese cambio de rumbo de su vida con el que sale de un aquí que le inmoviliza en el vicio, transforma en allá su vida de bebedor. Permanecerá en el nuevo aquí, moral y económicamente correcto, hasta que llegue el momento de volver a cambiar, cruzando la raya de la muerte:

> Pues ya estoy aquí al fin de mi vida. Eso estoy ahorita. [Para cruzar] la raya no sé cuánto falta. Tal vez falta muy poco de vida. Pero ya lo estoy viendo: que yo trabaje, que yo no trabaje, tengo que comer, tengo que beber, tengo ropas. Tengo ropas hasta que yo me muera. El lunes voy a Campeche, al banco, me anotan en mi tarjeta el interés. Quiere decir que yo estoy viviendo muy bien.

Los cambios de rumbo que aparecen en las narrativas del yo son coherentes con otros itinerarios de la vida cotidiana que comienzan en el centro y de allí se extienden hacia uno y otro lado. "Comenzar por el medio" implicaría que los itinerarios deben dar al menos dos giros, como ocurre en las carreras rarámuri: "El circuito en las grandes carreras rarámuri es por lo común lineal de ida y vuelta con un punto central que marca la salida y la llegada de los corredores"[28]. Los viajes solares de los chamanes —primero hacia el este y después hacia el oeste para retornar al sitio inicial— siguen esta estructura[29].

La historia de don Plácido puede interpretarse también de este modo, lo que permitiría entender su abrupto comienzo: "Yo nací en 1908 y me dice mi papá a la hora que se está muriendo". En esta hora, don Plácido debe ser ya un muchacho, puesto que se le pide que "levante" a su hermanito más pequeño. Su vida había ya transcurrido un trecho. La raya que atraviesa su padre transforma su destino o, al menos, debe influir en ese cambio. Se convierte en un hombre que incumple sus promesas, incapaz de mantener adecuadamente a su familia y de preparar un adecuado allá para su hermano, cuando éste ya se aparte y comience su propio circuito residencial[30]. Pero su vida gira de nuevo, se endereza hasta que llegue a él mismo el momento de la muerte.

La narrativa amerindia está plagada de estos relatos de retorno, tan diferentes de *La Odisea*, no tanto por naturaleza diversa de sus aventuras —al fin y al cabo los protagonistas son también seducidos, perdidos, engañados y deben enfrentarse a criaturas fabulosas— sino, sobre todo, porque el personaje homérico retorna para finalizar su vida, mientras que los héroes culturales indígenas —que huyen de la convivencia con pecaríes, con espíritus, de la guerra o de la prisión—, regresan para forzar un nuevo comienzo en el que el conocimiento adquirido resultará especialmente relevante: traen el fuego, la curación de las enfermedades, la capacidad de mediar en los conflictos, etc. Tal es así en el género *ngutram* mapuche, verdadera narrativa de retorno donde el lugar de llegada implica no el final de la historia sino el comienzo de otra:

28. Acuña (2006: 64). En el libro de Acuña se encuentran ejemplos de trazados que reproducen este esquema.

29. La historia de Asdiwal es un relato de este tipo. El retorno de su madre hacia su lugar de origen, que es el comienzo del relato recogido por Boas, y su parada a medio camino es el desencadenante del nacimiento del verdadero héroe de la historia. Desde este punto de vista, la muerte del héroe ocurriría en el lugar justo donde debería hacerlo y el relato no supone, como opina Lévi-Strauss, el fracaso de su itinerario sino la justeza de su historia.

30. Este tema de los circuitos residenciales, de tanta importancia para la comprensión de los desplazamientos que las personas llevan a cabo a lo largo de su vida no se tratará en este texto, dada la gran variedad de modalidades que se encuentran en la América indígena, que debían analizarse caso a caso.

> Una vez un mapuche fue tomado prisionero por los huincas. Pero logró escapar y después anduvo durante largo tiempo. Casi murió de hambre. Un día se encontró con un tigre y el pobrecito ya creyó que lo descuartizaría. De terror empezó a tiritar y se arrodilló, rogando se puso a llorar. El tigre aguzó las orejas, luego se sentó a su lado y se puso a llorar. Entonces el mapuche siguió su camino y el tigre no le hizo nada. Este siguió al mapuche; pero un rato más tarde se adelantó y después se separó de su compañero. Cuando iba más allá, encontró choique, le dio caza a uno de inmediato y volvió donde estaba su compañero, que casi se moría de hambre. Apenas podía andar a pie. Pero como él sabía que el tigre no le haría nada, cobró valor y se hizo de nuevo al camino. Vio entonces que el tigre tenía el hocico ensangrentado y se fue detrás de él. Y cuando llegó, vio al choique y bebió de su sangre[31].

En estos relatos mapuches —que a menudo tienen como protagonistas a un abuelo o abuela que habían sido apresados—, la vuelta a la comunidad supone normalmente la creación de una nueva estirpe.

Este tipo de narrativa se relaciona con una última categoría relevante de movimientos: lo que podríamos llamar el "desplazamiento forzoso". Se trataría de aquellas migraciones de alguna de las partes de la persona que son realizadas a la fuerza: la captura de las almas por otras entidades y los secuestros o los traslados producidos por circunstancias bélicas. La muerte sería uno más de estos desplazamientos. Además de su carácter no voluntario, se distingue de las categorías anteriores por la dificultad del regreso a la comunidad, que si bien no es imposible, resulta muy complicada.

Estas categorías —movilidad, migración y desplazamiento forzoso— no presuponen un rígido plan organizativo de la experiencia porque un movimiento aparentemente banal, como ir a buscar leña, puede transformarse en un desplazamiento forzoso y un desplazamiento forzoso puede convertirse en una migración cuando la persona que ha sido forzada aprende el camino de regreso y se convierte en una suerte de mediador entre grupos diferentes (como en el caso de los niños que son raptados por otro grupo étnico para serconvertidos en mediadores culturales y comerciales).

31. Este texto fue recogido por Graciela Hernández Baridón para su tesis doctoral (2001: 62). Le agradezco su permiso para reproducirlo.

El preciado bien de la autonomía motora se muestra constantemente reelaborado en la mitología de numerosos pueblos indígenas, disociando la voluntad de movimiento de la posibilidad real de conseguirlo. Fetos parlantes orientan el rumbo de los pasos de sus madres desde el interior de las entrañas, con desgraciadas consecuencias para ellas si son desobedecidos. Hombres sometidos a una inesperada esclavitud son obligados a moverse siguiendo las pulsiones de fragmentos corporales de parientes y amigos que se han adherido a sus cuerpos, algunos de cuyos ejemplos reproduce Lévi-Strauss en *El origen de las maneras de mesa*:

> Había un hombre cuya mujer se separaba del cuerpo durante la noche —relata un mito shipaiá—. Su marido se dio cuenta y enterró el cuerpo después de haberlo envuelto en una hamaca. Entonces la cabeza sola se fijó en el hombro del hombre. Ya no podía comer, pues la cabeza engullía todo su alimento. Finalmente pretendió que la cabeza le pesaba demasiado para trepar a un árbol a coger los frutos que le exigía. Los soltó momentáneamente y él huyó. La cabeza ensayó otros portadores: un cérvido que murió, un buitre de la carroña que echó a volar y la dejó caer al suelo, donde se hizo pedazos (1981: 38).

Las almas que habitan en los seres humanos también dirigen su movimiento con su estímulo, presencia o ausencia. Cuando son retenidas pueden tolerar la inmovilidad por un corto espacio de tiempo antes de ocasionar la muerte, prisioneras en algún lugar donde es difícil que un chamán pueda hallarla. "Estoy preso en el frío / otra vez estoy preso en el hielo, dirás ahora / otra vez ha hablado el frío granizo / otra vez ha hablado la fría vena de un manantial, dirás ahora / dentro de la tierra / dentro del mundo / estoy preso en el frío granizo, dirás ahora / estoy preso en el frío hielo, dirás ahora", es el rezo agónico de un alma tzeltal reproducido por Pedro Pitarch en "El mal del texto" (2000: 154).

Pero no es sólo necesario disponer de un soporte físico adecuado para asegurar el traslado de las personas en su viaje vital o una coordinación de las partes que las componen. Hace falta tomar la senda acertada, siguiendo las huellas de aquellos que las han precedido, reproduciendo una experiencia cotidiana de orientación en territorios carentes de caminos. Sin guías, los cuerpos desorientados acaban paralizados y son excluidos de la vida de sus semejantes. De ahí la importancia de las rutas, como las winnebago que guían a las almas hasta las de sus parientes:

> Los que han venido [las almas de los hombres valientes] de la tierra de las almas para llevarte de regreso te tocarán. Allí el camino se bifurcará hacia tu derecha y verás las huellas del día en el cielo azul ante ti. Estas huellas representan las huellas de los que han vuelto a la vida. Pisa los lugares que ellos pisaron y coloca tus pies sobre sus huellas; pero ten cuidado de no saltarte ninguna. Antes que hayas avanzado mucho, llegarás a un bosque interrumpido aquí y allá por llanuras abiertas. Allí, en ese hermoso campo, te saldrán al encuentro aquellas almas cuyo deber es reunir a otras almas. Caminando a ambos lados de ti te llevarán a salvo al hogar[32].

Otro ejemplo de este tipo de señalización se encuentra en el *ngutram* de Namunkura mapuche, que Lorena Cañuqueo[33] le escuchó a su abuela, en el que la milagrosa aparición de un pie de piedra va guiando a los indios que huyen de la guerra hacia un lugar seguro. El rastro de las pisadas es también un modo metafórico de realzar la necesidad de utilizar las redes sociales en cualquier migración tanto en procesos de establecimiento gradual de poblaciones indígenas en las ciudades —utilizando la experiencia de sus vecinos, amigos y familiares—, como para cualquier otra actividad que presuponga avances por terrenos desconocidos.

La desorientación —en el sentido laxo de pérdida del rumbo o de percepción correcta del espacio— indica que está llegando el fin de la vida tal y como se conocía hasta ese momento. Es posible establecer alguna vinculación entre una orientación precaria y carencial, la pérdida de la memoria y la muerte social o física, como les ocurre de modo constante a los personajes mitológicos que conviven con animales con los que establecen relaciones de consanguinidad. La distinta disposición de los escenarios de la vida les invita a recordar determinadas cosas y olvidar otras; el cambio de punto de vista, de territorio, de gestualidad y de modo de desplazamiento imposibilita

32. Paul Radin, citado en Brotherston (1997: 356).

33. Le escuché este relato a Lorena Cañuqueo, indígena mapuche, en el VI Congreso Internacional de Etnohistoria que tuvo lugar en Buenos Aires del 22 al 25 de noviembre de 2005.

el retorno. El héroe olvida cómo volver a su hogar, y pronto deja de ser buscado, estableciéndose una sutil correspondencia entre olvidar y ser olvidado.

Si consideramos, como hace Esther Jean Langdon hablando de los siona —para los cuales la muerte significa "perderse para siempre"— que el pensamiento es una extensión del "yo", es lógico pensar que las perturbaciones en aquel tengan consecuencias físicas.

> El cuerpo muere primero, pero el *yo* que se sitúa en el corazón y representa la volición y la memoria, continúa por un tiempo. Para la persona común, su existencia es breve. Persiste durante un corto período después de la muerte para vengar sus sentimientos de cólera y rebelión contra ésta intentando capturar a los seres queridos, enemigos y niños vulnerables para llevarlos con él. El *yo* del chamán, o poder personal, tiene una larga vida y un impacto sobre los vivos. No se pierde en el olvido, sino que viaja a la casa de los chamanes muertos, desde donde regresa periódicamente a la tierra para coger el alma de los vivos y depositarla en el reino de la nada (2000: 259).

En el sucedido biográfico maya yucateco que relata la muerte de don Luis, hermano de don Plácido (Gutiérrez Estévez 1998: 161), el informante explica los motivos por los cuales sospechaba desde hacía tiempo ese desenlace, anunciado por una distorsión en la percepción del espacio, un incomprensible olvido de la perfecta mecánica de las acciones repetidas cotidianamente. En este relato, tras explicar las circunstancias concretas que llevaron al fallecimiento de un hermano, y que tienen que ver con una conducta errónea por sus excesos se relata lo siguiente:

> Pero más antes que muriera, como un año y medio, sucedió algo. Cuando una persona está llegando cerca de su raya, se cambia, se cambia; ya no está en sí de su trabajo, no está en sí. Vi que [mi hermano] sembró el chile habanero allá en su finca, una mata aquí, otra mata aquí [muy juntas]; ¿dónde va a desarrollar estas tres matas de chile habanero? Y otro aquí, otro aquí; está muy angosto. Yo lo vi y le digo a mi esposa ese día:
>
> —Mira, oye lo que tiene este Luis, ya no está trabajando tranquilo.
>
> Así; no lo expliqué lo más claro, porque nada más se lo dije: que no está trabajando mi hermanito bien. ¡Bah! El mismo año se murió.

De igual modo la muerte de Asdiwal, en la versión registrada por Boas en 1912, viene precedida por un incomprensible olvido: el de sus raquetas para la nieve que le impiden el movimiento y precipitan su transformación:

> Cogió entonces al perrito que sus hijos le habían dado, y su lanza, y subió la montaña, y cazó cabras montesas. Por último, dejó que las cabras se deslizaran montaña abajo. Tras un instante, se acordó de que se había olvidado sus raquetas de nieve en casa; no podía entonces moverse deslizándose sobre la gran montaña, porque había olvidado sus raquetas, las que siempre utilizaba en caso de dificultades; porque siempre había superado todas las dificultades con estas raquetas. ¿Dónde iría? ¿Qué podría, pues, utilizar ahora? Llevaba solamente el perro que sus hijos le habían dado. Se quedó allí. ¿Dónde podría ir ahora? No podía ya ni subir, ni descender, y no podía ir ni por una parte ni por otra.
>
> Después de un instante su padre Hū't llegó. Se lo llevó con él a su propia casa, pero su cuerpo permaneció allí y se volvió piedra; el perrito y la lanza también, todo se convirtió en piedra; e incluso ahora está allí en la cumbre de la gran montaña hacia el lago Gînadâ's; y todas las generaciones lo han visto allí, en lo alto de la montaña. Él y su perro y su lanza son de piedra. Es el final.

Jorge Semprún, reflexionando sobre su propia existencia, escribiría que "toda vida humana es un aprendizaje de la pérdida por el olvido activo de esta: pérdida de la juventud, de la salud, de las ilusiones, de las ambiciones, de los amores, de los padres, de los amigos, hasta llegar a la fase última en la que la edad se lleva todo, incluso la memoria"[34]. Las causas, las consecuencias, los modos, la organización y la percepción de las vidas sobre las que se ha hablado en las páginas anteriores son muy diferentes a las que podía contarse a sí mismo un Semprún ya anciano y desencantado del mundo. Pero es posible que el viejo cazador Asdiwal, solo, en su gran montaña nevada, mientras aquel cuerpo de héroe con el que había amado, sentido y luchado se iba petrificando, pudiera haber compartido también esta melancólica reflexión.

34. Cita reproducida en el libro de Candau *Antropología de la memoria* (2002: 85). En él, Candau elabora la teoría de que es el olvido colectivo y no el recuerdo lo que configura la memoria histórica.

BIBLIOGRAFÍA

ACUÑA, Ángel (2006): *Etnología de la carrera de bola y ariweta rarámuris*. México: CIESAS.

BERNARD, Carmen (1984): "El caso de Manuel: enfermedad y fatalidad en los Andes", en José Luis Peset (coord.), *Enfermedad y castigo*. Madrid: Instituto Arnau de Vilanova/CSIC, pp. 265-273.

BOAS, Franz (1911): *Handbook of American Indian Languages*. Washington: Smithsonian Institution. Bureau of American Ethnology. [Edición digital disponible en <http://www.archive.org/details/bookofamerindlan00 boasrich>.]

— (1912): "The Story of Asdi-wāʼl, or The Meeting on the Ice", en *Tsimshian Texts (New Series), based on Texts written down by Henry Tate*. Leyden: Publications of the American Ethnological Society. [Disponible en <http://www.ethnographiques.org/IMG/html/Asdiwal-Boas-fr.html>.]

BROTHERSTON, Gordon (1997): *La América indígena en su literatura: los libros del Cuarto Mundo*. México: Fondo de Cultura Económica.

CALAVIA, Óscar (2006): *O nome e o tempo dos Yaminawa. Etnologia e historia de los Yaminawa del río Acre*. São Paulo: Editora UNESP.

CANDAU, Joel (2002): *Antropología de la memoria*. Buenos Aires: Nueva Visión.

CLARAC DE BRICEÑO, Jacqueline (2000): "La representación del cuerpo y la enfermedad. Su relación con el espacio físico de la cordillera andina y el cosmos", en Manuel Gutiérrez (ed.), *Sustentos, aflicciones y postrimerías de los indios de América*. Madrid: Casa de América.

CLASTRES, Pierre (1986): *Crónica de los indios guayaquíes*. Barcelona: Altafulla.

CORDEU, Jorge (2004): "El rayo y el oso hormiguero. La divinización de la lluvia en algunas mitologías chaqueñas", en Óscar Calavia/Mac Lenaerts/ Ana María Spadafora (eds.), *Paraíso abierto, jardines cerrados. Pueblos indígenas, saberes y biodiversidad*. Quito: Abya-Yala.

FAGETTI, Antonella (2003): "El nacimiento de Huitzilopochtli-Santiago: un mito mexica en la tradición oral de San Miguel Acuexcomac", en *Cuicuilco* 10 (029), en: <http://redalyc.uaemex.mx/redalyc/src/inicio/ArtPdfRed.jsp?iCve=35102911>.

GUTIÉRREZ ESTÉVEZ, Manuel (1988): "Significación de la narrativa biográfica entre los mayas yucatecos", en *Arbor*, número monográfico *Biografías y confesiones de los indios de América*, tomo CXXXI, noviembre-diciembre, pp. 149-154.

HERNÁNDEZ BARIDÓN, Graciela (2001): "Relato Oral y Cultura. Presencia en Bahía Blanca de aspectos de la cultura mapuche o araucana", tesis doctoral.

KELLY LUCIANI, José Antonio (2001): "Fractalidade e troca de perspectivas", en *Mana*, vol. 7, n.º 2, pp. 95-132.

LANGDON, Esther Jean (2000): "*Perderse* en el universo chamánico: viajes y retornos de los siona", en Manuel Gutiérrez (ed.), *Sustentos, aflicciones y postrimerías de los indios de América*. Madrid: Casa de América.

LÉVI-STRAUSS, Claude (1970): "La gesta de Asdiwal", en Edmund Linch (comp.), *Estructuralismo, mito y totemismo*. Buenos Aires: Nueva Visión.

— (1981): *El origen de las maneras de mesa*. Madrid: Siglo XXI.

LORRAINE, Claire (2000): "Cosmic reproduction, economics and politics among the Kulina of Southwest Amazonia", en *Journal of Anthropological Institute*, n.º 6.

MAUSS, Marcel (1905/1979): "Ensayo sobre las variaciones estacionales en las sociedades esquimales", en *Sociología y Antropología*. Madrid: Tecnos.

MONTEMAYOR, Carlos (1999): *Arte y plegaria en las lenguas indígenas de México*. México: Fondo de Cultura Económica.

O'RAND, Angela M./KRECKER, Margaret L. (1990): "Concepts of the life cycle: Their history, meanings, and uses in the Social Sciences", en *Annual Review of Sociology*, vol. 16, pp. 241-262.

OROVIG, Gemma (2006): "Cuerpo, persona y experiencia ¿por qué para los pumé para vivir se debe *morir por un rato*?, en Beatriz Muñoz/Julián López (eds.), *Cuerpo y medicina. Textos y contextos culturales*. Cáceres: Cicon Ediciones.

PITARCH, Pedro (1996): *Chulel. Una etnografía de las almas tzeltales*. México: Fondo de Cultura Económica.

— (2000): "El mal del texto", en Manuel Gutiérrez (ed.), *Sustentos, aflicciones y postrimerías de los indios de América*. Madrid: Casa de América.

PLATT, Tristan (2001): "El feto agresivo. Parto, formación de la persona y mito-historia en los Andes", en *Anuario de Estudios Americanos,* tomo LVIII, n.º 2, pp. 674 ss.

REDMOND, Anthony (2001): "Places That Move", en Alan Rumsey/James Weiner (eds.), *Emplaced Myth. Space, Narrative, and Knowledge in Aboriginal Australia and Papua New Guinea*. Honolulu: University of Hawai Press.

RENARD-CASEVITZ, France-Marie (1991): *Le banquet masqué. Une mythologie de l'étranger*. Paris: Lierre & Coudrier Éditeur.

RUZ, Mario Humberto (2000): "El resplandor de la tradición. Estampas médicas entre los mayas contemporáneos", en Manuel Gutiérrez (ed.), *Sustentos, aflicciones y postrimerías de los indios de América*. Madrid: Casa de América.

SPADAFORA, Ana María/SIFFREDI, Alejandra (2004): "Las taxonomías nativas ante las ciencias del hombre y de la vida. El caso de los nivaclé del Chaco boreal paraguayo", en Óscar Calavia/Mac Lenaerts/Ana María Spadafora (eds.), *Paraíso abierto, jardines cerrados. Pueblos indígenas, saberes y biodiversidad*. Quito: Abya-Yala.

STEWARD, Pamela J./STRATERN, Andrew (2001): "Origins versus Creative Powers", en Alan Rumsey/James Weiner (eds.), *Emplaced Myth. Space, Narrative, and Knowledge in Aboriginal Australia and Papua New Guinea*. Honolulu: University of Hawai Press.

VIVEIROS DE CASTRO, Eduardo (2002): "Perspectivismo e multinaturalismo na America indígena", en *La inconstància da alma selvagem*. São Paulo: Cosac & Naify Ediçoes.

Los cuerpos mediadores o los transgéneros amerindios

Juan Antonio Flores Martos

En las siguientes páginas me interesa explorar, de modo panorámico, las figuras de unos seres humanos, indígenas americanos, que desde hace cinco siglos, han estado en el foco, en los comentarios y en el análisis de la mirada europea y occidental. Me refiero a unos transgénero, a los que en principio llamaré travestidos amerindios. Intentaré brindar una perspectiva/mirada de carácter etnohistórico (con relatos de cronistas y viajeros) y etnográfico (con testimonios y textos de antropólogos), más cercana a la historia cultural y a la evolución de las formas culturales de larga duración.

De modo implícito se atenderá a los abordajes dicotómicos y confusos que desde las ciencias sociales y la etnografía, se han realizado sobre estas figuras y seres humanos, en cierta medida reproduciendo y alargando la herencia de esa mirada colonial eurocéntrica, biocéntrica y larvada por las limitaciones del judeocristianismo y del patriarcalismo no amerindio. Resulta cuando menos extraño la evolución de esta mirada: de una identificación escrutadora y supuestamente "certera", ya en un temprano siglo XVI, a una lente empañada y una mirada borrosa y roma ya en el siglo XIX y en el XX.

Pretendo atender a la construcción social y cultural de este transgénero amerindio, y a la singularidad de unos cuerpos amerindios que pueden construirse ellos mismos simulándose como con otro sexo, y con una identidad social poderosa y un papel cultural relevante.

He identificado una mirada colonial que no comprendió —y todavía le cuesta comprender— las prácticas y la lógica de los tránsitos corporales amerindios, la lógica del "transformismo" y su reversibilidad, y las confundió con maravillas de la naturaleza —"hermafroditas"— o directamente con metamorfosis. Los observadores, cronistas y viajeros, dan cuenta de que veían metamorfosis y géneros "cambiados" en estos grupos amerindios, cuando en realidad eran "géneros en transformación" (mejor que géneros transformados) transformismos reversibles, en ocasiones, a voluntad.

Junto a las amazonas que los primeros europeos, frailes y conquistadores españoles, creyeron encontrar en el continente americano, hubo otras figuras que, por su extrañeza y singularidad, llamaron poderosamente la atención de los foráneos entonces y en los siglos posteriores. Frente a estas sociedades de mujeres guerreras "amazonas[1]" que vivían y se organizaban social, política y económicamente de modo autónomo con respecto los asentamientos amerindios que las circundaban, y cuya realidad y existencia fue objeto de cierta polémica y discusión en las fuentes, es más fácil encontrar algunos de los textos y crónicas europeas que relataron la visión directa o el encontronazo en escaramuzas y campo de batalla, de mujeres guerreras que conducían como "capitanas" o "cacicas" a otros guerreros varones, como es el caso de Kuilix o María Quille, una mujer pend d'oreille, que en 1846 guerreó contra los crows (Roscoe 1998).

Formando parte de esta clase de sociedades amerindias más convencionales y sin la estricta separación de sexos sobre la que se fundamentaba la imaginación del régimen de vida de las amazonas, también llamaron la atención de estas primeras miradas europeas, unos dizque "hermafroditas", "amarionados impotentes", hombres "vestidos de mujer", "con hábito de mujer" o con "oficio de mujer", que fueron peyorativamente calificados de "sodomitas" o "sométicos", "caimitas" o "bardaxas o bardaxes[2]".

1. Para el estudio de estas "amazonas" de América, destaca por su erudición el trabajo de Alonso del Real (1967), y por su perspectiva teórica preocupada por la comprensión de la variación de género y la diversidad sexual, el texto de Williams (1986a: 233-251).

2. Filtrado por el hecho de que en el contexto político y moral del siglo XVI, en los reinos cristianos europeos la sodomía —como las acusaciones de canibalismo— era considerada como causa de "guerra justa" y excusa utilizada para aplicar la esclavitud a sus practicantes —en la justificación del derecho de conquista—, contamos con numerosos cronistas, entre los que destacan especialmente las referencias, generalmente despectivas, a estas figuras en Acosta (1590), Cabeza de Vaca (1555: 88), Fernández de Oviedo (1535: t. V, cap. III), Cortés (1519), Díaz del Castillo (1605: cap. CCVIII), López de Gómara (1552: t. I, lxii), Mártir de Anglería (1530), Muñoz Camargo (1585: cap. XVIII, 151-152)

Una misma mirada europea, conformada al tiempo por mitos y fantasías, era la proyectada sobre esta clase de seres humanos que formalmente se "salían del cuadro" en el que los géneros estaban fijados en el Viejo Mundo.

Gaspar de Carvajal, un fraile dominico que acompañó a Francisco de Orellana en su expedición por el Amazonas en 1542, deja constancia en su relación sobre el descubrimiento del Amazonas del encuentro con unas mujeres guerreras —"hasta diez o doce" según su crónica— que, "como capitanas", peleaban delante de los indios contra los españoles, y a las que se refiere con el nombre de "amazonas". No se trata pues de un pueblo o grupo de "amazonas" que vivan aparte de los hombres —sin mantener ningún grado de "trato" o "comercio" con hombres, como sostenía Pedro de Magalhaes de Gandavo (1922: vol. 2, 89) para la sociedad tupinamba en 1576—, ni que se enfrenten de modo autónomo a las fuerzas españolas, sino a lo que parece, de un grupo de algunas mujeres guerreras que pelean al lado de una mayoría de varones liderándoles o capitaneándoles.

Disponemos de su testimonio, en primera persona, sobre las mujeres que vio en los combates que tuvieron lugar entre el 20 y el 22 de junio de 1542, y en el que nos describe su fisiología y apariencia:

> Estas mujeres son muy blancas y altas, y tienen muy largo el cabello y entrenzado y revuelto a la cabeza, y son muy membrudas y andan desnudas en cueros, tapadas sus vergüenzas, con sus arcos y flechas en las manos, haciendo tanta guerra como diez indios; y en verdad que hubo mujer de éstas que metió un palmo de flecha por uno de los bergantines, y otras que menos, que parecían nuestros bergantines puerco espín (Carvajal 1942: 471).

Más al norte del continente americano, y alrededor de una década antes, en torno a 1530, a ratos como náufrago, como cautivo o descubridor, Álvar Núñez Cabeza de Vaca llegó a vivir con los aborígenes de la Florida durante más de seis años, familiarizándose con sus costumbres y lenguas. En un testimonio de lo que vio, y que nombra como "una diablura", nos habla de unas figuras que le generaron sorpresa y extrañeza en su deambular, en este caso entre indios creek: varones que estaban casados con otros varones, "amarionados", con vestiduras y ocupaciones de mujeres. El pasaje en que los describe es el siguiente:

> En el tiempo que así estaba, entre éstos vi una diablura, y es que vi un hombre casado con otro, y éstos son unos hombres amarionados, impotentes, y andan tapados como mujeres y hacen oficios de mujeres, y tiran con arco y llevan muy gran carga, y entre éstos vimos muchos de ellos así amarionados como digo, y son más membrudos que los otros hombres y más altos; sufren muy grandes cargas (1988: cap XXVI, 88).

Unos europeos, constreñidos y larvados por las concepciones judeocristianas relativas a la homosexualidad y al cambio de papeles sexuales, reflejaban en sus crónicas y textos la extrañeza —transida de repulsión y curiosidad— que les despertaba ciertos individuos que vestían y se comportaban como mujeres en las actividades y artes que cada sociedad adjudica como femeninas; unos travestidos que, por su singulares transformismos (que en principio fueron malentendidos como metamorfosis no reversibles), llegaron a ser tomados inicialmente por gentes con los dos sexos mezclados y llamados, en consecuencia, «hermafroditas».

Uno de los primeros en referirlos, es Muñoz Camargo, en relación a los tlaxcaltecas, al referir el caso de un hermafrodita que "empreñó" a más de veinte mujeres:

> Trataremos ahora de una hermafrodita que tuvo dos sexos, y lo que de este caso acaeció fue, que como los Caciques tenían muchas mujeres, se aficionó un hijo de *Xicotencatl* de una mozuela de bajos padres, que le pareció bien, la cual pidió se la diesen sus padres por mujer, que así se acostumbraba, aunque fuesen para sus mancebas; la cual fue traída, que era hermosa y de buena disposición, y puesta entre sus mujeres y encerrada entre las demás, y habiendo mucho tiempo que en esta reputación estaba con él, y tratando y conversando con las otras mujeres sus compañeras, comenzó a enamorarse de ellas y a usar del sexo varonil en tanta manera, que con el mucho ejercicio vino a empreñar más de veinte mujeres, estando ausente su Señor más de un año fuera de su casa: y como viniese y viese a sus mujeres preñadas recibió pena y gran alteración, y procuró saber quién había hecho negocio de tamaño atrevimiento en su casa, y entrando las pesquisas se vino a saber que aquella mujer compañera de ellas las había empreñado, porque era hombre y mujer; y visto tan gran desconcierto y que la culpa no había sido sino suya, habiéndola él metido entre sus mujeres, le pareció no ser tan culpadas como si ellas le hubieran procurado, y así las reservó de que muriesen, aunque las casó y repartió repudiándolas, que no fue poco castigo para ellas; mas al miserable hermafrodita lo mandaron sacar en público en un

sacrificadero que estaba dedicado al castigo de los malhechores, manifestando la gran traición que había cometido contra su Señor amo y marido, y así vivo y desnudo en vivas carnes, le abrieron el costado siniestro con un pedernal muy agudo, y herido y abierto le soltaron para que fuese donde quisiese y su ventura le guiase, y de esta manera se fue huyendo y desangrando por las calles y caminos, y los muchachos le fueron corriendo y apedreando más de un cuarto de legua, hasta que el desventurado cayó muerto y las aves del cielo le comieron, y este fue el castigo que se le dio, y así después andaba el refrán entre los principales Señores: "Guardaos del que empreñó las mujeres de Xicotencatl y mirad vuestras mujeres; si usan de los dos sexos, guardaos de ellas no os empreñen" (1892: 151-152).

Así describía Jacques Le Moyne a unos "hermafroditas" cargadores y enfermeros timucúa en la Florida en 1564, y cuyos dibujos sirvieron a Theodor De Bry para un grabado (véase fig.1):

> Los hermafroditas, que comparten la naturaleza de ambos sexos, son bastante comunes en estas partes y son considerados odiosos por los indios mismos, quienes, sin embargo, los emplean, fuertes como son, en vez de las bestias de carga. Cuando los jefes salen en pie de guerra, son los hermafroditas quienes transportan las provisiones. Y, cuando un indio cae herido, dos hermafroditas, tomando dos varas derechas, las atan entre sí mediante travesaños, sobre los que colocan una esterilla de juncos tejidos. Y sobre esto colocan a los caídos en combate. [...] Luego, los hermafroditas, tomando tiras de cuero, de tres o cuatro dedos de ancho, los atan al extremo de las varas y, poniéndose el centro de dichas tiras sobre la cabeza, que tienen notablemente dura, llevan de este modo a los muertos a su lugar de entierro. También las personas afectadas de enfermedades contagiosas son llevadas a lugares adecuados al efecto, a hombros de hermafroditas, quienes les alimentan y les cuidan hasta que se reponen (1874: 7-8).

Ambas figuras, las "amazonas" de Carvajal, y los "amarionados"[3] de Cabeza de Vaca, comparten en su hechura o manufactura fisiológica, el ser "membrudos"[4], un aspecto corporal que curiosamente llamó

3. "Marión: Se toma por lo mismo que Maricón. TORR. Philof. lib. 13. cap. 3. Con cuya munición les dio tanta batería, que en poco tiempo se hicieron tan afeminados y mariones, quanto habían sido primero valientes y guerreros" (*Diccionario de Autoridades* 1734).

4. El *Diccionario de Autoridades* (1734) define así la voz "membrudo/a": "Fornido, robusto y grande de cuerpo y miembros".

la atención de los conquistadores tanto en varones como en mujeres, y el usar o tirar "con arco y flechas". El lector de estas y otras crónicas que desde el siglo XVI fueron dando noticia y perfilando esta clase de figuras, puede plantearse una duda razonable que algunos exegetas del presente plantean: la posibilidad de que las amazonas que acometieron a la expedición de Orellana, fueran hombres con cabellos largos, y que los "amarionados" de Cabeza de Vaca se tratasen de mujeres de aspecto varonil y también de cabellos largos —al menos así son representados los hermafroditas timucúas de la Florida, representados inicialmente por Jacques le Moyne en 1564, y más tarde en dos grabados por Theodor De Bry—.

Esta traslación mítica de las amazonas del viejo continente a América, según los testimonios y crónicas desde el siglo XVI hasta el presente etnográfico, parece ir también pareja de una estrecha asociación: una sociedad de mujeres dominantes o que lideran la vida social y económica de un pueblo, junto a varones —ya sea en casos aislados, o en un número apreciable—, que se visten y transforman en figuras con apariencia de mujer, que se dedican a realizar "oficios de mujer" y ocupan posiciones sociales de relevancia destinada a las mujeres.

Me ha resultado complejo y estimulante alcanzar a perfilar y a comprender cómo una suerte de visión del "mundo al revés" en cuanto a la inversión de roles sexuales y papeles sociales proyectada tempranamente por una óptica y fantasía europea al conjunto de las culturas amerindias que habitaban el nuevo continente, es encarnada y delimitada en algunas sociedades amerindias contemporáneas, entre ellas en una ciudad indígena ubicada en el istmo de Tehuantepec, Juchitán, y a la que me referiré al finalizar este texto, con la precisión que proporcionan los relatos de cronistas y viajeros, y los análisis de sociólogos y antropólogos.

I. Problemas para un crítico teatral

Quisiera enunciar algunos de los problemas que desde la perspectiva de la antropología y la historia cultural enfrentamos con la investigación de estos transgéneros de las sociedades amerindias. Se trata de obstáculos y cautelas variadas de naturaleza teórica, metodológica y terminológica, que pueden llevar a un cierto bloqueo en el estudio, pero que serían mucho menores y, salvados con mayor elegancia, si el analista fuera un crítico teatral atento a estas piezas multiformes y cambiantes, y a los papeles protagónicos desempeñados por ellos. En cierto modo, la sensación que tengo es que cuando la farsa se adueña de las escenas amerindias, la lógica —la nuestra— procede a retirarse o a confundirse.

Desde los primeros contactos, y atendiendo a los textos e informes de los europeos sobre la diferente cuadrícula y posiciones de género, así como sobre el cambio de papeles sexuales en estas figuras, conviene evidenciar los lastres y cargas de esta mirada eurocéntrica, judeocristiana y patriarcal no amerindia, cuando intentamos encontrar referencias e información en las fuentes coloniales. Dicha mirada y escritura, que destila repugnancia moral y una obsesión que a veces no puede disimular una atracción, ha sido la hegemónica entre exploradores, viajeros e inclusive llega a tomar asiento en los informes de algunos etnógrafos del siglo XX.

En estos términos se refería Dumont de Montigny a un travestido natchez en la Nueva Francia, calificado como "el jefe de las mujeres":

> Lo que hay de cierto es que, aunque sea verdaderamente un hombre, tiene las mismas ocupaciones y la misma vestimenta que las mujeres: lleva como ellos los cabellos largos y trenzados, usa como ellas falda o alconand en vez de calzones y, como ellas, trabaja en cultivar las tierras y en todas las demás labores que les son propias. Como en esos pueblos que viven casi sin religión y sin ley el libertinaje llega a provocar los mayores excesos, no diré que aquellos bárbaros no abusen de ese pretendido "jefe de mujeres", usándolo para sus pasiones brutales. Lo cierto es que, cuando una partida de guerra deja el poblado para ir sea a la guerra, sea simplemente de caza, no llevan con ellos a sus mujeres; les acompaña siempre este hombre vestido de mujer, que sirve para guardar su entoldado, cocer su sagamité y proveer, al fin, todas las necesidades de la pareja, como podría hacerlo una mujer (1754: t. I, 253).

Métraux, en un ejemplo de poca cintura relativista, ante los problemas para clasificar y desentrañar la singularidad de unos "bardajes" entre los mbya del Chaco en los años cuarenta, señala la consideración "nativa" de "prostitutas" para éstos —sería interesante contrastar la existencia y realidad de la prostitución en dicho contexto—: Los bardajes eran muy comunes entre los mbayá. Vivían y hablaban como las mujeres, pretendían tener la menstruación y ejercían oficios femeninos. Eran considerados como las prostitutas de la aldea" (1948: vol. I, parte 2, 352).

Esta carga etnocéntrica y valorativa se disemina, aflora y es reproducida en algunos trabajos académicos contemporáneos de impacto e influencia en el conocimiento y perfilamiento de los *berdaches* amerindios. Me refiero en concreto a los trabajos de Trexler (1995) y Williams (1986b), que en algunos casos tienden a considerar a estos *berdaches* amerindios como una clase de "esclavos" sexuales de bajo estatus en el seno de sus comunidades.

El discurso académico sobre estos travestidos amerindios ha estado monopolizado por la psicología y la sexología (con sus énfasis iniciales en lo "desviante" o "anormal"), y la aplicación del principio de relativismo cultural a estas figuras ha sido un proceso lento y complicado —uno de los trabajos clásicos y pioneros sobre el *berdache* es el del Ruth Benedict[5], titulado "Anthropology and the Abnormal", y publicado en el *Journal of General Psychology*—. Es útil soslayar e intentar superar cierto determinismo (sociocultural) que hasta ahora se ha aplicado en la interpretación y mirada sobre estas figuras amerindias. Conviene buscar un enfoque que reivindique más su papel de agentes activos con opciones y voluntad de realizar estos tránsitos corporales y sociales que encarnan estos papeles dentro de su comunidad. Coincido con William Roscoe (1996: 336) al considerar que los *berdaches* deben ser abordardos como algo más que productos derivados de fuerzas sociales. El lenguaje usado para describirlos, heredero de la lógica clerical y cristiana —que los perfiló como figuras pasivas en el "nefando y descomulgado acto"— ha cercenado, durante bastante tiempo, la posibilidad de reconocer su papel de agentes activos. Algunos trabajos recientes reconocen el papel de los deseos y habilidades individuales en los procesos de conversión en *berdache*, tratándoles

5. Así describía la "institución del *berdache*, como se le llama en francés": "These men-women were men who at puberty or thereafter took the dress and the occupations of women. Sometimes they married other men and lived with them. Sometimes they were men with no inversion, persons of weak sexual endowment who chose this role to avoid the jeers of the women. The berdaches were never regarded as of first rate supernatural power, as similar men-women were in Siberia, but rather as leaders in women's occupations, good healers in certain diseases, or, among certain tribes, as the genial organizers of social affairs. In any case, they were socially placed. They were not left exposed to the conflicts that visit the deviant who is excluded from participation in the recognized patterns of his society" (Benedict 1934: 65).

como sujetos históricos, que pudieron desear ser *berdaches* por las recompensas que dicho estilo de vida les ofrecía (Ibíd.: 36).

De igual modo es importante conocer bien los contextos históricos locales, y la (micro) historia y transformaciones recientes. Por ejemplo entre los *muxes* de Juchitán (zapotecos en el istmo de Tehuantepec, Oaxaca, México) el travestismo cotidiano de los mismos es algo relativamente reciente. Ellos descubren la posibilidad y opción de ir vestidas de mujer cotidianamente, a diario, en un proceso muy reciente y contemporáneo, que se inicia tímidamente a partir de la década de 1980, y que además no es abrazado por la totalidad de los muxes.

Algunos autores (Roscoe 1996; Bolin 2003) inciden en la conveniencia de pasar del paradigma convencional, dicotómico de sexos opuestos, y de géneros cambiados, a uno de géneros transformados, de multiplicidad de géneros, para abordar a estos amerindios. En esta perspectiva, las identidades sociales no derivan de la orientación/práctica sexual. Aunque los estudios centrados sobre estos *berdaches*, hacen referencias y análisis a las sexualidades desplegadas por estos seres humanos en el seno de sus sociedades, éstos vienen a asociar —y a confundir— apariencia, vestimenta o prácticas travestistas con prácticas sexuales —generalmente homosexuales—. Pero en este aspecto, nos encontramos en un campo ignoto y resbaladizo, ya que cuando existen datos etnográficos que nos hablan de que sus conductas, orientaciones y compañeros sexuales, refieren como éstas fueron (son) diversas y variables (Roscoe 1996: 335), entre las distintas culturas, a nivel intragrupal, e inclusive en las vidas de cada uno de ellos. Resulta pertinente entonces utilizar la teoría performativa del sexo de Judith Butler[6], a unas prácticas que de modo imperfecto —con nuestra asociación convencional de conducta y anatomía— podríamos traducir por bisexuales, heterosexuales y homosexuales, pero en las que el registro etnográfico revela una enorme fluidez y flexibilidad en la

6. Concibiendo las identidades sexuales en flujo, y de estricta manufactura sociocultural, Butler (2002) enfoca las identidades genéricas y sexuales, desde una perspectiva no esencialista, y marcadamente teatralizada o performativa: las variadas y diferentes actuaciones genéricas y prácticas sexuales no serían el resultado de una identidad previa, sino que serían las que irían produciendo, de modo cambiante y fluctuante una identidad inestable, llegando a crear la ilusión entre los actores sociales protagonistas, e inclusive en nosotros los analistas, de una identidad estable, de una "esencia natural".

elección de conductas y parejas sexuales, con la única limitación de que no mantenían relaciones sexuales con otros compañeros travestidos.

Para escapar del "tatuaje", estigma o camisa de fuerza que constriñe generalmente las consideraciones occidentales sobre la identidad[7], en este tema propongo atender a las lógicas y prácticas del transformista para el estudio de estos travestidos amerindios. Según las acepciones de "transformismo" en el *Diccionario de la Real Academia de la Lengua Española*[8], se enfatiza la capacidad de fluctuación rápida, de mutación de los caracteres y aspectos formales de un ser vivo, y la génesis de dichas variaciones en factores intrínsecos y extrínsecos (contextuales). Sostengo, y documentaré más adelante, que la utilización de este término —transformista, transformismo—, resulta conveniente para describir, de manera útil y atinada, las prácticas formales, sociales y sexuales de estas figuras en las sociedades amerindias. Sirva de momento, como ejemplo, el modo en que se concibe la sexualidad y su relación con la identidad genérica y social entre algunas sociedades mesoamericanas. Los trabajos de Gary H. Gossen, para comunidades maya-tzotziles, se han detenido en la taxonomía social y de género mesoamericana. Entre los tzoztiles de San Juan Chamula (Chiapas, México), los seres humanos al nacer son considerados asexuados y no se les pone nombre de inmediato. Es al llegar a la madurez física cuando se produce una bifurcación de género en hombre y mujer. Pero al llegar a ancianos, *mamaletik/me'tik* ("hombres/mujeres"), éstos son considerados bisexuales por la comunidad y se les da un trato acorde con ello[9].

7. La propia Butler (2002) aborda la identidad de la "persona" también desde un punto de vista performativo: la persona no sería más que la máscara sin rostro —a la que se refiere descriptivamente su etimología latina—, existiendo sólo en tanto que actuante. El sentido de unidad e individualidad serían el efecto de un ejercicio estilizado de narratividad, que es el que proporcionaría coherencia a un sujeto, a una subjetividad, continuamente recreada.

8. "Transformismo. m. Biol. Doctrina según la cual los caracteres típicos de las especies animales y vegetales no son por naturaleza fijos e inmutables, sino que pueden variar por la acción de diversos factores intrínsecos y extrínsecos. // 2. Arte del transformista, actor o payaso. Transformista...3. Actor o payaso que hace mutaciones rapidísimas en sus trajes y en los tipos que representa" (*DRAE* 1992).

9. Le agradezco a Gary Gossen este comentario y observación, en comunicación personal.

II. AFINANDO TÉRMINOS Y CONCEPTOS

Dadas las limitaciones de espacio y mi particular interés, en este texto centraré mi indagación en estas figuras de transgéneros amerindios, varones biológicos, los cuales han sido documentados en 150 sociedades amerindias de Norteamérica, por contraste con las 30 sociedades donde se documentaron transgéneros de mujeres biológicas. Para referirme a estas figuras, y dado que mi perspectiva investigadora no se halla preocupada por la "corrección política" en el uso de los términos con que son nombrados[10], utilizaré de modo análogo e indistinto las palabras "transgénero", "*berdache*" y "travestido" (estas categorías más *étic*), y "dos-espíritus" (una categoría más nativa y fruto de un consenso intersubjetivo). No obstante creo necesaria una precisión terminológica.

Aunque en una parte de la literatura —fundamentalmente anglófona y francófona— existe la convención de que el término *berdache* viene del francés, esta palabra viene del término castellano bardaje. Se trata de una palabra de origen árabe (*barday* o *bárdach*) que significa mancebo cautivo, joven esclavo, y fue utilizada para designar a estos amerindios que los europeos encontraban con apariencia travestida en América del Norte. Aunque está bastante extendida la idea de que los primeros en emplear este término en francés —*berdache*— fueron los tramperos del Canadá en la bahía del Hudson, está documentado el empleo del mismo en castellano del siglo XVI, entre otros en el texto de Diego Muñoz Camargo (1892: cap. XVI, 138) sobre los tlaxcaltecas, que habla de "*bardaxas*" —bardajas, bardajes—, derivando en el actual uso de "bardaje". Se trata por tanto de un término despectivo, y en origen de una proyección/fantasía de los europeos que remarcan su perfil de esclavo sexual y su pasividad —como un reverso negativo de los efebos griegos—, y con una fuerte carga etnocéntrica[11].

10. Para una crítica conceptual exhaustiva y dentro de un énfasis por la corrección terminológica, sobre los términos *berdache*, gay, género alternativo y dos-espíritus, véase el artículo de Carolyn Epple (1998: 267-290) sobre los *nádleehí* navajo.

11. "El término *berdache* utilizado por los antropólogos está superado, es anacrónico y no refleja las conversaciones con nativos estadounidenses contemporáneos sobre la diversidad de género y las sexualidades. Utilizar este término es participar en el discurso colonial y perpetuarlo, calificando a la población nativa estadounidense con un término que tiene su origen en el pensamiento y en las lenguas occidentales" (Jacobs 1994: 7-8)

Desde el siglo XVII, y en especial desde que el viajero español Francisco Coreal describe con el término *berdache* dicho rol social en el repertorio de los indígenas de la Florida en 1669 (cit. en Roscoe 1996: 329), esta figura ha sido compuesta en la lente occidental por los siguientes énfasis:

-confusión con hermafroditas

-ocupaciones y oficios "de mujer" practicados

-realizar funciones "serviles" y oficios "especiales"

-portan señales de su diferencia (plumas de otro color sobre la cabeza, p. ej.)

-supuestamente eran despreciados por sus paisanos (este extremo refleja más la hostilidad y los valores eurocéntricos del autor circunstancial, que los juicios de los nativos).

Este patrón de concepción y perfilamiento del *berdache* puede ser trazado desde los primeros relatos de los españoles hasta las etnografías del presente. Lo que se ha escrito sobre los *berdaches* refleja más bien la influencia de los discursos occidentales existentes sobre el género, la sexualidad y el otro, que lo que los observadores realmente atestiguaron. Las nuevas investigaciones sobre los *berdaches*, realizadas a partir de las décadas de 1980 y 1990, centraron sus énfasis etnográficos y analíticos en una serie de cualidades, anteriormente oscurecidas por esa mirada eurocéntrica convencional. Por su importancia, se ha destacado:

-su especialización productiva (diferenciada con respecto a hombres y mujeres, por acumulación o distinción)

-su sanción sobrenatural (su mediación y prestigio en las relaciones con entidades espirituales y divinidades)

-su variación de género manifestada, en especial respecto de las expectativas y normativas culturales para los géneros masculinos y femeninos en sus contextos locales

-su prestigio social y simbólico en su comunidad, en ocasiones realzado por un cierto poder económico derivado de la acumulación de excedentes y riqueza.

Siguiendo a Roscoe (1996: 332), en el caso de la variación de género, el travestismo fue el marcador menos común y visible, y por ello debemos considerarlo como un indicador del estatus *berdache* más variable y menos fiable, que el asumido previamente. Los indicadores más fiables del estatus *berdache* fueron sus atributos económicos y religiosos y no sólo las diferencias de género o sexuales.

La conducta sexual de los *berdaches* masculinos y femeninos también fue variable. Donde disponemos de datos, éstos indican que las parejas de los *berdaches* fueron usualmente miembros del mismo sexo no-*berdaches* Algunos de estos seres humanos frecuentemente parecen haber sido bisexuales y heterosexuales (según nuestras categorías actuales), con la única limitación de que no mantenían relaciones sexuales con otros *berdaches*. Los *berdaches* participaban tanto de encuentros sexuales fugaces —reportados por *berdaches* masculinos— y de relaciones de larga duración —reportadas tanto por *berdaches* masculinos como femeninos (Roscoe 1996: 335)—. Por otra parte, la presencia de estos *berdaches* o travestidos en culturas de América del Norte, ha sido interpretada en ocasiones como una casilla clasificatoria para el disidente amerindio[12].

El término de travestido (en inglés *cross-dresser*) quizá sea el más descriptivo y menos valorativo de todos, pero tiene el problema de que no incluiría a estos transgéneros amerindios que no se visten con las ropas del otro género, o que incluso portan una indumentaria y ensayan una estética diferenciada de los otros géneros.

"Dos-espíritus" designa a una persona, especialmente un hombre nativo amerindio, que asume la identidad sexual y se concede el estatus social del sexo opuesto. Esto implica generalmente un espíritu masculino y otro femenino que viven en el mismo cuerpo. Es un término usado por las organizaciones y colectivos de nativos americanos gays, lesbianas, bisexuales, transgénero e intersexuales contemporáneos para describirse a sí mismos. Este término se consensúa en

12. Según Alberto Cardín (1989): "El bardaje, pues, o el chamán travestido, es el individuo a quien una visión, una designación, o un cuidadoso estudio psicológico de su comportamiento ha orientado hacia la casilla que determinadas culturas exóticas tienen diseñadas para acoger a quienes presentan ambigüedades con relación a los rasgos definitorios de los dos sexos principales", Gilbert Herdt, en su libro *Third Sex, Third Gender. Beyond Sexual Dimorphism en Culture & History* (1996), compila un conjunto de artículos que discuten la viabilidad de la categoría de tercer sexo o tercer género. Según su opinión no hay por qué buscar una relación absoluta entre orientación sexual y tercer sexo o tercer género. Señala que las categorías varón y mujer —basadas en criterios anatómicos— no son ni universales ni conceptos válidos para un sistema de clasificación de género. La categoría de tercer sexo y tercer género vendría a impugnar este dimorfismo sexual, destacando que la gente construye categorías no solo sobre la base de un cuerpo "natural".

Winnipeg (Canadá) en 1990 durante la tercera conferencia gay-lesbiana intertribal de nativos americanos/naciones originarias. Viene del término ojibwa *nizzh manidoowag* ("dos-espíritus"). Fue elegido para tomar distancia de categorías ajenas y no nativas, como los de *berdache* y gay.

Las personas dos-espíritus han sido definidas a través de algunos rasgos específicos, según Bolin (2003: 239-240):

1) Tienen una posición reconocida culturalmente de género transformado, habitualmente con un estatus adicional señalizado por vestir de un modo parcial o íntegro como el otro género.

2) Adoptan conductas y portes asociados con el otro género o una singular combinación de conducta de varón y de mujer (es decir, un estatus mixto).

3) Eligen, en ocasiones, una pareja del mismo sexo fisiológico, aunque esto está actualmente en discusión, y es en todo caso culturalmente específico.

La etnografía nos habla de que la identidad de género es anterior y/o independiente de la conducta sexual, de que su identidad social se vincula en gran medida a su especialización productiva[13], así como de la fluidez y flexibilidad en las conductas sexuales y en la elección de las parejas sexuales.

Este término tiene la ventaja de enfatizar que estas tradiciones dos-espíritus pueden ser también intermitentes y afirmar su potencial reversibilidad. Un individuo puede asumir temporalmente un estatus dos-espíritus, desafiando así nuestra noción occidental de que el género es algo estable e inmutable (Bolin 2003: 243). Estos individuos pueden adoptar un determinado estatus de género y despojarse de él varias veces a lo largo de su vida, transitando o regresando a otras posiciones de género previas o transitando otras inexploradas.

Utilizando indistintamente estos términos, me importa remarcar que estamos ante sujetos amerindios con identidades sexuales y de

13. "El significado de la distinción de género en la sociedad indígena americana se fundaba más en las diferencias en la especialización productiva que en la posición al interior de un sistema de interacción político sexual. Las identidades sexuales estaban ligadas principalmente a las esferas de actividades marcadas tradicionalmente, lo que preparaba el terreno para una categoría intersexual basada en ocupaciones intersexuales e indicaba, en buena medida, como 'la transgresión' pudiera ser aceptable" (Webster/Newton 1979: 209).

género caracterizadas por la complejidad: la transformación, la reversibilidad, la inestabilidad, la acumulación o yuxtaposición, la selección, etc., y que desempeñan papeles relevantes y de prestigio social en sus sociedades.

Para aludir y referirnos a la complejidad que suele aparejar la trayectoria vital de este *berdache* o "dos-espíritus", puede resultar de utilidad revisar algunos conceptos, y valorar su pertinencia o capacidad explicativa para la óptica y objetivos de una exploración como ésta.

Desde luego no resulta adecuado el concepto de "carrera" (del *berdache*), que indica una dirección unívoca, una planificación en la toma de decisiones, y una secuencia progresiva, e incluso sugiere un hilo o sentido "narrativo", además de una cierta especificidad o "especialización". Creo que se encontraría demasiado cargado de las proyecciones utilitaristas y la programación con que los occidentales tendemos a valorar la vida de las personas. Ni su utilización en sentido figurado —"Conjunto o serie de cosas puestas en orden o hilera" (*DRAE*)—, ni su acepción sociológica centrada en los roles que configuran cronológicamente la vida "profesional" de un sujeto, ayudan a ilustrar estas singulares vidas amerindias.

A mi juicio, tampoco resulta idóneo el concepto de "itinerario corporal"[14], un concepto de manufactura en la antropología —del cuerpo— española gestado por Francisco Ferrándiz (1995, 2004) y desarrollado para la teoría social del cuerpo por Mari Luz Esteban (2004), utilizando esta autora además el concepto de "biografía corporal". Dicho concepto también puede sugerir un inicio, una serie de hitos o pasos, y una "orientación" o dirección prevista. Debe emplearse abarcando un período de tiempo lo suficientemente amplio para que pueda observarse la diversidad de vivencias y contextos, así como evidenciar los cambios en el sujeto.

14. Con itinerario corporal, se refiere Mari Luz Esteban (2004: 54) a aquellos "procesos vitales individuales que nos remiten a un colectivo, que ocurren dentro de unas estructuras sociales concretas y en los que damos toda la centralidad a las acciones sociales de los sujetos, entendidas éstas como prácticas corporales". El itinerario corporal se apoya en la identidad corporal referida al género: algo que se va configurando no sólo a partir de unos actos, discursos y representaciones simbólicas sino que tiene una base reflexiva-corporal, material, física, aunque en interacción estrecha con el nivel ideológico de la experiencia.

Por descriptivo y neutro, propongo utilizar el término "tránsito corporal" o "tránsito social" para enfatizar ese atravesar, "cruzar" o mudar de apariencia, sin una dirección u orientación prefijada, donde la voluntad del sujeto y el contexto intervienen por igual sin cristalizar en una "toma de decisiones" más formal, y cuyo carácter es fundamentalmente inestable y contingente, intermitente o reversible a voluntad.

III. Tránsitos corporales

Me referiré a continuación a tres casos contextualizados, de tránsitos corporales/sociales de travestidos amerindios, en tres sociedades y tiempos diferentes, entre navajos, zuñis —de modo más breve— y zapotecas del istmo de Tehuantepec —con mayor profundidad—. Pero antes de ello expondré de modo general, algunos trazos de cómo estaba articulado dicho tránsito corporal en otro grupo amerindio, los mohave. Disponemos de detallada información sobre los travestidos mohave (California y Arizona) proporcionadas por los trabajos de George Devereux (1973), llevados a cabo a partir de la década de 1930. Los hombres travestidos de mujer son llamados en su lengua *alyhâ* (que tienen su contraparte y complemento en las *huame* o mujeres mohave travestidas de hombre). Se accedía a tal condición tras un rito de paso del niño que mostraba afinidades femeninas. También pensaban que cualquier persona que soñara ser un travestido mientras estaba en el útero materno podía serlo. Según uno de los relatos, narrado por un chamán mohave amigo de Kuwal, informante de este investigador y esposo de varias *alyhâ*, a veces no había una preparación previa al rito. En ocasiones, el niño pasaba la noche entre su madre y abuela materna mientras, en otra vivienda, cuatro hombres que habían soñado con la ceremonia tejían la pollera o falda para la *alyhâ* mientras cantaban lo que les había enseñado el dios Mastambho. Al día siguiente el muchacho era llevado hasta una explanada, donde esperaban las personas invitadas a la ceremonia y un cantor. Las dos mujeres llevaban al niño hasta el centro de un círculo y, al permanecer en él, el cantor empezaba a entonar sus cantos, al son de los cuales el niño bailaba a la manera de las mujeres, realizando de vez en cuando una pantomima acorde con cada canción. Tras los cuatro cantos rituales, el niño era bañado en el río Colorado y se le entregaba su pollera; ya vestido de mujer, la *alyhâ* tomaba un nombre concordante con su sexo adoptivo y podía desposarse. Un varón mohave podía tener a una *alyhâ*, o a varias —inclusive que todas lo fueran— entre sus esposas.

Las *alyhâ*, cuando encontraban un marido, simulaban menstruar arañándose la entrepierna con un palo hasta hacerse sangre, y exigían a aquél que observara los tabúes de la primera menstruación de la esposa (Flores 2002: 206-207). Entre sus prácticas sexuales estaban la felación y el coito anal y, según cuenta Kuwal, permitían que su pareja acariciara su pene fláccido mientras le decían que tenía una vulva hermosa. Cuando una *alyhâ* simulaba una falta de menstruo, anunciando que estaba embarazada, imponía también a su marido la observación de los tabúes relativos a dicha situación, que ellas mismas cumplían de modo férreo, aunque continuaban su trato bucogenital y anal (al argüir que esto no dañaba al feto). Tras nueve meses del anuncio del embarazo, la *alyhâ* preparaba una decocción de granos de mezquite y la tomaba, lo que le provocaba al poco tiempo fuertes dolores abdominales, anunciadores del «parto». Marchaba sola al monte, donde adoptaba la postura de las parturientas mohaves, colocadas sobre un hoyo y apoyadas sobre un tronco, y allí defecaba y enterraba las heces. Al regresar al poblado contaba que había dado a luz a un niño muerto —que la tradición mohave dictaba fuera enterrado— y, en su casa, la *alyhâ* se cortaba el cabello; obligaba a su pareja a hacer lo propio, en señal de luto, y pasaba días llorando y lamentándose por su hijo fallecido.

Hastiin Klah (navajo)

Entre los navajo, se denomina *nadleeh* o *nadle* a los sujetos que están "permanentemente cambiando" —la raíz verbal del término es "dar la vuelta", "virar", estar permanentemente cambiando, en el sentido de emerger—. No siempre se travisten con ropas del sexo contrario, sino que pueden llevar un estilo de ropa distinto tanto a hombres como a mujeres.

Estos *nadle* —varones biológicos— solían ser "tejedores", se les consentía llevar una vida homosexual, heterosexual o ambas, pudiendo contraer matrimonio con gentes de su sexo o del opuesto, y gozaban de una altísima consideración social que hacia mediados de la década de 1930 empezó a hacer crisis (Cardín 1989: 218-219). El respeto venía más bien de su especial relación con la riqueza: eran todos ellos ricos, pues en un pueblo donde la división sexual del trabajo estaba rígidamente establecida, estos "tejedores" podían realizar trabajos de ambos sexos, y más concretamente oficios exclusivos de ellos, entre los que destacaban los relacionados con la reiteración y creación de formas tradicionales en artes y artesanías navajo: tintes, tejidos, cestería, cerámica, fabricación de mocasines...

Entre los zuñi, los crow y los navajo, existen mitos que explican el origen de los *berdaches*, ubicando dicho acontecimiento en el momento de creación y de definición de las categorías masculinas y femeninas de género —"la gente dos-espíritus se formó, cuando se hicieron los hombres y las mujeres"—. En estas sociedades amerindias, establecen en el plano mítico una vinculación directa entre estas figuras transgéneros y los momentos originarios de la creación humana y cultural.

El más famoso *nadle* navajo, fue Hastiin Klah (1869-1939), que se hizo tejedor y chamán, realizando tanto las actividades prestigiosas femeninas, como las masculinas de igual prestigio. Klah, según analiza Roscoe (1996: 358-359) colaboró con antropólogos que en las décadas de 1920 y 1930 buscaban registrar sus conocimientos rituales. Este *nadle* viajó extensamente por el mundo de los blancos, ampliando la función tradicional de los *berdaches* navajo como mediadores culturales y sociales en el campo de las relaciones interculturales. Klah era igualmente innovador en lo que respecta a la religión navajo. Gladys Reichard así lo acredita al constatar su contribución y protagonismo en la creación de una síntesis sistemática de la filosofía navajo, que hasta ese mismo momento había sido un sistema difuso de creencias y de prácticas, y que tuvo una cierta trascendencia al ser un interlocutor/informante privilegiado en la transmisión de la cultura y tradición navajo a los antropólogos que trabajaron con él durante esas dos décadas. Klah parece haber contribuido a elaborar el papel del *berdache* sobrenatural, un dios conocido como Begochidiin, patrón de los cazadores exhibiendo patrones preagrícolas antiguos, y que aparece como el hijo del sol y ligado a la luna. Por otro lado, estas asociaciones y perfil se solapa, porque Begochidiin es enfatizado como un héroe cultural, entregando a los humanos las primeras semillas para la agricultura e inventando la cerámica. En los mitos relatados por Klah, Begochidiin[15] es especialmente sobresaliente, convirtiéndole en figura transcendental de la sociedad navajo que tiende un puente no sólo en cuanto al género y diferencias económicas (la caza y la agricultura), sino también con respecto a la edad y las diferencias raciales —Klah lo describía también como rubio y de ojos azules—. En suma, este *nadle* prosperó durante ese período temprano de la reserva porque los cambios rápidos en patrones de la subsistencia entre los navajo proporcionaban las oportunidades sociales, económicas e intelectuales únicas para los individuos como él, con habilidades asociadas tradicionalmente a su papel, que aprovechó para transformar a nivel individual, y generando transformaciones de envergadura en su sociedad y patrones culturales.

Klah ha pasado a la memoria de los navajo como un creador y transformador cultural, en especial por sus tejidos innovadores que documentan y se inspiran en las pinturas de arena navajo tradicionales usadas en ritos curativos. De hecho, creó un nuevo estilo de tejer navajo, incorporando a los textiles los diseños ceremoniales utilizados en la medicina tradicional navajo de las pinturas de arena. Combinó sus conocimientos chamánicos y curativos con su habilidad como tejedor, para crear un nuevo género de textiles navajo con diseños tradicionales anteriormente efímeros.

Estos tapices con motivos de las pinturas de arena de Klah ayudaron a transformar los textiles navajo de una artesanía con un interés limitado para los turistas, a un arte refinado (o un arte con mayúsculas) con fuerte demanda y cotización en alza, como elementos decorativos de las casas y apartamentos de las clases medias y altas ilustradas urbanas, y como referencias apreciadas en el catálogo de museos y colecciones privadas de arte. Una parte importante de la responsabilidad de las transformaciones, pero también de las persistencias de los motivos de ese arte efímero —curativo— navajo focalizada en las pinturas de arena, y que puedan ser contemplados "fijados" en piezas textiles en una sala de exposiciones o en museos etnográficos y de arte, o en un salón de un apartamento en Manhattan, la tiene Hastiin

15. Un *trickster* pansexual, curador/chamán, y representado con frecuencia como un artista/artesano varón de ojos azules, rubio, de piel hermosa y andrógino.

Klah. También contribuyó a generar un nuevo recurso cultural y económico en una sociedad navajo en situación subalterna, de utilidad para la compleja situación de interlocución y relación con la sociedad nacional estadounidense.

We'wha (zuñi)

Extrañamente perturbador y arduo se hace aproximarnos al proceso por el que una mirada no amerindia, europea y portadora inicialmente de una suerte de monóculo colonial, escrutadora y supuestamente certera en la detección de "hermafroditas", va convirtiéndose, en especial en el siglo XIX, en una mirada confusa y roma, la propia tras una lente empañada que yerra en sus apreciaciones y clasificaciones, y predispuesta a equivocarse en sus identificaciones genéricas.

Un buen ejemplo de ello lo constituye el caso y aventura experimentada por We'wha, un *ko'thlama* —en una traducción literal, "que se comporta como mujer"— más habitualmente conceptualizado como *ihamana* o *la'mana*, travestido zuñi, a cuya figura ha dedicado un estudio exhaustivo William Roscoe, *The zuni man-woman* (1991), del que extraigo las ideas principales de su análisis que resultan relevantes para ilustrar este otro tránsito corporal.

Como una brillante tejedora y artesana, especialista en ceremonias curativas y de comunicación con el mundo y entidades espirituales, ejerciendo un liderazgo social y simbólico entre sus coetáneos zuñis, y sobre todo inteligente, así era caracterizada We'wha por la antropóloga pionera en EE. UU., Matilde Cox Stevenson, y por los textos posteriores que se refirieron a ella. Una figura que además destacaba físicamente por su alta estatura, y de nuevo su configuración fornida y robusta (por ser "membruda" como hubieran afirmado los españoles del siglo XVI) y una apariencia y rasgos faciales "poco femeninos" —algo compartido por otros *berdaches* amerindios de los que disponemos de fotografías (véase fig. n.º 2)—.

En la pugna que mantuvieron dos pioneros de la antropología estadounidense, Frank Cushing y Matilde Cox Stevenson, tanto por atraer la atención de la sociedad civil estadounidense y buscar fondos para la financiación para sus proyectos de investigación con zuñis en el suroeste, como para demostrar su competencia como expertos en dicha cultura, ambos condujeron delegaciones indias a Washington. Las delegaciones indias tenían el doble objetivo de impresionar a los nativos americanos con expresiones de la cultura urbana e industrial americana, y de impactar a esa sociedad emergente con estas figuras todavía distantes de la vida en la costa este. A finales de 1885, después de pasar varios meses en el suroeste, James y Matilda Stevenson retornaron a Washington con un "carro de raras y valoradas curiosidades", y la que se iba a convertir en la famosa "princesa o sacerdotisa zuñi" We'wha. Ésta pasaría los siguientes seis meses como invitada en el hogar de los Stevenson en Washington, llegando a conocer al presidente de la Unión Americana.

We'wha se movió con entera libertad por los espacios y tocadores femeninos de la ciudad. A pesar de los meses en que compartió conversación y observación con ella en la misión zuñi, y de los meses en que convivió de cerca con ella en Washington, Stevenson continuaba creyendo que We'wha era una mujer. En su informe de 1904, ella afirmaba: "Alguno había declarado que era un hermafrodita, pero la escritora no dio crédito a la historia, y continué considerando a We'wha como una mujer". Inclusive cuando Stevenson descubrió el sexo biológico de We'wha (probablemente estando presente durante la preparación de su cadáver tras su fallecimiento), ella escribía, "Como la escritora nunca podría pensar en su leal y devota amiga desde cualquier otra luz, continuará usando el género femenino cuando se refiera a We'wha" (Roscoe 1991: 49; mi traducción).

Aunque el sexo biológico de We'wha no era un secreto para los zuñis, Stevenson, no fue la única persona no india que confundió el rol y estatus de los "dos-espíritus" como We'wha. A pesar de los signos que sugerían algo distinto, muchos ciudadanos anglos asumieron, como Stevenson, que We'wha era una mujer. Así que no sólo confundió a la antropóloga con la que compartió muchos días en sus visitas a Zuñi, o en su viaje y estancia en Washington, sino que también fue considerada por la buena sociedad de la capital de la Unión, por políticos, periodistas y medios de comunicación, como una auténtica "princesa zuñi".

Dado que las mujeres indias raramente participaban en estas delegaciones indias, ella recibió una especial atención cuando encabezó la delegación zuñi y vivió en Washington. Esto, en parte, fundamentado en la silueta alta que poseía We'wha. Otros visitantes indios venían y se marchaban, pero fueron raramente mencionados en la prensa de

Washington. We'wha fue el asunto de largos artículos y crónicas especiales, y sus meses en la capital de la nación estuvieron repletos de un amplio espectro de actividades sociales, diplomáticas y científicas (Roscoe 1991: 54). Entre éstas, esta "princesa zuñi" participó en varios talleres, invitada por la Smithsonian Institution con el objetivo de documentar las técnicas tradicionales de tejido y artesanías zuñi. Ello se documentó mediante una serie de fotografías que muestran a We'wha con vestido, adornos y técnicas corporales tradicionales, tejiendo en diferentes tipos de telares, y que se encuentra en la National Anthropological Archives, de la Smithsonian Institution.

La alta visibilidad de We'wha en los seis meses que estuvo en Washington se reflejaba en los artículos que aparecieron en el *Evening Star*, el *Nacional Tribune*, el *Washington Chronicle*, e incluso en el *New York World.* Y hasta el final de todo —las recepciones, encuentros formales, reuniones con líderes nacionales, entrevistas con reporteros—, Washington continuaba creyendo que We'wha era una mujer. Por supuesto, surgían dudas, pero llama la atención como éstas fácilmente se dejaban de lado. De acuerdo con un artículo: Las historias que han formado ideales poéticos de doncellas indias, tras el patrón de Pocahontas o Minnehaha, pueden ser desactivadas con We'wha a primera vista. Sus rasgos, y especialmente su boca, más bien grande, su figura y compostura más bien masculina" (*Evening Star*, 12 de junio de 1886, [mi traducción], citado en Roscoe 1991: 59).

Aun, hasta el final de la primavera de 1886, We'wha siguió siendo tratada y nombrada en Washington como la "sacerdotisa", "princesa", "doncella" zuñi. De modo poco frecuente, ella fue erigida en representante, interlocutora y mediadora, en una suerte de potente "embajadora cultural" entre el lejano mundo de la reserva zuñi, y el mundo civilizado y urbanizado del corazón de las relaciones políticas y sociales de EE. UU.

Kasinelu, nieto de un sacerdote zuñi muy reconocido, Nayuchi, se convirtió en *berdache* en 1896, en el mismo año, y justo después de la muerte de We'wha. Su "debut" en el rol de berdache, debe ser leído primordialmente desde una perspectiva social y cultural, al ocupar el lugar, las tareas rituales, simbólicas, de creación artística del anterior *lama'na*, We'wha, pero también las de liderazgo, mediación y comunicación intercultural entre la tradición zuñi y el cada vez más próximo y hegemónico mundo occidental y urbano de los EE. UU.

Desde entonces Kasinelu pasó a ser el "informante clave" de antropólogos posteriores que trabajaron con los zuñi, como Elsie Parsons o John Adair. En la misión zuñi, esta comunidad y sus miembros no pasaron muchos días sin contar con un "recambio", un nuevo *ko'th-lama*.

Con rasgos, facciones e indumentaria más marcadamente viriles (véase fig. n.º 3) que We'wha , así era descrito Kasinelu (también designado como Kasineli) por el antropólogo Elsie Parsons en 1916:

> Kasineli has the facial expresion and the stature of a man. He has the longer stride of a man, but it is slow and ponderous like the Zuni woman's. During the rain dances he always stood on the roof top behind the old woman who is the head of his household. He did not wear the American calico petticoat so many of the Zuni women wear but his dress was in every particular as far as I could see like a woman's, and he wore his black blanket in woman fashion, up around the back of the head, irrespective of the temperature, and falling to the knees. Next to him on the roof top were standing or siting three or four kinswomen (Parsons 1916: 522-523).

Kasinelu también tuvo una faceta artística destacable. Fue reconocido por los antropólogos posteriores a Stevenson, como Parson, como un artesano de primera clase y especialmente bueno con la cerámica. Fue el último *ihamana* zuñi en llevar vestido —en manifestar abiertamente su travestismo—, pero su rol de *berdache* zuñi fue mantenido durante generaciones posteriores (Roscoe 1991: 196-198), aunque el marcador más visible del mismo —su travestismo— fue abandonado tras la Segunda Guerra Mundial.

Felina, Amaranta y otros muxes de Juchitán

Juchitán es una ciudad indígena, un núcleo urbano que cuenta con aproximadamente unos 100.000 habitantes, y constituye el principal mercado y referente económico-comercial —exceptuando el puerto y ciudad mestiza de Salina Cruz— del área pluricultural del istmo de Tehuantepec, donde los zapotecas han sido y son el grupo étnico hegemónico, en coexistencia y convivencia con los huaves, mixes y zoques de esta región. Desde mediados de la década de 1970, la antropología y la sociología han enfocado de modo intenso el panorama singular, las identidades y prácticas sociales que los géneros (mujer, hombre, *muxe* y *nguiu*) despliegan en esta ciudad, y donde las mujeres adoptan una hegemonía y relevancia social que han llevado a algunas investigadoras a hablar de "matriarcado", sociedad matrifocal o ginecocrática[16].

Según los términos recogidos en el *Vocabulario Castellano-Zapoteco* del siglo XVI (Anónimo 1893), podemos constatar la existencia de estos *muxes*[17] ya a la llegada de los españoles, existiendo términos en zapoteco para:

"Hombre amujerado" – *Nagueebenigona, nacalachicicabenigonaa.*

"Mujer varonil"– *Benigonaanaguielachi.*

"Puto sodomita" – *Beniricaalezaaniguio, beniriyolexichebenigonaa.*

"Puto que hace de mujer" – *Benibiraaxe; benibixegonaa.*

Existe una taxonomía y terminología para los *muxes* en Juchitán. Por un lado se trata de categorías nativas en zapoteco, enunciadas por un *muxe* de relevancia como Amaranta[18].Y de modo paralelo y complementario podemos hablar de categorías mestizas enunciadas en español por *muxes* y no *muxes* en Juchitán[19], que no se distin-

16. Sobre los *muxes* de Juchitán, los trabajos más específicos y completos son los de Benholdt-Thomsen (1997), Miano Borruso (2002), Gómez Suárez (2005), Gómez y Miano (2006) e inclusive algunos de los trabajos realizados por los propios *muxes* como el de Amaranta Gómez Regalado (2004), y el excelente documental de Alejandra Islas (2005) *Muxe's. Auténticas intrépidas buscadoras del peligro.* Para un trabajo más detallado y monográfico sobre la identidad corporal de los *muxes* juchitecos, véase mi reciente trabajo "Travestidos de etnicidad zapoteca: los *muxes* de Juchitán como cuerpos poderosos e híbridos" (Flores Martos 2008).

17. "La palabra muxhe proviene de la palabra mujer de la lengua española del siglo XVI, mujer, *muller*, *muxhe*, esta definición trata de arropar el término de hombre-femenino y con el cual se nos nombra a todas las personas que nacemos varón y crecemos con identidades genéricas femeninas, es una identidad similar a la gay y lo transgénero, pero con características *sui generis.* A partir de aquí nos referimos a las personas heterosexuales femeninas como *guna* (mujer), a los masculinos como *nguiu* (hombre) y *ngüiu* a las mujeres con identidad genérica masculina, que es una connotación de la palabra varón (*nguiu*) en lengua zapoteca" (Gómez Regalado, 2004: 200).

18. "Ser *muxhe huini* (chiquito), *muxhe guna* (adolescente), *muxhe róbaa* (adulto), *muxhe yoxho* (*muxes* viejos), *muxhe guna* (vestida de mujer), *muxhe gupa* (adolescente), o *muxhe inguiu* (no vestida)..." (Gómez Regalado 2004: 206).

19. "El mundo de los *muxe'* de Juchitán está poblado de 'locas', 'perras', 'reinas', 'vestidas', 'chicas', 'jotos', 'putos', 'travestidos', 'gay tapado', o 'de clóset', 'homosexuales', 'mayates', 'muxe', 'mampos', 'chichifos', 'bugas', 'machos', 'machines' y otros personajes que todavía desconozco... 'Pintada' le dicen al homosexual que se viste de hombre pero se maquilla como mujer" (Miano Borruso 2002: 154).

guen demasiado de los términos utilizados en la cultura nacional mexicana para designar a los homosexuales y quienes interactúan con ellos.

Las gentes de Juchitán explican que sólo uno de la pareja es considerado como *muxe*, el otro es lisa y llanamente un hombre. El hombre que vive con una mujer y al mismo tiempo tiene relaciones amorosas con un *muxe*, es un hombre. Pero también hay hombres que nunca tienen relaciones con una mujer, sino que frecuentemente viven en relación de pareja con compañeros cambiantes, y sin embargo son considerados como hombres y no como *muxes*. Siempre sólo una parte de la pareja es *muxe*, pero también hay *muxes* que viven en relación estable con una mujer, que están casados y tienen hijos.

Los antropólogos que han trabajado en Juchitán tienen alguna responsabilidad —ya que con sus etnografías y explicaciones sobre la singularidad de los muxes han intervenido desde luego protagónicamente— en la construcción y mantenimiento del mito del hijo *muxe* como una "bendición de Dios" para su familia. Hasta los últimos trabajos de Miano (2002), de la propia Amaranta Gómez (2004) como *muxe* que ensaya una cierta autoetnografía, y del interesante proyecto fotográfico-etnográfico desarrollado por Vittorio D'Onofri con seis *muxes* juchitecos, no se ha matizado esa idea de modelamiento y trato familiar privilegiado supuestamente vigente con los hijos *muxe* —de nuevo teñida de utopismo occidental—, en el que la madre alentaría a que su hijo varón menor fuera *muxe*.

Las trayectorias, itinerarios o tránsitos corporales de los *muxes* a los que entrevistó y fotografió D'Onofri son variadas. Esta realidad ha sido interpretada en ocasiones desde la óptica antropológica como un "trabajo" de la mamá modelando a su hijo menor como *muxe* para retenerlos bajo el mismo techo y así poder compartir la vida con ellos hasta el último día y evitar la soledad en la vejez. Pero este supuesto patrón no siempre se cumple: hay *muxes* primogénitos y madres que nunca apoyaron a sus hijos en su identidad *muxe*. Junto a esta legitimación de los *muxes* como una "bendición de Dios", es notoria la abundancia de discursos entre los propios *muxes* y sus familias que remarcan un proceso de "naturalización del *muxe*'" —su condición y características vendrían dadas por la naturaleza—. Así, es frecuente encontrar expresiones —en especial entre los *muxes yoxho* o mayores—, como: "Nosotros nacemos, nadie se hace, nacemos". En el documental de Alejandra Islas (2005), Mística *muxe* comentaba: "Como yo vengo de esa raza. El papá de mi papá es puto, pero se casó, pero no se vistió de mujer. Todas mis tías heredaron la herencia, tienen un hijo puto, pero no se visten de mujer como yo, sino que se visten de caballero, de formal, como hombre".

Una mirada atenta a la etnografía y a las voces de los protagonistas, revela la existencia de distintas manufacturas o trayectorias de los *muxes* juchitecos en la infancia —siendo de los 5 a los 12 años la fase donde tienen indicios y una toma de conciencia de su identidad genérica diferenciada—, y en la adolescencia, según sus discursos (algunos de ellos encontrando eco en los textos académicos). Es apreciable una trayectoria que podemos denominar armónica e idealizada, donde el sujeto habla de su infancia como un período feliz, de comprensión y aceptación familiar, y que ejemplifica Felina *muxe* en una entrevista con D'Onofri en 1998: "Mi nombre de hombre es Ángel, y nací hace 33 años bajo el signo de Piscis. Mi infancia me la pasé feliz, jugando en el rancho, con las niñas. Soy muy pegada a mi familia y ni loca pienso vivir con mi novio, por respeto a mi familia". Insiste en que nunca tuvo problemas con su familia por ser *muxe*, debido quizá a que su tío también era *muxe*, por lo que su papá creció en una familia con *muxe* y no se le hizo extraño un hijo *muxe* y también porque ésta es la realidad de Juchitán donde parece no haber casi discriminación genérica ni sexual.

Otros *muxes* construyen su infancia y su pasado con los materiales y argumentos que perfilan un tipo de trayectoria más conflictiva o "sufridora". Tal es el caso de América (Rubén Pineda Esteban), quién creció en un entorno familiar hostil y despectivo, donde el padre y sus hermanos le pegaban, e inclusive intentaron echarle de su casa. En una entrevista en que D'Onofri le pregunta si su infancia fue feliz, América contesta:

> Bueno al lado de mi mamá sí, lo que pasa que mi papá trabajaba desde la mañana y llegaba hasta la noche, pues al lado de mi mamá muy feliz por que mi mamá me aceptaba tal como era, pero mi papá sí se enojaba un poquito, se ponía furioso, me quería pegar, al rato momentos buenos en lo que no le importaba y en otro momento se acuerda de mí y al rato se alborota y siempre se pelea con mi mamá... Jugaba más con mis hermanas, con mis hermanos casi no, me pegaban me insultaban y me pegaban siempre, se cansaban es claro.

Con respecto las ocupaciones y oficios del *muxe* en Juchitán, destacan las etnografías[20], por un lado, su alta visibilidad en el ámbito de lo público y lo festivo, con una importante contribución a la economía de prestigio comunitaria en la ciudad. En su mayoría, realizan tres oficios principales y tradicionales que en el pasado han venido también desempeñando *muxes*: bordador, arreglista y pescador. En algunos casos son oficios propios de las mujeres (vendedora en el mercado, peluqueras en estéticas), en otros, oficios propios de los varones (pescador), y aun en otros, oficios en buena medida propios y singulares de *muxes* (bordador de trajes femeninos de fiesta, arreglista de adornos y guirnaldas para las fiestas tradicionales o *velas*, coreógrafos del "vals" para las fiestas de quince años) desempeñados en su mayoría o casi exclusivamente por *muxes*. Según Amaranta *muxe*, otros oficios menos generalizados dentro de la propia comunidad *muxe*, pero presentes en la actualidad son los de espiritistas, cantineros, rezadores, agiotistas o prestamistas (Gómez Regalado 2004: 205-206), actividades que contribuyen al mantenimiento de la economía y la cultura local, pero también a la visibilización de su economía política local, del poder y prestigio de estas figuras en el desempeño de sus roles comunitarios. En general, y más allá del oficio concreto que forma parte de su definición social, en la ciudad está muy extendida la idea de que los *muxes* poseen "gracia", y que son unos excelentes animadores de cualquier espacio, reunión o acto en los que participan o se hallan presentes —ya sea una cantina, una fiesta, una comida o una conversación o convivio informal—.

Según las informantes de clase media a las que entrevistaron (mujeres y *muxes* juchitecos) Gómez y Miano, existiría una caracterización o rasgos comunes compartidos por los *muxes* de Juchitán, cuyo peso enumerativo y supuesta homogeneidad —obviando la diversidad intracultural— nos acercaría a una suerte de esencialismo o tipificación nativa de lo que "es" el *muxe*: "El muxe zapoteco se caracteriza por ser una persona creativa, coqueta, sensual, trabajadora, graciosa, enamoradiza, alegre, complaciente, intrépida, amante del sexo, respetuosa de la tradición, enmadrada, generosa, glamorosa, elegante y luchadora" (Gómez Suárez/Miano Borruso 2006).

20. Bennholdt-Thomsen (1997: 91-92) y Miano Borruso (2002: 170).

¿Qué sabemos realmente de la sexualidad y prácticas sexuales de los *muxes* de Juchitán más allá de su estética, apariencia y roles sociales/culturales que desempeñan? Más bien poco conocemos —prácticamente nada— de la sexualidad de los *muxes* de Juchitán, y lo más frecuente es encontrar en los textos académicos —compartiendo en este caso la corriente académica e investigadora sobre la sexualidad de los *berdaches* y otros travestidos amerindios— y en las voces nativas, ciertas suposiciones y estereotipos que establecen alguna continuidad entre "vestirse de mujer" y asociar un tipo de prácticas sexuales propias de las mujeres indígenas, con parejas masculinas, de las que se diferenciarían únicamente por una —supuesta— mayor promiscuidad e inflación de parejas y compañeros sexuales, en el caso de los *muxes*. Las etnografías de Bennholdt-Thomsen y su equipo (en los primeros años de la década de 1990), como la de Miano Borruso (a principios de la década del 2000), recogen algunos casos de *muxes* casados y con hijos en Juchitán y que gustan también de travestirse. Podemos decir que el "traje" no hace el oficio (sexual): el andar "vestida de mujer" no indica que su portador mantenga relaciones homosexuales en exclusividad, y de nuevo nos dice poco de sus prácticas sexuales.

Se puede señalar que la visibilidad y singularidad de los *muxes* en Juchitán ha sido tradicionalmente interpretada como una expresión —y una prueba— de la liberalidad sexual de la sociedad juchiteca, de la carencia de las asfixiantes normas morales y prácticas herederas de la tradición judeocristiana, que sí oprimían y limitaban la corporalidad y vidas de los otros mestizos dentro de la cultura nacional mexicana, y de los viajeros, artistas, turistas intelectuales e investigadores europeos y occidentales. En esta ocasión creo conveniente enfatizar que también podemos pensar en los *muxes* como un indicio o auténtica expresión de la existencia de una intensa represión y rigidez sexual y moral de esta sociedad indígena zapoteca. En una sociedad bastante compartimentada y estanque entre los mundos masculino y femenino, y donde las relaciones sexuales entre varones y mujeres se postergan y reprimen hasta el matrimonio, dado que la virginidad femenina hasta la boda como un símbolo —sensible y visibilizado en el ritual zapoteco de la boda, con un rito de la desfloración bastante público (Miano 2002: 66)— de excelencia moral y social de la mujer y de su propia familia, es el contexto donde podemos ubicar e interpretar el que los *muxes* son los principales iniciadores sexuales de los varones jóvenes (Miano Borruso 2002: 67; Guerrero Ochoa 1989: 67), los primeros con los que éstos "se estrenan" —o "son estrenados" y entrenados sexualmente—, según la terminología popular local.

Creo importante remarcar la existencia de variadas prácticas y técnicas de transformación, modificación y *performance* corporal entre los *muxes* de Juchitán, con el único límite hasta ahora de las operaciones de cambio de sexo (inéditas en Juchitán hasta la fecha) y la poca frecuencia de las intervenciones quirúrgicas (pechos, nalgas). En cambio son muy frecuentes las prácticas, arreglos y trucos cotidianos implicados en estas transformaciones corporales (Miano Borruso 2002: 168): desde la aplicación de aceites para dar volumen a los pezones, hasta el engrosamiento de piernas, nalgas y pechos con materiales como gomaespuma, medias, calcetines, etc....

En este panorama de la sexualidad de los *muxes*, ellos ofrecen al resto de varones la posibilidad de "ejercer una sexualidad sin compromisos sociales, son cuerpos para el placer y el reforzamiento de una masculinidad continuamente amenazada por mujeres fuertes y tendencialmente dominantes" (Miano Borruso 2002: 193). En algunas entrevistas, los *muxes* se autodefinen en buena medida como "cuerpos para el placer" (Miano Borruso 2002: 168): remarcan mucho que se encuentran preocupados por "dar placer" y "atender bien" al varón, como una garantía de que ese hombre se sienta a gusto y cómodo en sus encuentros y momentos compartidos, de que regrese con ellos.

Centraré mis comentarios en el tránsito social/corporal de Felina —cuyo nombre de varón es Ángel— Santiago Valdivieso. Relata su infancia como feliz en el rancho familiar. Como todos los *muxes* contribuye con el dinero que gana a la casa de sus padres, con los que vive. Nunca tuvo experiencias sexuales con mujeres, las cuales nunca le llamaron la atención para mantener una relación de tipo emocional y/o sexual. Se fue a estudiar contaduría (contabilidad) a Ciudad de México, estudios que simultaneó con su aprendizaje en una academia de estilista durante año y medio. Actualmente regenta una estética, Felina Estética Unisex. En 1998 cuando fue entrevistada por Vittorio D'Onofri, ya llevaba 10 años vistiendo de mujer a diario, y luce sus mejores vestidos en las *velas* o fiestas tradicionales. Entró a los 22 años en la asociación de *muxes* activistas en la lucha contra el SIDA, "Las Auténticas Intrépidas Buscadoras del Peligro". Mantenía una relación, que duraba 9 años, con su novio, que está en Ciudad de México y la visitaba durante el año, conociendo y aceptando las familias de ambos esta relación. Durante un tiempo él la dejo por una mujer, y a los 6 meses regreso con Felina. Así glosaba D'Onofri el fragmento de entrevista en que hablaba de sus relaciones sexuales:

> Normalmente Felina no tiene relaciones sexuales fuera de su relación, cuando esta funciona, y ella como todos los *muxe* tienen relaciones sólo con hombre de veras, nunca con otras "locas" o gay. Le gustan los "mayate", chavos que tienen experiencias sexuales con los *muxes* muchas veces por dinero y también porque es más difícil tener una relación sexual que con las mujeres, hasta cuando se casen o cuando roben a la novia (Entrevista, febrero de 1998).

Felina considera que no es muy bueno ser mujer en todo, los *muxe* son más libres, no tiene hijos, no se casan y solo raramente se van a vivir con el novio, no tienen que hacer a la fuerza las tareas de la casa y no tienen que decir a nadie adónde van y cuándo regresaran[21]. Durante años su deseo era tener un cuerpo de mujer para sentirse también en el físico una mujer, pero después cambio de intención. Definitivamente prefiere ser *muxe* por la calidad de vida que tienen en comparación con una mujer. Su manera de ser *muxe* no tiene nada que ver con la imitación de la mujer y ellas no tuvieron influencia alguna en que Felina se sintiera como una mujer. De todas formas, su sueño, que piensa que nunca será realidad, es tener una casa con su novio y adoptar una niña, no un niño, porque Felina considera que ellos no tienen una buena vida en el istmo y que es mucho mejor la vida que tienen las mujeres.

Además de que los *muxes* en Juchitán siguen manteniendo en buena medida el control de la iniciación sexual de los varones de su ciudad, y un protagonismo en las prácticas sexuales y sociales en la misma, resultan ser unos "cuerpos poderosos" por otros motivos. Resalta

21. Álex (Alejandro Pineda Salinas) de 29 años, arreglista de adornos festivos y coreógrafo de vals en fiestas de quince años, entrevistado también en 1998 por D'Onofri, coincidía con esta idea. Siempre deseó ser mujer, aunque no cambiaría su sexo por temor a la operación. Aceptaba que en Juchitán existiera una fuerte competencia entre *muxes* y mujeres: "Tenemos más ventajas que ellas. Nos vestimos como queremos... podemos usar minifaldas. Ellas no. Tenemos más libertad, no tenemos que lavar los platos, hacer la comida, cuidar a los hijos...".

su acceso espacial franco, tanto en los espacios públicos como privados, como ocupando espacios donde se posterga o excluyen a varones como el mercado, o a mujeres, o como las cantinas, donde sólo pueden acceder meseras o trabajadoras sexuales (Miano Borruso 2002: 122).

En otro de los espacios especialmente cerrados a las mujeres tehuanas y concebido como propio de hombres, como "cosas de hombres" (Miano Borruso 2002: 109), la política nacional, ha entrado por primera vez un *muxe*: Amaranta Gómez Regalado, que se presentó como candidata a diputada federal por el estado de Oaxaca, por el partido México Posible, en las elecciones federales de 2003. Esto supone un importante —aunque aislado— salto de los *muxes* a la macropolítica, desde su propia identidad genérica (Gómez Regalado 2004: 208), en una arena en la que no habían participado más allá de la política local (al igual que las mujeres tehuanas). Con ella, la autoridad electoral de la República (el IFE), aceptaba el registro del primer transgénero en México, y el reconocimiento implícito de su identidad en su nombre como *muxe*, Amaranta. Ella no sólo ha protagonizado un salto notable a la vida pública, sino que se ha convertido en una voz y una pluma protagonista en la difusión y comprensión de la identidad transgenérica de los *muxes* juchitecos, escribiendo en revistas de antropología, en periódicos y en medios de comunicación, así como impartiendo cursos y charlas en diversos foros sociales y académicos[22].

Hace más de 30 años, en la década de 1970, se funda Las Auténticas Intrépidas Buscadoras del Peligro[23], una asociación civil sin fines de lucro, orientada a la lucha de los derechos de los homosexuales, consiguiendo entre otros el poder ir por la calle y asistir a las fiestas con vestimenta de mujer. A partir de la década de 1980, han sido especialmente

22. Por ejemplo su presentación "Transgenerismo y travestismo: Identidades, resultados socioculturales o identidad catalizadora de los géneros existentes. Retos para el reconocimiento de la identidad y la lucha contra el VIH/SIDA", que tuvo lugar en Villahermosa, Tabasco en junio de 2006, y se encuentra accesible en Internet en la dirección: <http://www.msmandhiv.org/presentations/ws5_gomez1.ppt>.

23. Una asociación civil en la que se practica una sociabilidad de club social, al modo mestizo. Es importante remarcar que el club no es una institución indígena ni zapoteca, sino absolutamente mestiza y propia de las clases medias de la cultura nacional mexicana. Llama la atención esta aproximación a una sociabilidad mestiza de club, y la reinvención y relectura de la tradición y conciencia étnica zapoteca implicada en sus actividades y *vela*.

activos en las campañas de concienciación y lucha contra el SIDA. En la actualidad forman parte de ella mayoritariamente *muxes yoxhos* (adultos mayores). La *vela* de las "Intrépidas", creada por ellos e incorporada al ciclo festivo ritual de la ciudad, supone una remodelación de fiesta zapoteca tradicional, aportando una nueva creación y exhibición juchiteca en un contexto globalizado. Para ello se incorporan tres escenarios —o números— fundamentales:

1. Lo que podríamos calificar como "*vela* tradicional": con la misa y paseo o desfile de la comitiva por la calle, pero sin la "regada de frutas" (convite de frutas, dulces u objetos de menaje domésticos a los asistentes en las calles, desde lo alto de carros alegóricos), que tiene lugar durante el día. Los *muxes* suelen acudir con el traje tradicional y festivo de tehuana.

2. Un *show* travesti con elección de reina y señoritas (*misses*) *muxes* en un salón de banquetes[24], durante la noche. Los *muxes* van vestidos con traje de noche o de fantasía. Se otorgan premios y se realizan "mímicas" e imitaciones de cantantes famosas.

3. Escenificación y autorrepresentación ante la mirada de los otros (Internet, medios de comunicación, películas y DVD,): extranjeros europeos y occidentales, y pertenecientes a la cultura nacional mexicana. Entre otras cosas destacaba su presencia en Internet con un blog (<http://intrepidas.blogspot.com/>).

La retórica plástica y discursiva de esta *vela* de las Intrépidas parece encaminada a modelar una *vela* más "mestiza" y abierta a cambios y transformaciones, no dedicada a un santo, sino en relación a la conmemoración de la Revolución mexicana (20 de noviembre). Además en su estandarte, la figura central es la de una especie de andrógino con vestimentas tradicionales de Juchitán (de varón y de mujer), y el único elemento religioso, una cruz dorada, ocupa una posición secundaria (véase fig. n.º 4).

Los dos ejemplos de clubes/*velas muxes* de reciente creación —la de las Auténticas Intrépidas Buscadoras del Peligro y la de la Santa Cruz del Cielo del club Baila Conmigo—, dada su alta visibilidad e

24. El modelo de elección de la "reina *muxe* sigue el modo de elección de reina o "señorita" (*miss*) de cualquier club social mexicano. A su vez ha sido espectacularizado, convertido en "espectáculo" por su retransmisión por la televisión estatal de Oaxaca. Y el evento forma parte del circuito festivo mundial gay, con asistencia de turistas y viajeros gays de todo el mundo.

interacción en el espacio público, deben ser entendidas más que como guetos al uso, como escenarios de expresión e interlocución, y de búsqueda de legitimidad social y cultural desde nuevas posiciones y formatos en cuanto a las identidades genéricas, sociales y sexuales en la ciudad[25]. Se identifica así esta compulsión entre los *muxes* de Juchitán por vivir y relacionarse socialmente en clubes o espacios exclusivos, pero con gran visibilidad pública, donde recrean e inventan una nueva vela "al modo tradicional", pero con la incorporación de números absolutamente modernos y conectados con la cultura mestiza mexicana y la cultura global: elección de "reina" o "señorita" (*miss*) del club, o el *show* travesti. Signos inequívocos de unos cuerpos poderosos y en clara mutación. Cuerpos que expresan al mismo tiempo una búsqueda y "canibalización" de lo exógeno —de imágenes y modelos de la globalización—, y una "fuga" de lo endógeno, de lo propio.

Es un fenómeno cada vez más difundido entre los *muxes* el travestirse de zapotecas como potenciamiento de la etnicidad, pero también como un recurso o *performance* mestizo, que permite la expresión de unas identidades en flujo, cambiantes, y unas nuevas realidades como sujetos y miembros de este contexto sociocultural en transformación y diálogo con su entorno nacional y global.

Una buena parte de los *muxes* entrevistados por los investigadores, expresan su deseo de ir a estudiar o a trabajar fuera de la ciudad, bien a Oaxaca capital, al Distrito Federal, a Puebla... y, de hecho, sus biografías y tránsitos sociales, están forjados por estas "salidas" de su comunidad. Su futuro lo imaginan en otro espacio social, más ubicado en la sociedad nacional mexicana y distante de Juchitán, y su proyecto vital —al menos en el terreno de los deseos—, pasa también por salir o estar fuera de Juchitán. Algunos de ellos en el presente, y bastantes de ellos en su trayectoria vital tienen o han tenido "novios" en México D. F. o Oaxaca, a los que veían pocas veces al año y con quienes mantienen relaciones sexuales y afectivas esporádicas, con una cierta tendencia a interrumpirse por la distancia o por abandono del varón al *muxe* con el paso del tiempo.

25. En palabras de Amaranta: "Hablar de las *velas* de los *muxhes* es hablar de la institucionalización de los géneros, la reafirmación de lo permisivo, de la tolerancia social y cultural que se tiene en la comunidad; es, además, hablar de la sensualidad y el sincretismo que existe entre la cultura y los procesos modernizadores" (Gómez Regalado 2004: 206).

Estas *performances* mestizas (clubes, *show* travestis) y étnicas (*velas*) podemos interpretarlas de dos modos. Por una lado como un factor de "modernidad" y de penetración estética de la globalización (el travesti e inclusive la *drag-queen* globalizada) en el territorio de la tradición y del Juchitán milenario —teniendo más en la cabeza la sección ritual que tiene lugar en el número de un salón con elección de *misses*, vestimenta tipo occidental, tipo ceremonia de graduación, *show* travesti, fiesta de quince años, o banquete social—. O también como vías de expresión para un cuerpo politizado —el de los *muxes*—, que por un lado reivindica su etnicidad y conciencia étnica tradicional en la *vela*, y por otro, su libre expresión y mutación hacia formatos más nacionales y globalizados. En cualquier caso nos encontramos ante unos cuerpos más expuestos —en bastante sentidos, incluso sobreexpuestos— a una mirada externa, que apuestan por la expresión de unas identidades sociales poderosas.

La mayor tendencia o moda actual de vestirse de mujer, con todos los problemas y conflictos que está ocasionando especialmente con los varones de la familia del *muxe*, según recoge Miano Borruso (2002), de ir de "*muxe* vestida (de mujer)" cotidianamente dentro de la casa y, sobre todo, salir de la casa al espacio de lo público, y la compulsión entre estos *muxes* de "hacer vida de club", elegir a una "reina" o *miss* ("señorita"), vistiéndose con modelitos ya no sólo "regionales" sino más mestizos, como estrellas del espectáculo, podemos entenderla desde la compulsión a exhibir y exponer más sus cuerpos (su belleza, su identidad sexual, etc.) en contextos de la modernidad, y en la senda de un proyecto de reforma corporal que busca aproximarse a una identidad social más poderosa —la de las modelos, la de las cantantes famosas o estrellas de cine o televisión—.

IV. Coda

La impresión que las fotografías y materiales etnográficos de que disponemos nos transmiten es que en la categoría de los *muxes* de Juchitán —al menos de los *muxes* "tradicionales" y que se diferencian sustancialmente de las "vestidas" mestizas que se pueden encontrar en otras ciudades de México: Guadalajara, Veracruz, Acapulco, o el propio Distrito Federal—, éstos no buscan "ser mujeres", ni metamorfosearse en mujeres, sino que componen una figura andrógina, sintetizando en su cuerpo y su estilo de vida, el que son a la vez mitad hombre y mitad mujer. La ilustración plástica de esta idea del andrógino —una imagen potente que no renuncia a su doble composición y si se quiere, a su doble identidad o identidad compuesta—, la encontramos en el estandarte de la *vela* de las Intrépidas que encabeza la comitiva a su salida de la iglesia, tras la misa oficiada dentro de la secuencia festiva de esta *vela*. En él hay una imagen humana vestido con la indumentaria tradicional juchiteca, dividida por un eje o línea central que configura una disimetría de género: el lado izquierdo es el de un varón zapoteco con traje blanco, paliacate rojo, bigote y sombrero; el lado derecho es el de una tehuana con huipil y enagua tradicional con flores bordadas, con el holán o *bida-niró* ("resplandor") tradicional sobre la cabeza, y joyas de oro en collar, pendiente y pulseras (véase fig. n.º 4).

La portada del DVD *Muxe's. Auténticas intrépidas buscadoras del peligro* (2005), dirigido por Alejandra Islas, y del cartel publicitario y de promoción de dicho documental, refleja una tela de huipil bordada. En el centro de esta tela negra, bordada con violeta y morado, aparece una cara con un eje invisible que la divide en dos mitades verticales: la izquierda es la de una cara de mujer, con pelo largo, pestañas rizadas, y párpados y labios pintados. La parte derecha corresponde a la cara de un varón sin pelo, con ceja poblada y bigote. A la altura de su sexo aparece bordada una "flor" abierta como su sexo, de color rojo (véase fig. nº 5).

En esta disimetría —pero en cierta medida también simetría— de género que simboliza y encarna el *muxe*, plasmada en al menos estas dos imágenes emblemáticas de su condición y de su autopresentación social, más interna —en el caso de la *vela*—, y más externa y con proyección globalizada —en el caso de la portada y cartel de la película—, no importa mucho que aparezcan los lados "cambiados" a izquierda y derecha dependiendo del soporte, sino la expresión plástica de la capacidad de los *muxes* de aglutinar o componer, de contener en sentido literal, los dos géneros en su figura.

Sostengo que esta forma de representación de estas figuras "dos-espíritus" de disimetría vertical que llamaré bipolaridad vertical es característicamente amerindia, y que la iconografía y modo convencional que algunas sociedades de América del Norte en el pasado precolonial, pero también artistas nativos americanos del presente, supone una diferencia cualitativa de imaginación social de un estatus "andrógino" con respecto a la de las sociedades occidentales de tradición judeocristiana.

Entre los anasazi —indios pueblo— que vivieron entre 1350 y 1500 en la zona de Nuevo México denominada Pottery Mound, encontramos en las pinturas murales rituales de una *kiva* —habitación excavada en el suelo de uso ceremonial— un *berdache* o andrógino amerindio. Es una figura humana sentada, donde se aprecia también esa bipolaridad vertical en un eje longitudinal que divide en dos campos la vestimenta, adornos y objetos que sostiene en las manos. El lado izquierdo, con atributos masculinos: corte de pelo de varón, arco y flechas. El lado derecho, con adornos y tocado femenino, y sosteniendo un objeto de cerámica o cestería. Su indumentaria se asemeja a las deidades y figuras rituales *kachinas* de los zuñis posteriores (véase fig. n.º 6).

En conexión con esta iconografía, los artistas contemporáneos, han procedido también a reelaborar esta disimetría genérica constitutiva del rol del *berdache*, en la expresión pictórica —para usos más académicos, o reivindicativos en páginas y publicaciones de activismo por los derechos de gays amerindios— de dichas figuras con protagonismo en sus sociedades. Un hermano franciscano especialista en pintura de iconografía religiosa, Robert Lentz, reinterpretaba siguiendo esta convención de disimetría vertical al personaje zuñi de We'wha, encontrándose esta obra está colgada en páginas web de organización defensora de los derechos de los amerindios homosexuales. Otro artista nativo americano contemporáneo, Joe Lawrence Lembo, se enfrentaba siguiendo el mismo patrón —amerindio— a la expresión plástica del rol tradicional del *berdache*, en una lámina que recoge Roscoe en su libro (1991: 97, fig. 29) (véase fig. nº 7).

Una comparación superficial de estos formatos de representación andrógina amerindia con la iconografía occidental del andrógino, depara algunas reflexiones. En primer lugar, en Occidente también se utiliza en ocasiones esta bipolaridad trazada con un eje vertical para separar dos campos o dominios —masculino y femenino— en dichas figuras. La diferencia más sensible viene al comprobar cómo los andróginos de nuestra tradición alquímica y hermética, a veces tienen más de dos piernas, y sobre todo aparecen o con dos cabezas, o con "una" cabeza compuesta por la agregación de dos caras —la masculina y la femenina—, que suelen aparecer con dos narices y bocas (véanse figs. n.° 8 y 9). Como se ha podido ver en las representaciones amerindias aludidas, éstas tienen una única cabeza y una única cara, cuyas facciones son partidas de modo pulcro en las mitades masculina y femenina por un eje vertical. A través de estas imágenes de "andróginos" dos-espíritus podemos entrever un modo amerindio de pensar la unidad y la identidad, de un modo integral y fundido, pero más compuesto y plural, que la forma occidental de imaginar y representar dichas figuras.

He tratado de aproximarme a gentes que cambian, sus vidas, posiciones sociales, sexuales y genéricas, pero que al mismo tiempo cambian también su cultura, como creadores culturales, en su interlocución y mediación con las entidades sobrenaturales, con otros grupos y sociedades vecinas, o con el mundo de la sociedad nacional mayoritaria. En buena medida sus historias de vida y tránsitos corporales, sociales, apuntan a su protagonismo en proyectos de reforma corporal (Comaroff/Comaroff 1992), en los que no podemos considerar a estos sujetos y cuerpos de otro modo que como agentes[26]. Entre los amerindios, estas figuras travestidas han asumido en el pasado, y continúan haciéndolo en el presente, en sus roles de introductores de cambios sociales, culturales y estéticos en su propia sociedad.

En esta exploración ensayada, resulta especialmente llamativo los modos en que las sociedades amerindias, en el pasado y en el presente, cuando se trata de estos transgéneros amerindios, mezclan activamente categorías de género para producir algo nuevo. Eso explicaría que en el perfil protagónico que adquieren estos seres humanos, fueran unos buenos mediadores entre diferentes espacios sociales —ámbitos intra e intercomunitarios—, y niveles lógicos y simbólicos, y destaque su condición de auténticos creadores y transformadores culturales.

26. Sigo la perspectiva y reflexiones de Mari Luz Esteban, al considerar a sus informantes y sus biografías e itinerarios corporales relatados como inmersos en proyectos de reforma corporal en el que son agentes: "en cuanto están inmersos en acciones colectivas que implican directamente al cuerpo y que provocan el surgimiento de sujetos nuevos y de transformaciones en las relaciones entre los individuos y los procesos sociales. En nuestro caso, se trataría de una reforma corporal de género, ya que conlleva el surgimiento de formas

Coincido con Roscoe (1998) en destacar cómo en las sociedades amerindias, de modo más intenso quizá en Norteamérica y Mesoamérica, tanto en el pasado como en el presente, identificamos teorías y prácticas nativas en las que el sexo anatómico se crea y maneja en términos de prácticas para ser inestable, fluido y no dicotómico, y, por ello una tercera, o cuarta categoría autónoma —en realidad una vía o proceso abierto, para desplegar una transformación social y corporal— se encuentra abierta y disponible para el sujeto.

Concentrar nuestra mirada y atención hacia los tránsitos corporales, sociales y de apariencia, de estos travestidos o *berdaches* amerindios, los mismos que condensan identidades sociales y de género de una cierta complejidad, supone encontrarnos con unas prácticas y un panorama de "inestabilidad" al intentar "fijar" su singularidad —la misma inestabilidad que también encontramos al estudiar los panteones espirituales y prácticas rituales amerindias—, al intentar atrapar su lógica social y cultural, ya que la escena cotidiana y ritual aparece impregnada por sus prácticas transformistas, su especial gusto por la mutación y la reversibilidad. Ante estas figuras, nos enfrentamos al reto de la pluralidad de composiciones complejas del sujeto.

Podemos hablar de estos travestidos amerindios, *berdaches* o "dos-espíritus" como identidades sociales en tránsito, subjetividades en mudanza y gentes que cambian en sus vidas, y que contribuyen a cambiar sus comunidades y culturas. Un rasgo plenamente moderno y contemporáneo en el campo de las subjetividades occidentales tras la posmodernidad, y que las sociedades amerindias proyectaron desafiantes a la óptica y relatos de observadores europeos desde el siglo XVI, y que quizá hemos tardado demasiado tiempo en comprender.

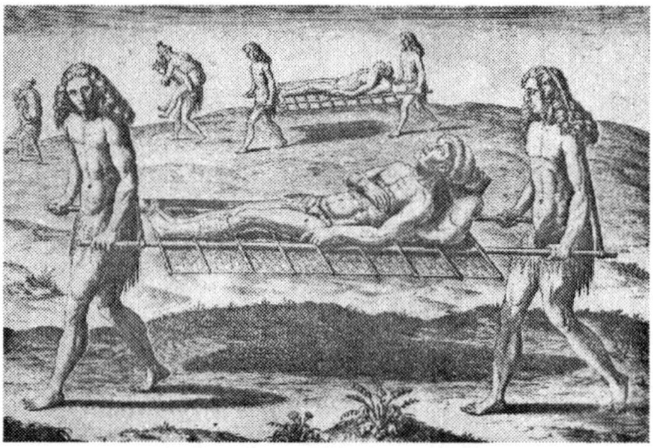

Fig. n.º 1. "Enfermeros" timucúa de la Florida. Grabado de Theodor De Bry (1591), *America,* Tomo II, Frankfurt.

Fig. n.º 2. Retrato de We'wha en Washington (1886). Fotografía de John H. Killers. Nacional Anthropological Archives, Smithsonian Institution.

Fig. nº 3. Kasinelu (1938). Fotografía de John Adair (tomada de Roscoe 1991: 96, figura 28).

Fig. n.º 4. Estandarte de la *vela* de Las Auténticas Intrépidas Buscadoras del Peligro. Fotografía de Vittorio D'Onofri. Cortesía de Vittorio D'Onofri.

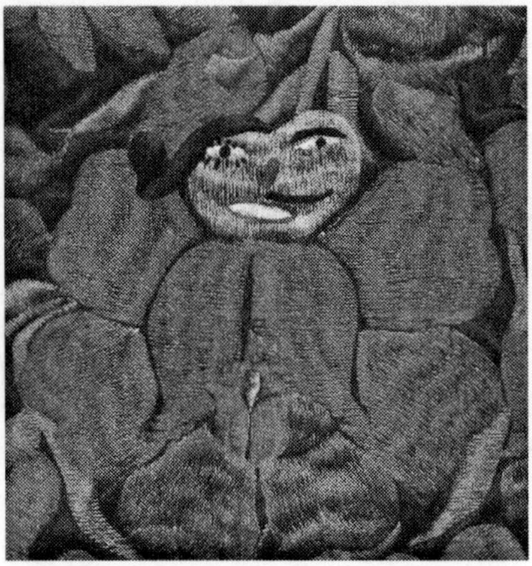

Fig. n.º 5. Detalle de carátula del DVD y del cartel promocional del documental *Muxes, auténticas intrépidas buscadoras del peligro,* dirigido por Alejandra Islas (2005).

Fig. n.º 6. Pintura mural anasazi en una *kiva* de Pottery Mound, Nuevo México. Tomada de la figura 49 de Hibben, Frank C., 1975: *Kiva Art of the Anasazi at Pottery Mound.* Las Vegas: K.C.

Fig. n.º 8. Andrógino alquímico. Aurora Consurgens (siglo XV).

Fig. n.º 7. *Berdache,* pintura de Joe Lawrence Lembo. Tomada de Roscoe (1991: 97, fig.29).

Fig. nº 9. Andrógino hermético. Colección de M. Paul Chacornac.

BIBLIOGRAFÍA

ACOSTA, José de (1979 [1590]): *Historia natural y moral de las Indias*. México: Fondo de Cultura Económica.

ALONSO del Real, Carlos (1967): *Realidad y leyenda de las Amazonas*. Madrid: Espasa-Calpe.

ANÓNIMO (1893): *Vocabulario Castellano-Zapoteco (Siglo XVI)*. México: Junta Colombina de México para el IV Centenario del Descubrimiento de América/Oficina Tipográfica de la Secretaría de Fomento.

BENEDICT, Ruth (1934): "Anthropology and the Abnormal", en *Journal of General Psychology*, 10, pp. 59-82.

BENNHOLDT-THOMSEN, Veronika (coord.) (1997): *Juchitán, la ciudad de las mujeres*. México/Oaxaca: Instituto Oaxaqueño de las Culturas/Fondo Estatal para la Cultura y las Artes.

— (1997): "Los *muxe's*, el tercer sexo", en Íd., *Juchitán, la ciudad de las mujeres*, México/Oaxaca: Instituto Oaxaqueño de las Culturas/Fondo Estatal para la Cultura y las Artes, pp. 279-311.

BOLIN, Anne (2003): "La transversalidad de género. Contexto cultural y prácticas de género", en José Antonio Nieto (ed.), *Antropología de la sexualidad y diversidad cultural*. Madrid: Talasa, pp. 231-259.

BULLOUGH, Vern/BULLOUGH, Bonnie (1993): *Cross Dressing, Sex, and Gender*. Philadelphia: University of Pennsylvania Press.

BUTLER, Judith (2002 [1993]): *Cuerpos que importan. Sobre los límites materiales y discursivos del sexo*. Barcelona: Paidós.

CARDÍN, Alberto (1989): *Guerreros, chamanes y travestis: Indicios de homosexualidad entre los exóticos*. Barcelona: Tusquets.

CARVAJAL, Gaspar de (fray) (1942 [1542]): *Relación del nuevo descubrimiento del famoso río grande que descubrió por muy grande ventura el capitán Francisco de Orellana según la transcripción de don Toribio Medina*, en *Biblioteca Amazonas* (Quito, 1942, vol. I). Disponible en Biblioteca Virtual Cervantes, <http://www.cervantesvirtual.com/servlet/SirveObras/03697390899115328732268/p0000007.htm#I_60>

COMAROFF, John/COMAROFF, Jean (1992): *Ethnography and the Historical Imagination*. Boulder: Westview Press.

CORTÉS, Hernán (2004 [1519]): "Primera Carta de Relación", en Íd., *Cartas de Relación*. México: Porrúa.

DEVEREUX, Georges (1973 [1937]): "La homosexualidad como institución entre los indios mohaves", en Sigmund Freud *et al.*, *La homosexualidad en la sociedad moderna*. Buenos Aires: Siglo Veinte.

DÍAZ DEL CASTILLO, Bernal (1985 [1605]): *Historia verdadera de la conquista de la Nueva España*, 2 tomos. Madrid: Sarpe.

DUMONT DE MONTIGNY, J. F. (1754): *Mémoires historiques sur la Louisiane, contenant ce qui est arrivé de plus mémorable depuis l'année 1687 jusqu'à présent*. Paris: Chez le libraire J. B. Bauche.

EPPLE, Carolyn (1998): "Coming to terms with Navajo nádleehí: a critique of berdache, 'gay', 'alternate gender', and 'two-spirits', en *American Ethnologist*, 25 (2), pp. 267-290.

ESTEBAN GALARZA, Mari Luz (2004): *Antropología del cuerpo: género, itinerarios corporales, identidad y cambio*. Barcelona: Ediciones Bellaterra.

FERNÁNDEZ DE OVIEDO, Gonzalo (1959 [1535]): *Historia general y natural de las Indias*. Madrid: Atlas.

FERRÁNDIZ, Francisco (1995): "Itinerarios de un médium: espiritismo y vida cotidiana en la Venezuela contemporánea", en *Antropología*, n.º 10, pp. 133-166.

— (2004): *Escenarios del cuerpo: Espiritismo y sociedad en Venezuela*. Bilbao: Universidad de Deusto.

FLORES MARTOS, Juan Antonio (2002): "Tránsitos", en *Según cuerpos. Ensayo de diccionario de uso etnográfico*. Cáceres: Cicón Ediciones, pp. 177-217.

— (2008): "Travestidos de etnicidad zapoteca: los muxes de Juchitán como cuerpos poderosos e híbridos", en Beatriz Muñoz (ed.), *Territorios ocultos. Otros cuerpos de la modernidad tardía*. Cáceres: Excma. Diputación de Provincial Cáceres.

GANDAVO, Pedro de Magalhaes de (1922): "History of the Province of Santa Cruz", en *Documents and Narratives Concerning the Discovery and Conquest of Latin American: The Histories of Brazil* (John Stetson, ed.), vol. 2. Nueva York: The Cortes Society.

GÓMEZ REGALADO, Amaranta (2004): "Trascendiendo", en *Desacatos*, n.º 15-16, otoño- invierno, [CIESAS, México], pp. 199-208.

GÓMEZ SUÁREZ, Agueda (2005): "Sistema de género, identidad política y diversidad sexual entre los Zapotecas de Juchitán", en Joan Pujadas/Gunther Dietz (coords.), *Etnicidad en Latinoamérica: movimientos sociales, cuestión indígena y diásporas migratorias*. Sevilla: FAAEE/Fundación El Monte/ASANA, pp. 83-105.

GÓMEZ SUÁREZ, Águeda/MIANO BORRUSO, Marianella (2006): "Dimensiones simbólicas sobre el sistema sexo/género entre los indígenas zapotecas del Istmo de Tehuantepec (México)", en *Gazeta de Antropología*, nº 22, texto 22-23, en <http://www.ugr.es/~pwlac/G22_23Agueda_Gomez-Marinella_Miano.html>.

GUERRERO OCHOA, Alberto (1989): "Notas sobre la homosexualidad en el Istmo de Tehuantepec", en *El Medio Milenio*, n.º 5 febrero [Juchitán].

HERDT, Gilbert (ed.) (1996): *Third Sex, Third Gender: Beyond Sexual Dimor-*

phism in Culture and History. New Yok: Zone Books.

ISLAS, Alejandra (2005): *Muxes, auténticas intrépidas buscadoras del peligro* (documental en DVD). México: CONACULTA-IMCINE Foprocine/Ra'bacanda films.

JACOBS, Sue-Ellen (1994): "Native American Two-Spirits", en *Anthropology Newsletter*, vol. 35, n.° 8, noviembre, pp. 7-8.

JACOBS, Sue-Ellen/THOMAS, Wesley/LANG, Sabine (eds.) (1997): *Two-Spirit People: Native American Gender Identity, Sexuality, and Spirituality*. Champaign: University of Illinois Press.

LE MOYNE, Jacques (1874 [1564]): *Narrative of Le Moyne, an Artist who accompanied the French Expedition to Florida Ander Laudonnière*. Boston: William Appleion.

LÓPEZ DE GÓMARA, Diego (1999 [1552]): *Historia General de las Indias*. Edición digital basada en la de Caracas, Biblioteca Ayacucho, 1978, Biblioteca Virtual Miguel de Cervantes <http://www.cervantesvirtual.com/servlet/SirveObras/02588400888014428632268/index.htm>.

MÁRTIR DE ANGLERÍA, Pedro (1989 [1530]): *Décadas del Nuevo Mundo*. Madrid: Polifemo.

MÉTRAUX, Alfred (1948): "Etnography of the Chaco", en Julian H. Steward, (ed.), *Handbook of South American Indians*, vol. I, parte 2. Washington, D. C.: Bureau of American Ethnology, Smithsonian Institution, pp. 197-370.

MIANO BORRUSO, Marinella (2002): *Hombre, mujer y muxe' en el Istmo de Tehuantepec*. México: Plaza y Valdés/CONACULTA/INAH.

MUÑOZ CAMARGO, Diego (1892 [1585]): *Historia de Tlaxcala*. México: Oficina Tip. de la Secretaría de Fomento, en Biblioteca Virtual Cervantes, <http://www.cervantesvirtual.com/servlet/SirveObras/89147394320125030510235/index.htm>.

NÚÑEZ CABEZA DE VACA, Álvar (1988 [1555]): *Naufragios y comentarios*. Barcelona: Orbis.

PARSONS, Elsie C. (1916): "The Zuni La'mana", en *American Anthropologist*, 18 (4), pp. 521-528.

ROSCOE, William (1991): *The Zuni Man-Woman*. Albuquerque: University of New Mexico Press.

— (1996): "How to Become a Berdache: Toward a Unified Analysis of Gender Diversity", en Gilbert Herdt (ed.), *Third Sex, Third Gender: Beyond Sexual Dimorphism in Culture and History*. New York: Zone Books, pp. 329-372.

— (1998): *Changing Ones: Third and Fourth Genders in Native North America*. New York: Palgrave MacMillan/St. Martin's Press.

TREXLER, Richard C. (1995): *Sex and Conquest. Gendered Violence, Political Order, and the European Conquest of the Americas*. Oxford: Polity Press.

WEBSTER, Paula/NEWTON, Esther (1979): "Matriarcado: enigma y paradigma", en Olivia Harris/Kate Young (comps.), *Antropología y feminismo*. Barcelona: Anagrama.

WILLIAMS, Walter (1986a): "Amazons of America: Female Gender Variance", en Walter Williams (ed.), *The Spirit and the Flesh. Sexual Diversity in American Indian Culture*. Boston: Beacon Press, pp. 233-251.

— (1986b): *The Spirit and the Flesh. Sexual Diversity in American Indian Culture*. Boston: Beacon Press.

Influenze della corporalità in campo religioso
I testi che presentano la figura di Gesù

Adriana Destro

Per l'americanistica, la indagine antropologica relativa alla cultura cristiana delle origini è oggi essenziale, Serve, ad un primo livello, per conoscere la matrice di coloro che si sono mossi dall'Europa verso territori di conquista, per individuare i fondamenti delle loro imprese, le ragioni delle loro sconfitte. Ci può permettere di intuire, seppure con grosse approssimazioni, quale fosse il patrimonio culturale al quale si ispiravano gli uomini che hanno varcato l'oceano e affrontato culture sconosciute, a quali concezioni essi fossero debitori. Ad un livello ulteriore, lo sguardo antropologico sui contenuti delle origini cristiane, può aprirci scenari più ampli e porre in questione concezioni indiscusse, alle quali tali uomini ritenevano di essere debitori.

All'origine delle conquiste di nuovi mondi. Testi e incontri di uomini

1. Storicamente il cristianesimo è stato una religione che ha teso a universalizzarsi e ad universalizzare i propri "testi sacri". Ogni volta che il cristianesimo è entrato in contatto con culture diverse da quella mediterranea, in cui è nato, ha costruito la propria azione su un ricco patrimonio di scritture, prodotti dalle prime generazioni di seguaci di Gesù. In sostanza, l'esperienza di contatto europeo con popoli, che apparivano all'Europa senza cultura religiosa e senza tradizioni proprie, ha sempre comportato una diffusione di testi nati in ambiente giudico da alcuni innovatori religiosi del primo secolo.

Gli emissari e predicatori cristiani che giunsero sul suolo americano, si sa, si sentivano portatori di immagini e di visioni appartenenti a tradizioni testuali rigidamente fissate dalla chiesa cristiana. In generale, questi emissari della cristianità si proponevano di far conoscere gli atti e le gesta di un Salvatore divino, di un Maestro ineguagliabile, Gesù. Si sa che, portando con sé testi accreditati, e anzi canonizzati i conquistatori europei pensavano di rispondere al dovere di raggiungere popoli incolti, per salvarli dalla ignoranza (e dalla dannazione), per donare loro la vera fede e la dottrina della chiesa.

La dottrina dei predicatori inviati nel nuovo mondo, dunque proveniva essenzialmente da un patrimonio scritto, che a tutti gli effetti era visto come guida morale e fonte di ispirazione per la intera umanità. Il destino di tutti gli uomini veniva vagliato attraverso queste scritture. L'approccio universalizzante di conquistatori era evidentemente definito da localismi e tradizioni limitate.

Sul piano della realtà culturale non si può ritenere che ai valori stabilizzati e propugnati dalla chiesa si rispondesse sempre fedelmente. In molti casi, per necessità, per spirito critico e per ragioni meno nobili, alle scritture si opponevano personali interessi, deroghe o reali tradimenti. Molte sono le possibili riflessioni a proposito della qualità e genuinità del cristianesimo esportato in territorio americano. Non si può ingenuamente ignorare che la conquista cosiddetta cristiana è stata portata avanti dalla abnegazione di sinceri predicatori ma anche dalla cupidigia di avventurieri che non esitavano davanti a nulla..

C'è un versante delle conquiste europee che va sottolineato. Il corpo umano è ciò che gli europei hanno incontrato, valutato, conquistato. Esso rappresenta ciò su cui si interroga ogni uomo quando incontra un altro essere vivente a lui estraneo e sconosciuto. I meccanismi e i valori del corpo - dalla estetica, allo statuto morale, alla pratica sessuale, ai mali endemici e alle epidemie - sono stati fattori cruciali nei processi di contatto[1]. L'impatto europeo con società che costruivano la propria corporalità in modo del tutto inconsueto, ebbe un effetto duraturo sui conquistatori, sui predicatori e sugli ambienti cristiani da cui essi provenivano. Non va scordato neppure che l'incontro ha avuto un forte effetto perché è stato sovente incardinato sulla figura, più o meno interiorizzata ed elaborata, di Gesù

1. Cfr. sull'argomento delle eterogenee concenzioni corporale F. Heritier

stesso. Il corpo del maestro e fondatore è stato più o meno implicitamente termine di paragone per pratiche e dottrine, con conseguenze di vastissimo raggio.

Il presupposto da cui vuole partire l'analisi è dunque che il cristianesimo trapiantato nelle società americane è stato alimentato da concezioni riguardanti l'uomo nella sua concretezza, nella sua corporalità in particolare il testi riguardanti Gesù hanno offerto modelli e principi di ciò che l'uomo, in ogni epoca, sarebbe destinato ad essere.

E' interessante, pertanto, interrogare i testi protocristiani per comprendere alcuni degli aspetti originali del cristianesimo, per riflettere su questioni che possono essere state causa e origine della metamorfosi cultural-religiosa imposta alle popolazioni americane.

2. Partiamo dalla convinzione che, nelle varie epoche della era cristiana, esistono differenti letture dei testi protocristiani. Sicuramente alcuni intellettuali europei che sbarcarono sul suolo americano, al tempo della Conquista, hanno depositato molte delle proprie scoperte e convinzioni nelle cronache, negli epistolari, nei trattati che ci hanno lasciato. Queste opere non sono il nostro punto di partenza. Non ci si propone qui di individuare le idee e i riferimenti dei conquistatori. Non si intende minimamente ricordare le loro specifiche storie intellettuali, né la loro fedeltà ai testi originali. Si cerca piuttosto di vedere che cosa contenevano i testi che tali uomini portavano *con sé* al momento dello sbarco e nel corso delle loro campagne di predicazione.

Servendosi della strumentazione scientifica e della prospettiva odierna, interessa esplorare i contenuti dei testi, approfondire il più possibile precise immagini e sfondi sule quali è cresciuta la cristianità fin dalle prime generazioni. Questo che può gettare luce sul visioni ed influenze interne al processo stesso della Conquista.

Per l'analisi delle fonti del cristianesimo delle origini è necessario fare una precisazione. I testi trasmettono eventi e aspetti di ciò che i loro autori hanno ricevuto e tramandato: Questi testi non sono in sé storici: Ci avvicinano solo in certa misura alla realtà storica di Gesù.

Bisogna partire da precisi scritti canonici - i Vangeli Sinottici, il Vangelo di *Giovanni* e gli Atti degli Apostoli - risalenti ai primi decenni dell'era comune. Non si parte dunque da teorie o da dottrine elaborate dalle istituzioni religiose cristiane dei secoli successivi, ma da racconti di ciò che è stato tramandato negli scritti riguardanti il "Gesù della storia"[2].

Nei testi relativi ai primi tempi di Gesù o se si vuole che descrivono la "infanzia del Cristianesimo" emergono immagini fugaci del suo stato umano. Sebbene siano semplici indizi, si tratta di tracce abbastanza abbondanti. Le vicende religiose di Gesù sono sovente narrate attraverso fatti corporali, che sono accaduti e lungo un tempo abbastanza breve. La storia pubblica di Gesù è "durata dai diciotto mesi ai tre anni" (Trocné 1997:33). E' iniziata con una predicazione itinerante e si è conclusa con una catastrofica messa a morte, azioni corporali di importanza incontestabile.

Due avvertenze sono necessarie prima di poter avviare il nostro discorso. In primo luogo, va rammentato che il corpo è forgiato dalla cultura - nel senso di significati trasmessi e di mezzi per esprimerli - che ne determina l'apparenza ed interviene sulla sua funzionalità. La valenza o la portata ermeneutica-conoscitiva del corpo è ovunque strettamente dipendente da sistemi di senso, differenti da cultura a cultura e da epoca a epoca, cioè dai meccanismi intellettuali dell'ambiente storico in cui essi sono stati elaborati. Corpo e cultura, sono stretti dunque da un vincolo essenziale e non generalizzabile in formule o schemi. Questo vincolo non è sempre palese o facilmente riconoscibile.

Si può dire che il concetto culturale del corpo è il risultato di un incontro fra un sistema culturale fisso e dato (il corpo biologico) e un programma operativo che nasce da strategie culturali applicate al corpo. Le alchimie e le strategie possono variare, possono svilupparsi a partire dal sangue, dallo sperma, dal cibo, dalle trasformazioni genetiche, ma anche dalla malattia e dalla violenza sul corpo, o da fattori ideologici di ampio respiro.

In secondo luogo, nell'analizzare i testi proto-cristiani non si parte da una idea di totale coerenza degli scritti o di trasparenza dei personaggi presentati. I testi, si è visto non sono storici in senso proprio e non sono fra loro valutabili secondo criteri di omogeneità o disomogeneità. Al contrario, riportano scelte degli autori, riflessi delle epo-

2. Qui si intende perciò rimane ann'internodelle informazioni contenutenei testi canonici senza l'uso della letteratura cristiana successiva o dei testri coevi o tempotralmentre vicini all'epoca di Gesù. Resta chiaro che ciò che è stato nella realtà Gesù è al di là di ciò che gli autori dei testt sono stati in grado di raccogliere e di trasmettere.

che in cui sono stati composti. Si ritiene che "molto materiale dei vangeli è considerato inautentico; la loro autenticità è cioè da dimostraret" (Craffert 2008:52). Definire la autenticità storica dei primi scritti cristiani è tutt'altro che semplice. Occorre insistere sulla essenzialità del vaglio di ciascun documento anche se non intendiamo riproporre le teorie più correnti riguardanti la storicità dei testi protocristiani[3].

Qui si propone una lettura di singoli racconti e di singole testimonianze della vicenda di Gesù, e si cerca di rimane in dialogo cogli odierni studi specializzati[4]. C'è da ribadire che questi studi spesso si fermano ad un livello di semplice verosimiglianza storica, si basano sull' ipotesi che i fatti veramente accaduti siano irraggiungibili con il materiale testuale disponibile. E' come dire che l'analisi odierna si presenta come indiziaria e ipotetica per la natura stessa dei racconti, per il tipo di lavoro redazionale che essi hanno subito, per il fine che si sono in origine proposti[5]. Gli studi attuali non potranno mai essere assunti come spiegazione incontestabile dei modi di diffusione della figura di Gesù nella cristianità.

La centralità del corpo nelle religioni

1. A monte delle due osservazioni appena fatte ne esiste un'altra di maggiore portata. Nella attività umana, il corpo assume molti aspetti e ineludibili capacità; è coperto da segni e sensi enigmatici o misteriosi. E' un materiale dai molti significati e dai molti impieghi funzionali e ideologici; è una risorsa disomogenea e instabile sul piano materiale e su quello intellettuale.

La corporalità di ogni uomo ha valori e orizzonti in costante mutamento: da un lato è patrimoni personale su cui si incardina la esistenza umana stessa, dall'altra è il luogo di condensazione di concezioni

3. Cfr. Theyssen

4. La letteratura su Gesù storico, negli ultimi decenni, si sviluppata in modo esorbitante, Molte riflessioni, non riguardano la veridicità della sua esistenza reale di Gesù, le modalità di scrittura gli autori degli scritti canonici e apocrifi.

5. Gli scopi riguardano essenzialmente l'idea dei compilatori dei vangeli e di altri scritti di fissare una memoria: Gli evangelisti non sono testimoni oculari riportano notizie raccolte dalle vicende delle prime generazioni di trasmettitori Possediamo molte ipotesi sulla diversità di ciò che viene raccolto e scritto

generali o astratte in evoluzione. L'orizzonte di senso che cresce attorno o a proposito del materiale corporeo è dunque molto dilatabile.

Nella concretezza della vita biologica, il corpo è sicuramente una risorsa molto diffusa, a disposizione di tutti. Ma per ciascuno è un bene specifico, limitato e deperibile. Può essere minacciato, sminuito, riconquistato, distrutto. Le differenze fisiche reali e rilevanti del corpo concorrono a definire una idea di corpo come modello di funzionalità, di utilità e di disfunzionalità o di impedimento secondo un certo determinismo biologico. Per questa loro varietà, i corpi dipendono fra loro reciprocamente. Molte prerogative, diritti e aspettative sono calcolate, concesse in base alle differenze corporali[6].

La diversità dei corpi è, dunque, nella sostanza delle cose, quasi sempre indotta e procurata attraverso mediazioni culturali e non legata a necessità ineludibili. E' una determinazione che viene applicata al corpo, non nasce dal corpo in quanto tale. Viene attribuita al corpo attraverso la educazione, le regole comportamentali, la definizione di spazi, luoghi, movimenti, tipi di lavoro, di consuetudini sessuali ed etiche.

2. In campo religioso queste riflessioni di partenza hanno un peso notevole. Le religioni si costruiscono e si perpetuano nei corpi o in essi si distanziano. In genere, tutte passano per lo strumento del corpo o per concettualizzazioni ad esso connesse. Occorre, pertanto, vedere la corporalità come una delle componenti che creano la religione e non considerarla una qualità dell'uomo, soffusa o illuminata dalla religione.

Le religioni antiche rispondono a esigenze del loro contesto, di una concezione del mondo che non condividiamo più. Per parlare di corporalità nelle religioni antiche, in questo caso del Cristianesimo delle origini, occorre ricordare che non sempre si può sfuggire alle contraddizioni che nascono dalla distanza temporale e situazionale fra lettore di oggi e personaggi della antichità.

In sostanza, dato che il corpo è parte costitutiva del fenomeno religioso[7] la appartenenza e la stessa pratica religiosa hanno sempre biso-

6. La più inquietante e drammatica é la diversità femminile: Si tratta di una qualificazione che è ordinariamente molto notata e usata. E'vista come enigmatica perché ha due possibili esisti. La donna produce o ripete corproralità uguali e diverse a se stesse (Heritier). Quets capacità è considerata un dato difficile.

7. L'antropologia delle religioni costruisce il proprio oggetto attraverso la individuazione e il chiarimento di differenze, pluralità di aspetti e di forme. Concordiamo

gno di esprimersi attraverso atti fisici, gesti convenzionali, processi fisiologici. Ciò avviene a certe condizioni e a seconda di certi canoni e orizzonti di senso[8]. Il corpo religiosamente individuato è indirizzato o "finalizzato" alla posizione sociale, ai poteri che coordinano tra individui. Serve per fare la guerra e la pace, per fare il santo, il campione l'emarginato e molto altro. La corporalità ha una parte importante nel costruire il rapporto fra esseri reali ed esseri trascendenti, rapporto che comunemente è indicato come "sacralizzazione della vita". Le condizioni fisico-corporali umane sono molto sovente contestualizzate con cura nei quadri simbolici che definiscono il tutto il mondo divino.

La religiosità del mondo giudaico in cui Gesù era immerso, si basava su un consistente bagaglio di concezioni relative al corpo. Non possiamo discuterne, ma solo rammentare che esse si applicavano a tutti i momenti essenziali della vita. Gesù non è disgiungibile da questo mondo e dall'ordine fisico che il giudaismo si è dato.

Si pongono alcune domande essenziali. Come parlare del corpo di Gesù? Quali sono i caratteri fisici che possono dare sostanza, e non solo letterariamente, alla sua immagine? Quanto è penetrata questa immagine nella cultura del mondo occidentale e per suo tramite in altri continenti? Ogni risposta non può essere che parziale e provvisoria. Conta come avvio a problemi conoscitivi che occupano molto spazio nel campo degli studi cristianisti[9].

2. La ricerca su personaggi e costumi antichi ha limiti invalicabili nei testi stessi. I testi protocristiani sono parte di una memoria ricostruita molto dopo che la vicenda di Gesù si era conclusa con la sua morte. Sono il risultato di ricomposizioni di tradizioni orali di varia provenienza e di attendibilità. Pertanto la nostra presentazione della

con un punto di partenza di Fiona Bowie quando afferma che esiste una "utility of regarding religion as a multifaceted phenomenon with overlapping spheres, rather than a single 'thing' that can be readily identified and studied in isolation" (Bowie 2000:25). Il corpo concorre alla costruzione del fenomeno religioso, a creare una delle sfere di cui parla F. Bowie.

8. Per tentare una valutazione dei dati corporali si deve partire dalla constatazione che, a certe condizioni, il corpo riceve la massima attenzione analitica soprattutto in situazioni anomale. E' visto in quanto sottoposto a difficoltà, perché presenta qualche anomalia o pericolosità (cfr. Destro, 2002:81-82). In questo casi siamo di fronte a declinazione più o meno correnti della diversità corporale e ai problemi dell "accesso culturale" a tali diversità (cfr. Hannerz 1996).

9. Cfr. Dunn-Knight (2005).

cultura cristiana dei primi secoli non può essere sistematica; segue in un primo momento la traccia delle azioni che il corpo di Gesù "compie"e quelle che subisce, in secondo momento quelle dell'aspetto di Gesù e anche delle qualità intrinseche del corpo secondo la visione attribuita a Gesù.

Tutta la nostra lettura è legata a testi che non sono stati prodotti per l'analisi storico-antropologica e che riportano opinioni dell'epoca in cui sono stati scritti. Va detto che le indagini degli storici e degli antropologi[10], usualmente fanno una opera di selezione di aspetti e fattori parziali della corporalità di Gesù; ricordano e mettono insieme solo alcuni brani, termini, e scenari che la tradizione orale a cui hanno fatto ricorso ha conservato. Dunque essi usualmente parlano di un corpo che non coincide integralmente con quello della realtà. Consapevolmente riordinano, in sostanza, singoli elementi in modo storicamente accettabile o plausibile.

La lontananza fra i due corpi, quello reale e quello ricostruito dalla analisi può essere notevole. Ogni rappresentazione del corpo di Gesùattraverso documenti non è dunque che una approssimazione per difetto; è un tentativo di ridurre a dimensioni ragionevoli ed analizzabili ciò che è racchiuso in un universo scomparso e reso letterariamente in modo non sempre trasparente.

Accettiamo dunque alcune convinzioni che la ricerca su "Gesù storico" ha oggi raggiunto. Questo è l'unico modo utile per procedere nella individuazione di influenze vicine e lontane del cristianesimo, del suoi punti originali e del significato che ha avuto la sua nascita.

I CORPI UMANI SONO "RAPPRESENTATI" NELLO SPAZIO

1. In genere, il corpo umano sta nello spazio; ha un rapporto necessario e privilegiato con lo spazio, con ogni ordine di spazio. Deve possedere e disporre di spazio adeguato e sufficiente. Seguire la pista dello spazio permette di comprenderne lati essenziali del corpo umano, anche quello di Gesù.

E' del tutto naturale concepire una figura corporea entro una dimensione spaziale sua propria o per opposto fuori di essa, ai confini

10. Veruna breve introduzione dlla'antropologia dei testi religiosi, cfr. Destro/Pesce.

o al centro di aree spaziali che la qualificano. Va però detto che lo spazio di un corpo usualmente è temporaneo, muta, viene sostituito o integrato da un altro. L'essere umano possiede un organismo che via via si qualifica attraverso atti di inserimento, di dislocazione, di gestualità, di lavoro sedentario o di movimento.

Almeno in linea di principio, immaginare il corpo umano di Gesù comporta riflessioni di tipo analogo a quelle appena fatte. Significa concepire un *homeplace* in cui è o va collocato, in cui il suo corpo ottiene chiarificazioni e definizioni. Oppure vuol dire togliere o distanziare tale corpo da luoghi abituali.

Molto significativo è il fatto che i testi sottolineino che Gesù non ha un posto proprio, esclusivo o definitivo. Egli dice di sé che non ha ove "posare il capo"; non possiede nulla che possa definirsi un suo luogo. E' spesso fuori posto, o in posti di tutti. Nelle narrazioni appare in strade anonime, in sentieri, sulla montagna, al pozzo, ad un crocevia, al Tempio, al Giordano. Va verso Tiro e Sidone, sale a Gerusalemme, entra a Betania e in vari villaggi. Il quadro che abbiamo dagli scritti canonici è quello di una persona senza dimora e senza famiglia. E' uno uomo fisicamente disancorato da spazi limitati e introversi.

I racconti dunque sono concordi nel presentare Gesù come un uomo religioso che ha scelto di non vivere o di non fermarsi in alcun luogo. Ha scelto come proprio destino quello dello spostamento di posto in posto, della peregrinazione da villaggio a villaggio. Ha fatto del movimento il proprio stile di vita. La mobilità di Gesù è quella del viandante, che fisicamente percorre notevoli distanze per spingersi più avanti, per andare più in là. Egli tende a spostarsi perché cercava la gente, vuole avvicinarla ed interagire con essa la dove essa si trova[11].

E' soprattutto la Galilea la regione in cui compie i suoi spostamenti, di villaggio in villaggio, ove possiamo tracciare più chiaramente il suo andare per le strade e per i campi. Storicamente, la Galilea è stato una regione di grandi traffici e di intensi sconvolgimenti politici[12].

Gesù non solo attraverso territori galilei e si spinge in molte direzioni (giudea, area di Tiro e Sidone ecc) ma incontra vari tipi di persone. Esiste una corrispondenza fra luoghi e persone che caratterizza

11. Limitata è la attendibilità dei riferimenti, dati dai testi, ai luoghi e ai centri abitativi che Gesù ha visitato o attraversato. Non sono sempre precisi riguardo la cronologia degli spostamenti e le indicazioni dei luoghi.

12. Cfr. Crossan (1991,1994); Sanders (1995).

la sua peregrinazione. Si aggregano a lui seguaci persone che vogliono partecipare alla sua storia e alle sue aspettative.

Non si sa quanto Gesù abbia lasciato la famiglia ed il lavoro ed ogni tipo di inserimento. I testi lo presntano già sradicato dal proprio villaggio. Ad una certa età, trent'anni circa, si presenta solo, alla fine di un processo allontamento dalle proprie radici, di spaesamento fisico, di cui non si sa nulla. Ad esso segue un suo successivo riposizionamento, a breve distanza, in altro luogo, ma temporaneamente. I testi lasciano intendere bene la intensità di questo continuo movimento corporeo da luogo a luogo, di questo andirivieni di viandante e di predicatore, sospinto verso nuovi posti e nuovi incontri. La esistenza di Gesù è spiegabile dunque attraverso il rapporto di Gesù con lo spazio che egli attraversava e segnava col suo passaggio.

Tutto ciò significa che, con il movimento Gesù sottrae se stesso (e i propri seguaci) alle regole che governano i corpi in spazi limitati (quelli della famiglia, del lavoro, dei doveri parentali). Esonera se stesso e i suoi da obbedienze domestiche, da aspetti di *routine* imposti alla forza corporea di ogni essere umano. Si vuole porre altrove, in dialettica, in situazioni alternative. In altre parole, egli dà un altro ritmo al proprio corpo, instaura propri schemi di avvicinamento e allontanamento da singoli e da gruppi.

2. Gesù di solito abbandona in fretta il luogo in cui è giunto, in cui ha predicato. Sembra avere fretta, sembra deciso a coprire lunghe distanze il più velocemente possibile. La mobilità di Gesù si può definire una tecnica di diffusione del suo messaggio religioso, fatta di rapidi e successivi trasferimenti e di brevi soste intermedie.

Le soste nei villaggi sono state di fatto necessarie e significative. Nei testi esistono però molte scene in cui, appena dopo predicato e dopo essersi intrattenuto con qualche persona, Gesù si sottrae alla gente e trova riparo in luoghi marginali o fuori mano. Mostra bisogno di appartarsi, di isolarsi. Nella sua vita itinerante, esiste dunque una alternanza tra il muoversi, il restare, il sostare, il ripartire. A volte, Gesù cerca il nascondimento da nemici che lo cercano o semplicemente dalla folla che lo raggiunge dappertutto o che vuole addirittura proclamarlo "re" (Gv 6).

In questa situazione affiora facilmente uno stato di precarietà, marginalità, insicurezza. Ad ogni istante sono a rischio bisogni e esigenze concrete. Nell'itinerare sono in gioco le condizioni della vita e del corpo. Movimenti, percorsi e nuovi brevi inserimenti di Gesù non sono sempre stati pacifici e senza rischi. Una raccomandazione di Gesù può spiegare la situazione di difficoltà e incertezza. Essa dà conto di un clima o di ambiente in cui si può temere per tutto, in cui nulla è assicurato. Gesù rincuora quelli che temono ed esorta "Non datevi pensiero per la vostra vita, di quello che mangerete, né per il vostro corpo, come lo vestirete" (Lc 12,22).

La lettura dei testi ci permette dunque di dire che la vita itinerante precaria è dunque la base dell'azione personale di Gesù. Colla sua drammaticità, questo tipo di vita restituisce i lineamenti essenziali della esperienza di innovatore religioso di Gesù. Appare come indice di un mondo relazionale molto denso, molto fitto di incontri, a volte difficili o sconvolgenti. Il maestro Gesù è colui che va verso gli altri e crea legami con ogni uomo che sia nel bisogno o desideri incontrarlo. Ma vive una vita non esente da pericoli.

Tutto questo scenario di spostamenti a catena, di incontri e di separazioni è al centro della costruzione della "memoria collettiva" che si è costruita nelle prime generazioni di giudei che si sono aggregati a Gesù. Come si è stabilizzata nella memoria attraverso i secoli, al di fuori dell'ambiente giudaico? Sicuramente questa storia itinerante di Gesù ha potuto avere influenza e essere entrata nelle costruzioni di chi si è sentitoli dovere di diventare "servo" del Salvatore della umanità in mondi lontani. Ma in quale forma, attraverso quali processi culturali?

£. Ritorniamo ai testi e scrutiamo ciò che affiora dal Gesù della storia. Nei villaggi, appena la gente sa dell'arrivo di Gesù accorre, si raduna, si accalca. Lo accerchia e limita i suoi movimenti. Entra nelle case per vederlo[13]. Ciò è verosimile: In molte scene vengono suggerite dai testi presenze di molti corpi umani ammassati o che seguono il maestro. Corporalmente sono evidenziate le carenza di spazio e la vicinanza marcata. L'ambiente di Gesù è dunque costituito di volti e corpi umani, che sono descritti solo vagamente o appena indicati, che indicizzano complessità di relazioni, partecipazione o scontri.

Di norma, laddove corpi diversi si incontrano si entra in un gioco complesso. Un insieme di corpi, più o meno ammassati o confinati in

13. In varie scene la folle o le moltitudini sono descritte quando arrivano, sono fatte "sedere", sono accolte e messe "nel posto giusto", accanto intorno o discoste da Gesù. Si dà insomma destinazione alle folle.

aree ristrette, possiede una visione dialettica della realtà. Gli spazi diventano contesi e sono dominati dalla morsa di stati e comportamenti ambigui. Non sono stabilmente pertinenti ad uno o ad un altro corpo, non sono nemmeno estranei a questa o a quella persona. La fisicità di molti è appannaggio di tutti.

Gesù si sposta e sceglie di entrare nelle case, di soggiornare nelle abitazioni altrui, di stare insieme ma anche di allontanarsi, di star solo, di salire su una montagna, di andare verso il lago di Tiberiade. Tutto si mette in fermento con Gesù; egli induce i movimenti di altri. La gente si sposta sulla sua scia. Egli viene seguito in questi doppie direzioni; si creano doppie situazioni di movimento e di stasi. Ma ciò che conta è che compone una soggettività precisa, la folla, il popolo di Gesù. Le persone tendono ad una riqualificazione fisico-corporale collettiva in risposta alla mobilità di Gesù.

Nei testi evangelici molte folle sono corporalmente evidenti, ma non hanno identità specifiche. Sono collegati solo alle modalità d'uso dello spazio. E a null'altro. Sono persone agenti di qualche interesse solo perchè "in transito", "fuori" dal proprio ambiente, "diretti a" o in cammino "verso" Gesù. Non hanno altri caratteri. Nel loro raggrupparsi e sciamare insieme, appaiono però e con forza come vettori del conoscere e prova della concretezza e della vitalità del mondo in cui sono.

Non avremmo il senso della stessa vita itinerante di Gesù se dai testi non fosse gettata una forte luce sul radunarsi di molti e sulle conseguenze di questo mettersi insieme. Ciò serve per dire che non si può analizzare il significato dei corpi individuali senza investirsi del significato di altri corpi che li contornano e che li delimitano. La possibilità di esprimere o acquisire senso, in termini di esperienza, di memoria, di progettualità, nella storia di Gesù, è legata al movimento corporale di larghe porzioni di popolazione.

3. Alcuni personaggi vicini a Gesù diventano soggetti indispensabili. I veri seguaci che fisicamente lo seguono sono necessari alla sua attività (per la ricerca di cibo ed alloggio, per comunicare con ambienti e famiglie). Alcuni di costoro che si separano per sempre dalle famiglie si ri-aggregano in altra forma. Sono fra loro indissolubilmente legati. Costituiscono un gruppo o corpo "discepolare", precedentemente inesistente.

I discepoli sono differenti dalla folla e dai semplici simpatizzanti. Vivono materialmente la vita insicura di Gesù. Costituiscono un vero aggregato social, con precisi confini e scopi, distinto da tutto il resto della società. Nel discepolato si seguono norme, si assumono funzioni, si ha peso proprio. Le esistenze dei membri di questo gruppo si strutturano attraverso precise vicende di persone itineranti, di vite marginali e di corpi senza riparo che condividono in pieno lo stile di Gesù.

Non si deve scordare che Gesù si è mescolato alla gente ordinaria ed anonima, l'ha accettata nel suo seguito. L'ha consolata e sostenuta quando essa si è legata alla sua vita di carismatico, gli si è fisicamente attaccata con entusiasmo, dedizione o addirittura con ostinazione. L'ha cambiata secondo un proprio progetto, espresso dal suo stile corporale, dalla sua volontà di aspettare un intervento finale divino (il regno di Dio).

Nel muoversi Gesù satura con la propria presenza gli spazi societari; crea una geografia in cui si colloca gente che possiede precise aspirazioni, che è in cerca di soluzioni per la propria vita. Costruisce un segmento sociale preciso. Cosicché nell'intreccio dei movimenti corporali suoi e dei suoi si vede emergere la mappa delle relazioni e delle stesse estensioni territoriali del "popolo di Gesù". Si vede affiorare una concreta corporalità dei fondatori del cristianesimo stesso.

Nella consapevolezza di oggi, dai racconti emerge dunque una immagine articolata di atti, gesti, movimenti di corpi umani. E' stata memorizzata, nel corso della storia cristiana, come vita di gente comune che si è rispecchiata vicendevolmente e che, soprattutto, ha rappresentato lo scenario quotidiano di ogni azione concreta di Gesù. Nella sostanza delle cose, tale immagine non è entrata molto nell'immaginario del mondo occidentale, e sicuramente non in modo uniforme. E' variamente ricostruibile nelle varie età ed aree, ma di solito non si valorizza la sua importanza.

Toccare un corpo

1. La possibilità di toccare un corpo umano è soggetto a regole e produce consistenti effetti. Normalmente il corpo di un essere vivente non si tocca se non per motivate ragioni; non si tocca senza valutare

bene gli eventuali esiti. La gente che si muove attorno a Gesù intende proprio toccarlo. Si vedrà poi cosa essa sta cercando.

Il corpo di Gesù viene raggiunto, toccato, impedito, imprigionato. Gesù è esposto a pressioni di folle incalzanti, ad attacchi altrui, perfino a insulti e percosse. Si è detto che temendo i nemici che lo cercavano, molte volte si ripara nella fuga Cerca di occultare il proprio corpo in luoghi deserti o non conosciuti. Come ogni uomo, Gesù gioca la sua partita coll'esistenza, attraverso il suo corpo. Lo protegge fin dove può, dalla morte, usando differenti mosse. A lungo la sua tecnica è diretta ad evitare la sconfitta, la distruzione fisica del corpo. Egli non si fa spesso raggiungere.

Il testo di *Marco* ambienta bene il costante tentativo di avvicinamento delle folle al corpo di Gesù "Venuta la sera, dopo il tramonto del sole, gli portavano tutti malati e gli indemoniati. Tutta la città era riunita davanti alla porta: Guarì molti che erano afflitti da varie malattie e scacciò molti demoni" (1,32-34). E' spesso toccato. "E dovunque giungeva, in villaggi o città o campagne, ponevano i malati nelle piazze e lo pregavano di potergli toccare almeno la frangia del mantello; e quanti lo toccavano guarivano" (Mc 6,56). Tanti speravano di aver la buona sorte di essere guariti: "quanti avevano qualche male gli si gettavano addosso per toccalo" (Mc 3,10). Anche "gli spiriti immondi, quando lo vedevano, gli si gettavano ai piedi" (Mc 3,11). I demoni devastano l'uomo e Gesù li domina con la propria voce: "un uomo che era nella sinagoga, posseduto da uno spirito immondo, si mise a gridare: Che c'entri con noi, Gesù Nazareno? Sei venuto a rovinarci!... E Gesù lo sgridò. Taci! Esci da quell'uomo" (Mc 1,24-26). I racconti testimoniano che il corpo di Gesù è riconosciuto dalla gente come strumento di cose straordinarie, compiute generosamente. Per questo, la gente si affida al tocco della sua mano, al comando della sua voce.

2. Nelle vicende di Gesù, due scene possono spiegare l'atto di toccare e di essere toccati. La prima è la notissima scena della "lavanda dei piedi" (Gv 13) Essa ha un significato simbolico molto alto. E' un evento influente nella storia culturale e nell'immaginario cristiano. In essa ricorre ad un trattamento fisico specifico del corpo di Gesù. Si applicano simboli al suo corpo. il racconto mette in scena un Gesù che si presenta come uno schiavo. Si toglie il mantello e agisce come

un servo, lavando i piedi dei seguaci. Anche i seguaci sono coinvolti: vengono lavati e asciugati. Maestro e discepoli sono faccia a faccia. I loro corpi interagiscono. Si implicano. Piedi nudi che vengono presentati al maestro implicano mani che li lavano. Ne esce una scena di indicizzazione dei caratteri dei corpi in gioco. Corpi di schiavi (o simili a quelli degli schiavi) implicano quelli dei leaders, di maestri, di predicatori presenti o futuri.

Un secondo episodio sintomatico svela il tipo di evento che si immagina si verifichi nell'atto di toccare il corpo di Gesù. Nella scena di apparizione alla Maddalena dopo la resurrezione –quando la donna riconosce il suo corpo che non era evidentemente riconoscibile istantaneamente–, Gesù dice: "Non toccarmi, perché non sono ancora salito al cielo" (Gv 20,10). La donna obbedisce, si astiene dal toccarlo; va ad annunciare ad altre persone cosa è successo. Lei deve raccontare non entrare in rapporto confidenziale con Gesù. Gesù ha dunque impedito il contatto con il suo corpo in un preciso momento. Ciò rende evidente che esso non è disponibile in ogni occasione o per chiunque. Forse per motivi di impurità corporale, per pure ragioni di convenienza o perché donna, Maddalena è stata allontanata da un corpo umano che non poteva esporsi, in una certa situazione, al contatto.

3. Molte azioni umane si basano sulle differenze corporali. Prevedono o contano su capacità ed effetti differenziati dei corpi. Nettamente singolare è la posizione del guaritore e la sua fisicità. Il corpo del guaritore è destinato a toccare e ad essere toccato.

Nella storia di Gesù esistono molti episodi in cui alcune persone,come si è detto, fisicamente malate si rivolgono al suo corpo taumaturgico. Spesso il loro corpo è intoccabile: è il caso dei lebbrosi o di chi ha malattie deturpanti. Ad un corpo taumaturgico sono attribuiti poteri eccezionali e capacità terapeutiche innate o di natura divina, ade altri corpi solo devastati e ripugnanti.

Nel caso delle guarigione di Gesù, nella maggior parte dei casi, il corpo del malato deve essere accostato un altro tutto eccezionale, colmo di potere. Due corpi supposti diversamente dotati, entrano in contatto. Lo scopo del contatto è lo scambio di energia, di forza corporale o qualcosa di simile.

Nella scena specifica della emorroissa (Mc 5,23-31; Mt 9,18-26; Lc 8,40-56) Una donna malata da molti anni tocca il corpo di Gesù. La donna ha sentito parlare di Gesù e dei suoi poteri, dunque queste capacità appaiono o sono concepite dai testti come conosciute. Siamo di fronte a pratiche diffuse nell'ambiente di Gesù.

Gesù è coinvolto in questa vicenda di guarigione della al di là delle sue intenzioni, solo attraverso la sua corporalità. La donna infatti "venne tra la folla, alle sue spalle, e gli toccò il mantello [...] Ma subito Gesù, avvertita la potenza (*dynamis*) che era uscita da lui, si voltò alla folla dicendo 'Chi mi ha toccato il mantello? I discepoli gli dissero: Tu vedi la folla che ti si stringe attorno e dici: Chi mi ha toccato?' (Mc 5,31). La scena è molto repentina e intensa. Gesù pare preso di sorpresa. Non sembra conoscere personalmente la donna, anzi subito dopo la cerca con lo sguardo per capire cosa essa ha ottenuto dal suo corpo.

Secondo i canoni giudaici, il corpo di Gesù è considerato capace di sprigionare e diffondere energia speciale (*dynamis*), tutta contenuta nella sua fisicità. La narrazione di *Marco* fa proprio scaturire una forza irrefrenabile, che non può essere dominata o annullata. Solo una idea culturale di forte differenza delle condizioni dei due corpi giustifica tutta la situazione. Il primo corpo (di Gesù) necessariamente dà; l'altro inevitabilmente riceve. Si crea un universo spazio-simbolico tra corpi logicamente necessari l'un l'altro.

L'elemento del mantello "toccato" sembra rendere mediata la efficacia del corpo di Gesù. Forse si tratta di un dettaglio introdotto in sede redazionale. Il toccarlo rappresentava un desiderio convinto di chi crede nella ineluttabilità dell'evento. Toccarlo non sarebbe dunque stata una operazione inavvertita, casuale, da nulla. Ma del tutto voluta e programmata.

Anche gli altri testi evangelici contribuiscono a questa visione con proprie varianti. *Matteo* conferma allo stesso modo, la mediazione del mantello sul corpo. Il Gesù di *Luca* riporta solo la frase "Chi mi ha toccato?" (8,45). *Luca* per di più mette sulla bocca di Gesù una frase inequivocabile che aggiunge nuovi significati: "Ho sentito che una forza è uscita da me" (8,46).

In breve, nei testi fondativi, al di là delle singole scene e dei desideri che muovono alcune persone, Gesù si configura come una potestà corporea[14] non semplicemente uno uomo ispirato, una predicatore

14. Pare che i casi storici siano stati molto diffusi.

carismatico, un militante religioso. Il Cristianesimo delle origini ha tramandato una figura di uomo che quotidianamente operava, che interveniva, che tutti i momenti era chiamato a sanare prodigiosamente attraverso il proprio corpo. Questa è la convinzione profonda che il mondo cristiano ha portato ovunque con sé, alla quale ha affidato le proprie credenziali religiose, senza vere prove di autenticità degli eventi memorizzati.

4. La gamma delle operazioni di guarigione di Gesù, piuttosto ampia, segue comportamenti semplici. I testi presentano una gestualità sobria e contenuta di Gesù taumaturgo. Mancano grandi scenari, grandi *performances*, messe in scena memorabili.

Avviene senza clamore, ad esempio, la scena della suocera di Simone. La donna è a letto con la febbre. Probabilmente qualcuno parla di lei a Gesù. Egli non inscena alcun procedimento speciale: accostatosi a lei, la solleva prendendola per mano. "La febbre la lasciò ed essa si mise a servirli " (Mc 1,21). E' sintomatico che vengono messi in luce solo gesti manuali semplici, senza enfasi. Gesù opera atti manuali portentosi.

Per guarire, Gesù usa dunque le mani, in modo fisicamente avvertibile e "visibile". Allunga la mano sui malati al fine di risanare i loro poveri e sventurati corpi e spesso non fa altro gesto .Si narra che Gesù oltre che usare o imporre le mani, usasse dare al malato un "comando" di alzarsi, di muoversi, di tornare alla normalità. Usava, ad esempio, la propria saliva per intervenir sui corpi degli ammalati. "Gli condussero un sordomuto, pregandolo di imporgli la mano. E portandolo in disparte lontano dalla folla, gli pose le dita negli occhi e con la saliva gli toccò la lingua; guardando quindi verso il cielo, emise un sospiro e disse: *Effata*, cioè Apriti. E subito gli si aprirono gli occhi, si sciolse il nodo della sua lingua e parlava correttamente" (Mc 7,32-133). Con la saliva impasta anche il fango che guarisce (Mc 22-26; Gv 9,1-41; Mc 10,46-52).

Esiste la narrazione anche di una guarigione "a distanza" di gesù ossia non in presenza del corpo malato. Una donna greca, di origine siro-fenicia prega Gesù (che non si trova vicino alla malata) di scacciare i demoni dalla figlia. Gesù non risponde subito positivamente. [15]

15. La scena intende sottolineare che Gesù dice che vuole occuparsi degli Ebrei

Però vista la fede della donna Gesù dichiara: "Per questa tua parola va, il demonio è uscito da tua figlia; Tornata a casa, trovò la bambina coricata sul letto e il demonio se n'era andato" (Mc 7,29-30).

In conclusione, la gente vede il corpo di Gesù sotto una luce particolare. Gesù dispone di un corpo che viene cercato con grande insistenza perché ha potenza, energia. Concede alla gente di avvicinarlo e di ottenere risultati tanto strepitosi quanto assolutamente necessari. Usa le mani, la voce, lo sputo: è questo il modo in cui permette alla sua forza di diffondersi. In precisi casi, la guarigione è atto involontario. Ciò conferma un ruolo soprannaturale del suo corpo.

La costruzioni culturali che sono cresciute attorno a questo potere taumaturgico di Gesù hanno avuto sviluppi infiniti. Come le credenze si siano stabilizzate è parte della storia stessa delle varie cristianità.

L'aspetto fisico di Gesù

1. E' molto difficile spiegare l'aspetto corporeo di Gesù, che non viene descritto. Ci è permesso di individuare soprattutto i suoi abiti o suoi indumenti. Era presumibilmente coperto da tunica e mantello. Le testimonianze testuali, però, sono molto tenui e non permettono grandi quadri.

In termini di devozione, attraverso i secoli, si sono attribuiti caratteri specifici a Gesù (capelli, occhi, corporatura); si è inventato un po' fantasiosamente la sua fisicità e ciò che il suo corpo usava per coprirsi. Una ricostruttivo della apparenza di Gesù non può che essere congiunturale e parziale; può dimostrare al massimo qualche circostanza o qualche dettaglio.

La corporalità di Gesù emerge dunque sopratutto dagli abiti. Al momento del battesimo compiuto da Giovanni, nella immersione nel Giordano, non si sa cosa Gesù avesse addosso. Quando cammina o si sposta di villaggio in villaggio non ha simboli di uomo religioso di spicco. Il suo corpo non sembra protetto da indumenti differenti da quelli comuni a tutti gli uomini giudei del suo tempo. Porta le frange regolamentari dell'uomo religioso. Ha tutto sommato uno stile ordinario, non porta nulla di speciale con sé. Vive per strada (presumibilmente è senza bisaccia e bastone), chiedendo ospitalità alle persone e alle case che incontra, si può ritenere che abbia uno stile spoglio e disadorno.

Si possono trovare vari particolari riguardanti gli indumenti di Gesù. Durante il processo, gli vengono tolti i suoi abiti per sminuirlo. Viene cioè spogliato, forse in modo rude. Attraverso questa svestizione, viene esposto agli sguardi. Erode ad un certo momento lo ricopre per deriderlo di una splendida veste. Erode falsifica l'aspetto corporale di Gesù oltre che il suo valore religioso. Lo voleva far apparire un corpo ridicolo per rimandarlo a Pilato in posizione debole (Lc 23,11).

Gli abiti di Gesù non erano di lusso ma di buona qualità. La sua tunica, dopo la morte, è descritta come ben fatta "senza cuciture" (Gv 19,23). E' stata tirata a sorte dai soldati che se la avevano messo in croce. L'avrebbero indossata? Non si sa di certo. L'hanno con una certa verosimiglianza avuta in mano, forse l'hanno solo toccata.

Tutto questo non crea storicità in senso assoluto. Sono testimonianze che riportano immagini dei primi tempi, di momenti drammatici. Implicano un senso radicato della fisicità di Gesù e di ciò che egli fisicamente usava, o che altri utilizzavano in relazione al suo corpo.

2. Alcuni gesti di Gesù stesso e di singoli individui che gli stanno intorno ci permettono di andare più vicino al Gesù fisico. Sicuramente Gesù mangia, beve, parla, cammina, si alza, si reclina, dorme. Il suo corpo compie azioni umane ordinarie. Vanno qui elencate anche alcune situazioni esemplari che sono parte del patrimonio culturale che ci sono stati trasmessi dagli autori dei testi.

In prossimità della Pasqua, entrando a Gerusalemme, Gesù cavalca un'asina (Mc 11,1-10, Mt 21,1-9, Lc 19,28-40, Gv 12,12-19), un mezzo di trasporto che viene molto usato dalla gente mediterranea antica e contemporanea; Questo gesto, considerato molto poco trionfale (cfr. Crossan) illustra il suo stare nel mondo reale, il suo essere parte di un ambiente modesto. In alcuni casi, per fare un altro esempio, egli si getta a terra per pregare (Mc 14,32-35) secondo il costume giudaico. Prostrandosi fisicamente Gesù si dichiara pronto alla sottomissione totale a Dio. Ma in altre situazioni, Gesù alza solo gli occhi, getta lo sguardo al cielo (ad esempio in Gv 11,23-41) quando sente una voce dal cielo che gli parla. In momenti critici del suo arresto ostinatamente tace, non risponde alle provocazioni (Mt 26,62) quando viene interpellato. Esistono naturalmente molti altri racconti in cui affiora la condizione o il comportamento corporale di Gesù, qui è sufficiente ricordare che la gamma di suoi probabili atti è decisamente ampia.

In altre circostanze, sono invece significativi i gesti di sottomissione di alcuni individui nei suoi confronti: i suoi piedi sono abbracciati e baciati da persone che lo seguono (Gv 11,32), ad esempio, da Pietro e dalla Maddalena. Sono gesti che indicizzano devozione, dedizione, che normalmente gli era attribuita dalle folle e dai seguaci.

Molto drammatici ed espressivi sono i comportamenti della gente e della soldataglia al momento della sua cattura. Secondo *Marco*, al momento dell'arresto Gesù, triste fino alla morte, riceve il bacio di Giuda e viene afferrato da alcuni uomini. Essi lo tengono stretto, molti gli mettono "addosso le mani" (Mc 14,46, Mt 26,50). Alcuni immobilizzano il suo corpo; altri cominciano a "sputargli addosso" (Mc 14,63, Mt 26,67) e lo schiaffeggiano (Mc 26,68). Lo conducono via e lo consegnano a Pilato (Mc 14 e 15). Come si è detto, lo rivestono di porpora. Inoltre lo coronano di spine; poi lo spogliano della porpora e gli rimettono i suoi vestiti, lo portano fuori per crucifiggerlo (Mc 15,16-20). Appeso al legno, il suo corpo muore. *Marco* aggiunge che Pilato si meraviglia davanti al suo corpo morto; si accerta che sia veramente morto. Giuseppe di Arimatea, un seguace segreto, lo fa tirare giù dalla croce avvolge il corpo in un lenzuolo e depone il cadavere i resti fisici del maestro "in un sepolcro scavato nella roccia" (Mc 15,45).

Secondo *Luca*, Gesù sembra portare personalmente sulle spalle la croce (che poi passa a Simone di Cirene) (Lc 23,26). Il popolo sta lì a osservare questo uomo fisicamente sofferente e lo schernisce. Gli viene portato l'aceto, Gesù grida a gran voce, spira (Lc 23, Mc 15,37). Anche per *Luca*, come per *Marco*, Giuseppe di Arimatea "si presenta a Pilato e chiese il corpo di Gesù" (Mc 15,42-44; Lc 23,49)

Matteo da parte sua riporta scene simili: dopo il bacio di Giuda dice che mettono Gesù "in catene" (27,2), che egli compare fisicamente davanti al Governatore e che Gesù non risponde. Racconta che oltre alla corona di spine e gli danno una canna in mano (Mt 27,2). Vino e fiele vengono offerti a Gesù, che li assaggia ma non li vuol bere (27,24). Gli è posta la spugna di aceto. Alla fine, sulla croce, Gesù emette un grido di lamento, spira (27,50). Pilato ordina che il corpo di Gesù sia consegnato a Giuseppe e le spoglie di Gesù sono deposte in una tomba nuova (Mt 27, 57-61).

Tutto il dramma è sintetizzato dal trattamento che il corpo di Gesù materialmente riceve. La nostra lettura vuole sottolineare che la fisicità è in primo piano. come mezzo di afflizione e di annientamento. Da questi scenari è per noi intuibile fino a che punto la figura corporea di Gesù, di volta in volta esaltata e cercata con insistenza o all'opposto tormentata, dolente e definitivamente distrutta sia stata centrale nella storia di ciò che noi consideriamo l'alba del Cristianesimo.

Normalità, anomalia e contaminazione del corpo

1. Nella tradizione in cui Gesù vive, una ampia serie di concetti ritual-religiosi sono legati ai modi in cui il corpo umano può essere corrotto da qualche cosa che lo circonda e lo colpisce. Tutti gli esseri vivente, nel proprio corpo, possono contrarre impurità. Vari dunque i rischi che ognuno può correre, molte le difese dalla contaminazione.

Dunque il corpo giudaico è penetrabile dalla impurità-contaminazione in mille modi. Nella visione generale, la contaminazione non è una malattia, non è nemmeno una colpa. Non è equiparabile alla possessione di spiriti malvagi. E una condizione fisica anomala e nociva, acquisita nel corpo, che altera la vita dell'individuo.

Non è opportuno fare qui l'elencazione delle cause e delle traiettorie della impurità giudaica. Basti ricordare che, per la sensibilità religiosa giudaica, uomo e donna di tanto in tanto diventano impuri a causa di contatto con sostanze impure, con cibo illecito, con utensili contaminati, con spazi impuri. Situazioni rischiose riguardano dunque molti atti ordinari: toccare, mangiare, avere rapporti sessuali, nascere, entrare in contatto con cadaveri, perdere sangue, morire e molto altro. La conseguenza è che la persona impura non può compiere alcuni doveri ritual-religiosi. Il suo corpo è isolato e tenuto discosto da altri corpi.

Sul problema della purità, Gesù non mostra grande attenzione a regole o a condizioni prefissate. Mon la ignora neppure. Sicuramente ritiene il corpo debole ed esposto a malanni, a spiriti cattivi. Combatte ciò che assale o deturpa l'uomo. Non abbiamo nei testi protocristiani suoi divieti o limitazioni a proposito di chi è impuro e di ciò che un individuo imputo è costretto a fare. Non è stata cioè tramandata una dottrina di Gesù a proposito dei rapporti sessuali, della nascita e della morte, degli animali impuri e immangiabili, del mestruo, degli oggetti contaminati. Gesù non sembra voler intervenire sulle regole giudaiche, che minuziosamente regolano la esistenza corporale di uomini e donne.

2. Gesù presenta una propria originale raccomandazione per proteggere l'individuo da se stesso. La sua prospettiva attribuita a Gesù è radicalmente innovativa; parla del dentro e del fuori del corpo in modo circostanziato.

Prendiamo in esame Mc 7,1-23 e Mt 15,1-20. Nei due racconti, si dice che i farisei e gli scribi, avendo visto che alcuni dei discepoli di Gesù "prendevano cibo con mani immonde, cioè non lavate e che trascuravano precise "regole degli antichi" -espressamente ricordate dallo stesso *Marco* (7,2-4) interrogano Gesù su queste abitudini. Gesù chiama la folla e dice "Ascoltatemi tutti e intendete bene: Non c'è nulla fuori dell'uomo che, entrando in lui, possa contaminarlo; sono invece le cose che escono dall'uomo a contaminarlo (Mc 7,14-16). Dopo la scena pubblica, separatamente Gesù aggiunge che ciò che entra nel corpo dell'uomo, il cibo, entra nel ventre e viene poi espulso. "Dal di dentro dunque, dunque dal cuore degli uomini escono intenzioni cattive, fornicazione, furti, omicidi, adulteri, cupidigie, malvagità, inganno, impudicizia, invidia, calunnia, superbia, stoltezza. Tutte queste cose cattive vengono fuori dal di dentro e contaminano l'uomo *(koinoo*, far diventare cultualmente impuro, imperfetto, profano, o di poco valore)" (22-23).

Il Gesù di *Matteo* non si discosta da questa visione, aggiunge al resto anche "bestemmie" e conclude: "il mangiare senza lavarsi le mani non rende immondo l'uomo" (Mt 15,20). Sintomatico che *Luca* non discuta questo argomento, e non espliciti la casistica di Gesù.

La visione di Gesù che ci tramandano *Marco* e *Matteo* contiene un punto importante. Il corpo non è un materiale unitario ed indifferenziato. Precise membra hanno funzioni critiche per il benessere e la integrità della persona. E' il cuore che è sede o fonte di contaminazione. Esso può distruggere la integrità dell'uomo.[16]

Luca attribuisce a Gesù una visione articolata del corpo e delle sue parti. Come si è già notato, raccomanda "Non datevi pena per la vostra

16. Il cuore non è sembra peraltro soggetto qui a leggi biologiche. Non sembra neppure semplicemente centro di diffusione dello stato impuro al corpo interno. Va notato che il cuore rappresenta un organo che non ha diretta attinenza al valore degli alimenti (considerati leciti o illeciti dal Levitico).

vita, di quel che mangerete né per il vostro corpo... "Non cercate perciò cosa mangerete e berrete e non state con l'animo in ansia" (Lc 12, 22-23; 30). *Matteo* attribuisce a Gesù anche la frase: "Se il tuo occhio destro ti è occasione di scandalo, cavalo e gettalo via da te: conviene che perisca uno dei tuoi membri, piuttosto che tutto il tuo corpo venga gettato nella Geenna. E se la tua mano desta ti è occasione di scandalo, taglìala e gettala via da te: conviene che periscano dei tuoi membri. piuttosto che tutto il tuo corpo venga gettato nella Geennat" (Mt 5,29).

Si intravede una concezione del corpo misteriosamente fuori da contingenze pressanti, da pratiche codificate, da necessità inderogabili. Il modello di corpo attribuito a Gesù si ispira a concetti più generali ed elevati.

Agende e prospettive attuali

A chiusura di questa presentazione vale la pena ricordare il nostro punto di partenza. Ci siamo occupati della tematica corporale o delle funzioni dei corpo di Gesù. Lo abbiamo letto così come è messo in scena dalle narrazioni della scritture protocristiane, come parte del discorso antropologico odierno relativo alle influenze del cristianesimo nelle imprese di propagazione nel mondo.

Esiste oggi un grande interesse in proposito, che sta portando a nuove traiettorie nelle indagine dell'antropologia delle religioni, delle analisi dei sistemi religiosi, negli impatti transculturali. La storia di Gesù o meglio del Gesù storico è oggi collocata all'interno di una tensione conoscitiva molto caratteristica dell'epoca in cui viviamo. La nostra società chiede continui aggiornamenti su ogni forma del sapere. L'interesse per nuove conoscenze riguarda in modo forte le forme religiose che si sono storicamente date e che vediamo svolgere un ruolo decisivo nel destino dell'umanità intera.

L'analisi delle scritture cristiane e del senso ad esse attribuito, o che è opportuno attribuire, attualmente ha raggiunto livelli elevati di complessità e raffinatezza [17]. I testi antichi della infanzia delle cristianità che si studiano sono sempre gli stessi, le interpretazioni sono enorme-

17. Cfr. Meier (1991); Bowen (1988); Bornkamm (1960); Allen (1999); Crossan (1991 e 1994); Dodd (1971); Freyne (1988 e 2006); Gmilka (1993); Harvey (1982).

mente differenziate, ma non da oggi. Va detto che le analisi molto specializzate attuali non sono quelle che animavamo gli uomini delle grandi scoperte e delle grandi conquiste del '500. Lo scarto fra le esigenze delle indagini moderne e la mentalità e la educazione, la tensione religiosa dei predicatori arrivati nelle Americhe è enorme. Corrisponde alla distanza fra risorse materiali e simboliche del nostro mondo e condizioni fisiche e costrizioni morali cui furono sottoposti gli indigeni di cinque secoli fa. A stessi narrazioni, tradizioni testuali corrispondono stili, preferenze, obblighi istituzionali, abitudini e ricezioni nettamente differenti.

Le interpretazioni di un documento scritto antico sono sempre il frutto di una negoziazione e cooperazione fra studioso odierno e compilatore antico del testo. Le strategie del lettore-analista, anche di quello moderno, sono dunque parte del problema riguardante il senso del testo stesso. Si tratta sempre di individuare reazioni di specifici fruitori dello scritto alle suggestioni e ai significati suggeriti o imposti dall'autore del testo. La individuazione, in ogni epoca, non può non avvenire all'interno dell'ambiente di chi è investito dalla narrazione, dal racconto, dal discorso.

L'esercizio a cui l'antropologia è invitata oggi è quello di esplorare il gioco culturale tra la società e gli uomini che hanno prodotto i testi, quelli che li ha divulgati, quelli cui sono stati trasmessi o imposti. Studiando l'interazione e la intersezione di questi ambiti conoscitivi è possibile dimostrare che il cristianesimo è stata una impresa culturale di proporzioni straordinarie. Essa ha rappresentato un processo ripetuto e concatenato di condizionamenti su tutta l'umanità. E' evidente che è ancora in corso e che procede con il procedere stesso della storia.

La sfida odierna, in conclusione, è quella di includere tra i progetti dell'antropologia quella di uscire da strettoie anacronistiche e deterministiche di un inesistente e perenne universalismo cristiano, adatto a tutte le epoche e a tutte le culture. I testi di cui si è parlato sono soggetti al necessario adattamento e a circostanze e pressioni culturali di ogni tipo. Possono avere una alta valenza conoscitiva. Occorre però che vengano rispettati alcuni loro caratteri che scaturiscono dalla loro complessità redazionale, dalla loro multivocale collocazione nelle culture. Non si deve, soprattutto, smettere di porsi serie domande sulla loro originale validità e autenticità storica.

* * *

Come viene presentato Gesù nella sua corporalità (dai fatti ordinari a quelli straordinari)? Cosa Gesù faceva fare al proprio corpo? Trapelano dai testi le idee che Gesù possedeva sul suo stesso corpo? (il discorso del Tempio è redazionale non gesuano; è' di Giovanni...) I testi, intesi come *materiale etnografico* ci aiutano ad individuare le origini culturali del cristianesimo attraverso Gesù?

Abbiamo raccolto solo alcune suggestione fra quelle accreditate e che possono dare con immediatezza il senso di questo tipo di ricerca. In ogni caso si può affermare con certezza che le Scritture danno peso al corpo di Gesù e ne fanno, da molti decenni, un riferimento accettato ma problematizzato

Il Gesù costruito dai testi canonici è egli stesso rappresentato corporalmente in molti modi. E attraverso vari indici.

La fisicità di Gesù non è mai messa da parte, o solo ignorata. Non è realmente descritta o posta in luce da episodi narrati con l'intenzione di far luce su di essa: Ma rimane influente e addirittura decisiva per costruire un modello del corpo umano, della suja incidenza sui rapporti tra individui, della sua collocazione spaziale e ideale.

Naturalmente nel corpo di Gesù implicitamente si gioca tutta la storia umana, dalla imitazione, alla esaltazione del suo essere fisico passano tutte le sfumature di ciò che l'uomo è o dovrebbe essere.

Si ricorda in questa riflessione finale che la stessa "incarnazione" divina, capisaldo del Cristianesimo, sta per avere, possedere, usare e apparire per mezzo della carne di un corpo. Il cristianesimo non ha nulla di più centrale di questa incorporazione nella sostanza carnale di un uomo, Gesù.

La metafora dell'incarnazione non può far scordare la realtà mondana della fisicità corporale, perché proprio la esalta, come materia che sintetizza e che esprime l'essere umano dell'epoca considerata. La metafora è un atto discorsivo e interpretativo che viene impiegato per "dire" e per "fare altro".

Se il corpo è essenziale per fare, per rappresentare, per comunicare, per imporre e annientare, come non pensarlo influente in chi esportava il cristianesimo? Le mediazioni tra i testi e le lro interpretazioni, innumerevoli e molto condizionanti, hanno...

Bibliografia

ALLEN, Ch. (1999): *The Human Christ. The Search for the Historical Jesus.* Oxford/New York: Lion Free Press.

AUGÉ, M. (1992): *Non Lieux*. Paris: Editions du Seuil.

ASAD, T. (2002): "The Construction of Religion as an Anthropological Category", in M. Lambek (ed.), *Anthropology of Religion*. Oxford: Blackwell Publishing.

BARBAGLIO G. (2002): *Gesù, ebreo di Galilea. Indagine storica.* Bologna: Ed. Dehoniane.

BORG, M. J. (1987): *Jesus. A new Vision*. San Francisco. Harper.

BOTHA, P. J. J. (1998): "Houses in the World of Jesus", en *Neotestamentica* 32/1, pp. 37-74.

BOWDEN, J. (1988): *Jesus. The Unanswered Questions.* London: SCM Press.

BOWIE, F. (2000): *The Anthropology of Religion, An introduction*. Malden: Blackwell.

CHARLESWORTH, J. H. (1988): *Jesus Cristh and Mythology.* New York: s. e.

CLIFFORD, J./MARCUS, G. (1986): *Writing Culture. The Poetics and Politics of Ethnography.* Berkeley/Los Angeles: University of California Press.

CRAFFERT, P. F. (2008): *The Life of a Galilean Shaman.* Eugene OR: Wipf and Stock Publishers.

CROSSAN, J. D. (1991): *The Historical Jesus. The life of a Mediterranean Jewish Peasant*. San Francisco: Harper San Francisco.

— (1994): *Jesus. A Revolutionary Biography*. San Francisco: Harper San Francisco.

CSORDAS, T. (ed.) (1994): *Embodiment and Experience: The Existential Ground of Culture and Self*. Cambridge/New York: Cambridge University Press.

— (2003): "Incorporazione e fenomenologia culturale", in *Antropologia* 3,3, pp. 19-42.

DESTRO, A. (2002): *Antropologia dei sistemi religiosi.* Bologna: Patron Editore.

— (2005): *Antropologia e Religioni*. Brescia: Morcelliana.

— (a cura di) (2007): *Antropologia dei flussi globali.* Roma: Carocci.

DESTRO, A./PESCE M. (1997): *Antropologia delle origini cristiane.* Bari/Roma: Laterza.

— (2000): *Come nasce una religione. Antropologia ed esegesi del Vangelo di Giovanni.* Bari/Roma: Laterza.

— (2006): *Forme culturali del cristianesimo nascente.* Brescia: Morcelliana.

DODD, C. H. (1971): *The Founder of Christianity*. New York: McMillan.

DUNN, J. D. G./MCKNIGHT, S. (eds.) (2005): *The Historical Jesus in Recent Research.* Winona Lake: Eisenbrauns.

FABIAN, J. (2002): *Time and the Other. How Anthropology makes its object.* New York, Columbia University Press.

FREYNE, S. (2006): *Jesus. A Jewish Galilean.* London/New York: T&T Clark International.

HALBWACHS, M. (1988): *La topographie légendaire des Evangiles en Terre Sainte.* Paris: PUF.

HANNERZ, U. (1996): *Transnational Connections. Culture, people, places.* London/New York: Routledge.

HARVEY, A. E. (1982): *Jesus and the Constrains of History.* London: s. e.

HERITIER, F./XANTHAKOU, M. (2004): *Corps et Affects.* Paris: Odile Jacob.

GALINIER, J. (1997): *La moitié du monde.* Paris: Presses Universitaires de France.

GODELIER, M. (1996): *L'énigme du don.* Paris: Fayard.

GNILKA, J. (1993): *Jesus von Nazareth, Botschaft und Geschichte.* Freiburg im B.: Herder.

INGOLD, T. (2000): *The Perception of Environment.* London/New York: Routledge.

LAMBEK, M. (ed.) (2002): *Anthropology of Religion.* Oxford: Blackwell Publishing.

MEIER, J. P. (1991): *A Marginal Jew. Rethinking the Historical Jesus.* New York: Doubleday.

MEYER, Ben. F. (2002): *The aims of Jesus.* Eugene OR: Wipf and Stock Publishers

MOXNES, H. (2003): *Putting Jesus in His Place.* Louisville/London: Westmister John Knox Press.

— (1997): *Constructing Early Christiam Families.* London: Routledge.

REED, J. L. (2000): *Archeology and the Galilean Jesus. A Re-examinating of the Evidence.* Harrisburg PA: Trinity Press International.

SANDERS, E. P. (1995): *Jesus and Judaism.* Philadelphia: Fortress Press.

STRATHERN, A. J. (1996): *Body Thought.* Ann Arbor: The University of Michigan Press.

STRESSER-PÉAN, G. (2005): *Le Soleil-Dieu et le Christ: La christianisation des Indiens du Mexique.* Paris: L'Harmattan.

WRIGHT, N. T. (2000): *The Challenge of Jesus.* London: Society for Promoting Christina Knowledge.

Desnudez, vestido y pintura corporal en el fin del mundo

Peter Mason

L'Esprit des usages et des coutumes des différents peuples, ou Observations tirées des voyageurs et des historiens, una compilación etnográfico-etnológica en tres tomos publicada en el año 1776 (cuando su autor, Jean-Nicholas Demeunier, tenía sólo 25 años), presenta un breve resumen de los pueblos que practicaban el arte de la pintura corporal:

> Les anciens Canariens peignoient leur corps en rouge, verd & jaune; les anciens Bretons en bleu; les Negres du royaume de Juida en rouge; les habitans de l'ile de Sombrero, aux environs de Madagascar, se peignent le visage en verd & jaune; les insulaires d'une des Cyclades en noir brillant; & ils l'entremêlent de taches rouges & blanches sur le front & sur le nez. Les Banians se font tous les jours au front, une marque de la largeur d'un doigt, avec une infusion d'eau & de bois de sandal. Lorsque les Galles, peuple d'Abyssinie, tuent une vache, ils se frottent le corps avec le sang; ils tressent les boyaux en guirlandes autour de leurs cols, & ils les donnent ensuite à leurs femmes, qui en font le même usage. [...]
>
> Les insulaires de Sondre Grondt couvrent leur peau de figures de serpent & de dragons. En d'autres pays, les femmes peignent sur le visage de leurs enfans, des oiseaux, des arbres & des hommes; & elles employent des couleurs jaunes, rouges & bleues. Les anciennes femmes de Pictes embellissoient leurs mammelles, de lunes, de croissans, d'étoiles & de rayons solaires. Enfin, Raleigh a vu des sauvages qui portoient sur le dos différentes marques pour reconnoître à quel chef ils étoient soumis (Demeunier 1988: 211-212).

Mientras que la práctica de pintura corporal estuvo tan extendida en las Américas en las culturas precolombinas (moche, nazca, maya, etc.) y posconquistas (por ejemplo, el artista inglés John White documentó en sus acuarelas la decoración corporal de los powhatan de la futura Virginia en el año 1585)[1], y sigue siendo utilizada en algunas partes del continente, sorprende que sólo uno de los ejemplos proporcionados por Demeunier se refiera a las Américas: el caso registrado por Raleigh[2]. Hoy en día la mención de la pintura corporal amerindia evoca sobre todo el área amazónica —desde los diseños caduveo inmortalizados por su inclusión en la obra famosa *Tristes Tropiques* de Claude Lévi-Strauss, hasta las fotografías de cuerpos brasileños pintados en colores llamativos popularizadas por Maureen Bisilliat[3]—, hasta el punto de que puede parecer perverso dedicarnos a la pintura corporal de los indígenas de Tierra del Fuego. A fin de cuenta, ¿quién esperaría encontrar la pintura corporal —la cual implica desnudez— en los parajes del fin del mundo? El impulso para esta elección —literalmente excéntrica— ha sido la iniciativa chilena Talleres Experimentales Cuerpos Pintados, auspiciada por la Fundación América, que ha resultado tanto en una muestra en Santiago de Chile y después itinerante (2004) como en una plétora de publicaciones sobre el tema[4]. Sin embargo, existe también la esperanza de que un punto de partida menos convencional nos llevara a paraderos igualmente menos conocidos.

1. La pintura corporal en los textos, o imaginar lo no representado

En materia amerindia seguimos la buena regla empírica de comenzar con Colón. "Luego vieron gente desnuda" son las primeras palabras del *Diario* de Cristóbal Colón en que describe la primera visión de los taínos de Guanahaní, la madrugada del 12 de octubre del año 1492. Continúa el almirante:

1. Véanse Hulton (1984) y Sloan (2007).
2. A decir verdad, el párrafo concluye con dos ejemplos amerindios (los indios de la provincia de Cumaná, y "los salvajes de Canadá"), pero en ambos casos se trata de la aplicación de plumas al cuerpo y no de la práctica de pintura corporal.
3. Véase, por ejemplo, Gröning (1997), especialmente pp. 52-65.
4. Documentación amplia en <www.cuerpospintados.com>.

> Ellos andan todos desnudos como su madre los parió, y también las mugeres, aunque no vide más de una farto moça, y todos los que yo vi eran todos mançebos, que ninguno vide de edad de más de XXX años, muy bien hechos, de muy fermosos cuerpos y muy buenas caras, los cabellos gruessos cuasi como sedas de cola de cavallos e cortos. Los cabellos traen por ençima de las çejas, salvo unos pocos detrás que traen largos, que jamás cortan. D'ellos se pintan de prieto, y <d'>ellos son de la color de los canarios, ni negros ni blancos, y d'ellos se pintan de blanco y d'ellos de colorado y d'ellos de lo que fallan; y d'ellos se pintan las caras, y d'ellos todo el cuerpo, y d'ellos solo los ojos, y d'ellos solo el nariz[5].

Este texto clave sobre el primer contacto entre los europeos y los amerindios merece un comentario mucho más extenso de lo que nos podemos permitir dentro del espacio de esta contribución[6]. Sólo queremos subrayar la presencia de dos fascinaciones: por la desnudez de los indios, y por su práctica de la pintura corporal. La articulación de estos dos elementos iba a resonar en muchos de los relatos de viaje del siglo XVI.

Para los europeos, la desnudez era una característica fácil de ubicar, ya que existía una tradición iconográfica, tanto verbal como visual, del hombre salvaje, influida entre otros por los rasgos del héroe grecorromano Heracles/Hércules[7]. La noticia de Colón fue inmediatamente traducida visualmente en el grabado de madera (fig. 1) que acompañaba la publicación de *La lettera dell isole che ha trovato nuovamente il Re di Spagna*, en Florencia en el año 1493, en el que aparece una muchedumbre de hombres barbudos y desnudos y de mujeres desnudas con excepción de una guirnalda enroscada en la cintura. La desnudez del cuerpo humano, y más generalmente la iconografía del hombre salvaje, admitía una doble lectura, positiva o negativa. En sentido positivo, los amerindios podían verse como los habitantes de un paraíso en la tierra, siendo su desnudez un signo de inocencia. En sentido negativo, la desnudez podía tomarse por una muestra de desvergüenza y salvajismo, una falta de buenos modales europeos.

La pintura corporal tampoco era un fenómeno desconocido. A los humanistas europeos les recordaba a los grupos humanos "salvajes"

5. Colón (1984: 30-31).

6. Sobre la hermenéutica de Colón, por ejemplo, véase Mason (1998a: 76-88; 2000: 189-205).

7. Bernheimer (1952); Bartra (1997).

Fig. 1

que habitaban las periferias del mundo grecorromano[8]. En su descripción de los indígenas de la costa de Honduras vistos por Colón durante su cuarto viaje —en uno de los primeros pasajes que utilizan la palabra "maya"—, Pedro Mártir escribía que se pintaban de rojo y negro con el zumo de una fruta. Algunos se pintaban el cuerpo entero, otros lo hacían parcialmente, trazando las figuras de flores, de rosas o de nodos intrincados. Al escritor humanista le recordaban los *agathyrsos* ya mencionados por los historiadores de la Antigüedad[9]. Experimenta la misma sensación al describir a los ciguayos de La Hispaniola: "Se les habían pintados desde la frente hasta las rodillas con tintas prietas y

8. Romm (1992).

9. Pedro Mártir, *De Orbe Novo* III. 4. 5. Fray Diego de Landa también hace mención de la pintura corporal maya; en un momento de relativismo cultural, escribe "Que usaban pintarse de colorado el rostro y cuerpo y les parecía muy mal, pero teníanlo por gran gala" (2001: cap. XX, 42).

rojas. [...] Parecían a diábolos saliendo de las cavernas infernales". Los comparaba explícitamente con los *picti Agathyrsi* del poeta Virgilio[10], asimilación entre el Viejo y el Nuevo Mundo que se encuentra en muchos autores de esta época, estrategia de traducción cultural que pretende reducir lo Otro a lo Mismo[11]. Igualmente, la evocación de los demonios que poblaban el infierno imaginario de los europeos forma parte de una iconografía demoníaca de los amerindios en que a las mujeres indias se las representan como brujas y los ritos indígenas se convierten en un aquelarre satánico[12]. Sintomático de esta asimilación es la inclusión de algunos condenados con coronas de plumas en una representación del Infierno en el Camposanto de Pisa[13].

Otra asimilación era aquella entre los habitantes de las islas Canarias y los amerindios. En la cita de Colón con la cual comenzamos, pudimos leer que los taínos eran "de la color de los canarios, ni negros ni blancos". Las islas Canarias, por tanto, con sus habitantes, flora y fauna, constituían una fuente permanente de material comparativo que ayudaba al almirante y a los que llegaron posteriormente a las Américas a articular las similitudes y diferencias entre el Viejo y el Nuevo Mundo. Ya décadas antes de la conquista de América, el mercader veneciano Alvise da Mosto, en la relación de sus viajes a la costa occidental de África en 1455-1457, llamó atención sobre el uso de la pintura corporal por los mismos canarios: "Tanto hombres como mujeres suelen pintarse el cuerpo con jugos de hierbas de color verde, rojo, amarillo y colores semejantes, lo que consideran una hermosa divisa, haciendo gala de ello, *como nosotros hacemos con los vestidos*" (cursiva mía)[14].

Implícitamente, esta comparación funcional entre la pintura corporal y el uso de los vestidos asimilaba el cuerpo pintado al cuerpo vestido. Si bien la oposición vestido/desvestido sea conforme al dualismo típicamente estructuralista, la introducción del cuerpo desnudo

10. Pedro Mártir, *De Orbe Novo* I. 7. 5. La referencia es al verso de *La Eneida*, IV, 146 ("[...] fremunt pictique Agathyrsi"). Véase el comentario de Eatough (1998: 381).

11. Otros ejemplos en Pregliasco (1992: 21 ss.).

12. A. Pagden (1982); P. Mason (1987: 581-601; 1991: 151-190; 1994: 135-172); MacCormack (1993: 79-129).

13. La pintura al fresco del Inferno es obra de Buonamico Buffalmacco; la intervención por el pintor Sollazzino, quien introdujo las figuras con coronas de plumas, fue en el año 1523. Veáse Baracchini (1996: 201-212, aquí 205).

14. Mosto (1998: 73).

pintado confunde la nitidez de esta oposición. En otras palabras, ¿el cuerpo pintado (o, menos común, tatuado)[15] era un cuerpo desnudo o no? Para muchos de las comunidades indígenas, el acto de pintar el cuerpo significaba el paso de la natura a la cultura[16].

A veces encontramos una articulación de los tres elementos. Por ejemplo, a la *Crónica de los reinos de Chile* de Jerónimo de Vivar debemos la descripción del cuerpo pintado del cacique mapuche Michimalongo. El cacique lleva una ropa mínima: "Traía sus vergüenzas tapadas con una cobertura hecha de pluma". Y, otra vez, su desnudez va acompañada por una pintura corporal extensa en un contexto bélico: "Desnudo en carnes, embijado y arrayado con tinta negra todo el rostro y cuerpo, porque así lo acostumbran ellos por ferocidad" (Vivar 2001: 101). "Embijado" se refiere al uso generalizado de la *Bixa orellana* para pintar o teñir de rojo bermellón[17].

Acercándonos más a Patagonia y Tierra del Fuego, podemos señalar la descripción de un gigante tehuelche[18] en los alrededores del Puerto de San Julián por Antonio Pigafetta, uno de los cronistas de la primera vuelta al mundo de Hernando de Magallanes:

> Este hombre era tan grande que nuestra cabeza llegaba apenas a su cintura. De hermosa talla, su cara era ancha y teñida de rojo, excepto los ojos, rodeados con un círculo amarillo, y dos trazos en forma de corazón en las mejillas. Sus cabellos, escasos, parecían blanqueados con algún polvo. Su vestido, o, mejor dicho, su manto, estaba hecho de pieles, muy bien cosidas, de un animal que abunda en este país (Elcano *et al.* 2003: 204-205)[19].

15. Desde esta perspectiva, no hay necesidad de distinguir entre las prácticas de la pintura y del tatuaje. El presente artículo, sin embargo, está dedicado a la pintura corporal.

16. Véase, por ejemplo, el caso de los yekuana, comentado en Guss (1989: 63). No entramos aquí en la significación de la pintura corporal para los miembros de las comunidades indígenas, pero véanse por ejemplo los comentarios sobre la utilización de los colores negro y rojo por los barasana de Colombia en Hugh-Jones (1979: 218-219).

17. El botánico Charles de l'Écluse, quien recibió la semilla y un ramo de la *Bixa orellana* en 1602, mencionaba su uso decorativo por los amerindios e incluía una ilustración del ramo en su *Exoticorum libri decem* (Amberes, 1605: 74). Véase Mason (2007: 195-219).

18. Para la iconografía de los tehuelche véase Casamiquela/Mondelo/Perea/ Martinic Beros (1991), aun si su hipótesis evolucionista no convence.

19. El texto sigue por la primera descripción europea de un camélido americano, el guanaco, animal que, como veremos, desempeñará un rol trascendental en la iconografía fueguina.

Otra vez la descripción de la pintura corporal y la descripción del vestido confluyen dentro del espacio del mismo texto. Y otra vez se establece una relación entre la pintura corporal y el demonio, como explica el autor mismo:

> Pretenden que cuando uno de ellos muere, aparecen diez o doce demonios llenos de tatuajes cantando y bailando alegremente a su alrededor. [...] El que el demonio se les aparezca pintado es la razón para que se pinten ellos (Ibíd.: 210).

Más detalles sobre la ropa de estos gigantes patagones (las mujeres patagónicas se calzan y visten como los hombres) nos proporciona el diario del mismo viaje de Magallanes escrito por "un piloto genovés", cuya identidad no ha sido establecida con certeza:

> [...] y de las pieles hacen vestiduras: a saber, toman las pieles más suaves y las cortan a medida del cuerpo lo mejor que pueden, y así cúbrense con ellas atándolas por la cintura. Cuando no quieren cubrir de la cintura para arriba, dejan caer aquella mitad que tienen de la cintura para arriba, que quede suelta colgando hacia abajo desde donde la traen ceñida. Usan zapatos que les cubren hasta cuatro dedos encima del tobillo, llenos de paja por dentro para andar con los pies calientes (Ibíd.: 123-124).

En terreno kawésqar-alakaluf, el capitán Pedro Sarmiento de Gamboa nos informa sobre los habitantes que estaban en una montaña a orilla del canal Concepción:

> [...] al primo grito pensamos ser lobos-marinos hasta que los vimos desnudos y colorados los cuerpos, porque se untan estos, según después vimos, con tierra colorada. [...] vimos [...] entre ellos un viejo con una capa de pellejo de lobo-marino que mandaba y hablaba á los otros: y en la costa brava junto á la mar, entre unos peñascos, estaban quince mancebos desnudos totalmente (2008: 84)[20].

20. Jerónimo de Vivar, en el relato de una expedición enviada por Pedro de Valdivia en el año 1553 para descubrir el estrecho de Magallanes, menciona a unos alakalufes que vivían en una isleta situada en la boca del estrecho: "Y ellos desnudos y andan untados los cuerpos de lobos marinos y tresquilados" (2001: 289).

El encuentro acabó, como varios otros durante los viajes de Sarmiento, con el rapto de uno de los indios para servirle de intérprete[21].

Pedro Sarmiento de Gamboa es también el primero en darnos una descripción de los habitantes de la costa sureña del Estrecho de Magallanes, los selk'nam u onas, pueblo temido por la gente que está más hacia la Mar del Sur (estamos todavía en el año 1580). En cuanto a su vestido, comenta: "Los naturales traían unas mantas de pellejo de vicuñas, que son de las del Pirú que se llama en lengua natural neuxo, y calzados abarcas" (2008: 150). Como ha señalado Mateo Martinic (2002: 235), el texto de Sarmiento importa por varias razones, y en primer término porque aporta las primeras noticias históricas, aunque elementales, sobre los selk'nam.

2. Las primeras imágenes de la pintura corporal fueguina

Cuando pasamos de los primeros textos sobre *fuegian fashion* a las primeras representaciones (europeas) del mismo, lo primero que debemos señalar es una discrepancia cronológica. Para el siglo XVI, existen sólo dos imágenes de los habitantes de Tierra del Fuego: varios hombres "descomunales y de buen aspecto" que pueblan la tierra opuesta a la Patagonia en la carta *Royaume de Gingaton-Terre Australe* perteneciente al atlas manuscrito elaborado por el francés Guillaume Le Testu en el año 1555 (Martinic 2002: 244); y el grabado en cobre de Adriaen Collaert titulado *Americae retectio*, producido alrededor del año 1585, que representa el triunfo de Magallanes con el descubrimiento (*retectio*) del estrecho que lleva su nombre.

Algunas de las representaciones de detalles etnográficos en las 59 cartas que componen el atlas han sido descritas muchas veces como "buenas y convincentes" (Sturtevant 1976: 431); otras son meramente fantásticas. La presencia de faldas de plumas en la carta en cuestión indica que se trata de una representación de la segunda categoría.

En cuanto al grabado en cobre (fig. 2), el gigante barbado que introduce una flecha en la garganta es derivado de la descripción del gigante patagónico proporcionada por Antonio Pigafetta, pero en

21. Los secuestros llevados a cabo por Sarmiento pertenecen a una historia más larga del rapto de fueguinos: véase Báez/Mason (2006).

Fig. 2

cuanto a la información sobre el vestido nativo, la presencia de nada más que una guirnalda de follaje enroscada a la cintura indica que el artista flamenco autor del dibujo, Jan van der Straet (Giovanni Stradano) (1523-1605), quien había trabajado a la corte medicea en Florencia, colocaba al habitante del estrecho dentro del mundo imaginario grecorromano, al que pertenecen también las figuras mitológicas de Eolo, Apolo, las Nereidas y la sirena. La iconografía de este gigante patagónico se deriva de la del hombre salvaje que se difundía en ese mismo siglo a través de las representaciones de artistas como Durero. Llegado al gran público por intermedio del Tomo 4 de la *América* de Theodor de Bry, publicada en Frankfurt en 1593, el grabado del triunfo de Magallanes no tenía nada que ver con la realidad americana.

Tenemos que esperar hasta el año 1600, entonces, para las primeras representaciones de los fueguinos basadas en dibujos hechos por alguien que había estado "allí mismo"[22]. Se trata de los dibujos de Barent Jansz Potgieter, cirujano a bordo de uno de los cinco barcos holandeses que

22. Hay una mapa de América desde Virginia hasta Tierra del Fuego, probablemente diseñada por Evert Gijsbertsz en la última década del siglo XVI para la sala de mapas del príncipe holandés Mauricio, donde se representa a dos patagónicos, uno con arco y flechas, otro con una clava. El texto se refiere a su estatura gigantesca y a su cara pintada, pero las figuras representadas no presentan ninguna pintura corporal. Véase Zandvliet (1998: 70).

salieron de Rotterdam en el año 1598 para negociar en el estrecho de Magallanes y pasar por allí al continente de Asia. Sebalt de Weert, capitán del barco llamado *La Fe*, volvió a Holanda en julio de 1600, el mismo año en que se editó el amplio relato de la expedición por Zacharias Heijns en Ámsterdam.

Los tres grabados de esta obra que nos interesan muestran tres tipos distintos de vestido fueguino[23]. Los canoeros del primer grabado (fig. 3) son de tamaño enorme, conforme al texto de Potgieter en que describe un encuentro con algunos "salvajes" de diez u once pies de altura y excepcionalmente fuertes, de acuerdo con la imagen mítica de Tierra del Fuego como una tierra de gigantes[24]. La ropa *unisex* de la pareja consiste en nada más que un manto, aparentemente de piel.

En el segundo grabado (fig. 4) percibimos a una mujer y dos niños en el primer plan. Esta vez las proporciones se han reducido a las "normales". La mujer lleva un manto, además de un collar de conchitas de caracol. Los niños, que fueron secuestrados por De Weert, van completamente desnudos.

Las figuras del tercer grabado (fig. 5) tienen un vestido menos rudimentario. La mujer, cuya fisonomía es muy parecida a la de la

Fig. 3

23. El artista que decoró los ángulos del *Novus Atlas* del cartógrafo, editor y constructor de globos Jan Jansson (1595-1664), publicado en el año 1645, utilizó las figuras de estos tres grabados para ilustrar el mapa de la "Terra Australis Incognita", reproducido en Tega (2007: 257).

24. Sobre el gigantismo patagónico, véase sobre todo Duvernay-Bolens (1995).

Fig. 4

Fig. 5

fémina del segundo grabado, lleva tanto un taparrabos como un manto cosido de piel. El hombre tiene una ropa muy curiosa: un tocado y un faldellín de plumas.

Aunque el texto alude a estos atributos, la figura coincide con una de las representaciones estereotipadas de los amerindios de esa época, basada en la vestimenta de los brasileños[25]. Un especialista lo ha bautizado como la "tupinambización" de los amerindios a base de un traje que se atribuye a los tupinamba de Brasil (Sturtevant 1988).

25. Véase Mason (1993: 395-430).

El grabado [fig. 6] de un nativo del estrecho de Magallanes publicado en el relato de otra expedición holandesa (la de Olivier van Noort 1602) dos años después lleva este proceso de "tupinambización" aún más allá: ahora el fueguino con tocado y falda de plumas lleva también ornamentos de plumas alrededor de las pantorrillas.

Es después de casi dos décadas cuando encontramos la siguiente representación holandesa de los fueguinos (Spilbergen 1619; fig. 7). Se trata de una composición más compleja que las anteriores, en que un grupo de fueguinos interactúa con los europeos, de los cuales reciben vino. A la derecha de un pingüino afectado por el gigantismo que parecía caracterizar estas regiones, divisamos a una mujer y un niño, ambos totalmente desnudos, y a dos hombres vestidos con mantos. El manto de uno es muy corto; el del otro le cubre las nalgas.

Cerramos este archivo de las primeras representaciones europeas de los fueguinos con un grabado que apareció en el *Iournael vande Nassausche vloot* de Jacques l'Heremite, publicado en Ámsterdam en 1626, y reproducido cuatro años después en el Libro Décimocuarto de la obra enciclopédica *América*, iniciada por Theodor de Bry en 1590 y continuada por Matthaeus Merian en Frankfurt (fig. 8). El grupo de fueguinos a la derecha nos presenta la combinación más compleja de vestido hasta ahora. Desde la izquierda hacia la derecha, vemos a una mujer vestida con un manto con un niño; un hombre con gorro de piel, manto corto de piel y calzado de abarcas; un niño desnudo; una mujer con taparrabo, tres collares y calzados; y, a su derecha, un hombre con gorro, arco y calzados. Detrás de la pareja hay dos figuras oscuras.

Lo interesante de este grabado es que, por primera vez, el artista ha tratado de representar la pintura corporal fueguina a la que se refiere el texto que acompaña la imagen:

> Son los habitantes de Tierra del Fuego blancos por naturaleza, pero se untan los cuerpos con color rojo y se pintan de maneras diversas. Varios son rojos de cara, piernas, brazos y manos como otras personas, y el resto del cuerpo es blanco, pintado con colores lisos o pintarrajeado. Y hay también varios que son rojos a medias y a medias blancos, de tal suerte que cada cual tiene un tinte a su gusto y manera. Son listos y bien proporcionados, de tamaño y estatura como los europeos. Llevan el pelo negro largo y grueso harto horrorosa de ver y tienen los dientes afilados como un ratón. Van los hombres del todo desnudos, sin cubrirse las vergüenzas,

A
La Race deuoir au destrait de Magellaes

Fig. 6

N: 3
AMERICÆ PARS.
FUOGO.
MAGELLANI.
MARÆ
CUM.
DE CHILI

Fig. 7

Fig. 8

> más cúbrenselas las mujeres con una pieza de cuero y van pintadas al igual que los hombres. Y se adornan el cuello con un cordelillo con conchas o cuernos. Algunos, bien que pocos, llevan colgado una piel o cuero de los hombros.[26]

Las figuras en la canoa corresponden al tipo rojo a medias y a medias blanco (fig. 9). Las maneras diversas en que son pintados los miembros del grupo a la derecha ilustran el hecho de que se pintaban los fueguinos "de tal suerte que cada cual tiene un tinte a su gusto y manera". En particular, en la cara del hombre que lleva el arco se divisa la aparente aplicación de color a las mejillas y alrededor de los ojos (fig. 10).

Avanzamos dos conclusiones y una hipótesis. Primero, como ya hemos señalado, aunque tehuelche, alakalufes y selk'nam aparecen en

26. El texto y la imagen son reproducidos en Sievernich (1992: 421).

Fig. 9

Fig. 10

las fuentes escritas del siglo XVI, tenemos que esperar hasta la primera década del siguiente siglo para las primeras representaciones visuales de ellos. Más en particular, aunque el tema de la pintura corporal de los amerindios se encuentra repetidamente en las descripciones textuales del siglo XVI, la primera representación visual de la pintura corporal fueguina es fechada en el año 1626. En ambos casos, entonces, hay una discrepancia cronológica entre lo textual y lo visual.

Segundo, la "tupinambización" de los fueguinos era un camino sin salida. En vista de la necesidad (política, económica y científica) de diferenciar entre los distintos grupos de habitantes de las Américas, el confundir a los fueguinos con los nativos de Brasil era un anacronismo. El grado de interpenetrabilidad entre la iconografía brasileña y la fueguina es tan elevado que, en casos semejantes, nos enfrentamos a constructos que no pueden atribuirse ni a uno ni a otro territorio. Desde este punto de vista, la presencia de iconos provenientes de regiones distintas en una misma escena impide una categorización en términos de especificidad geográfica. Nos encontramos frente a una representación no de un lugar geográficamente determinado —es decir, Tierra del Fuego—, sino de un paradero genérico que se podría llamar "el género exótico"[27]. Los iconos no son más que signos de alteridad, cuya función es diferenciar las culturas no europeas de la(s) europea(s).

Para terminar, la hipótesis. ¿Porqué no emerge la imagen de la pintura corporal fueguina antes de la tercera década del siglo XVII? Obviamente era difícil representar la práctica de la pintura corporal en un grabado de madera o de cobre; antes de la época de reproducción

27. Veáse Mason (1998b: 16-41).

mecánica de imágenes en color, la única manera de incluir color en la imagen era agregarlo a mano, como se puede percibir en algunas ediciones de la *América* de De Bry que fueron coloreadas en la época. Efectivamente, hasta donde sabemos, la primera representación visual europea de la utilización de *Bixa orellana* en el contexto de la pintura corporal americana es una acuarela anónima francesa sobre pergamino que representa a los indios brasileños —más algunos marineros franceses disfrazados como indios— que participaron en la entrada oficial de Enrique II de Francia y su esposa, Catalina de Médicis, en el puerto francés de Ruan el 1 de octubre 1550. Se supone que la obra fue ejecutada poco tiempo después del acontecimiento histórico representado[28].

Pero con el traslado de un dibujo o pintura en color al medio del grabado, se pierde la referencia policroma en la reducción a blanco y negro. Es tal vez esta limitación técnica la que explica la falta de referencias a la pintura corporal fueguina hasta la tercera década del siglo XVII, mientras que la práctica de la pintura corporal corre como un *Leitmotiv* por las primeras descripciones textuales, no sólo de los fueguinos, sino de los amerindios de toda América Central y del Sur. Sin embargo, como hemos subrayado en otro lugar, en la economía de la producción de la imagen, no son las técnicas de producción las que tienen preponderancia, sino las relaciones de producción (Alvarado Pérez/Mason 2001). Además, no era imposible para un grabador indicar la presencia de pintura corporal. Por ejemplo, en el grabado de una pareja "tapuya" de Brasil, publicado en una obra holandesa en 1682, el artista ha indicado las manchas oscuras en la piel de los dos figuras, a las cuales corresponde el texto: "Se untan y pintan el cuerpo de varias y feas maneras diferentes, con cierto pigmento o jugo castaño, que exprimen de una manzana llamada *Janipapa* [*genipa americana*]" (Nieuhof 1682: 224)[29]. Dada la continuidad técnica en la producción de los grabados de madera durante los siglos XVI y XVII, tenemos

28. La obra (Bibliothèque municipale, Rouen, XIR 188745) es ilustrada en color en D. Lévine (1992: 117). Para una descripción más detallada, véase D. Briesemeister (2002: 201-223).

29. En la página 216 de la misma obra, podemos leer que los hombres tupí se pintan el cuerpo, pero ninguna de las dos figuras tupí representadas en el correspondiente grabado (página 218) lleva pintura corporal. Sobre Nieuhof, quien vivió nueve años en Brasil (1640-1649), véase Joppien (1979: 334).

que buscar la explicación de la emergencia del grabado que representa el fenómeno de la decoración corporal en otro lugar.

Desde el año 1590 existía un precedente para la representación de cuerpos pintados: las cinco láminas publicadas en un apéndice al primo tomo de la obra *América* editada por Theodor de Bry en ese año (a las que refiere Demeunier cuando menciona a "les anciennes femmes de Pictes"). Utilizando (y confundiendo) dibujos hechos por John White y Jacques Le Moyne de Morgues, la edición de *A Briefe and True Report of the New Found Land of Virginia*, escrito por Thomas Harriot, que publicó De Bry en ese año 1590, hacía una comparación explícita entre las imágenes de los indios pintados de Virginia y los antiguos nativos de Inglaterra llamados pictos (fig. 11)[30].

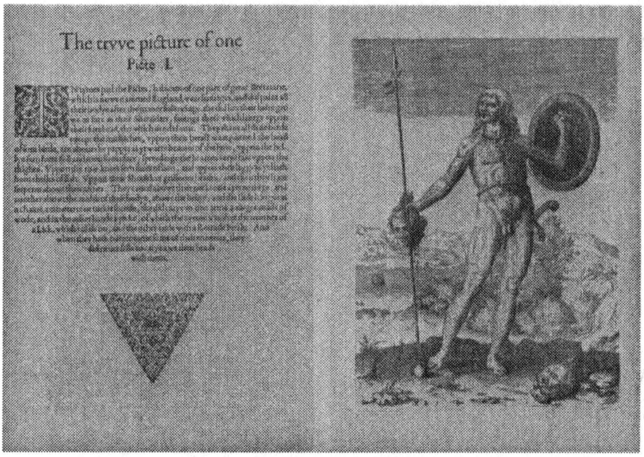

Fig. 11

Los años veinte del siglo XVII fueron un período en que se prestaba mucha atención a la etnografía de los antepasados de los holandeses y alemanes. Uno de los tres tomos de la obra *De Germania Antiqua*, por Philipp Clüver, editado en Leiden en el año 1616, se dedicaba a la etnografía detallada de los antiguos germanos, y el autor hacía comparaciones explícitas entre las prácticas de los germanos y las de los no europeos de su propia época. Las túnicas cortas de una familia rústica germana, por ejemplo, recuerdan los mantos cortos de los fueguinos

30. Véanse Sloan (2007: 153-163) y Smiles (2008).

(fig. 12). Durante estos años tomaba forma no sólo la publicación de nuevas obras sobre los antiguos habitantes de Europa del Norte, sino también la reedición de otras más antiguas sobre el mismo tema. No sólo los fueguinos, sino también los antepasados nórdicos estaban de moda.[31]

Es posible, entonces, que la convergencia iconográfica entre los amerindios y los antepasados de las naciones septentrionales, que estaba ganando en importancia en estos años, haya propiciado la representación de la pintura corporal fueguino que encontramos por primera vez en un grabado del año 1626.

Fig. 12

31. Para una discusión más amplia y referencias a la literatura de la época, véase Egmond /Mason (1997: cap. 7).

3. Hacia la imagen fotográfica fueguina

En el período entre el año 1626 y 1863, el año en que fue hecho el primer retrato fotográfico de un patagón aónikenk, realizado por el fotógrafo Rafael Castro y Ordóñez dentro del cuadro de las actividades de la Comisión Científica Española al Pacífico en Punta Arenas[32], se encuentran varias menciones del uso de pintura corporal en Tierra del Fuego en las fuentes escritas[33]. Algunas muestran una cierta continuidad con las del siglo XVI. Por ejemplo, si a Pedro Mártir los ciguayos de La Hispaniola le parecían "a diábolos saliendo de las cavernas infernales", la caracterización de la pintura corporal como "diabólica" impregna la descripción de los haush de bahía Buen Suceso escrita por el naturalista inglés Joseph Banks[34]. Igualmente, la comparación explícita entre las imágenes de los indios pintados de Virginia y de los antiguos nativos de Inglaterra llamados pictos recorre el siglo XIX cuando el capitán Fitz-Roy (1839: II, 121) compara el encuentro entre los viajeros del *Beagle* y un grupo de haush en la misma bahía Buen Suceso, con el encuentro entre César y los antiguos britanos. A Charles Darwin (1988: 122), escribiendo sobre el mismo grupo haush en su diario, le recordaban un grupo de diábolos de una obra contemporánea de teatro, *Der Freischütz*, la opera de Carl Maria Friedrich von Weber que fue presentada por primera vez en Berlín en 1821.

George Forster, que acompañaba a su padre, el naturalista Johann Reinhold Forster, como artista botánico a bordo de la *Resolución* durante la segunda expedición pacífica del capitán Cook, describió a un grupo de fueguinos en los siguientes términos: "The whole assemblage of their features formed the most loathsome picture of misery and wretchedness to which human nature can possibly be reduced". En cuanto al uso de decoración corporal, escribió: "The rest of their body was perfectly naked, not the least regard being paid to what Europeans would term decency. Their natural colour appeared to be an olive-brown [...], but many of them had disguised themselves with streaks of red paint, and sometimes, though seldom, with white". Y en base de la combinación de la desnudez con la pintura corporal, concluyó

32. Véase Martinic (2000: 141) y López-Ocón/Pérez-Martos (2000: 141).

33. Para un análisis de este cuerpo de textos, véase Fiore (2004: 29-52).

34. J. Banks, *Journal of Joseph Banks 1768-1771*, ed. J. C. Beaglehole, Halstead Press, Sydney, 1962, 227, citado en Fiore (2004: 33).

que "the ideas of ornament are of a more ancient date with mankind, than those of shame and modesty" (Forster 2000: II, 628), asimilando así los habitantes de una región tan remota a los antepasados que vivían en los tiempos más remotos[35]. En el siglo siguiente, Charles Darwin caracterizó a un grupo de seis yámana (yaganes) en términos semejantes: "I never saw more miserable creatures; stunted in their growth, their hideous faces bedaubed with white paint & quite naked. [...] Viewing such men, one can hardly make oneself believe that they are fellow creatures placed in the same world" (Darwin 1988: 222). El asombro de los primeros cronistas frente al fenómeno de la pintura corporal se ha convertido en un menosprecio generalizado de la apariencia de los fueguinos, en el cual la presencia de la pintura contribuye a, pero no determina, la imagen sumamente negativa de los aborígenes.

No todos, sin embargo, compartían este juicio negativo. El navegante italiano Giacomo Bove (1852-1887), que viajó varias veces a América del Sur en los años 1881-1884, estaba en el cabo de Hornos cuando su barco, el *San José*, se hundió en la bahía Sloggett el 31 de mayo 1882[36]. Salvado por la tripulación a bordo del *Allen Gardiner*, de la misión en Ushuaia[37], Bove tuvo la oportunidad de conocer algo de los fueguinos, sobre todo los yaganes, y de diferenciar entre las etnias distintas, a través de sus propias experiencias y las de los misioneros. El relato de su primer viaje, publicado en 1882, termina con un firme rechazo de las alegaciones avanzadas por Darwin:

> Me preparaba para asistir a escenas —¿quién sabe cuán horrorosas?— de antropofagia, matanzas y malos tratos de los pobres ancianos de esa tribu. Pero, ¡coincidencia extraña! Tras mi llegada, algunos prisioneros de guerra fueron liberados, y dos de los más viejos de la tribu renovaron el lazo matrimonial.
>
> ¡Y la antropofagia y los malos tratos mencionados por Darwin! Los pobres y calumniados fueguinos volvieron a mi memoria cuando visité la muestra antropológica de Río de Janeiro, en las salas de la cual se encontraban dos o tres cuadros *sensation* de indios amazónicos que regresaban del mercado con una carga de carne humana [...]. Tal vez un viajero veraz

35. Esta asimilación era un lugar común: véase S. Moser (1998).

36. Véanse Nobile y Mancini (2006: 109-134 y 169-195 respectivamente).

37. Además del relato proporcionado por el propio Bove, véase Bridges (1949: 104-105).

descubrirá que los indios amazónicos no sean más antropófagos que los fueguinos, y el señor Ladislao Netto sacará de las paredes los cuadros repugnantes que produjeron tanto éxito (Bove 1992: 122-123)[38].

De las fotografías hechas por Bove no se encuentra casi ninguna huella[39]. Sin embargo, el archivo de la Sociedad Geográfica Italiana posee varios dibujos hechos por Giacomo Bove en Tierra del Fuego, de los cuales tres nos presentan figuras humanas fueguinas: uno de un grupo de selk'nam (u ona), y dos de los yaganes[40]. El dibujo de un grupo yagán en una canoa pertenece a una tipología que se utiliza(ba) muchas veces para representar a esta comunidad canoera (fig. 13). Más elocuente es el retrato de un "Fuegino Jagan" (fig. 14) que representa a un hombre, acompañado por un perro, que lleva varios peces. No está desnudo: lleva un taparrabo, brazaletes para el tobillo, pulseras y un collar con pendientes. Y Bove se ha esforzado para dejar ver las rayas y los puntos de su cara pintada. En cuanto al tercer dibujo (fig. 15), un grupo de selk'nam, todos envueltos en mantas de guanaco con la lana hacia afuera, son tres las personas que llevan un tocado triangular[41] y la pintura corporal. El arquero sentado lleva un diseño compuesto de puntos, agrupados en bandas horizontales, y unas rayas verticales, mientras la cara de su compañero de pie está decorada con tres líneas onduladas, puntos, y rayas verticales. Semejante, aunque menos elaborada, es la decoración facial del niño de pie. La mujer y el bebé no llevan la pintura corporal.

38. Ladislao Netto era un arqueólogo brasileño de la época. En cuanto a los "dos o tres cuadros *sensation*", dado que entre los seis cuadros del pintor holandés Albert Eeckhout que hizo copiar el emperador de Brasil Dom Pedro II después de su visita a Copenhage en el año 1876, era el 'retrato' de una mujer tapuya con una carga de carne humana, es posible que la referencia de Bove sea a este cuadro. Para estas copias —de tamaño reducido—, véase Whitehead/M. Boeseman (1979: 79); para el itinerario del emperador, véase Schwarcz (1998: 373 ss.).

39. Mancini (2006: 191).

40. Società Geografica Italiana, Villa Celimontana, Roma, B 21 D fasc. 2. Algunas de las imágenes que presentan paisajes fueguinos, pero sin presencia humana, han sido publicadas por Nobile y Mancini (2006).

41. "El tocado de los hombres, *kóchil* o *goöchilh*, era un pedazo triangular de piel de guanaco, de unos dieciocho centímetros de alto. Lo ataban alrededor de la cabeza con un hilo de ligamento trenzado y anudado detrás. Servía más para confundirse con el paisaje durante la cacería o el combate que como protección contra el frío" (Chapman 1986: 52-53).

Fig. 13

Fig. 14

Fig. 15

El mismo Bove escribe sobre la pintura corporal fueguina:

> El deseo de los ornamentos es quizás más fuerte en los hombres fueguinos que en las mujeres. Collares de conchas, pulseras de piel de foca, cordones de nervios de guanaco, etc. eran sus ornamentos hasta hace poco. Afortunadamente el tatuaje no ha todavía aparecido en aquellas regiones extremas, pero compensan aquel adorno bárbaro con pinturas de todos tipos. Generalmente son las líneas paralelas, de colores distintos, que atraviesan la cara empezando con la línea entre los ojos y el mentón, arabescos en las mejillas y el naso, diseños más extravagantes sobre el pecho y los brazos (1992: 107)[42].

Estos dibujos inéditos, juntos con el texto citado, constituyen una fuente importante para la práctica de la pintura corporal de los fueguinos en los años ochenta del siglo XIX.

Ha sido sugerido que la falta de interés por el descubrimiento de la espectacular isla de Pascua por el holandés Jacob Roggeveen en 1722 se debía al hecho de que toda la fascinación de la época se concentraba en la isla de Tahití[43]. Quizá el hecho que la pintura corporal haya perdido mucho de su esplendor y resulte ser no más que un detalle dentro de un conjunto de rasgos negativos, se debe de algún modo al encuentro con una práctica aún más espectacular: el tatuaje polinesio, que produjo un impacto tan tremendo sobre el capitán Cook y sus tripulaciones[44]. Fuera como fuese, es sobre todo en la época de la paulatina desaparición de la práctica de la pintura corporal cuando encontramos un renovado interés por rescatar lo que estaba desapareciendo, a veces dentro del cuadro de una visión antropológica que implícita o explícitamente intentaba detener o 'coagular' este proceso

42. La fascinación de Bove por la decoración facial se muestra en la presencia en el mismo archivo del perfil de una 'tschuscha' tatuada, dibujo hecho cuando Bove participó en la expedición ártica sueca de A. E. Nordenskjöld en el año 1878 (Società Geografica Italiana, Roma, B 20 C fasc. 2, C 24). Su evidente desdén por la práctica de tatuaje tiene raíces que se extienden hasta la Antigüedad clásica; véanse C. P. Jones (1987: 139-155) y Halm-Tisserant (1998: 120-122).

43. Duchet (1971: 64). Sobre la recepción europea de la isla de Pascua, véase P. Mason (2005: 9-27).

44. Véase Guest (2000: 83-101). Para una distinción entre la recepción europea del tatuaje maorí y la del tatuaje de los aborígenes de Australia, véase Thomas (1999: 98-99).

irreversible[45]. En una época en que "las fases primitivas de la vida están desapareciendo rápidamente de la faz de la tierra", como escribió E. F. im Thurn en el año 1893, "habría que considerar casi un deber que las personas cultas que viajan por las zonas menos conocidas del mundo registren tales fases cuando puedan observarlas, antes de que sea demasiado tarde" (2006: 112-113). Y, para efectuar este trabajo de registrar, contener e inmovilizar, ¿qué técnica podría ser más apta que la fotografía, "este acto de inscripción y descripción", como lo ha descrito Elizabeth Edwards, que "fijaba a un pueblo y su cultura en un discurso fuera del tiempo [...], negándole una coexistencia con lo moderno y lo dinámico [...]" (2002: 43)[46].

Gracias sobre todo a la actividad fotográfica del misionero Martin Gusinde, que visitó a los sobrevivientes de los tres grupos de los fueguinos en cuatro ocasiones diferentes entre 1918 y 1924, tenemos un cuerpo fotográfico bastante grande que incluye muchas fotografías de la práctica de la pintura corporal en Tierra del Fuego en esos años, sobre todo las sacadas en la ceremonia del *hain* celebrado en el año 1923 [figs. 16-21][47]. En esta época la fotografía de estilo instantáneo y directo era posible gracias al uso común de la pequeña cámara de mano con un lente extendido de fuelles plegables, y habían pasado a la historia las exposiciones de larga duración que obligaba a que el sujeto permaneciera siempre estático (Edwards 2002: 70). La rapidez con la cual se podía manejar la cámara moderna recordaba a algunos la comodidad de un rifle Winchester, y a veces utilizaban la metáfora de la caza para describir sus actividades retratistas (Dilworth 1996: 116-117).

Desde la misma época hasta el fin del siglo XX disponemos también de algunas descripciones detalladas de la técnica y de la aplicación de la pintura corporal fueguina. Como señala la antropóloga Anne Chapman:

> La pintura corporal era muy importante, incluso esencial, aun para la vida cotidiana. Se adornaban [los selk'nam] con dibujos diferentes para

45. Para este proceso en las representaciones artísticas de los amerindios de América del Norte en el siglo XIX, véase, por ejemplo, Pratt (2005).

46. En cuanto a la relación entre la fotografía y la etnografía de rescate, véase Edwards (2001: 157-180).

47. Sobre las actividades de Gusinde véase Quack (2002: 17-37). Hay una edición castellana ilustrada de sus libros: Gusinde (1982-1989).

cada ocasión: la caza, las competencias deportivas, los combates, los ritos de paz, los ritos chamánicos, el de la pubertad femenina, el casamiento, el duelo, el eclipse lunar y, sobre todo, la ceremonia del *hain*. La gente se pintaba diariamente por razones de orden práctico, además de estético y simbólico. El *ákel*, la pintura roja, era lo más común y servía para proteger el cutis del viento y el frío (Chapman 1986: 55).

Más tarde, en el año 1992, Cristina Calderón, miembro de la comunidad de descendientes yaganes de Ukika, relató:

Vi también cuando a la gente antigua así se le moría un familiar, ellos se pintaban la cara con carbón negro de esos de leña lo molían bien moliditos, así le ponía aceite de lobo, quedaba como crema, así que ellos se la ponían así y se pintaban, toda la cara ése era de luto. Los remos se pintaban con rojo y blanco... y ése... la pintura roja se llamaba *shoagua* y la blanca *tumurapu* ése se hacía... (Gahona 2002: 387).

Fig. 16

Fig. 17

Uno pudiera suponer, entonces, que una combinación de la información contenida en las fotografías (tanto publicadas como inéditas) de Gusinde y otros con los datos recopilados por los viajeros y etnógrafos nos proporcionara una imagen relativamente completa y fidedigna de la pintura corporal en la época del declive de los varios habitantes de Tierra del Fuego, y que nos llevara más allá de los filtros o lentes a través de los cuales los europeos solían ver lo que querían ver y solían construir lo que esperaban encontrar en el Nuevo Mundo.

Vamos a ver. Ante todo, no debemos olvidar que la ceremonia del *hain* —ritual de iniciación masculina de los selk'nam— celebrada, y fotografiada por Gusinde en el año 1923, no era ya la ceremonia "clásica". Aunque el propósito de celebrarla había sido formulado por Tenenesk, el maestro de ceremonias principal, fue el sacerdote Gusinde quien determinó la duración del programa, porque ofreció dar a cada hombre casado o soltero que participara en ese *hain* un cordero por cada tres días, más un peso argentino a cada familia por el mismo período. Este *hain* era atípico también porque los dos novicios (*klóketen*) eran demasiado jóvenes para ser iniciados, y los supervisores eran demasiado jóvenes para cumplir cabalmente con sus responsabilidades (Chapman 2002: 68-69). Más generalmente, todas las celebraciones del *hain* consistían, desde un cierto punto de vista, en eventos dramáticos que se desarrollaban en un escenario[48]. No sorprende, entonces, que las fotografías del mismo contengan un elemento fuerte de dramatismo.

Es probable que Esteban Lucas Bridges, hijo del misionero anglicano Thomas Bridges, quien desde muy niño creció entre los selk'nam de Tierra del Fuego y que había participado en la celebración del *hain* en el año 1902, aludiera a Gusinde cuando escribió:

> [...] los indios fueron inducidos, mediante algún dinero, a representar sus comedias ante auditorios de científicos. He visto fotografías en que los actores aparecen con pelo corto y pintados como nunca lo estuvieron en mis tiempos. Otras fotografías que pretendían ser de primitivos onas salvajes probaban que muchos de los indios de las nuevas generaciones habían olvidado, si alguna vez lo supieron, la forma correcta de usar una piel de guanaco (Bridges 1949: 428-429).

48. Indicativa es la primera palabra del título de la primera monografía sobre los selk'nam de Anne Chapman (1982): *Drama and Power in a Hunting Society. The Selk'nam of Tierra del Fuego*.

La capa de guanaco desempeñaba un rol importante en estas fotografías. En los años veinte, casi todos los hombres selk'nam eran trabajadores temporales en las estancias y se vestían —despojados de su atuendo tradicional e investidos como hombres "civilizados"[49]— como obreros europeos, mientras que para el invierno y para participar en la ceremonia del *hain* recurrían a sus capas de guanaco. Mirando las fotografías del *hain*, resulta difícil imaginarse que en el año anterior, el de 1922, hubiera estallado una huelga en la estancia Viamonte (Chapman 2002: 64). Y sobre una ocasión en la cual Martín Gusinde quiso tomar fotografías de algunos selk'nam en la misma estancia en febrero 1921, su colega Wilhelm Koppers escribió: "Algunas mujeres ancianas se negaron terminantemente a posar ante la cámara. Con particular enojo rechazaron nuestra pretensión de que se dejaran fotografiar con la capa (piel de guanaco). Ellos ya no son salvajes. La capa la llevaron antiguamente, pero eso ahora ya no se usa" (Koppers 1997: 38). Parafraseando las palabras de Elizabeth Edwards, podemos decir que la capa de guanaco está enfatizada en las fotografías para negar una coexistencia con lo moderno y lo dinámico[50]. Como icono de lo arcaico era imprescindible. En una de las fotografías publicadas por Charles Wellington Furlong en la primera década del siglo, las capas de guanaco engañan: los sujetos son selk'nam, pero la capa de guanaco que lleva el joven en la imagen fue hecha por una mujer no selk'nam sino tehuelche, y pertenecía al fotógrafo (Prieto 1987: 181)[51].

La capa de guanaco es sólo uno de los elementos que se combinan como iconos de lo arcaico para construir una visión particular del mundo fuegino. La aplicación de la pintura corporal podía servir el mismo

49. Véase Alvarado Pérez (2007: 21-36).

50. En una sorprendente y reveladora sesión fotográfica, el sacerdote Gusinde tomó una serie de fotografías de una mujer kawesqar en la que iba despojándose progresivamente de la capa. Estas fotografías, ahora en el Archivo Gusinde, Anthropos Institut, Sankt Augustin, Alemania, no fueron publicadas por el propio Gusinde. Dos de ellas han sido reproducidas en Odone/Mason (2002: 68-69). La expresión de la mujer en cuestión evidencia vivamente sus emociones. La misma actitud manipuladora se encuentra en el caso del fotógrafo contemporáneo estadounidense Edward S. Curtis; véase Gidley (1998: 70).

51. Para una similar intervención, esta vez por el fotógrafo Gustavo Milet Ramírez, colocando sobre las mujeres mapuches alhajas que probablemente pertenecían a él mismo, véase M. Alvarado Pérez/Mason (2001).

fin cosmético: el de "exotizar" a los fueguinos para enfatizar el abismo que los separaba del mundo moderno. Como ha sido escrito en otro lugar: 'El exotismo parece ser [...] en cierto modo una cosmética, por aplicar cuanto densa o delicadamente quiera el artista. No es una calidad de la persona representada, sino un instrumento en las manos de él que representa, capaz de aumentar o disminuir la distancia entre el observador y su objeto, entre el mismo y el otro" (Mason 1996: 139). Un caso literal de la imposición de la pintura corporal es una fotografía de Ángela Loij tomada en 1923 por Gusinde, en la cual la pintura fue hecha especialmente para la ocasión (Chapman 1986: 219)[52]. En otras fotografías de la misma época, tomadas por otros fotógrafos, Ángela aparece retratada con ropa occidental, por ejemplo, aprendiendo a utilizar una máquina de coser en el contexto de la misión salesiana. Como han escrito Fiore/Varela al respecto: "Esto nos sugiere que Gusinde ambientó y seleccionó algunas tomas con el objeto de representar la 'pureza etnográfica' de una sociedad aparentemente prístina, dejando de lado otras que documentaban una realidad profundamente transformada" (Fiore y Varela 2007: 65). En otras palabras, el impulso para "rescatar" —lo que quiere decir construir— este mundo exótico podía llegar al punto de vencer la lealtad al registro visual "objetivo"[53].

La combinación de la capa de guanaco con la pintura corporal no se limita a la obra fotográfica de Gusinde. Otro fotógrafo de los fueguinos era el sacerdote italiano Alberto Maria de Agostini, quien llegó a Punta Arenas en 1909. Una fotografía publicada en su obra *Treinta años en Tierra del Fuego* (1956), combina el personaje de una mujer vestida con una capa de guanaco con el personaje de una fueguina con la cara pintada. La localidad es Mejillones, en isla Navarino, y las mujeres son yaganes. Las yaganes solían vestirse con pieles de animales marinos; la mujer yagán de la fotografía, sin embargo, lleva una capa de guanaco de tipo selk'nam. Otra vez, el icono inevitable se imponía

52. A pedido de Ángela, la antropóloga Anne Chapman, cuando republicó la fotografía de Gusinde, la retocó para borrar la pintura.

53. En algunas fotografías de los mapuches del sur de Chile, tal era la necesidad de producir "escenas étnicas" que se ha alterado la imagen original recortando a los personajes no indígenas y poniendo en su lugar a quienes cumplan las necesidades de lo étnico. Véase Alvarado (2001: 24-25). Para un caso semejante de borrar a los europeos de una foto de indios pueblo del suroeste de los Estados Unidos, véase Seger/Wilder (1990: 377-380).

(Scarzanella 1995: 633). Y el resultado, como ya hemos visto en el caso de los grabados del siglo XVII, es que la especificidad geográfica y etnográfica retrocede frente a la avanza del "género exótico".

Elevados entonces al estatus de iconos de lo arcaico, los elementos típicos de la iconografía fueguina —la capa de guanaco y la utilización de la pintura corporal— sirven para mantener "viva" una tradición que, al mismo momento en que se produjeron estas imágenes, no ya ni siquiera existía. En otras palabras, "documentan" un mundo imaginario, visto a través de los lentes europeos.

Las dudas que podemos albergar sobre el valor "documental" de las fotografías fueguinas (y no sólo de ellas) no son producto de una cierta desconfianza "posmodernista" frente a la imagen. Ya en su *Uttermost Part of the Earth*, publicado en 1949, el propio E. Lucas Bridges criticó las ilustraciones del libro *Tierra del Fuego: Los Onas*[54] en los términos siguientes: "There are some minor mistakes in Los Onas and many of the illustrations are not at all like any Ona I have seen. *The paint in some cases has, in my opinion, been put on after the pictures were taken.* The picture of Yoknolpe that appears opposite page 273 is reproduced from *Los Onas*. I knew this proud hunter well and never saw him with his face painted in that manner" (Bridges 1949: 526; la cursiva es mía).

Es así como los artistas europeos en sus talleres y los fotógrafos "en el campo", iban produciendo un exótico según los parámetros de las expectativas europeas. Y, a pesar de las pretensiones de éstos de registrar visualmente la "realidad" de una manera más científica que los productores de las obras artísticas, percibimos ciertas continuidades entre las representaciones prefotográficas y los productos de la época de la reproducción mecánica. A través de estas imágenes, ya sean pre-fotográficas o fotográficas, se construía la imagen del cuerpo pintado fueguino.

Bibliografía

AGOSTINI, A. M. de (1956): *Treinta años en Tierra del Fuego*. Buenos Aires: Editorial Peuser.

ALVARADO, M. (2001): "Pose y montaje en la fotografía mapuche. Retrato fotográfico, representación e identidad", en M. Alvarado/C. Báez/P.

54. Véase Gallardo (1910).

Mege (eds.), *Mapuche. Fotografía del siglo XIX. Construcción y montaje de un imaginario*. Santiago de Chile: Editores Pehuén, pp. 24-25.

— (2007): "Vestidura, investidura y despojo del nativo fueguino. Dispositivos y procedimientos visuales en la fotografía de Tierra del Fuego (1880-1930)", en M. Alvarado/C. Odone/F. Maturana/D. Fiore (eds.), *Fueguinos. Fotografías siglos XIX y XX. Imágenes e imaginarios del fin del mundo*. Santiago de Chile: Editores Pehuén, pp. 21-36.

ALVARADO PÉREZ, M./MASON, P. (2001): "La desfiguración del otro. Sobre una estética y una técnica de producción del retrato 'etnográfico'", en *Aisthesis. Revista de investigaciones Estéticas* [Santiago de Chile], 34, pp. 242-257.

BÁEZ, C./MASON, Peter (2006): *Zoológicos humanos. Fotografías de fueguinos y mapuche en el Jardin d'Acclimatation de París, siglo XIX*. Santiago de Chile: Editores Pehuén.

BANKS, J. (1962): *Journal of Joseph Banks 1768-1771*. Edición de J. C. Beaglehole. Sydney: Halstead Press.

BARACCHINI, C. (1996): "Il restauro infinito", en C. Baracchini/E. Castelnuevo (eds.), *Il Camposanto di Pisa*. Torino: Einaudi, pp. 201-212.

BARTRA, Roger (1997): *El salvaje artificial*. México: Ediciones Era.

BERNHEIMER, R. (1952): *Wild Men in the Middle Ages*. Cambridge Mass.: Harvard University Press.

BOVE, Giacomo (1992): *Viaggio alla Terra del Fuoco*. Genova: Edizioni Culturali Internazionali.

BRIDGES, E. Lucas (1949): *Uttermost Part of the Earth*. New York: E. Dutton & Co.

BRIESEMEISTER, D. (2002): "La iconografía política de las fiestas celebradas en Ruan con motivo de la entrada del rey Enrique II de Francia y Catalina de Médicis (1550)", en H. von Kügelgen (ed.), *Herencias indígenas, tradiciones europeas y la mirada europea*. Madrid/Frankfurt: Iberoamericana/Vervuert, pp. 201-223.

CASAMIQUELA, R. M./MONDELO, O./PEREA, E./MARTINIC BEROS, M. (1991): *Del mito a la realidad. Evolución iconográfica del pueblo tehuelche meridional*. Viedma: Fundación Ameghino.

CHAPMAN, A. (1982): *Drama and Power in a Hunting Society. The Selk'nam of Tierra del Fuego*. Cambridge: Cambridge University Press.

— (1986): *Los selk'nam. La vida de los onas*. Buenos Aires: Emecé.

— (2002): *Hain. Ceremonia de iniciación selknam*. Santiago de Chile: Taller Experimental Cuerpos Pintados.

COLÓN, Cristóbal (1984): *Textos y documentos completos*. Prólogo y notas de C. Varela. Madrid: Alianza.

DARWIN, C. (1988): *Beagle Diary*. Edición de R. D. Keynes. Cambridge: Cambridge University Press.

DEMEUNIER, Jean-Nicholas (1776): *L'Esprit des usages et des coutumes des différents peuples, ou Observations tirées des voyageurs et des historiens*. Paris. [Edición facsímil, editada por Jean-Michel Place. París, 1988.]

DILWORTH, L. (1996): *Imagining Indians in the Southwest. Persistent Visions of a Primitive Past*. Washington/London: Smithsonian Institution Press.

DUCHET, M. (1971): *Anthropologie et Histoire au siècle des Lumières*. Paris: Maspero.

DUVERNAY-BOLENS, J. (1995): *Les Géants patagons. Voyage aux origines de l'homme*. Paris: Éditions Michalon.

EATOUGH, G. (1998): *Selections from Peter Martyr*. Brepols: Turnhout.

EDWARDS, E. (2001): *Raw Histories. Photographs, Anthropology and Museums*. Oxford: Berg.

— (2002): "La fotografía de Martín Gusinde en un contexto antropológico más amplio", en C. Odone/P. Mason (eds.), *12 Miradas sobre selk'nam, yaganes y kawesqar*. Santiago de Chile: Taller Experimental Cuerpos Pintados, pp. 39-73.

ELCANO, Juan Sebastián *et al.* (2003): *La primera vuelta al mundo*. Madrid: Miraguano/Polifemo.

EGMOND, F./MASON, P. (1997): *The Mammoth and the Mouse. Micro-history and Morphology*. Baltimore: Johns Hopkins University Press.

FIORE, D. (2004): "Pieles rojas en el confín del mundo. La valoración de las pinturas corporales en los registros histórico-etnográficos sobre aborígenes de Tierra del Fuego", en *Magallania,* 32, pp. 29-52.

FIORE, D./VARELA, M. L. (2007): "Excavando fotos: Arqueología de la cultura material y las prácticas sociales de los pueblos fueguinos", en M. Alvarado/C. Odone/F. Maturana/D. Fiore (eds.), *Fueguinos. Fotografías siglos XIX y XX. Imágenes e imaginarios del fin del mundo*. Santiago de Chile: Editores Pehuén, pp. 61-73.

FITZ-ROY, R. (1839): *Proceedings of the Second Expedition (1831-1836) under the Command of Captain Robert Fitz-Roy (R.N.). Narrative of the Surveying Voyages of His Majesty's ships Adventure and Beagle between the Years 1826-1836*. London: H. Colburn.

FORSTER, G. (2000): *A Voyage Round the World.* Edición de N. Thomas y O. Berghof. Honolulu: University of Hawai'i Press.

GAHONA, A. (2002): "Voces de las islas: los yaganes de Puerto Williams", en C. Odone/P. Mason (eds.), *12 Miradas sobre selk'nam, yaganes y kawesqar*. Santiago de Chile: Taller Experimental Cuerpos Pintados, pp. 373-400.

GALLARDO, C. R. (1910): *Tierra del Fuego: los onas*. Buenos Aires: Caubaut y Cía Editores.

GIDLEY, M. (1998): *Edward S. Curtis and the North American Indian, Incorporated.* Cambridge: Cambridge University Press.

GRÖNING, Karl (1997): *Decorated Skin. A World Survey of Body Art*. London: Thames & Hudson.

GUEST, H. (2000): "Curiously marked: tattooing and gender difference in eighteenth-century British perceptions of the South Pacific", en J. Caplan (ed.), *Written on the Body. The Tattoo in European and American history*. London: Reaktion, pp. 83-101.

GUSINDE, M. (1982-1989): *Los Indios de Tierra del Fuego,* IV vols. Buenos Aires: Centro Argentino de Etnología Americana.

GUSS, D. M. (1989): *To Weave and Sing. Art, Symbol and Narrative in the South American Rain Forest.* Berkeley/Los Angeles/London: University of California Press.

HALM-TISSERANT, M. (1998): *Réalités et imaginaire des supplices en Grèce ancienne*. Paris: Les Belles Lettres.

HUGH-JONES, S. (1979): *The Palm and the Pleiades. Initiation and Cosmology in Northwest Amazonia*. Cambridge: Cambridge University Press.

HULTON, Paul (1984): *America 1585: The Complete Drawings of John White*, Chapel Hill: University of North Carolina Press/British Museum Press.

JONES, C. P. (1987): "*Stigma*: Tattooing and Branding in Graeco-Roman Antiquity", en *Journal of Roman Studies,* LXXII, pp. 139-155.

JOPPIEN, R. (1979): "The Dutch vision of Brazil", en E. van den Boogaart (ed.), *Johan Maurits van Nassau-Siegen 1604-1679. A humanist prince in Europe and Brazil*. Den Haag: Johan Maurits Van Nassau Stichting, pp. 297-376.

KOPPERS, W. (1997): *Entre los fueguinos*. Punta Arenas: Ediciones de la Universidad de Magallanes/Programa Chile Austral de la Unión Europea.

LANDA, Diego de (fray) (2001): *Relación de las cosas de Yucatán*. México: Editorial Dante.

LÉVINE, D. (ed.) (1992): *Americas Lost 1492-1713: The First Encounter*. Paris: Bordas

LÓPEZ-OCÓN, L./PÉREZ-MONTES, C. M. (eds.) (2000): *Marcos Jiménez de la Espada (1831-1898). Tras la senda de un explorador*. Madrid: CSIC.

MACCORMACK, S. (1993): "Limits of Understanding: Perceptions of Greco-Roman and Amerindian Paganism in Early Modern Europe", en K. Ordahl Kupperman (ed.), *America in European Consciousness, 1493-1750*. Chapel Hill: University of North Carolina Press, pp. 79-129.

MARTINIC, M. (2002): "Breve reseña de la historia de los selknam desde fines del siglo XVI al presente", en C. Odone/P. Mason (eds.), *12 Miradas sobre selk'nam, yaganes y kawesqar*. Santiago de Chile: Taller Experimental Cuerpos Pintados, pp. 231-260.

— (2004): "Consideraciones sobre el primer retrato fotográfico de un patagón", en *Magallania,* 32, pp. 23-27.

MANCINI, M. (2006): "Il *Viaggio Inutile Australe* e le altre missioni di Giacomo Bove in Sudamerica", en A. Salerno/A. Tagliacozzo (eds.), *Finis Terrae. Viaggiatori, esploratori e missionari italiani nella Terra del Fuoco*. Roma: Museo Nazionale Preistorico Etnografico "Luigi Pigorini", pp. 169-195.

MORITZ SCHWARCZ, L. (1998): *As barbas do imperador. D. Pedro II, um monarca nos trópicos*. São Paulo: Companhia das Letras.

MASON, Peter (1987): 'Seduction from Afar: Europe's Inner Indians', en *Anthropos,* 82, pp. 581-601.

— (1991): "Continental incontinence: *horror vacui* and the colonial supplement", en R. Corbey/J. Th. Leerssen (eds.), *Alterity, Identity, Image. Selves and Others in Society and Scholarship*. Amsterdam/Atlanta: Rodopi, pp. 151-190.

— (1993): "Escritura fragmentaria: aproximaciones al otro", en G. H. Gossen/J. J. Klor de Alva/M. Gutiérrez Estévez/M. León-Portilla (eds.), *De palabra y obra en el Nuevo Mundo,* vol. 3: *La formación del otro*. Madrid: Siglo XXI, pp. 395-430.

— (1994): "Classical ethnology and Its Influence on the European Perception of the Peoples of the New World", en W. Haase/M. Reinhold (eds.), *The Classical Tradition and the Americas, Vol. I: European Images of the Americas and the Classical Tradition*, Part 1. Berlin/New York: Walter de Gruyter & Co., pp. 135-172.

— (1996): "On producing the (American) exotic", en *Anthropos* 91, pp. 139-151.

— (1998a): "Lecciones superficiales. Transparencia y opacidad en las Américas, siglo XVI", en *Aisthesis. Revista Chilena de Investigaciones Estéticas,* 31, pp. 76-88;

— (1998b): *Infelicities. Representations of the Exotic*. Baltimore/London: Johns Hopkins University Press.

— (2000): "Pretty vacant: Columbus, conviviality and New World faces", en J. Overing/A. Passes (eds.), *The Anthropology of Love and Anger. The Aesthetics of Conviviality in Native Amazonia.* London/New York: Routledge, pp. 189-205.

— (2005): "Siete maneras de ser moái", en *Boletín del Museo Chileno del Arte Precolombino,* 10(2), pp. 9-27.

— (2007): "*Americana* in the *Exoticorum libri decem* of Charles de l'Écluse", en F. Egmond/P. Hoftijzer/R. Visser (eds.), *Carolus Clusius in a New Context: Towards a Cultural History of Renaissance Natural Science.* Amsterdam: Royal Dutch Academy, pp. 195-219.

MOSER, S. (1998): *Ancestral Images. The Iconography of Human Origins.* Stroud: Sutton Publishing.

MOSTO, Alvise da ca'da (1998): "Relación de los viajes a la costa occidental de África (1455)", en Gomes Eanes da Zurara *et al.*, *Crónica del Descubrimiento y Conquista de Guinea (1448) y otros relatos*. Trad. J. A. Delgado Luis, con un estudio de M. Hernández González. Puerto de la Cruz: Ayuntamientos del Puerto de la Cruz y de la Villa de La Orotava, pp. 73 ss.

NIEUHOF, Johan (1682): *Gedenkweerdige Brasiliaense Zee-en Lantreize*. Amsterdam: s. e.

NOBILE, C. (2006): "L'Italia nella Terra del Fuoco: storie di viaggiatori e collezioni etnografiche", en A. Salerno/A. Tagliacozzo (eds.), *Finis Terrae. Viaggiatori, esploratori e missionari italiani nella Terra del Fuoco*. Roma: Museo Nazionale Preistorico Etnografico "Luigi Pigorini", pp. 109-134

NOORT, Olivier van (1602): *Beschryvinghe vande voyagie om den geheelen Werelt Cloot, ghedaen door Olivier van Noort van Utrecht*. Amsterdam: s. e.

ODONE C./MASON, C. (eds.) (2002): *12 miradas sobre selk'nam, yaganes y kawesqar*. Santiago de Chile: Taller Experimental Cuerpos Pintados.

PAGDEN, A. (1982): *The Fall of Natural Man: The American Indian and the Origins of Comparative Ethnology*. Cambridge: Cambridge University Press.

PRATT, S. (2005): *American Indians in British Art 1700-1840*. Norman: Oklahoma University Press.

PREGLIASCO, M. (1992): *Antilia. Il viaggio e il Mondo Nuovo (XV-XVII secolo)*. Torino: Einaudi.

PRIETO, A. (1987): "Patagonian Painted Cloaks. An Ancient Puzzle", en C. McEwan/L. A. Borrero/A. Prieto (eds.), *Patagonia. Natural history, Prehistory and Ethnography at the Uttermost End of the Earth*. London: British Museum Press, pp. 173-185.

QUACK, A. (2002): "Mank'acen, el arrebatador de sombras: Martín Gusinde como etnógrafo y fotógrafo de los últimos indios de Tierra del Fuego", en C. Odone/P. Mason (eds.), *12 Miradas sobre selk'nam, yaganes y kawesqar*. Santiago de Chile: Taller Experimental Cuerpos Pintados, pp. 17-37.

ROMM, James S. (1992): *The Edges of the Earth in Ancient Thought. Geography, Exploration, and Fiction*. Princeton: Princeton University Press.

SARMIENTO DE GAMBOA, Pedro (2000): *Viajes al Estrecho de Magallanes*. Madrid: Dastin.

SCARZANELLA, E. (1995): "Indiani e 'cacciatori d'ombre' in Tierra del Fuego: note su fotografia, etnografia e storia", en *Storia Contemporanea,* XXVI (4), pp. 619-635.

SEGER, K./WILDER, J. (1990): "Publishing the Southwest", en *Journal of the Southwest,* 32, pp. 377-380.

SIEVERNICH, G. (ed.) (1992): *Teodoro de Bry. América (1590-1634)*. Madrid: Siruela.

SLOAN, Kim (2007): *A New World. England's First View of America*. London: British Museum Press.

SMILES, S. (2008): "John White and British Antiquity", en *European Visions and American Voices*. London: British Museum Research Publications.

SPILBERGEN, Joris van (1619): *Oost ende West-Indische Spiegel der nieuwe Navigatien*. Leiden: s. e.

STURTEVANT, W. C. (1976): "First Visual Images of Native America", en F. Chiappelli (ed.), *First Images of America*. Berkley/Los Angeles: University of California Press, I, pp. 417-454.

— (1988): "La Tupinambisation des Indiens d'Amérique du Nord", en G. Thérien (ed.), *Les figures de l'Indien*. Montréal: Université du Québec à Montréal, pp. 293-303.

TEGA, W. (ed.) (2007): *Il Viaggio. Mito e Scienza*. Bologna: Bononia University Press.

THOMAS, N. (1999): *Possessions. Indigenous Art / Colonial Culture*. London: Thames & Hudson.

THURN, E. F. im (2006): "Aplicaciones de la cámara en antropología", en J. Naranjo (ed.), *Fotografía, antropología y colonialismo (1845-2006)*. Barcelona: Editorial Gustavo Gili, pp. 112-136.

VIVAR, Jerónimo de (2001): *Crónica de los Reinos de Chile*. Madrid: Dastin.

WHITEHEAD, P. J. P./BOESEMAN, M. (1979): *A Portrait of Dutch 17th Century Brazil. Animals, Plants and People by the Artists of Johan Maurits of Nassau*. Amsterdam: North Holland.

ZANDVLIET, K. (1998): *Mapping for Money. Maps, Plans and Topographic Paintings and their Role in Dutch Overseas Expansion during the 16th and 17th Centuries*. Amsterdam: Batavian Lion International.

Los autores

Carmen Bernand es profesora emérita de la Université de Paris-Ouest Nanterre La Défense y miembro del Institut Universitaire de France. Ha realizado trabajos de campo en Perú (Cuzco), en Argentina (Jujuy y Salta), Ecuador (Pindilig y Sigchos), en Estados Unidos (Texas, zona fronteriza con Mexico) y Francia (suburbios de París) sobre temas vinculados con las representaciones de la aflicción y de las enfermedades. Desde hace veinte años se interesa en historia colonial (relaciones de dependencia, mestizajes, esclavitud urbana). Entre sus publicaciones destacan: *Pindilig. Un village des Andes équatoriennes* (1992); *Histoire de Buenos Aires* (1997), *Negros esclavos y libres en las ciudades hispanoamericanas* (2001), *L'Inca platonicien. Garcilaso de la Vega, 1539-1616* (2006) *y Teotl. Dieu en images dans le Mexique colonial* (2008).

Adriana Destro. Profesora de antropología cultural de la Università di Bologna y fundadora del LEA —Laboratorio Etno-Antropológico dell'Ateneo di Bologna—. Su último libro, con Mauro Pesce, es *L'Uomo Gesù. Loughi, giorni, incontri di una vita.*

María Luisa González Saavedra es licenciada en Filosofía por la Universidad Pontificia de Salamanca. Cursó el Doctorado America Latina Contemporánea en el Instituto Ortega y Gasset. Ha realizado trabajo de campo entre indígenas aymaras y quechua-hablantes del Departamento de Moquegua; cocamas-cocamillas, shipibos y ticunas de la Amazonia, así como entre población mestiza de Ayacucho, Puno o Moquegua. En 2004, inicia su trabajo de campo entre indígenas chayahuita con quienes trabaja con miras a la presentación de su tesis doctoral. Pertenece al Grupo de Investigación de la Universidad Complutense "Simbolismo y cognición en culturas americanas".

GARY H. GOSSEN se doctoró en antropología por la Universidad de Harvard en 1970 y es catedrático emérito de la Universidad de Nueva York en Albany. Entre sus libros se cuentan *Chamulas in the World of the Sun*, *Telling Maya Tales: Tzotzil Identities in Modern Mexico* y *Four Creations: An Epic History of the Chiapas Mayas.*

MANUEL GUTIÉRREZ ESTÉVEZ es catedrático de Antropología de América en la Universidad Complutense de Madrid. Ha sido director del Máster en Estudios Amerindios y del Aula Bartolomé de Las Casas en Casa de América de Madrid. Es miembro del Comité Ejecutivo de Survival International. Ha realizado trabajo de campo con poblaciones indígenas quichuas de los Andes ecuatorianos, quichés de Guatemala y mayas yucatecos de México. Ha sido editor de diez libros de antropología americanista y publicado numerosos artículos, especialmente sobre análisis de mitos, concepciones del cuerpo y formas de construcción de las identidades colectivas.

PETER MASON, especializado en Arte y Antropología, es profesor visitante en la Pontificia Universidad Católica de Chile. Publica sobre la historia y el análisis de representaciones visuales, particularmente en relación con las Américas. Es coautor de *Zoológicos humanos. Fotografías de fueguinos y mapuches en el Jardin d'Acclimatation de París, siglo XIX* (2006).

MARK MÜNZEL, antropólogo, estudió en Frankfurt, París, Coimbra y Recife. Ha efectuado trabajos de campo desde 1966 en Brasil, Paraguay, Perú y Ecuador. Doctorado en Frankfurt en 1971 con una tesis sobre chamanismo de indígenas amazónicos. Durante 1973-1989 fue curador del Museo Etnográfico de Frankfurt. De 1989 a 2008 ha ejercido como catedrático de la Universidad de Marburgo. Actualmente, trabaja sobre arte y poesía de indígenas amazónicos. Más información en <http://muenzel.de/>.

PEDRO PITARCH es doctor en Antropología por la Universidad de Nueva York y profesor titular en la Universidad Complutense de Madrid. Ha trabajado entre indígenas tzeltales de los Altos de Chiapas, donde se ha interesado especialmente sobre persona y cosmología. Entre sus publicaciones: *Ch'ulel: una etnografía de las almas tzeltales* (versión en inglés: *Souls and Selves. An Ethnography of Personhood in the Chiapas Highlands*), *Los Derechos Humanos en tierras mayas* (coeditado con Julián López García; versión en inglés *Human Rights in the Maya Region*).

ALEXANDRE SURRALLÉS es doctor en Antropología por la École des Hautes Études en Sciences Sociales (EHESS) de París, investigador titular del Centre National de la Recherche Scientifique (CNRS) y miembro del Laboratoire d'Anthropologie Sociale del Collège de France. Enseña antropología en la EHESS y ha publicado numerosos artículos en revistas especializadas en particular sobre el tema de la afectividad. Entre otras publicaciones es autor del libro *Au cœur du sens; perception, affectivité, action chez les Candoshi* (2003), traducido al castellano con el título *En el corazón del sentido* (2009), y co-editor de *Serpiente de agua; la vida indígena en Amazonía* (2003) y *Tierra adentro; territorio indígena y percepción del entorno* (2004), traducido al inglés con el título *The Land Within* (2005).

MARÍA GARCÍA ALONSO es profesora del Departamento de Antropología Social y Cultural de la UNED, licenciada en Geografía e Historia (Antropología de América) por la Universidad Complutense de Madrid y doctora en Filosofía (Antropología Social y Cultural) por la UNED. Su tesis doctoral se ocupaba de la antropología de la infancia y los problemas teóricos de la noción de "ciclo de vida", en un análisis comparativo entre España y América. Entre sus publicaciones destacan: *De los nombres de los niños. Miradas sobre la infancia y sus conceptos*; *Pensar el final. La eutanasia: éticas en conflicto*; y *Según cuerpos: ensayo de diccionario para uso etnográfico.*

JACQUES GALINIER es director de Investigaciones en el Centre National de la Recherche Scientifique de Francia (CNRS) desde 1975 y miembro del Laboratorio de Etnología y Sociología comparada de la Universidad Paris Ouest Nanterre La Défense. A partir de 1969, empezó un trabajo etnográfico en la zona otomí del sur de la Huasteca, entre los mazahuas del estado de México, y posteriormente sobre los papagos del desierto de Sonora. Sus pesquisas hicieron primero hincapié en los rituales y los sistemas simbólicos, y mas recientemente en las interacciones entre metapsicología freudiana y etnoteorías indígenas.

JUAN ANTONIO FLORES MARTOS es profesor de Antropología Social en la Universidad de Castilla-La Mancha, y enseña en el Centro de Estudios Universitarios de Talavera de la Reina. Miembro del Grupo de Estudios de Etnología Americana, ha sido profesor en cursos de postgrado y másters en América Latina y España. Ha realizado trabajo de campo en México, Bolivia y España. En sus líneas de investigación destaca la antropología del cuerpo y una perspectiva crítica sobre salud intercultural en culturas americanas. Entre sus publicaciones figuran *Portales de múcara. Una etnografía del Puerto de Veracruz* (2004), *Etnografías de la muerte y las culturas en América Latina* (2007) y *El gusto en los cuerpos veracruzanos: retóricas y prácticas culinarias y sexuales* (2009).